collection SPORTS et LOISIRS
créée par Roger Vaultier

la chasse sous-marine

robert stromboni
jeannette stromboni

la chasse sous-marine

initiation - perfectionnement

édition 1993

photo de couverture : robert stromboni

éditions amphora s.a.
14, rue de l'Odéon, 75006 Paris

Chez le même éditeur

NATATION du débutant à l'international
M. Pedroletti

PLONGÉE SUBAQUATIQUE, ouvrage avec tables de plongée MN 90
Ph. Molle et P. Rey

ENSEIGNER ET ORGANISER LA PLONGÉE
Ph. Molle

PLONGÉE DE LOISIR ET PROFESSIONNELLE EN SÉCURITÉ
Ph. Molle

CHASSE SOUS-MARINE
J. et R. Stromboni

NAGE EN EAU VIVE
J.-J. Gauthier

LA PLONGÉE, anatomie et physiologie du corps humain
Docteur P. Splichal

Collection sports et loisirs créée par Roger Vaultier

Édition 1993

ISBN 2-85180-171-6
ISSN 0768-083X

SOMMAIRE

CHAPITRE 1 • L'ENSEIGNEMENT ÉLÉMENTAIRE 19

I — **La nage avec palmes** 19

II — **L'hyperventilation et l'apnée** 21

A. *Les doués* 21
B. *Les autres* 21
C. *Les super-entraînés* 22
D. *Méthode Caumer* 22

III — **La culbute** 26

IV — **L'équilibrage des oreilles** 27

CHAPITRE 2 • ENSEIGNEMENT GÉNÉRAL 29

I — **Formation** 29

II — **Les diplômes** 30

A. *Initiateur de club* 31
B. *Moniteur fédéral* 33
C. *Instructeur* 37
D. *Délégué de comité* 38

III — **Étude des différentes épreuves du monitorat** 38

A. *1er groupe — épreuves physiques éliminatoires sans notation* 38
a) Montée du blessé sur un bateau pneumatique 38
b) Possibilité de réanimation en surface avec la bouée 40
c) Traitement d'urgence de la noyade 42
d) Schéma récapitulatif des différents stades de perte de connaissance et des processus à adopter 45

B. *3e groupe — Épreuves théoriques ou techniques* 47
a) Réglementation nationale et locale 47
A — Réglementation pêche maritime et côtière 47
B — Arrêtés réglementation chasse sous-marine 48
C — Réglementation locale 48
D — Sanctions 49
E — Réglementation internationale 49
b) Connaissance et fonctionnement structure fédérale 49
1) Organisation F.F.E.S.S.M. 49
2) Organisation des commissions 52
3) Organisation commission sportive 52
4) Commission de la chasse sous-marine 53

c) Les compétitions 54
d) Navigation, météorologie, cartes marines, situations critiques en mer, réparation entretien usuel bateaux et moteurs hors-bord 57
1) Éléments de navigation 57
2) Météorologie 57
A — Le vent 58
a) la brise thermique 58
b) les types de vents et leur direction en France .. 59
1) le vent d'ouest 59
2) le vent d'est dans le midi 59
3) le vent du nord 60
4) le mistral 61
5) la tramontane 61
6) le vent d'autan 61
7) le sirocco 62
8) les vents locaux 62
B — Le brouillard 63
C — Les prévisions 63
a) météorologie nationale 63
b) personnelles 64
3) Les cartes marines 70
4) Réparation entretien usuel bateaux moteurs hors-bord ... 72
A — Moteurs 73
B — Embarcation 73
C — Organisation à bord 75
5) Étude de situations critiques lors de sorties en mer 78
e) Connaissance des poissons — fonds marins — vie-mœurs — éco logie — techniques de chasse et matériel approprié 81
A — Qu'est-ce qu'un poisson ? 83
B — Ses différents sens 83
C — Les périodes de reproduction 85
f) Connaissance organisation des secours, soins d'urgence, principes physiologiques de la plongée libre 87
A — Soins d'urgence et organisation des secours...... 87
B — Données physiques et physiologiques du plongeur en apnée 87
1) La déperdition de chaleur 87
2) La dépense d'énergie 88
3) La pression 89
I — La pression hydrostatique, loi de Pascal . 89
II — Le principe d'Archimède 89
III — La loi de Mariotte 92
IV — L'air dans le vêtement et les poumons . 92
V — L'air dans les oreilles 99
VI — L'air dans les sinus 102
4) La vision sous l'eau 102
C. *4e groupe — Épreuves pédagogiques* 103
a) La pédagogie 103
b) L'intervention pédagogique 103

IV — **Les stages** 105
A. *Les stages de week-end* 105
B. *Stages de plusieurs jours* 107

C. *Stages pré-monitorat ou de recyclage* 107
D. *Stages organisés par les comités régionaux et le club APNEA* .. 110
E. *L'école de chasse sous-marine fédérale* 110
a) Initiation 110
b) Perfectionnement 110
F. *L'enseignement par la compétition* 111

CHAPITRE 3 • PRÉPARATION PHYSIQUE 113

I — **Une vie saine** 113
A — *La diététique* 113
B — *L'hygiène alimentaire* 115
a) L'abus de l'alcool 115
b) L'abus du café 116
c) L'usage de drogues 116
d) L'alimentation trop riche 116
e) L'usage du tabac 116
f) Les bienfaits de l'ail 117
g) En compétition 117
C — *Équilibre physique et moral* 118

II — **L'activité physique** 119
A — *L'apnée* 120
a) Hors de l'eau 120
b) En piscine 120
c) En mer 122
B — *La condition physique* 122
a) Contrôle de la condition physique 123
b) Le carnet de chasse, d'entraînement et de compétitions 124
1) pour sortie de chasse 125
2) en période d'entraînement intensif 125
3) pour une compétition 125
c) Préparation en vue de compétitions 126
1) compétition de club 126
2) préparation individuelle 126
3) chasseurs du littoral 127
4) l'hygiène du chasseur avant et après une compétition ... 129
C — *L'aquaticité et l'adresse* 130

CHAPITRE 4 • LE MATÉRIEL 133

I — **Les armes** 133
a) L'arbalète 134
b) Les sandows 135
c) Les flèches 139
d) Les tridents 140
e) Les ogives 141

II — **Le tuba** 141

III — **Le masque** 142

IV — **Les palmes** 142

V — **Le lestage** 143
a) La ceinture 143
b) Le baudrier 144
c) La gueuse 145

VI — **Le poignard** 146

VII — **Les vêtements isothermiques** 146

VIII — **Les gants** 148

IX — **Les chaussons** 148

X — **Le gantchou** 148

XI — **La mentonnière** 148

XII — **Le moulinet** 149

XIII — **Les genouillères** 149

XIV — **L'accroche-poissons** 149

XV — **La planche de chasse** 149

CHAPITRE 5 • CHOIX DES LIEUX DE CHASSE 151

I — **Précisions pour l'océan Atlantique et la Manche** 151

II — **Comment rechercher une zone intéressante** 152
A — *Si les recherches visuelles sont impossibles* 152
a) Consulter les cartes marines 152
b) Consulter les autochtones 154
c) Consulter les ouvrages spécialisés 155
d) Comment repérer un lieu intéressant sur la carte ou en mer 155
B — *Si les recherches visuelles sont possibles* 157
a) Terrain déjà connu 157
b) Terrain inconnu 158

CHAPITRE 6 • LES TECHNIQUES DE CHASSE 159

I — **En pleine eau** 159
A — *L'agachon* 159
a) agachon en pleine eau 160
b) agachon au bord des trous 163
B — *La coulée* 163

II — **Chasse à trous** 165
A — *On voit le poisson s'enraguer* 165
a) le poisson est peu chassé 165
b) le poisson est chassé 166
B — *On ne voit pas le poisson s'enraguer* 166

III — **Autres techniques** 168
A — *Combinaison* 168
B — *Demi-plongées* 168

C — *Mini-agachon* 169
D — *Technique de la gueuse* 169
E — *Chasse à la bouée* 170
a) bouée ou planche avec mouillage 170
b) arbalète reliée à la bouée 170
c) chasseur relié à la bouée par une ceinture largable 172

IV — **La chasse profonde** 173
A — *Préparation avant la mise à l'eau* 174
B — *Préparation avant la plongée profonde* 175
C — *Préparation en surface* 175
D — *Descente* 176
E — *Au fond* 176
F — *Remontée* 178
G — *En surface* 178
H — *Observations générales* 179

CHAPITRE 7 • LES PRINCIPALES ESPÈCES DE POISSONS CHASSÉS EN MER MÉDITERRANÉE ET OCÉAN ATLANTIQUE 183

I — **Le mérou** 183
II — **La liche** 190
III — **Le denti** 195
IV — **Le loup** 198
V — **Le corb** 203
VI — **Le sar** 206
VII — **La vieille** 211
VIII — **La dorade royale** 217
IX — **Le muge** 219
X — **La rascasse** 222
XI — **Le rouget** 223
XII — **La mustelle** 225
XIII — **La saupe** 227
XIV — **Le congre** 229
XV — **La murène** 232
XVI — **Les crustacés** 234
1) la langouste 234
2) la cigale 236
3) le homard 238
4) l'araignée 240

XVII — **Les céphalopodes** 242
1) la seiche 242
2) le calmar et l'encornet 244

XVIII — **En bref, poissons divers** 246

CHAPITRE 8 • LES DANGERS DE LA CHASSE SOUS-MARINE 251

I — **Dangers directement physiques** 251
A — *Les barotraumatismes* 251
a) Barotraumatisme de l'oreille 251
b) Barotraumatisme des sinus 252
c) Barotraumatisme entraînant des hémorragies nasales 253
d) Barotraumatisme pulmonaire 255
e) Barotraumatisme de la dent 256
B — *L'hydrocution* 256
C — *Les malaises* 257
a) Malaise cardiaque 257
b) Malaise hypoglycémique 257
c) Malaise digestif 258
d) Syndrome de Mendelson 258
e) Anoxie et hypoxie 258
f) Hypercapnie 259
g) La syncope 259
D — *La noyade* 261
E — *Les crampes* 261
F — *L'usage du tabac* 263

II — **Dangers psychiques** 264
A — *La solitude* 264
B — *Les conditions atmosphériques et l'état de la mer* 264
C — *Le mal de mer* 265
D — *L'eau trouble* 266
E — *La notion du temps* 266

III — **Dangers physiques consécutifs aux causes indirectes** 267

A — *Les bateaux* 267
B — *La mauvaise mer* 267
C — *Le matériel en relief sur le corps* 268
D — *Les trous* 268
E — *Le fusil sous-marin* 269
F — *Le vêtement isothermique* 270
G — *Les oursins* 270
H — *Les poissons, crustacés, céphalopodes* 271
I — *L'anémone ou ortie de mer* 272
J — *Physalies et méduses* 272
K — *Les guêpes* 272
L — *Les coups de soleil et les insolations* 272
M — *Le courant, le vent* 273
N — *Les épaves* 274
O — *Les laminaires* 274
P — *Le lest* 274
Q — *Les orages* 275
R — *En toute sécurité* 275

Conclusion 277
Annexe 278

INTRODUCTION

要是你把一条魚送給
一个人，你养活他一
天，要是你教他怎样
捕魚，你养活他一辈
子。

KNAN TSU

Si tu donnes un poisson à un homme
Tu le nourris un jour.
Si tu lui apprends à pêcher,
Tu le nourris toute sa vie.

Vieux proverbe chinois.

Ce vieux proverbe chinois, maintes fois cité, ne peut trouver meilleure application pour un livre dont le but est d'apprendre à..., que KNAN TSU nous pardonne, chasser les poissons.

Pourquoi plusieurs ouvrages sur le même thème en quelques années, des mêmes auteurs, qu'ont-ils donc de nouveau à vous apprendre ?

A vrai dire, honnêtement, peu de choses.

Il est vrai que les techniques ont un peu évolué, le matériel également, mais les poissons, s'ils ont acquis un comportement un peu différent en une décennie, sont toujours des poissons.

Ils possèdent les mêmes qualités mais également les mêmes défauts qui nous permettent dans l'ensemble de les capturer toujours de la même façon.

L'orientation, les idées seront donc les mêmes, mais théoriquement à force de travail et ayant acquis une certaine expérience, une amélioration sensible des sujets abordés devrait apparaître.

Pour apporter un supplément d'information ou d'étude de sujets peu ou pas abordés précédemment, nous nous sommes efforcés d'actualiser des données plus ou moins scientifiques en tentant de les mettre à la portée des chasseurs modernes plus curieux.

Notre ami le docteur Antoine MARIANI que tous les anciens provençaux connaissent, par sa gentillesse, ses connaissances et ses qualités de chasseur nous a apporté un précieux concours dans les domaines où il excelle.

Georges OLIVERAS compétent et dévoué dans le domaine ingrat de l'enseignement de la chasse sous-marine au sein de la F.F.E.S.S.M. par son dynamisme et ses connaissances en qualité d'enseignant en éducation physique, a contribué à la promotion de nombreux cadres indispensables à notre fédération. Je le remercie de son précieux concours.

Il en est de même de quelques champions comme Gilles BELLIER, Michel CLOATRE, de l'espoir vétéran AMBOYAN d'Îlot sport à Marseille, de Pierre VAN EECKE d'Histoire d'eau à Marseille également, de Raymond BOINET de l'Amphore d'argent à Nice, de Christine MALFROY et Jean-Michel THIBERT d'Homo palmus d'Ajaccio et bien d'autres qui par leur dévouement, l'amitié, ont contribué à la réalisation de cet ouvrage.

Le facteur économique aura joué un grand rôle dans son avènement. Si les ouvrages précédents n'ont pas été réédités on le doit en partie à la sacro-sainte rentabilité. Le nouvel intérêt apporté par notre jeunesse à la chasse sous-marine permet d'aborder aujourd'hui le même sujet en le réactualisant.

En espérant qu'il plaise, qu'il aide, qu'il sauve peut-être, bonne lecture et... bonnes chasses.

PRÉAMBULE

Mon cher cousin

Je t'écris de Porto-Pollo, où nous passions nos vacances il y a une vingtaine d'années.

Tout a bien changé, des maisons ont été construites au même coin où nous pratiquions le camping sauvage.

Tu te souviens sans doute du joli sentier que nous empruntions à pied pour « faire » de la chasse sous-marine.

Les petites sources où nous nous désaltérions, surtout à notre retour, sont toujours là et la nature aussi belle avec les criques ombragées par les pins et les petites plages au sable blanc et si fin.

Tu te rappelles certainement des poissons magnifiques que nous prenions. On pouvait même se permettre de demander à l'oncle Jean-Baptiste ce qu'il voulait manger et à tante Angèle si elle voulait une cigale ou préférait une langouste.

Ça ne ratait jamais, tonton voulait toujours un petit mérou et tante la cigale, elle prétendait que ça « la grattait » moins.

On était toujours d'accord, mais il ne se rendait pas compte l'oncle, qu'il fallait le ramener à pied, le mérou.

Heureusement, nous étions jeunes et tellement fiers de capturer de si beaux poissons. Juste ce qu'il fallait pour notre consommation. Il faut dire qu'ils n'étaient pas « profonds » et faciles à prendre.

Il n'y avait aucun problème, quand descendait la famille du village le dimanche. On leur disait, vous portez la cochonaille et le vin pour tonton, nous on fera la bouillabaisse et les oursins. Des fois, ils préféraient les langoustes.

A ce sujet, l'autre jour, je suis « tombé » sur la photo où l'on voit la cousine Julie tenir les deux langoustes de 1,5 kg chacune, que nous avions prises à Capo-Nero dans 8 mètres.

Cette chipie de Julie qui disait à tout le monde que nous allions à 12 mètres attraper les poissons alors que l'oncle, qui était dans la marine à Marseille, nous interdisait d'aller au-delà de 10 mètres, parce que nous pouvions « exploser », qu'il disait !...

Tous les chasseurs sous-marins ont un bâteau maintenant. Ils peuvent en 5 minutes faire le trajet pour lequel il nous fallait 1 heure de marche.

J'ai assisté à un drôle de truc. Ils ont des engins qu'ils appellent « scooter sous-marin », ça leur permet de chercher les poissons sans se fatiguer, l'eau est si claire en Corse qu'ils les voient de la surface.

Ça ne fait rien, tu vas me dire, puisqu'ils ne peuvent pas descendre avec.

Détrompe-toi, ils ont une espèce de torpille, qui leur permet d'aller sous l'eau en apnée et de chercher au fond.

Ils ont même fixé sur le bateau, un appareil qu'ils appellent sondeur et qui enregistre le fond qui défile. Il paraît qu'ils arrivent même à voir s'il y a un banc de poissons.

C'est beau le progrès ! Mais il y a quelque chose qui me tracasse. Ils vont plus vite, plus loin, peuvent mieux chercher et pourtant ils prennent moins de poissons qu'à notre époque !

Dans ma « petite tête » je me suis dit que peut-être ils devraient refaire comme nous, laisser le bateau, la torpille et tout le reste et aller chasser à pied par notre petit sentier longeant la mer, bordé d'arbousiers, de cystes et de bruyères.

Ils pourraient même prendre le temps de s'arrêter pour boire l'eau fraîche et limpide des sources.

Mais il faut qu'ils se dépêchent car le maquis commence à envahir le sentier, après il sera peut-être trop tard.

Titin

Enseigner les techniques de chasse, étudier le matériel, connaître les poissons, prendre conscience des dangers, choisir les terrains favorables. Autant de questions auxquelles je m'efforcerai de répondre dans les chapitres suivants.

On peut considérer deux stades dans l'évolution de l'athlète chasseur.

— 1er stade — celui du débutant qui pour la première fois découvrira les fonds sous-marins à l'occasion de vacances passées au bord de la mer.

Il aura tout à découvrir.

Il appréciera certainement, car le paysage sous-marin ne décevra que peu de personnes.

Il renouvellera son expérience, les années suivantes, et admirera girelles et roucaous sur des fonds modestes, sans autres ambitions.

Il sera par définition plongeur libre par opposition au plongeur en scaphandre autonome qui ne l'est pas.

Ou alors, ce sera le déclic, il voudra en savoir plus, aller plus profond, s'enhardir sous quelques voûtes mystérieuses, mais tellement attirantes... Enfin, aboutissement normal, il voudra essayer de capturer ces poissons qui fuient devant son masque !

Ce sera le 2e stade.

Au choix, il pourra alors être baptisé « gogglers » soit un nageur porteur de lunettes sous-marines (de l'anglais) par extension, pêcheur au fusil sous-marin ou au harpon, par contraction « pêcheur sous-marin » et comparaison « chasseur sous-marin ».

Par chasse sous-marine, c'est actuellement sa désignation officielle, il faut entendre la capture des animaux marins, par quelque procédé que ce soit, en action de nage ou de plongée, c'est sa définition légale.

Mais avant d'en arriver là que de chemin parcouru.

Le premier poisson capturé sur la côte méditerranéenne française l'aurait été, par le champion du lancer de javelot provençal Canaldo, en 1936, à la pointe de Cacao à proximité de Cassis, c'est du moins ce que nous révèle Maurice Blain dans un numéro du quotidien *Le Provençal* en 1961.

Perché sur un rocher, il capturait un épaulard avec une lance propulsée par sa force musculaire. Mais peut-on considérer que c'était de la chasse sous-marine, la lance ayant été projetée hors de l'eau sur un poisson nageant en surface ! Dans la définition actuelle ? Non, mais l'idée était « lancée » et le Néo-Calédonien qu'était Canaldo, ne s'arrêtait pas là.

Excellent nageur, il s'attaquait aux poissons dans l'eau cette fois, et les transperçait toujours avec une lance, sans lunettes ni tuba.

Sa lance n'était même pas reliée par une cordelette, aussi la perdait-il souvent ainsi que les poissons blessés qui s'en débarrassaient facilement en se débattant.

Puis apparurent les premières lunettes permettant une meilleure vision dans l'eau et plus tard, le fameux tuba, appelé « respirator », simple tube de caoutchouc long de deux mètres !... Une extrémité dans la bouche et l'autre fixée à un morceau de liège en surface. Les méchantes langues disent que celui qui a inventé le tuba moderne était près de ses sous... par économie, il n'a utilisé qu'une petite longueur et découvert incidemment son côté pratique.

Très astucieux, les chasseurs de l'époque se mettaient un collier en plomb ! simple tuyau d'alimentation en eau, utilisé en ces temps-là, pour mieux plonger et plus vite.

C'est la conjointe d'un pêcheur paraît-il qui aurait suggéré l'utilisation d'un manche à balai, à l'extrémité duquel on fixerait une pointe métallique.

De là, à l'adaptation d'un morceau de chambre à air de vélo pour la propulsion il n'y avait qu'un pas !

C'est un ingénieur russe émigré qui aurait eu l'idée de fixer à ses pieds des pales en bois avec des sangles. Les anciens chasseurs sous-marins marseillais se souviennent l'avoir vu à la grande jetée du port, se mettre à l'eau tout nu, entre les blocs, sans doute, habitué aux froides eaux de la Volga à la recherche des esturgeons !

Puis les étapes se succédèrent rapidement, les lunettes sont remplacées par le masque, mais le nez à l'extérieur nécessite l'utilisation de poires de compensation très caractéristiques. Puis le nez est à l'intérieur, les poires disparaissent pour laisser la place à des cavités en accordéon de part et d'autre des narines.

Progrès énorme car le plongeur en se pinçant les narines arrive à décompresser et à gagner 10 mètres en profondeur et plusieurs pêcheurs atteignent 18 mètres.

Entre temps, des ingénieux comme Beuchat ou Cavallero, créent l'arbalète. Des entreprises florissantes naissent et le matériel français est exporté dans le monde entier.

L'hiver malgré le froid et la tempête, ces précurseurs de la chasse moderne, bravent les éléments. Ils allument un feu au bord et se jettent à l'eau avec un ou plusieurs vieux tricots sur le dos, pour capturer les loups qui viennent frayer au bord. Ils restent dans l'eau une 1/2 heure puis transis, ils se réchauffent autour du feu, pour recommencer un peu plus tard, capturant de magnifiques poissons. Quelle santé, ils avaient nos anciens !

La combinaison isothermique vient à leur secours. Simple caoutchouc mousse, dont les bulles d'air emprisonnées isolent le plongeur.

C'est un pas important vers le confort, mais cette matière trop raide, laisse par la suite la place au néoprène cellulaire. Caoutchouc mousse très souple et extensible, il épouse les formes du corps et isole parfaitement même les extrémités très sensibles, comme les mains, et enfin très bien équipé, tout a donc été inventé !

Non ! Car voici que les palmes s'allongent énormément, créées par les adeptes d'une nouvelle discipline sportive, la nage avec palmes. Le chasseur les adopte et quelle surprise... rapidité, certes, mais surtout rendement extraordinaire, qui lui fait effectuer un bond de sept à huit mètres vers les abysses.

Les poissons descendent eux aussi, qu'à cela ne tienne, on utilise des sandows plus puissants, des flèches plus longues, des gâchettes plus sensibles pour obtenir des tirs précis et plus éloignés.

Cette bouée, indispensable presque, en raison du danger permanent occasionné par les embarcations rapides, mais véritable boulet dans les vagues et le courant, est remplacée par la planche créée par l'un des meilleurs chasseurs sous-marins français de tous les temps, et l'un des plus imaginatifs, Marc Valentin, inspiré sans doute par celle des véliplanchistes ou les plates, des Calédoniens.

Quels progrès, quel confort, mais quelle misère au fond de l'eau !

CHAPITRE 1

L'ENSEIGNEMENT ÉLÉMENTAIRE

Avant de se retrouver quelques mètres sous l'eau, il faut impérativement savoir se maintenir et se déplacer en surface.

I. La nage avec palmes

Il lui faudra s'adapter, même s'il est déjà bon nageur, aux indispensables palmes, surtout s'il opte pour des palmes longues, très efficaces, mais encombrantes.

Je conseille évidemment celles-ci, car elles assurent une nage plus rapide, et surtout, gros avantage, font gagner quelques mètres en profondeur, pour le même effort.

Une nage impeccable favorisera :

- une économie d'énergie, et les moins jeunes en seront conscients
- une efficacité par une rapidité d'intervention et une discrétion dans les mouvements.

La discrétion qui sera un mot clé de l'enseignement, sera donc possible avec ces palmes longues, mais plus nerveuses que les normales, attention lors de l'approche des poissons ou d'un lieu propice à leur rencontre.

Sur l'eau, il faudra donc éviter les battements en surface, et au contraire, s'efforcer d'évoluer uniquement dans l'eau, par des mouvements très amples. Des plombs aux chevilles devraient le faciliter, et nous verrons plus loin, qu'ils auront une autre fonction.

Les croquis p. 20, décomposent les cinq phases du palmage. Le battement actif, s'effectuant surtout à la descente, on s'aperçoit que la jambe est raide pour être efficace, même en 3, lors de la remontée.

Par contre, la cassure aux genoux est assez importante à l'arrivée en surface.

Sous l'eau, il faudra, au début, s'appliquer, car nombreux sont les chasseurs qui ont tendance à pédaler, comme sur une bicyclette.

Le rendement est alors moindre, la remontée trop lente et dangereuse.

Il lui aura fallu aussi s'adapter au masque et tuba, mais comme je le signale plus loin, ce sont souvent ces deux accessoires élémentaires qui auront attiré le futur adepte.

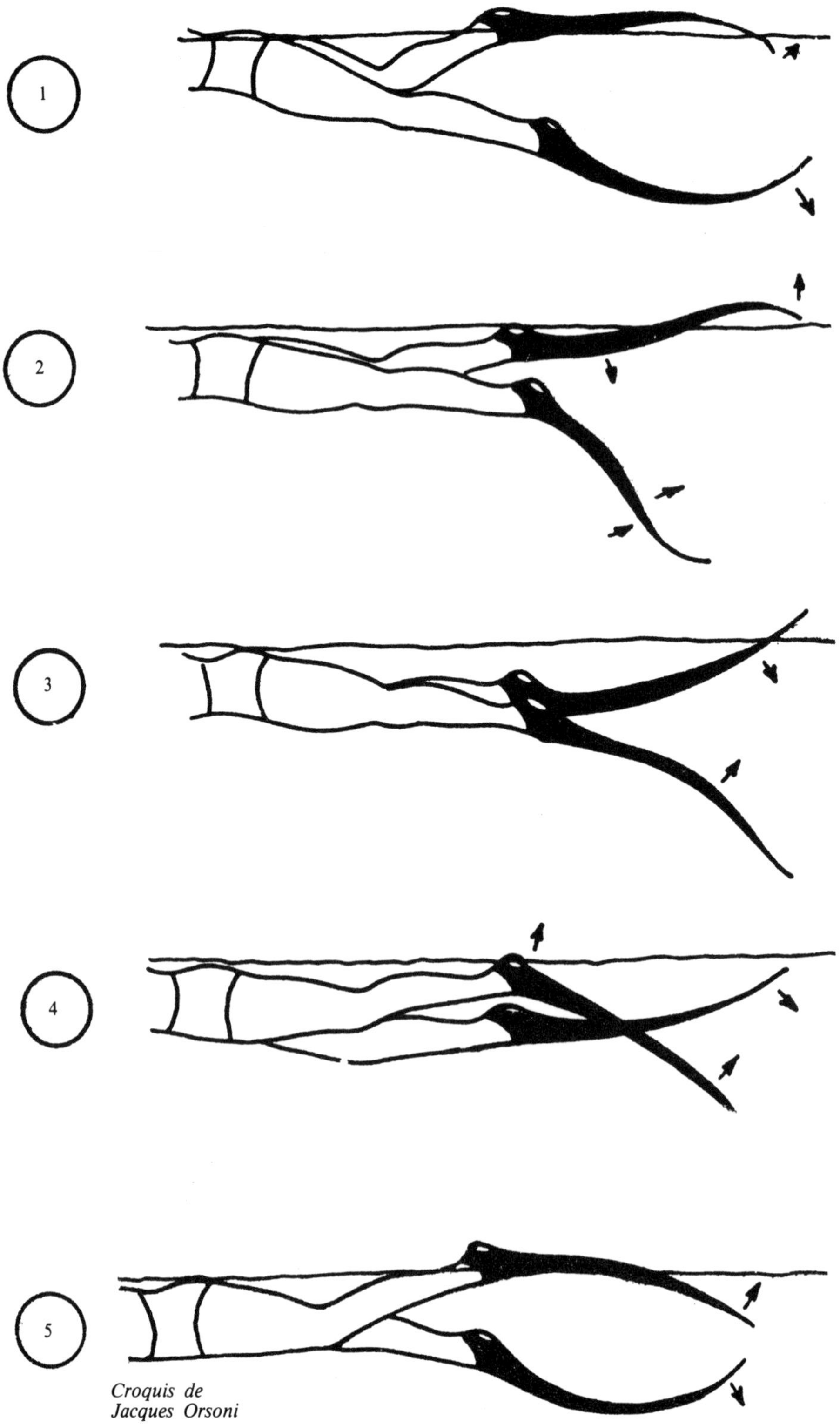

Croquis de
Jacques Orsoni

Par la suite, pour s'immerger trois opérations seront nécessaires :
— une hyperventilation,
— une culbute,
— un équilibrage du tympan.

II. L'hyperventilation et l'apnée

L'hyperventilation, telle que nous la pratiquions il y a quelques années est révolue.

Elle a fait progresser la chasse sous-marine, en permettant à la plupart d'entre-nous, d'aller plus profond et de rester plus longtemps sous l'eau, mais peut-être est-elle à l'origine de nombreux accidents mortels ?

Une méthode plus douce supplante cette méthode très « démonstrative, gesticulée et bruyante », pratiquée autrefois.

Mais pourquoi faut-il s'hyperventiler ?

Lors d'un effort le rythme cardiaque augmente considérablement. Il en résulte la nécessité naturelle d'une progression du rythme respiratoire pour apporter l'oxygène nécessaire au sang qui afflue dans les poumons et le débarrasser du gaz carbonique.

Cet apport ne se produit pas pendant la plongée, et l'apnée, même accompagnée d'efforts modérés est éprouvante sans ré-oxygénation. Elle entraîne parfois une syncope, si cet effort se prolonge.

L'homme ne possédant pas de branchies, cet oxygène qu'il ne peut se procurer au fond, il l'emmagasinera par l'hyperventilation, mais plus encore, il retardera le réflexe respiratoire déclenché par la saturation en gaz carbonique.

A mon avis, les apnéistes peuvent être groupés en 3 catégories. Le doué, le « commun des mortels » et le super-entraîné. On pourrait en ajouter une 4e, les adeptes de la méthode dite de Jean-Denis Caumer, et décrite par Tony Salvatori dans son numéro spécial d'*Océans*, consacré à la chasse sous-marine.

A. LES DOUÉS

Il y en a dans beaucoup de domaines, dont celui du sport. En chasse sous-marine, pour eux l'apnée prolongée ne pose aucun problème. La preuve en est, que des chasseurs n'ayant pas pratiqué la chasse pendant plusieurs semaines, ni aucun autre sport sont capables d'effectuer des agachons de 30 secondes environ à plus de 20 mètres. Sans utiliser de méthodes particulières de préparation à l'apnée, mais tout simplement en effectuant une hyperventilation classique telle que nous la pratiquons habituellement.

B. LES AUTRES

Il est par contre impensable pour la plupart d'entre nous, d'égaler leurs performances après un arrêt aussi prolongé. On peut donc en conclure, que même pour chasser dans de modestes profondeurs de 12 à 15 mètres, il nous faudra pratiquer l'hyperventilation, afin de tenir des apnées correctes et éviter l'asphyxie.

C. LES SUPER-ENTRAÎNÉS

Doués ou non, pour eux l'hyperventilation, ou ventilation, c'est le terme usité actuellement, est très réduite. L'entraînement constant auquel ils sont soumis ne nécessitant pas une longue préparation.

Nous avons le cas, il est vrai exceptionnel, du champion de chasse le plus titré du monde, Amengual, qui lors d'une interview d'*Apnéa n° 1* nous précisait : qu'il chasse cinq jours par semaine à raison de cinq heures par sortie ; qu'il ne pratique pas une hyperventilation, respire normalement, avant de plonger vide l'air de ses poumons, respire profondément et plonge. Il n'a aucune méthode particulière, aucune astuce, aucun secret !

Magnifique champion espagnol ! Il a tout de même la possibilité de passer, en déduisant le temps de sommeil, le quart de son temps dans l'eau !

Nous retrouvions cela également, à l'époque du plein épanouissement des champions de ma génération, alors que nous étions au sommet de notre carrière sportive.

Effectivement, nous avions constaté, qu'arrivé à un certain stade de l'entraînement, il était beaucoup moins nécessaire de s'hyperventiler. Le besoin s'en faisait de moins en moins sentir au fur et à mesure des plongées lors d'une sortie de chasse alors qu'habituellement les premières plongées s'avèrent laborieuses.

Si l'on insistait, ces hyperventilations prolongées, provoquaient un phénomène désagréable se manifestant par un léger et rapide étourdissement (comme saoulé d'oxygène), en surface, accompagné de picotements aux extrémités des doigts de mains.

Nous savions alors, que nous arrivions au top niveau de notre préparation, ce qui nous interdisait de pousser plus loin notre entraînement, mais en conservant cet « état de grâce », nous assurait des exploits lors des compétitions internationales.

Si ce phénomène réapparaissait, il nous fallait alors patienter calmement, par une respiration normale, pour obtenir un rétablissement de notre état, pour effectuer enfin la plongée.

D'autre part, si dans les années 60-70, notre génération n'avait pas besoin de chasser dans les profondeurs actuelles, le temps d'apnée était identique, car nous nous promenions d'une pierre à l'autre, au fond, pour trouver un beau poisson.

Ce raisonnement est confirmé par des champions français actuels, qui questionnés à ce sujet, précisent qu'ils n'éprouvent pas le besoin d'une ventilation poussée, pour chasser dans des profondeurs importantes. Ils sont en effet au top-niveau de leur entraînement d'été, car sollicités soit par les compétitions, soit par l'attrait des poissons nobles, de la saison estivale.

D. RESTENT LES ADEPTES DE LA MÉTHODE JEAN-DENIS CAUMER

L'originalité de celle-ci d'après les écrits de Tony Salvatori, consiste à bloquer la respiration, avant d'effectuer la plongée, non pas par le diaphragme, mais par la glotte. Or personnellement, et je ne suis pas le seul, j'ai toujours bloqué ma respiration de cette manière.

J'avoue être un peu perdu, mais comme le précise Tony, il a « un truc » ! Comment faut-il pratiquer l'hyperventilation moderne ?

La seule évolution importante à mon sens, est l'élimination des mouvements « parasites » contraires au but recherché, car contribuant à la dépense inutile d'énergie.

On élimine donc, les mouvements de bras et de jambes préconisés naguère, et on effectuera une respiration poussée, soit inspiration et expiration, c'est-à-dire une hyperventilation, mais contrôlée et limitée.

« Les chasseurs doivent être conscients du danger d'une hyperventilation trop prolongée dont certains abusent » d'après les docteurs Préfaut et Mercier dans un article d'*Apnéa n° 5* de janvier-février 1987. Ils ajoutent : « le temps maximal d'une hyperventilation, au lieu d'atteindre les 3 minutes, comme c'est souvent le cas, ne doit pas dépasser en fait les 50 secondes ».

Pour cela, le chasseur se trouve à l'horizontale, bras et jambes dans une position d'équilibre naturel.

Aucune contrainte, aucune tension des muscles, hormis ceux contribuant à la respiration, ne devront être sollicités.

Cette respiration sera calme, décontractée, la respiration venant du ventre, comme le conseille Jean-Denis (*Apnéa n° 2*, article de Tony Salvatori, intitulé « Jean-Denis Caumer, ou l'art de chasser en toute sécurité »). « Inspirer en relâchant au maximum la paroi abdominale, le ventre se détend, le diaphragme se déforme, les poumons s'emplissent ».

Expirer ensuite profondément.

Caumer expire en deux temps, le premier en expirant naturellement, mais il fait suivre cette expiration, par une contraction de l'abdomen, d'une expiration lente et profonde.

Effectuer le nombre d'hyperventilations en fonction :

— du degré d'entraînement,
— de la profondeur envisagée,
— de la technique adoptée.

Il est évident, que pour effectuer un agachon afin d'essayer de capturer un denti, la préparation sera nettement plus longue, que l'inspection d'une pierre à 7 ou 8 mètres de profondeur.

Après cette succession de respirations poussées, respirer normalement quatre ou cinq fois avant d'effectuer la plongée.

Hugues Dessault conseille de les alterner de petites apnées, ce qui fait baisser le rythme cardiaque, observation que l'on retrouve dans les ouvrages médicaux, nous précise le Dr Pacual.

L'hyperventilation permettra donc de tenir une apnée suffisante, pour avoir le loisir de capturer des poissons ou tout simplement admirer les fonds sous-marins, faire des photos, ou ramasser des coquillages.

On obtiendra ainsi, des apnées de 35 à 40 secondes, permettant de prospecter des petits fonds de 8 à 10 mètres.

Lors de compétitions, certains chasseurs, dépassent 1' 30'', entre la plongée et la remontée.

On peut prolonger l'apnée différemment que par l'hyperventilation.

a) en utilisant l'air contenu dans le masque lors de la remontée,

b) quelques rares chasseurs s'inspirant des yogis, utilisent l'air préalablement avalé, qu'ils restituent par la suite. Ils savent même le maintenir dans l'œsophage,

c) paradoxalement, l'exercice musculaire durant l'apnée en recule le point de rupture,

d) la période digestive est une grande dévoreuse d'énergie, au détriment de l'apnée évidemment.

Il y a des êtres exceptionnels, comme Jacques Mayol, d'origine marseillaise, pour lui une apnée de 4' 30'' est facile et le record serait de 6' 30''.

ÉVOLUTION DES RECORDS DE PLONGÉE LIBRE EN APNÉE

Nom	Profondeur en mètres	Lieu	Temps	Date
		RECORD MASCULIN		
Raimondo Bucher	30	Naples (Italie)		1949
Ennio Falco et Alberto Novelli	35	Naples (Italie)		1951
Raimondo Bucher	39	Capri (Italie)		1952
Ennio Falco et Alberto Novelli	41	Rapallo (Italie)		1956
Amerigo Santarelli	43	Rio de Janeiro (Brésil)		1960
Amerigo Santarelli	44	Circep (Brésil)		Sept. 1960
Enzo Maiorca	45	Syracuse (Italie)		Sept. 1960
Amerigo Santarelli	46	S. Margherita (Italie)		Oct. 1960
Enzo Maiorca	49	Syracuse (Italie)		Oct. 1960
Enzo Maiorca	50	Syracuse (Italie)		Août 1961
Enzo Maiorca	51	Ustica (Italie)		Août 1962
Enzo Maiorca	53	Syracuse (Italie)		Août 1964
Enzo Maiorca	54	Acireale (Italie)		Juil. 1965
Tetake Williams	59	Rarotonga (Polynésie)		Sept. 1965
Jacques Mayol	60	Freeport (Bahamas)		Juin 1966
Enzo Maiorca	62	Syracuse (Italie)		Nov. 1966
Robert Croft	64	Fort Lauderdale (USA)		Fév. 1967
Enzo Maiorca	64	Sept (Cuba)		Sept. 1967
Robert Croft	66	Fort Lauderdale (USA)		Déc. 1967
Jacques Mayol	70	Fort Lauderdale (USA)		Janv. 1968
Robert Croft	73	Fort Lauderdale (USA)		Août 1968
Enzo Maiorca	72	Ognina (Italie)		Août 1969
Enzo Maiorca	74	Ognina (Italie)		Août 1970
Jacques Mayol	75	Futo (Japon)		Sept. 1970
Jacques Mayol	76	Ito (Japon)		Sept. 1970
Enzo Maiorca	77	Ognina (Italie)		Août 1971
Enzo Maiorca	78	Ognina (Italie)		Août 1972
Enzo Maiorca	80	Gênes (Italie)		Août 1973
Jacques Mayol	85	Elbe (Italie)		Nov. 1973
Jacques Mayol	86	Elbe (Italie)		Nov. 1973
Enzo Maiorca	87	Sorrento (Italie)		Sept. 1974
Jacques Mayol	92	Elbe (Italie)		Oct. 1975
Jacques Mayol	100	Elbe (Italie)		Nov. 1976
Jacques Mayol	101	Elbe (Italie)	3'10''	Nov. 1981
Jacques Mayol	105	Elbe (Italie)	3'16''	Oct. 1983
		RECORD FÉMININ		
Angela Bandini	52	Elbe (Italie)	2'30''	Mai 1983

La profondeur aura évolué dans des proportions spectaculaires, ces dernières années. Or celle-ci est liée directement à l'apnée par un phénomène psychosomatique, comme le précise Mayol dans ses commentaires.

Avec le Français Jacques Mayol et l'Italien Enzo Maiorca, les records de plongée libre, sans appareil respiratoire, ont vite évolué.

Le Marseillais considère qu'une plongée en apnée à moins 50 mètres, est banale pour lui. Il a d'ailleurs effectué une plongée à moins 61 mètres, sans gueuse.

Le 19 septembre 1985, il atteignait, avec une gueuse cette fois, moins 105 mètres, qui le tractait vers les abysses en 3' 16''.

Mais ce qui est surprenant, c'est qu'il établisse ce record à 56 ans ! Tous les espoirs nous sont donc permis.

Ceci semble incroyable... mais l'on comprend mieux ses performances lorsque l'on connaît la volonté et le discernement d'un Mayol qui n'effectue rien à la légère.

Son entraînement est basé sur le yoga et on le voit régulièrement effectuant des apnées en piscine dans les positions caractéristiques de cette discipline. Il a effectué (voir *Océan n° 106* de février 82) avant de s'attaquer à ce record, des plongées au Pérou dans le lac Titicaca, à 5 000 m d'altitude. Il a également séjourné en Inde, où il s'est exercé au Prayanama !

Une diététique saine, indispensable, complète son entraînement et en bon méridional, il consomme beaucoup d'ail, excellent pour les apnées.

Renseignements recueillis dans « Études et Sports sous-marins n° 60 — il apparaît que l'homme comme les mammifères marins, castors ou dauphins, a une faculté latente d'adaptation à l'immersion.

Elle se traduit par un ralentissement du pouls et par une translation du sang de la périphérie du corps, vers le cœur, le cerveau et les tissus capillaires des poumons.

Ceci a été confirmé par des expériences sur Mayol pendant ses plongées profondes.

En conclusion, une fois entraîné à l'hyperventilation et après avoir de ce fait amélioré considérablement l'apnée, la profondeur devient pour beaucoup un problème secondaire.

Ce qui empêche la plongée profonde, c'est l'apnée limitée où le facteur psychologique, doublé parfois d'une angoisse qui bloquent nerveusement deux organes essentiels du chasseur, les oreilles et les sinus frontaux.

Une personne normalement constituée et moyennement entraînée est capable de chasser entre 10-12 mètres, facilement en eau claire et calme. Si elle chasse à cette profondeur, elle peut faire des plongées à 15 m à l'aise.

Nos ancêtres chasseurs sous-marins des années 38-42, période où ils se multipliaient en raison des restrictions alimentaires, malgré l'interdiction des autorités allemandes de pratiquer ce sport, ne s'hyperventilaient pas.

Robert Devaux, disparu prématurément, nous expliquait dans son excellent ouvrage écrit en captivité, « Initiation à la chasse sous-marine » qu'il fallait effectuer continuellement des apnées de 30 à 40''.

En effet, ils en étaient encore à l'amélioration du masque, et le vulgaire tuba avec ou sans balle de ping-pong, n'avait pas encore été inventé ! Il leur fallait donc régulièrement prendre une inspiration sur le côté, un peu comme un nageur de crawl, et retenir leur respiration, chapeau les anciens !

III. La culbute

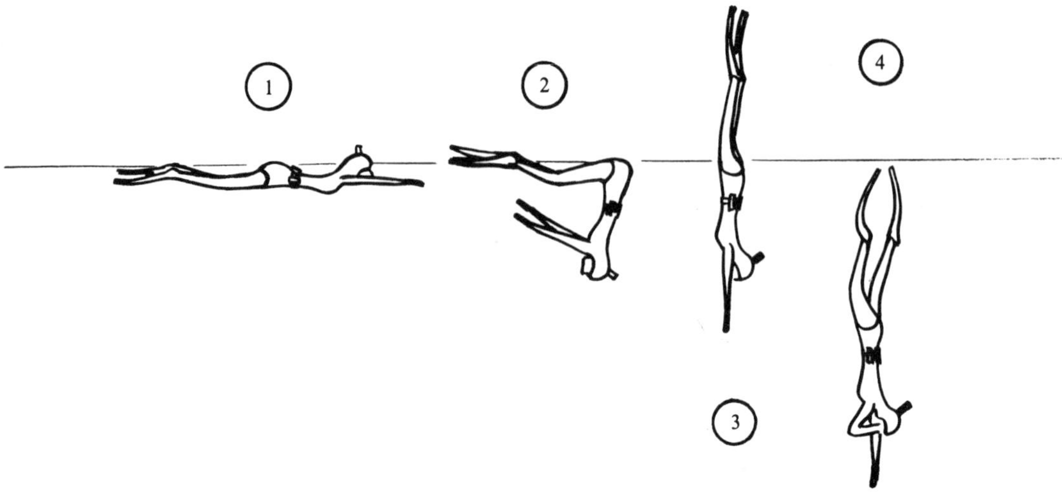

Je me souviens avoir été surpris, alors que j'étais moniteur de chasse sous-marine dans un club de vacances, par les difficultés éprouvées par les adeptes, pour effectuer cette culbute ou canard lors de leur première leçon.

Ce n'est donc pas si simple, que cela ! Il est bon de rappeler que le corps humain est en flottabilité positive, il est donc théoriquement impossible de se noyer. Il y a d'autre part, une loi définie depuis bien longtemps par le physicien Archimède, qui nous aide à mieux comprendre la difficulté à pénétrer dans ce fluide, sauf par exemple si l'on se propulse du haut d'un rocher, puisqu'il a tendance à nous repousser vers le haut.

Mais Janou l'a bien assimilé, et elle nous le démontre :

En 1 — après s'être hyperventilée, elle se décontracte, allonge les bras, les mains à plat sur la surface.

En 2 — par un violent coup de rein et après avoir inspiré, elle se casse en deux, à la hauteur du bassin, le tronc perpendiculaire à la surface, comme si elle voulait attraper ses chevilles.

En 3 — ses jambes à leur tour pivotent et viennent dans l'alignement du tronc. Elle a vaincu la loi d'Archimède, car le poids des jambes et des palmes s'ajoutent à celui du tronc déjà immergé, et elle s'enfonce, lentement.

En 4 — dès que les palmes sont dans l'eau, elle nage par de grandes amplitudes des jambes, et le tour est joué.

Il lui est arrivé au début de donner un coup de rein trop violent qui lui faisait faire un tour complet, ou alors, pas assez nerveux, et se croyant dans l'eau, ses palmes fouettaient l'air inutilement, ou la surface bruyamment, méthode inefficace.

La discrétion étant l'objectif n° 1, certains préconisent de ne soulever qu'une seule jambe en (3), la pénétration sera alors plus lente. Si le mouvement est bien fait, il est inutile que le coup de rein soit violent. Car s'il est efficace avec l'aide du bras libre le poisson repéré n'aura peut-être pas été effrayé. Mais nous approchons de la perfection !

IV. Équilibrage des oreilles

Comme je le citais précédemment, un progrès énorme apparut lorsque les masques furent équipés de deux petites cavités, autorisant le pincement de nez (détail à ne pas négliger lors de l'achat d'un masque pour votre enfant si jeune soit-il, afin de l'éduquer en conséquence, et lui éviter quelques douleurs... qu'il ne vous avouera d'ailleurs pas !).

Il faut donc se pincer les narines, souffler dans le nez, ou déglutir.

Surtout n'attendez pas d'avoir mal aux oreilles, mais répétez l'opération systématiquement tous les 1,5 à 2 mètres de profondeur. (Voir le chapitre « Données physiologiques — l'air dans les oreilles ».)

CHAPITRE 2

ENSEIGNEMENT GÉNÉRAL DE LA CHASSE SOUS-MARINE

La vulgarisation de la chasse sous-marine, son engouement de plus en plus prononcé, la croissance régulière du nombre des adeptes, ont incité les responsables à se doter de cadres techniques, pour enseigner ce magnifique sport par la création de certains diplômes.

L'apparition de stages de week-end dans les principaux comités et la multiplication de séjours d'une semaine à l'initiative de la commission nationale ou de clubs privés tel le club APNEA, sous la houlette de Robert Mauries, Directeur de la revue APNEA, (consacrée à la chasse sous-marine en grande partie) confirme cet essor.

L'enseignement prend donc une place prépondérante dans notre discipline. Je vais m'efforcer, grâce aux connaissances acquises lors de mes responsabilités antérieures, d'apporter des idées, des orientations susceptibles de servir les clubs ou comités à l'organisation de stages.

I. La formation

Depuis 1985, la nouvelle équipe dirigeante, plus jeune et dynamique, aux idées nouvelles, impulse un « second souffle » à l'enseignement, conduite par Georges Oliveras, professeur d'éducation physique et excellent chasseur sous-marin.

Un nombre important de bénévoles, parfois sans titres mais grâce à leurs qualités et connaissances, favorisent une intense activité au sein des clubs ou comités par l'organisation de sorties en mer, entraînements, ou stages.

L'idéal serait, comme je le préconise ultérieurement, la création de stages préliminaires aux examens de monitorat par les comités ou clubs, afin d'élargir les chances de réussite des candidats. On leur dispenserait des cours théoriques et pratiques adaptés au programme des épreuves.

L'objectif des responsables fédéraux, délaissant temporairement le monitorat d'état en projet (M.A.S.S.A. monitorat d'activités sportives subaquatiques, brevet pluri-disciplinaire, chasse, orientation, nage avec palmes, eaux vives, hockey), est de s'appuyer sur une masse importante d'initiateurs dans les clubs, mais surtout de moniteurs et instructeurs dans les comités.

II. Diplômes

Schéma de l'organisation des différents examens.

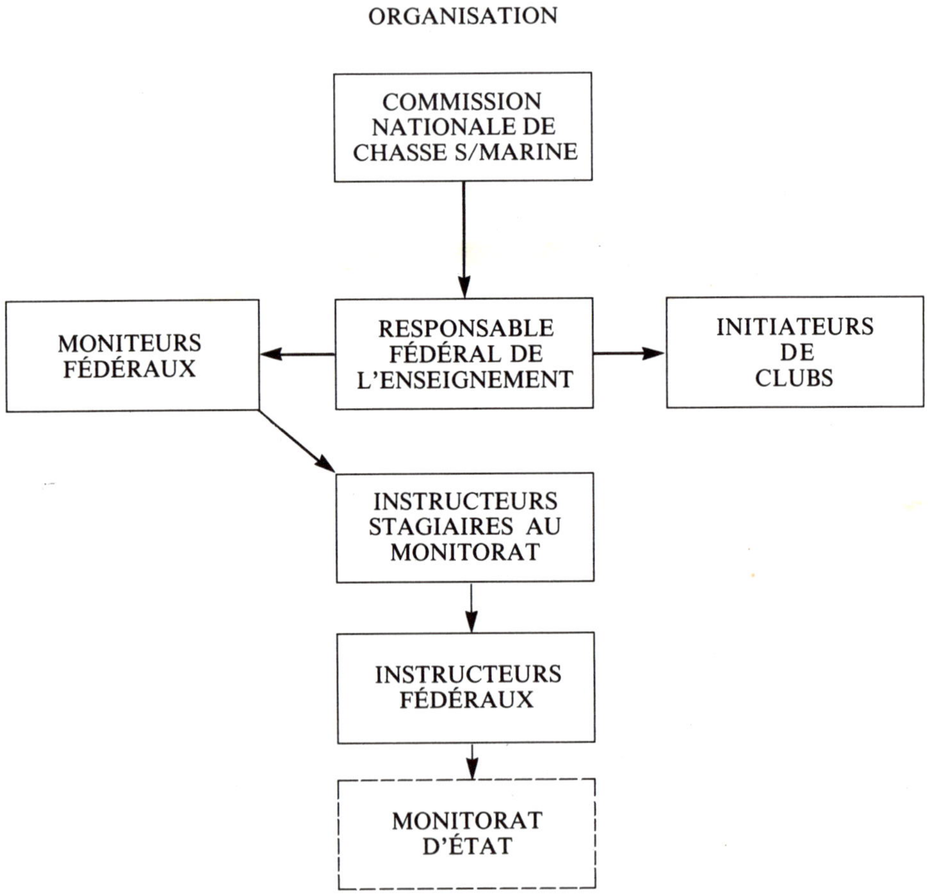

A. INITIATEUR DE CLUB

Il enseigne dans un club ou comité et encadre les stages de club sous la responsabilité d'un moniteur fédéral.

FONCTION INITIATEUR

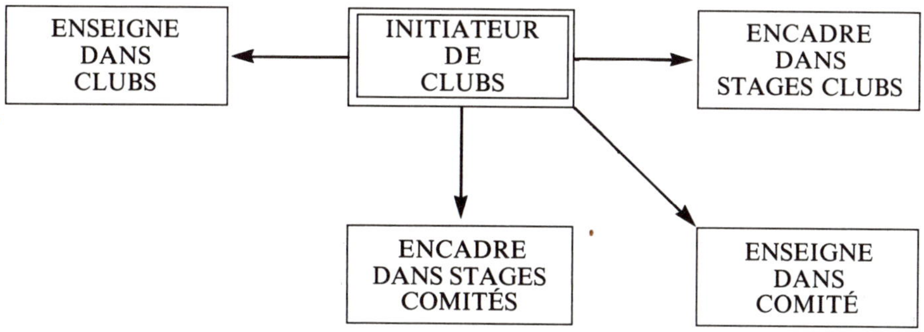

DIPLOME D'INITIATEUR DE CLUB

CONDITIONS DE CANDIDATURE :

— Etre licencié à la F.F.E.S.S.M.
— Etre assuré catégorie II ou III
— Etre âgé de 18 ans révolus à la date de l'examen
— Etre en possession d'un certificat médical d'aptitude datant de moins de 3 mois.

ORGANISATION :

Ce brevet est organisé à l'échelon club ou régional. Le Président du club ou le délégué au Comité doit avertir le Président de la Commission régionale de chasse sous-marine au moins un mois avant la session d'examen et prendre en charge l'organisation matérielle de l'examen.

JURY :

— Président : l'instructeur ou moniteur délégué au Comité
— Membres du Jury : au moins :
— 1 moniteur fédéral de chasse sous-marine
— 1 médecin fédéral ou 1 moniteur national de secourisme, ou 1 moniteur fédéral diplômé de secourisme avec mention réanimation
— Le Président du club organisateur (si organisé à l'échelon club).

ÉPREUVES :

— 4 groupes d'épreuves pouvant être l'objet d'une obtention séparée et d'une capitalisation.
Dans le cas de l'obtention séparée :
— moyenne 10/20 par groupe d'épreuves
Dans le cas de la capitalisation :
— moyenne générale de 10/20, sans avoir obtenu de note éliminatoire.

1er GROUPE : ÉPREUVES PHYSIQUES ÉLIMINATOIRES SANS NOTE

A) Remonter un mannequin de 3 à 5 m de fond et le maintenir en surface pendant 1 mn avec déplacement.
Effectuer en maillot de bain un 100 m en moins de 4 mn.

B) Équipé en tenue de plongeur sous-marin :
Aller chercher un mannequin sur un fond de 5 m et le remorquer sur 25 m
Effectuer 2 × 25 m en apnée en piscine avec 20'' de récupération entre les 2 apnées.

2e GROUPE : ÉPREUVES PRATIQUES

— 400 m de nage avec palmes :
4' = 20 pts, toutes les 15'' en plus = moins 1 pt — *Coeff. 1*
— Épreuve pratique de secourisme élémentaire et de réanimation (moins de 10/20 : éliminatoire) — *Coeff. 1*
— Épreuve de chasse sous-marine : — *Coeff. 4*
(2 heures, 2 notateurs)
Critères : aisance, palmage, canard, tactiques, efficacité, tir, sécurité, etc...
(Moins de 6/20 : éliminatoire)

3e GROUPE : ÉPREUVES THÉORIQUES

— Accidents dus à la plongée libre et prévention.
Discussion sur le niveau théorique, physique, physiologique, accidents. — *Coeff. 1*
— Connaissance du matériel courant. — *Coeff. 1*
— Connaissance de la réglementation générale. — *Coeff. 1*
— Notions de navigation et matelotage, sécurité en mer. — *Coeff. 1*
— Connaissance des espèces locales concernées par la chasse sous-marine. Connaissance des fonds. — *Coeff. 1*
— Structure Clubs et Régionale. — *Coeff. 1*

4e GROUPE : ÉPREUVES PÉDAGOGIQUES

— Conduite d'une séance d'initiation ou de préparation à un groupe — *Coeff. 2*
— Conduite d'un cours théorique sur un sujet se rapportant à la chasse :
apnée, froid, poissons, etc.
ou préparation avec un groupe de débutants d'une sortie en mer, avec les problèmes qui s'y rapportent :
sécurité, météo, équipes, etc. — *Coeff. 2*

B. MONITEUR FÉDÉRAL

On est loin de l'époque où Dessault, Jouve, Lléna, Salvatori Tony, Valentin et moi-même furent les premiers moniteurs désignés sur titres et aptitudes. Lorsque l'on connaît la carrière sportive d'abord, puis fédérale, de la plupart d'entreeux, on ne peut je pense, qu'être satisfait sur le choix.

Par leur persévérance, malgré les aléas inévitables à une telle entreprise, les orientations générales ont abouti à l'enseignement tel que nous le connaissons aujourd'hui et le monitorat en a toujours été la pièce maîtresse.

Certes, le manque de cadres se fait toujours cruellement sentir, mais la déception des premières années, où la plupart des moniteurs titre en poche n'ont jamais rien enseigné, a fait place à une tendance inverse.

Cet examen, sous l'autorité du responsable actuel, Georges Oliveras, chargé d'organiser et de coordonner les actions de formation est supervisé par des examinateurs dont le titre d'instructeur est acquis suivant les critères définis plus loin.

Le rôle du moniteur est d'enseigner :

a) Dans les clubs

L'enseignement étant sous son autorité, il est aidé en cela par les initiateurs de club. Il organise des cours et des stages et peut être membre du jury pour l'octroi des diplômes d'initiateur.

b) Dans les comités

Il enseigne en dispensant des cours théoriques organisant des sorties en mer, entraînant en piscine, participant aux stages.

A défaut d'instructeur, il peut avoir la responsabilité d'un stage et même de l'enseignement dans son comité.

c) A la commission nationale

Le responsable fédéral peut requérir ses services. Le moniteur peut faire acte de candidature au poste d'instructeur stagiaire en vue de l'obtention du titre d'instructeur.

FONCTION MONITEUR

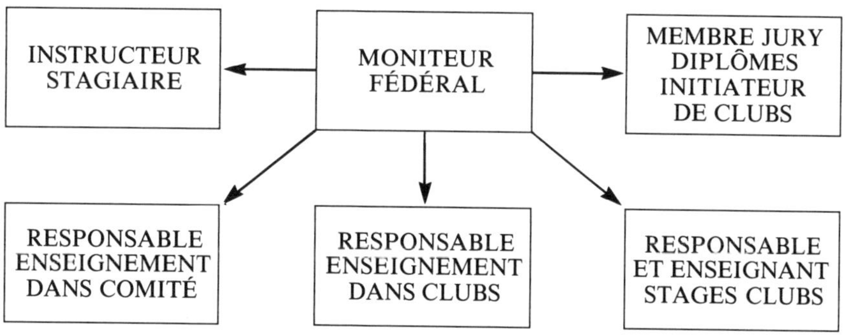

— Voici tout ce qu'il faut savoir pour passer le monitorat.

Le monitorat de chasse sous-marine créé en 1967 est modifié dans sa forme ; le matériel et les techniques de réanimation ont évolué, ainsi que les besoins de formation dans cette activité de loisir, voici donc les nouvelles épreuves pour accéder à ce monitorat.

CONDITIONS D'ADMISSION A L'EXAMEN

— Etre âgé de plus de 18 ans.
— Etre titulaire du permis de conduire les bateaux à moteur de 10 CV et plus.
— Etre possesseur de la licence fédérale de l'année en cours assortie de l'assurance individuelle catégorie II ou III.
— Etre titulaire du brevet élémentaire de plongeur en scaphandre autonome.

CONSTITUTION DU DOSSIER D'INSCRIPTION

— 1 fiche d'état civil
— 1 photo d'identité
— 1 extrait n° 3 du casier judiciaire datant de moins de 3 mois
— 1 certificat médical datant de moins de 3 mois
— 1 photocopie du permis de conduire les bateaux à moteur
— 1 photocopie du brevet élémentaire
— 1 dossier « compte rendu d'activités pédagogiques » (facultatif), prouvant l'activité du candidat en matière d'animation ou d'enseignement de la chasse sous-marine s'il en a une, visé par un instructeur ou un moniteur ou un président de club. (Ce document sera pris en compte pour repêcher un candidat en difficulté devant une épreuve pédagogique ou pour obtenir une bonification).

LES ÉPREUVES

1er GROUPE : ÉPREUVES PHYSIQUES ÉLIMINATOIRES SANS NOTE

— Effectuer une plongée en scaphandre autonome avec interprétation des signaux conventionnels (pas de changement dans cette épreuve)
— Effectuer 3 plongées en apnée à 20 m en 20 minutes, chacune donnant lieu à un tir à 2,5 m ou 3 m sur une cible sommaire mais assez large : 0,20 m × 0,20 m environ.
— Remonter un camarade allongé sur un fond de 12 m sans larguer les ceintures, entamer les techniques de réanimation sitôt arrivé en surface, transport jusqu'au bateau à 30 m, le hisser sur ce bateau de type ZODIAC, effectuer une réanimation cardiaque et respiratoire sur un mannequin spécialisé durant quelques minutes, 2 minutes semblent être un minimum pour la fiabilité de l'épreuve. Cette épreuve serait jugée simultanément par les instructeurs de chasse et par le médecin fédéral de la façon suivante : le candidat est-il capable de remonter quelqu'un — est-il capable de le réanimer ?
Réagit-il de façon adaptée à la situation ?

2e GROUPE : ÉPREUVE PRATIQUE NOTÉE

Les candidats effectueront :
— *une démonstration* des diverses techniques de chasse lors d'une sortie en mer.

Cette épreuve sera notée sur 20 pts (coefficient 2).

Les candidats pourront également bénéficier de bonifications pour cette épreuve s'ils ont atteint les niveaux suivants : Champion de France, d'Europe ou du Monde.

3ᵉ GROUPE : ÉPREUVES THÉORIQUES OU TECHNIQUES

— Connaissance des règlements généraux concernant la chasse sur le territoire national et connaissance approfondie de la règlementation locale de l'endroit où se situera l'examen afin d'en tenir compte lors des sorties, connaissance du fonctionnement de la structure fédérale. Cette épreuve sera notée sur 20 (coefficient 1).

— Connaissance des éléments de navigation, de météorologie, cartes marines, étude de situations critiques lors de sorties en mer, réparations et entretien usuel sur les bateaux et moteurs hors-bord.
— notée sur 20 (coeff. 1).

— Connaissance des poissons et des fonds marins, vie, mœurs, (notions d'écologie), techniques de chasse et matériel approprié.
— notée sur 20 (coeff. 1).

— Connaissance sur l'organisation des secours, les soins d'urgence et connaissance des principes physiologiques qui régissent la plongée libre.
— notée sur 20 (coeff. 1).

4ᵉ GROUPE : ÉPREUVES PÉDAGOGIQUES

— *1ʳᵉ épreuve : Organisation, prévision* du déroulement d'une série de séances d'apprentissage en mer ou en piscine, planification et mise au point de progressions d'exercices permettant d'atteindre le niveau envisagé. Cette épreuve est notée sur 20 (coefficient 2).

— *2ᵉ épreuve :* Présentation *d'une séance avec des élèves,* le déroulement de la séance et la qualité de l'intervention seront appréciés durant cette épreuve notée sur 20 pts et coefficient 2.

Pour ces deux épreuves, le niveau des élèves sera défini, ainsi que les conditions locales, météorologiques et matérielles.

Pour être moniteur, il suffira d'avoir satisfait aux épreuves éliminatoires, d'obtenir plus de 10 par groupe d'épreuves notées sans avoir obtenu de note éliminatoire. Une note inférieure à 6/20 sera éliminatoire *dans chacune des épreuves.*

La note de 10 pts sur 20 serait attribuée à un niveau *de connaissance ou de maîtrise minimale exigibles pour un moniteur* jusqu'au niveau idéal de 20/20.

En cas d'échec à un groupe d'épreuves, le candidat bénéficiera des notes obtenues dans les autres groupes d'épreuves si elles sont satisfaisantes pour la session suivante, (capitalisation) à condition qu'elles ne comportent pas de notes éliminatoires.

COMPTE RENDU D'ACTIVITÉS PÉDAGOGIQUES

Lors de l'épreuve « organisation et prévision du déroulement d'une série de séances », le jury devra consulter le dossier fourni par le candidat, s'il existe, et le questionner sur ce dernier afin d'améliorer une note insuffisante, ou lui accorder quelques points supplémentaires. Ceci pour récompenser le travail d'encadrement fourni dans les clubs ou les comités.

OUVRAGES CONSEILLÉS

RÈGLEMENTS

— « Droits et devoirs du plongeur sous-marin » de Dumas, Éd. du Cosmos (édition épuisée).
— Réglementation générale et locale concernant la pêche sous-marine fournie par les Affaires Maritimes.

ÉPREUVE MÉDICALE ET DE PHYSIOLOGIE THÉORIQUE

— Livre de Biologie humaine du niveau classe de 3^{e}
— La plongée, santé — sécurité des Drs Fructus et Sciarli, Éd. Maritimes d'Outre-mer.
— Article sur la Plongée Profonde par R. Mauries (Revue Études et Sports sous-marins).
— Articles dans la revue Océans.

CONNAISSANCE DE LA FAUNE MARINE

— Poissons de Méditerranée (Delachaux Niestle).
— Les poissons du bord de mer (Éd. Ouest France).
— « Pratique et enseignement de la chasse sous-marine » par R. Stromboni (Éd. Amphora) épuisé.
— Les divers articles de la revue Océans.

CONNAISSANCE DES ÉLÉMENTS DE NAVIGATION

— A partir d'ouvrages permettant la préparation d'un permis « A » des bateaux à moteur.

CONNAISSANCE DU MATÉRIEL

— N° spécial d'Océans « La Pêche sous-marine » de T. Salvatori.
— Les divers ouvrages de R. Stromboni et plus particulièrement « Pratique et enseignement de la pêche sous-marine ».
— « La pêche sous-marine en bande dessinée » par J.B. Esclapez.
— Articles de la revue Océans.

Les divers documents fournis lors des stages d'initiation et de perfectionnement qui se sont déroulés en Languedoc-Roussillon en 82-83-84 et en Normandie 84.

Le but de cet examen est de décerner ce diplôme à des chasseurs sérieux, compétents, en bonne condition physique, mais surtout animés du désir de transmettre leurs connaissances.

D'où l'excellente idée, du rapport d'activité du candidat au sein de son club (rapport facultatif). Utile pour le repêchage.

Il est en effet navrant d'éliminer un candidat un peu juste dans certains domaines, mais plein de bonne volonté, dévoué à son club et passionné de chasse sous-marine. Cette formule de repêchage évitera cette injustice.

Pendant longtemps, la plongée à 20 mètres fut un « épouvantail » ; elle inquiétait et mettait en difficulté les candidats domiciliés trop loin de la mer, mal préparés à cette épreuve.

Cette profondeur est maintenant atteinte par tous les chasseurs dignes de ce nom.

Cette épreuve éliminatoire de trois plongées consécutives, pour les candidats éloignés de la mer s'avère difficile. D'autant plus qu'une action de tir sur une cible doit être effectuée au fond. Précisons que seule l'action compte, la précision n'étant pas exigée.

Je conseille vivement à ces candidats défavorisés de s'entraîner sérieusement. Un séjour de deux ou trois jours en mer, précédant l'examen les aiderait à surmonter cette épreuve.

Il serait mis à profit également, pour affiner la préparation à l'épreuve de sauvetage difficile à réaliser sans bon entraînement, ainsi que l'épreuve de chasse.

Pendant celle-ci, les examinateurs jugeront le candidat sur les techniques de chasses exigées. La non capture de poisson n'est pas éliminatoire, mais il est incontestable que la capture de pièces de qualité influencera favorablement l'examinateur.

Le candidat devra toujours privilégier la sécurité, élément majeur du monitorat.

Votre examinateur y sera sensible.

C. INSTRUCTEUR

Comme son nom l'indique, il a pour mission, d'instruire dans son comité et club, mais toujours sous la haute autorité de la commission nationale. Il peut être employé par celle-ci en qualité d'examinateur pour superviser un examen de moniteur fédéral.

Aussi pour donner une réelle valeur à ce titre, il faudra pour l'obtenir, franchir plusieurs barrages, qui ne sont pas mis en place pour décourager les candidats, mais au contraire, pour filtrer les meilleurs éléments et être certain que les élus auront toutes les qualités requises.

1) Il faut que le futur instructeur soit un moniteur actif, au service de son comité.
2) Il est proposé soit par la commission régionale de chasse, ou par les autres instructeurs de son comité (cooptation).
3) Il vient participer comme stagiaire activement à deux sessions du monitorat.
4) Après cela, les instructeurs décident de l'intégrer, ou non, dans le collège des instructeurs.

Une profession semble plus particulièrement bien placée pour jouer ce rôle, celle de professeur d'éducation physique, qui répond le mieux aux besoins, disponibilité, sens pédagogique, etc.

Il est indispensable que tous les comités aient des instructeurs pour pouvoir orienter les futurs moniteurs, par exemple en effectuant des stages de pré-monitorat avant l'examen, et dans le futur, peut-être les organiser sous leur propre responsabilité, dans les comités, sous la couverture fédérale.

D. DÉLÉGUÉ DE COMITÉ

Dans chaque comité, un instructeur, ou s'il n'en compte aucun encore, un moniteur est chargé de promouvoir particulièrement les actions de formation au sein de son comité.

Il n'a aucun titre, mais il sera dénommé « délégué ».

Il peut organiser et être membre du jury lors de l'examen d'initiateur de club.

III. Étude des différentes épreuves du monitorat

A. 1er GROUPE : ÉPREUVES PHYSIQUES ÉLIMINATOIRES SANS NOTATION

Georges Oliveras, responsable fédéral de l'enseignement de la chasse sous-marine, préconise la technique décrite ci-dessous pour récupérer un noyé, si les chasseurs utilisent un pneumatique. Avec un seul sauveteur, cette technique sera assez difficile à appliquer, surtout pour remonter le blessé sur l'embarcation. Elle demandera un entraînement sérieux.

a) Montée du blessé sur un bateau pneumatique

1) Larguer la ceinture du blessé au fond.

2) Toujours au fond, saisir le blessé sous le menton avec la main gauche ou droite, en passant le bras sous son aisselle, et l'autre main à plat dans le dos (le dos du blessé vers la poitrine du sauveteur).

Tendre le bras correspondant à la main sous le menton, vers le haut, tout en gardant les jambes fléchies, améliorant la qualité des appuis.

3) Pousser violemment avec les jambes, vers le haut, pour décoller du fond, et commencer à palmer. Les jambes du blessé et ses palmes se trouvent plus hautes que celles du sauveteur, ceci lui évitant d'être gêné.

Lors du monitorat, cette épreuve se passe sur 12 mètres de profondeur sans largage de ceinture de lest, par contre le sauveteur doit toujours garder la sienne pour intervenir verticalement.

4) Arrivé en surface, ôter masque et tuba. Faire un bilan très très rapide :

- respiration : oui ou non,
- essayer d'accéder au poul, si cela est possible,
- contrôle de la mydriase (dilatation pupillaire).

Suivant le bilan — frapper sur la poitrine, effectuer le bouche-à-bouche et le massage cardiaque externe, etc.

5) Appeler à l'aide s'il y a un bateau à proximité.

6) Nager jusqu'au bateau s'il est proche, en tirant le blessé sur le dos, le bras du sauveteur n'ayant toujours pas changé de position, sous le bras du blessé, et main sous le menton.

Arrivé au bateau, le blessé doit rester sur le dos, afin d'éviter d'avoir la face dans l'eau.

Deux cas peuvent se présenter, soit une personne est sur l'embarcation, pouvant prêter « main forte », au sauveteur, soit le sauveteur est seul :

Dans le 1er cas (à deux) :

7) Le sauveteur dans l'eau, présente les bras croisés du blessé, dos contre le boudin du pneumatique, à celui qui est sur l'embarcation.

8) Le sauveteur dans l'eau, se maintenant avec une main à l'un des cordages et l'autre bras sous l'entrejambe du blessé, aide le second sauveteur sur l'embarcation, à le hisser tout en le retournant de façon qu'il se retrouve dans la position du croquis ci-dessous ; la face vers le plancher, l'estomac et la poitrine comprimés, facilitant l'évacuation de l'eau ingurgitée.

Dans le 2e cas (sauveteur seul) :

7 bis) Le sauveteur pose une main du blessé, dos contre le boudin, à la hauteur du renfort des dames de nage du pneumatique, et la maintient avec une de ses mains. Il place ensuite la 2e main du blessé sur la 1re. Il les maintient toujours avec la sienne.

8 bis) En se décalant un peu et en prenant appui d'une part sur les mains du blessé et d'autre part à l'un des cordages, d'un puissant palmage et d'un bon rétablissement, il se hisse à bord.

Suivant l'espace disponible, le sauveteur ôtera ou non ses palmes tout en maintenant le blessé. Il placera correctement l'un de ses pieds au fond du bateau, l'autre sur le boudin. S'il a gardé les palmes, il calera au mieux les deux genoux contre le boudin.

Les bras du blessé sont toujours croisés. Le sauveteur, immergera brutalement celui-ci et utilisera la réaction due à la poussée d'Archimède qu'il amplifiera en tirant sur ses bras et en faisant tourner le corps du blessé pour qu'il se retrouve dans la position du croquis ci-dessous.

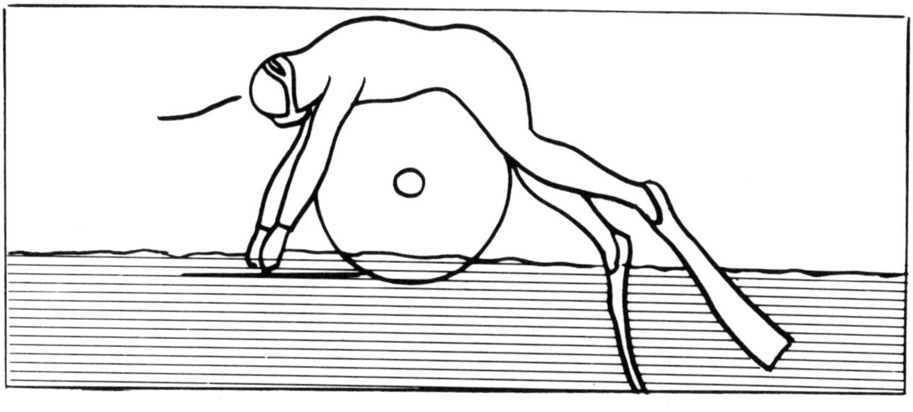

9) Le faire glisser ensuite au fond de l'embarcation et mettre en œuvre seul ou à deux, la méthode de la réanimation complète, à savoir, bouche-à-bouche, massage cardiaque externe suivant l'état du sujet.

b) Possibilité de réanimation en surface en utilisant une bouée

Les moniteurs fédéraux de chasse sous-marine du G.A.S.M. de Toulouse, ont mis au point une technique de sauvetage permettant pour la phase critique de réanimation en surface, une efficacité accrue. Elle repose sur l'utilisation de la bouée boudin classique.

Avec leur permission, je reproduis leur méthode qu'ils s'efforcent de maîtriser en piscine d'abord et en mer ensuite.

Pour être efficace, la bouée sera au 2/3 gonflée.

Cette méthode se décompose en trois temps :

1er temps

Le sauveteur positionne le noyé au fond, en passant son bras sous l'aisselle. De son bras libre, il lui largue la ceinture de lest permettant instantanément une flottabilité positive grâce au vêtement isothermique. Il dégage le tuba de la bouche du noyé et applique sa main sur la bouche, évitant ainsi toute entrée d'eau, le masque restera appliqué.

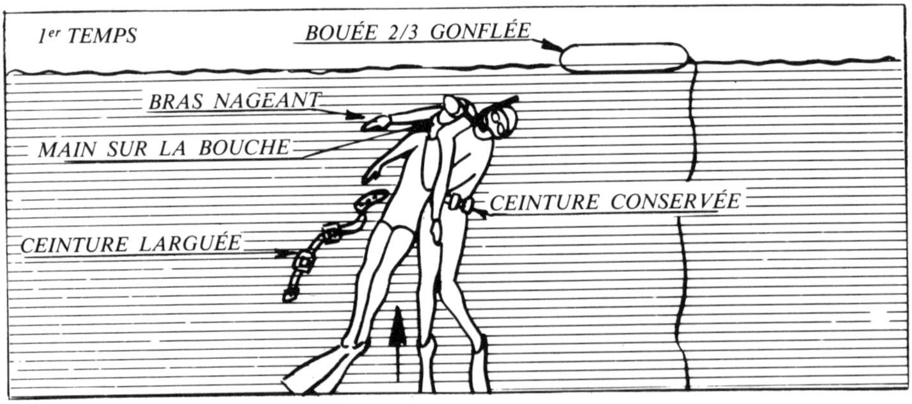

2e temps

Arrivé en surface, le sauveteur, en utilisant la prise de remorquage, ramène le noyé près de la bouée.

Il le lâche alors trois à quatre secondes, après s'être assuré qu'il reste sur le dos (la flottabilité du vêtement isothermique l'empêche de couler et de se retourner), et se positionne la bouée engagée, en transversale sous ses aisselles.

3e temps

Stabilisé par sa bouée, le sauveteur domine le noyé qui flotte sur le dos. Il est alors très facile d'effectuer le bouche-à-bouche, la main droite inclinant la tête, le pouce et l'index pinçant le nez, toujours sans enlever le masque.

La main gauche sous la nuque aide à maintenir la tête en hypertension, dégageant ainsi les voies respiratoires.

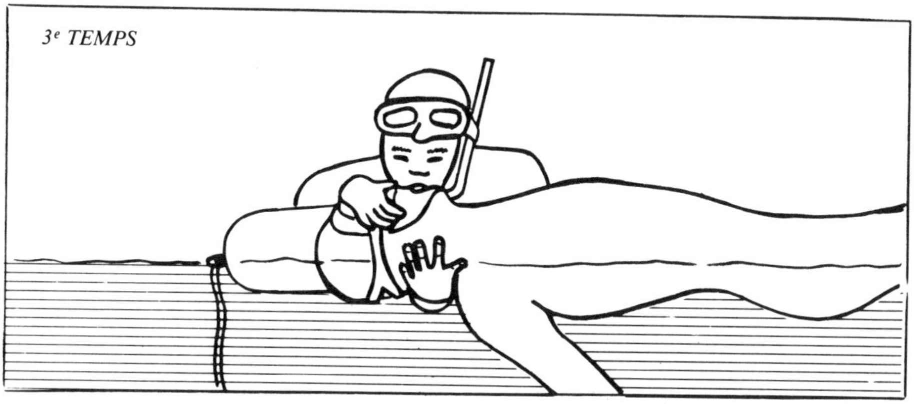

Cette technique présente plusieurs avantages. Une aisance, un confort, pour le sauveteur, ayant un point d'appui, d'où une efficacité malgré une mer agitée. D'autre part, le sauveteur, sur sa bouée, est beaucoup plus visible.

Une remarque s'impose, malheureusement tout le monde n'utilise pas un pneumatique comme bateau, ni une bouée de type « boudin »

c) Traitement d'urgence de la noyade selon la Commission Médicale de la F.F.E.S.S.M.

Trois impératifs, il faut assurer :
1) la désobstruction des voies respiratoires
2) la respiration
3) la circulation du sang, éventuellement, sinon l'assistance respiratoire n'a plus d'objet.

1) Désobstruction des voies respiratoires (ultra-rapide)

a) Le sauveteur s'aidera de la pesanteur, c'est-à-dire qu'il placera d'abord le sujet sur un plan incliné, tête en bas, ou qu'il le soulèvera par la ceinture, bassin et cage thoracique étant, de toute façon, plus élevés que la tête ; cette position a l'avantage d'assurer et de faciliter une meilleure circulation cérébrale (le cerveau est, en effet, l'organe qui présente le moins de résistance à l'asphyxie).

b) Dans le même temps, il faudra effectuer la « toilette » du carrefour pharyngo-laryngé ; on enlèvera au doigt, sans blesser, tout ce qui peut gêner la respiration : spume, débris de vomissements.

c) Pour assurer enfin le libre passage de l'air et augmenter son débit, il faudra défléchir la tête (position réalisée lorqu'un sujet debout relève la tête au maximum pour regarder au-dessus de lui) et luxer légèrement la mâchoire en avant.

2) La respiration va consister à insuffler dans les poumons de la victime l'air expiré par le sauveteur à la cadence de douze à quinze fois par minute, au moyen du bouche-à-bouche ou du bouche-à-nez. Le sauveteur se placera ensuite à côté de la victime, maintiendra la mâchoire inférieure légèrement en avant : il prendra des inspirations portées au maximum. Il devra veiller à ce que l'air insufflé aille bien dans le poumon et non dans l'estomac. Dans ce cas, il faudra expulser cet air par pression sur le creux de l'estomac, et ceci à plusieurs reprises pendant la réanimation pour ne pas gêner la respiration.

3) La circulation du sang à l'aide du massage cardiaque externe toutes les fois que les pouls ou les battements du cœur ne seront plus perçus.

DESCRIPTION DE LA TECHNIQUE

1) Mise en route : ne pas perdre des secondes précieuses en préparatifs inutiles, en appels au secours : c'est une urgence extrême, en moins de 20 secondes, le traitement doit être entrepris en surface avec l'aide du tuba autant que faire se peut, puis à terre.

Devant un sujet inconscient, ne respirant pas, il faut commencer la respiration artificielle.

2) Position de la victime : elle doit être placée sur le dos, la tête basse, les épaules soulevées par un vêtement roulé (ne parfaire l'installation du sujet que lorsque la respiration artificielle a été commencée).

3) Position de la tête (d'une importance majeure) : le sauveteur s'agenouille à côté du visage de la victime (côté gauche s'il est droitier, côté droit s'il est gaucher).

Si un nettoyage de la bouche et du pharynx s'impose, il est rapidement exécuté au doigt en lui tournant la tête de côté avant de la mettre en hypertension.

Pour obtenir un large passage pharyngé, les deux mains sont souvent indispensables : avec une main, il faut renverser fortement la tête en arrière et la maintenir dans cette position en appuyant sur le sommet du crâne. Afin d'attirer la langue en avant avec la mâchoire inférieure, il faut, avec l'autre main, tirer le menton à la verticale, sans trop ouvrir la bouche, geste qui rapprocherait le menton du cou et la base de la langue de la paroi postérieure du pharynx.

Pour tirer le menton vers le haut, trois manœuvres sont possibles :

a) saisir le menton avec la main, c'est facile s'il est saillant, difficile s'il est fuyant.

b) luxer en avant la mâchoire inférieure en soulevant les angles de celle-ci, afin que l'arcade dentaire inférieure se place en avant de l'arcade dentaire supérieure.

c) mettre le pouce dans la bouche au milieu de l'arcade dentaire inférieure et tirer vers le haut, c'est la manœuvre la plus efficace (tête en arrière et pouce dans la bouche), mais elle a été la cause de plusieurs cas de lacération du pouce lorsque des sujets, d'abord en résolution musculaire, se sont contractés (Trismus).

4) Technique de l'insufflation : il faut s'hyperventiler et souffler fortement. La technique consiste donc à prendre une grande inspiration, ouvrir largement la bouche du patient et éviter les fuites.

Les fuites par le nez s'évitent en appuyant la joue sur les narines de la victime.

Pour insuffler, il faut souffler fortement chez l'adulte. Chez l'enfant, souffler par bouffées et insuffler à la fois dans la bouche et dans le nez (le sauveteur coiffant avec sa bouche le nez et la bouche de l'enfant).

La fréquence n'a pas d'importance : dix ou douze fois par minute chez l'adulte, vingt fois environ chez l'enfant : ce qui compte c'est qu'il y ait une expansion thoracique à chaque insufflation.

5) Bouche-à-nez : la position donnée à la tête est identique. Une main appuyée sur le sommet du crâne, tandis que l'autre soulève le menton et maintient la bouche fermée.

Par cette méthode, il y a moins de fuites, mais souvent plus de résistance lors de l'insufflation et de l'expiration. Pendant l'expiration, entrouvrir la bouche de la victime afin que l'expiration se fasse plus facilement à la fois par le nez et la bouche.

AVANTAGES DU BOUCHE-A-NEZ SUR LE BOUCHE-A-BOUCHE

Expérimentalement, le passage de l'air est plus efficace quand la bouche est fermée.

Il est d'autre part parfois impossible d'ouvrir la mâchoire du fait des spasmes du masséter causés par le manque d'oxygène (anoxie), ce qui rend l'insufflation bouche-à-bouche impossible.

— Le contact entre la bouche du sauveteur et celle du noyé doit être répété environ 15 fois par minute.

— Le contact entre le sauveteur et la victime est plus facile si l'on utilise la voie nasale. Ceci est parfaitement valable quand la bouche du sauveteur est plus petite que celle de la victime (cas d'un enfant sauvant un adulte).

Dans le cas du bouche-à-bouche, l'air peut entrer dans l'estomac et provoquer des régurgitations avec, comme conséquences, les dangers d'inondation bronchique.

Au contraire, dans le bouche-à-nez, le nez agit comme une sorte de valve réductrice naturelle empêchant l'air insufflé d'entrer dans l'estomac.

TECHNIQUE DU MASSAGE CARDIAQUE EXTERNE

Le massage cardiaque est indiqué chaque fois qu'on a les preuves d'une inefficacité ou arrêt cardiaque si l'insufflation bien faite n'entraîne pas la disparition des signes suivants :
— teinte bleu-blanc des téguments,
— absence des bruits du cœur,
— absence du pouls,
— dilatation pupillaire.

A) Il y a plusieurs manières de combiner la ventilation et le massage. En général, on fait suivre trois profondes insufflations et dix ou quinze compressions sternales. Si le sauveteur est seul, il doit assurer alternativement l'insufflation et la compression (dès que l'extrême urgence est passée, il dispose un vêtement roulé sous les épaules de la victime pour augmenter la position d'hyperextension de la tête).

Si deux sauveteurs sont présents, l'un s'occupe de la ventilation, l'autre du massage, en alternant : trois insufflations (par bouche-à-bouche ou bouche-à-nez) avec dix ou quinze compressions sternales.

B) Technique de la compression

Le sauveteur se place à côté du thorax de la victime.

1) Le point d'application de la pression se situe exactement sur le tiers inférieur du sternum. Il faut exercer la pression avec le talon des mains seulement, les deux paumes étant placées l'une sur l'autre. Le sauveteur ne doit donc pas appuyer latéralement sur les côtes avec ses doigts. C'est surtout le sternum qu'il doit enfoncer (malgré les précautions, dans 50 % des cas, il y a fractures de côtes, elles ne posent pas de problèmes graves, à moins de fractures nombreuses).

2) La pression à exercer : le sternum doit être enfoncé de quatre à cinq centimètres à chaque compression. Pour exercer une pression suffisante, le sauveteur doit utiliser le poids de son corps, il est donc nécessaire que le sujet soit sur un plan dur et bas. S'il est dans son lit, il faut s'agenouiller sur le bord du lit et, dès que possible, faire glisser sous son thorax un plateau ou une large planche. La pression doit s'exercer à bras tendus, elle doit être verticale et vigoureuse, suivie d'un relâchement complet pendant lequel le thorax reprend une expiration normale.

Après quinze compressions, celui qui a comprimé s'arrête pour permettre à celui qui ventile d'effectuer une ventilation nettement efficace (avec pression d'insufflation suffisante et sans obstruction respiratoire). Le diagnostic d'obstruction respiratoire ou d'inefficacité de la ventilation ne peut être fait que pendant les pauses.

Afin de bien coordonner les mouvements, il est bon que les deux sauveteurs comptent à haute voix : 1, 2, 3... 15 compressions ; 1, 2, 3, insufflations, etc. Une pression sternale suffisante est facile à obtenir chez l'enfant, au thorax souple, un peu plus difficile chez l'adulte, parfois très difficile chez le vieillard au thorax rigide. Chez ces derniers, les fractures de cartilages costaux ont été signalées, mais elles permettaient un massage plus efficace. Chez le petit enfant, la pression s'exerce avec deux doigts, la ventilation se fait par petites bouffées.

3) La fréquence est d'environ une pression par seconde pour l'adulte : au total 45 à 50 fois par minute, alternées avec une dizaine d'insufflations. La fréquence est plus élevée chez l'enfant.

C) Ventilation

Même si la respiration spontanée reprend, ce peut être passager ou insuffisant ; il ne faut donc pas arrêter de l'assister.

L'efficacité du massage est contrôlée par l'existence, pendant les compressions, d'un pouls artificiel carotidien ou fémoral nettement perceptible à chaque compression. S'il n'est pas perçu, la fréquence des compressions doit être ralentie pour permettre un meilleur remplissage cardiaque et les membres inférieurs seront soulevés à 45° pour améliorer le retour veineux.

Les signes d'efficacité sont les mêmes qu'au cours du massage interne :

— amélioration de la couleur,
— diminution du diamètre des pupilles,
— reprise de la respiration spontanée,
— signes de réveil,
— la tension artérielle est prise, elle doit être de 60 à 70 mm/Hg ; la pression diastolique est habituellement difficile à déterminer.

La reprise d'une activité cardiaque spontanée est recherchée en s'arrêtant brièvement après deux minutes environ de massage pour sentir si un pouls spontané est perçu et si les signes d'amélioration se maintiennent pendant l'arrêt du massage. Dans ce cas, une activité cardiaque spontanée efficace a repris. Mais, dans le cas contraire, il ne faut pas attendre plus d'une dizaine de secondes pour recommencer les compressions et la ventilation, car il est d'une importance primordiale de maintenir l'oxygénation du myocarde et du cerveau. En cas de reprise de battements cardiaques, faibles et insuffisants, il n'est pas nécessaire de faire coïncider les compressions sternales et les battements cardiaques.

CONCLUSION

En terminant, il faut se rappeler que cet exposé doit être expliqué par un médecin et accompagné d'un exercice pratique, qui devra être répété autant de fois que possible ; cela permettra au sauveteur éventuel d'acquérir toute la maîtrise et l'efficacité nécessaire.

d) Ce schéma récapitulatif

(schéma page 46), élaboré par Georges Oliveras, résume d'une façon claire, les trois stades rencontrés lors de la perte de connaissance, le blessé ayant eu le malaise directement au fond ou lors de la remontée en coulant au fond.

Deux intentions en fonction du moment où l'on intervient.

1) rapidité
2) efficacité.

Parallèlement, adopter deux types d'actions dans la conduite à tenir par le sauveteur.

1) intervenir dans l'eau immédiatement en plongeant pour récupérer la victime, puis en effectuant les premiers gestes.

2) en nageant vers un point où les actions seront facilitées.

Trois stades de reprise de conscience peuvent se présenter successivement :

Stade 1 : Tout se rétablit en quelques secondes en surface, ceci automatiquement dans 99 % des cas (syncope anoxique).

Stade 2 : L'inconscience est plus longue, l'anoxie plus profonde, mais la stimulation des réflexes est suffisante.

Stade 3 : L'anoxie est très profonde, peut être parce que l'on s'est aperçu tardivement de la syncope (lorsque l'on chasse à deux, il arrive d'ailleurs que les deux chasseurs se croisent, l'un remontant alors que l'autre est en train de couler).

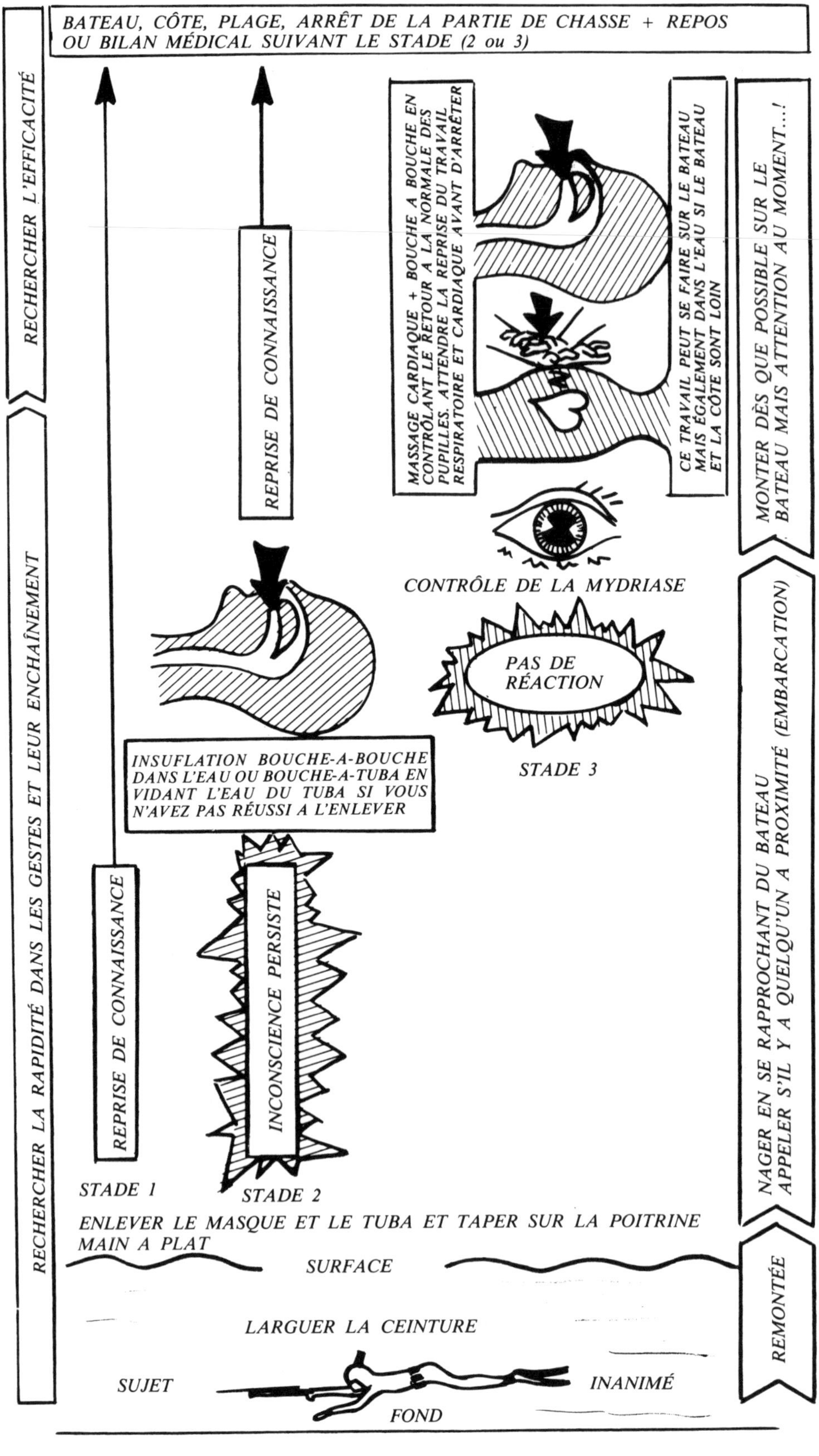
BATEAU, CÔTE, PLAGE, ARRÊT DE LA PARTIE DE CHASSE + REPOS OU BILAN MÉDICAL SUIVANT LE STADE (2 ou 3)
RECHERCHER L'EFFICACITÉ
RECHERCHER LA RAPIDITÉ DANS LES GESTES ET LEUR ENCHAÎNEMENT
REPRISE DE CONNAISSANCE
MASSAGE CARDIAQUE + BOUCHE A BOUCHE EN CONTRÔLANT LE RETOUR A LA NORMALE DES PUPILLES. ATTENDRE LA REPRISE DU TRAVAIL RESPIRATOIRE ET CARDIAQUE AVANT D'ARRÊTER
CE TRAVAIL PEUT SE FAIRE SUR LE BATEAU MAIS ÉGALEMENT DANS L'EAU SI LE BATEAU ET LA CÔTE SONT LOIN
MONTER DÈS QUE POSSIBLE SUR LE BATEAU MAIS ATTENTION AU MOMENT...!
CONTRÔLE DE LA MYDRIASE
PAS DE RÉACTION
STADE 3
NAGER EN SE RAPPROCHANT DU BATEAU APPELER S'IL Y A QUELQU'UN A PROXIMITÉ (EMBARCATION)
INSUFLATION BOUCHE-A-BOUCHE DANS L'EAU OU BOUCHE-A-TUBA EN VIDANT L'EAU DU TUBA SI VOUS N'AVEZ PAS RÉUSSI A L'ENLEVER
REPRISE DE CONNAISSANCE
INCONSCIENCE PERSISTE
STADE 1
STADE 2
ENLEVER LE MASQUE ET LE TUBA ET TAPER SUR LA POITRINE MAIN A PLAT
SURFACE
REMONTÉE
LARGUER LA CEINTURE
SUJET
INANIMÉ
FOND

Il faut tout mettre en œuvre pendant 20 minutes au moins en attendant l'arrivée des secours. Il en sera de même lorsqu'il s'agit d'une noyade asphyxique avec absorption d'eau.

Si les deux chasseurs se surveillent et se contrôlent véritablement pendant au moins 30 secondes en surface et lors de la remontée, la victime ne dépassera pas le stade 1.

B. 3e GROUPE : ÉPREUVES THÉORIQUES OU TECHNIQUES

a) Connaissance des règlements généraux concernant la chasse sur le territoire national et connaissance approfondie de la réglementation locale de la région où se situera l'examen afin d'en tenir compte lors des sorties.

L'ouvrage de Jacques Dumas, « Droits et devoirs du plongeur », malheureusement plus édité, fait référence en la matière.

Il est toujours valable dans l'ensemble de la réglementation générale. Par contre, en ce qui concerne la réglementation locale, les candidats devront s'adresser soit aux comités régionaux concernés soit au quartier des Affaires Maritimes directement ou par écrit.

Le chasseur est régi par une réglementation à trois niveaux :

— la réglementation générale de la pêche maritime côtière (existant avant l'avènement de la chasse sous-marine, car créée à l'origine pour toutes les autres formes de pêche de l'époque).
— différents arrêtés, dont le but fut de faire rentrer la chasse sous-marine dans la légalité,
— règlements locaux et différentes autorités dont :
— le ministère de l'Environnement,
— le directeur des pêches (ministère de la mer),
— le directeur des affaires maritimes et des chefs de quartiers,
— le préfet maritime.

A) RÉGLEMENTATION GÉNÉRALE DE LA PÊCHE MARITIME CÔTIÈRE

La chasse sous-marine est libre, aussi bien en mer que dans les parties salées (limite de salure des eaux) des fleuves, rivières, canaux affluant à la mer, étangs salés, mais en respectant certaines conditions dont la taille des poissons, des crustacés et coquillages.

B) LES DIFFÉRENTS ARRÊTÉS SUR LA RÉGLEMENTATION DE LA CHASSE SOUS-MARINE

Celle-ci est définie en trois points :
— en action de nage et de plongée,
— par quelque procédé que ce soit,
— la capture d'animaux marins.

Par ce dernier point, il faut comprendre les poissons, et crustacés évidemment, mais également mollusques, oursins, violets, coquillages.

— Permis : soit faire une demande à l'un des quartiers des affaires maritimes (imprimé à remplir et délivrance d'un récépissé).

Pour l'obtention de ce permis, le chasseur devra présenter une attestation d'assurance certifiant que sa responsabilité civile est garantie pour une somme illimitée.

Ces deux récépissés devront être présentés à toute réquisition des agents chargés de la surveillance en mer.

— Soit adhérer à la F.F.E.S.S.M. dont les membres sont dispensés de cette formalité. La licence vaut « permis de chasse » et comporte l'assurance

Ces dispositions sont également exigées pour les étrangers, donc les touristes.

— Chasse sous-marine pour les marins professionnels : ils sont dispensés du permis, mais le produit de leur chasse sous-marine est interdit de vente.
— Mineurs de moins de 16 ans : la chasse sous-marine leur est interdite, mais pas la plongée libre.
— Armes utilisées pour la chasse.

Celles fonctionnant avec une réserve de gaz sous pression dont la compression pour l'armement n'est pas prévue pour le chasseur sont interdites (par ex. fusil à CO_2).

Sont autorisés les fusils à ressort, à air comprimé, arbalètes ou toute autre arme dont la force propulsive est déterminée par la puissance musculaire du chasseur pour armer, soit surcompression de l'air, tension d'un ressort ou d'un jeu de sandows etc.

Interdictions :
— de capturer des animaux marins en étant équipé d'un scaphandre autonome. Des dérogations sont accordées à certaines personnes pour les oursins et violets ou pour des opérations scientifiques.
— de chasser entre le coucher et le lever du soleil (soit la nuit),
— de s'approcher à moins de 150 m des embarcations de pêcheurs professionnels en action de pêche ou de filets avec balisage apparent,
— de capturer des poissons pris dans un filet,
— de chasser avec une lampe,
— de capturer des crustacés avec une arme, mais il n'est pas interdit de les capturer à la main,
— de tenir une arme chargée hors de l'eau,
— de vendre les animaux marins capturés en pratiquant la chasse sous-marine.

C) RÉGLEMENTATION LOCALE

Interdiction de chasser :
— à l'intérieur des zones portuaires,

— à proximité des baigneurs,
— dans les zones interdites,
— les espèces protégées.

LES SANCTIONS

Le chasseur est tenu de présenter aux autorités compétentes :
— le récépissé délivré par les affaires maritimes accompagné de l'attestation d'assurance avec une pièce d'identité, ou
— la licence fédérale de la F.F.E.S.S.M.

L'un ou l'autre doit être détenu à proximité du lieu de chasse.

La saisie pour infraction, peut entraîner la confiscation du poisson chassé et du matériel.

Cette réglementation peut évidemment évoluer dans le temps, en particulier la règlementation locale, mais ceci peut aller bien au-delà. Un exemple, avec l'obligation en Corse en 1981-1982, pour les détenteurs de la licence fédérale de faire tout de même une demande aux affaires maritimes. Elle a été abolie depuis.

Pour en savoir davantage, je conseille l'ouvrage réalisé par Jacques Dumas aux éditions Cosmos — Droits et Devoirs du Plongeur sous-marin. Malheureusement la dernière édition date de 1975.

E) RÉGLEMENTATION INTERNATIONALE

Certaines éditions de l'Annuaire international du monde sous-marin édité par la C.M.A.S. (Confédération mondiale des activités subaquatiques) disponibles à la F.F.E.S.S.M. donnent en principe tous les renseignements concernant les pays affiliés, pour ce qui est de l'octroi du permis de chasse sous-marine s'il est exigé. Mais ces renseignements sont incomplets quant à la règlementation nationale, et inexistants pour la régionale. Ils peuvent d'autre part, évoluer rapidement et l'annuaire n'est réédité que tous les quatre ans.

Il sera donc prudent de se documenter auprès des fédérations respectives, ou au siège de la C.M.A.S., 34, rue du Colisée, 75008 Paris, ou directement sur place auprès des autorités.

Je me suis efforcé dans l'ouvrage « Guide de la pêche sous-marine en Méditerranée » édité par la librairie des plongeurs à Paris de donner le maximum de renseignements connus pour les principaux pays riverains.

b) Connaissance et fonctionnement de la structure fédérale

1) ORGANISATION DE LA F.F.E.S.S.M.

La Fédération française d'Études et de sports sous-marins, F.F.E.S.S.M., fut créée en 1955.

Elle groupait en 1987 — 93 500 licenciés dans 1 400 clubs répartis dans 11 comités régionaux de métropole et 5 comités régionaux d'outre-mer.

Elle est administrée par un comité directeur de 24 membres, elle peut consulter pour des options essentielles le conseil des anciens composé de pionniers.

Elle comprend 5 commissions dont plusieurs subdivisées en sous-commissions.

Un personnel rétribué ; un directeur, un secrétaire administratif ainsi que du personnel assurent les relations avec les autorités : Ministère du temps libre de la jeunesse et des sports, de la mer etc, et les organismes, comités et clubs.

Elle est membre fondateur de la Confédération mondiale des activités subaquatiques (C.M.A.S.).

Elle délivre une licence qui vaut permis de chasse sous-marine comportant une assurance responsabilité civile au tiers avec défense et recours.

Elle a délégation du Ministère de la jeunesse et des sports pour organiser des compétitions subaquatiques.

Les adhérents peuvent participer aux compétitions, passer des brevets, participer à des stages.

Elle édite une revue fédérale, SUBAQUA.

Différents comités
Comités régionaux de métropole :

— interrégional	Sud-Atlantique
— »	Bretagne et Pays de Loire
— »	Ile-de-France
— »	de l'Est
— »	Languedoc — Roussillon — Midi-Pyrénées
— »	Rhône — Alpes — Bourgogne — Auvergne
— »	Normandie
— régional	Corse
— »	Côte-d'Azur
— »	Nord
— »	Provence

Comités régionaux d'outre-mer

— régional	de Guadeloupe
— »	de Martinique
— »	de Nouvelle-Calédonie
— »	de Polynésie française
— »	de la Réunion

1. ORGANIGRAMME DE LA F.F.E.S.S.M.

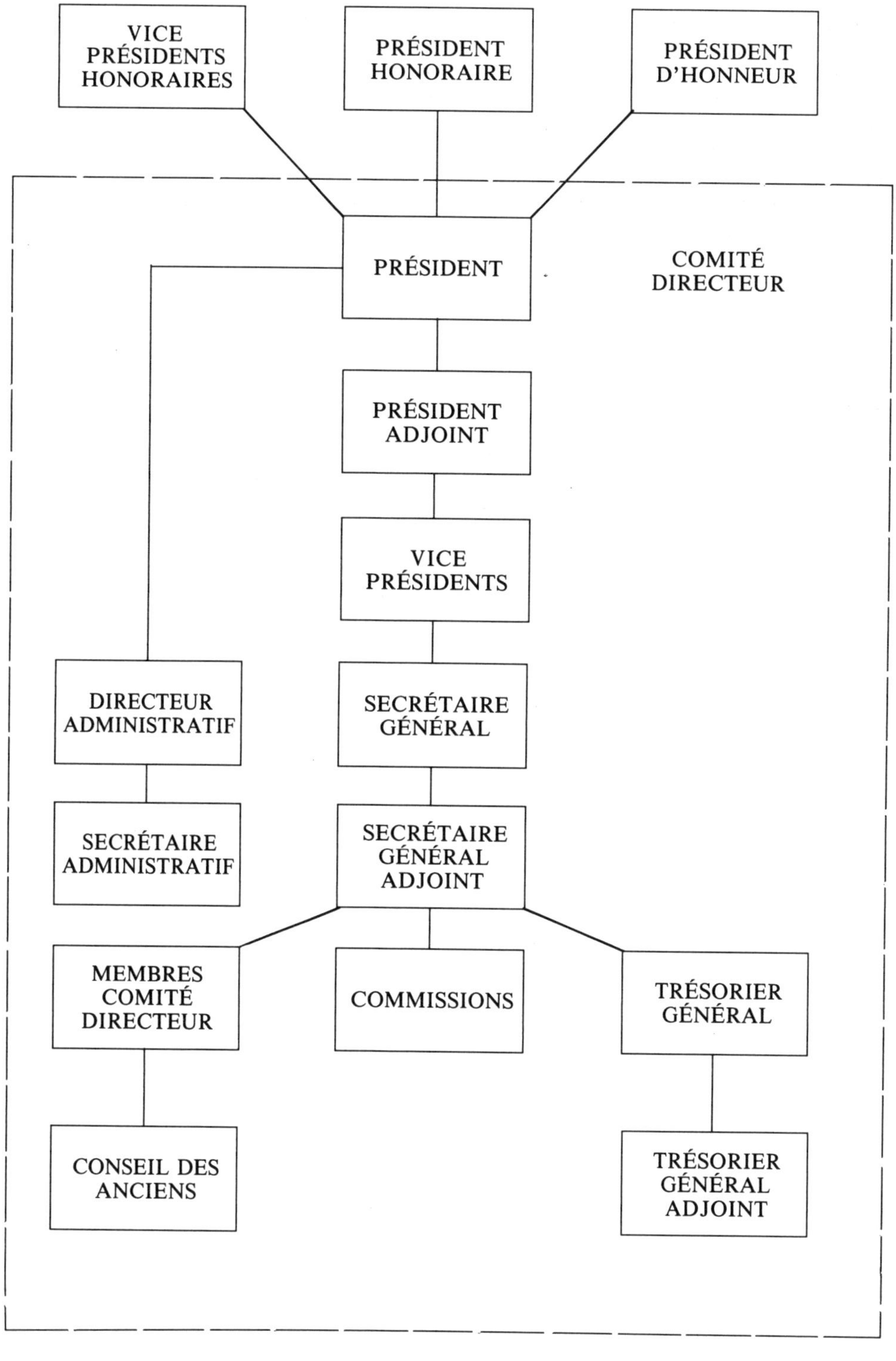

2) ORGANISATION DES COMMISSIONS

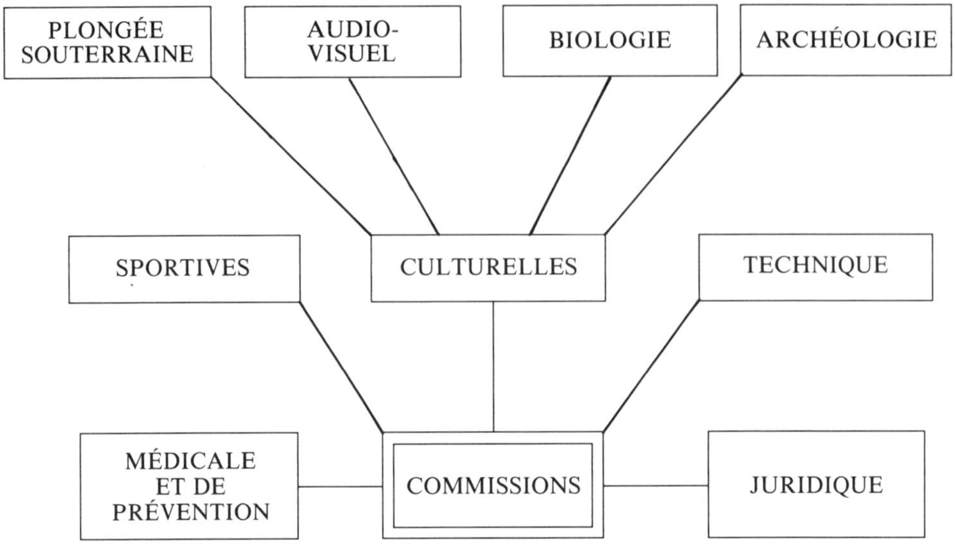

3) ORGANISATION DE LA COMMISSION SPORTIVE

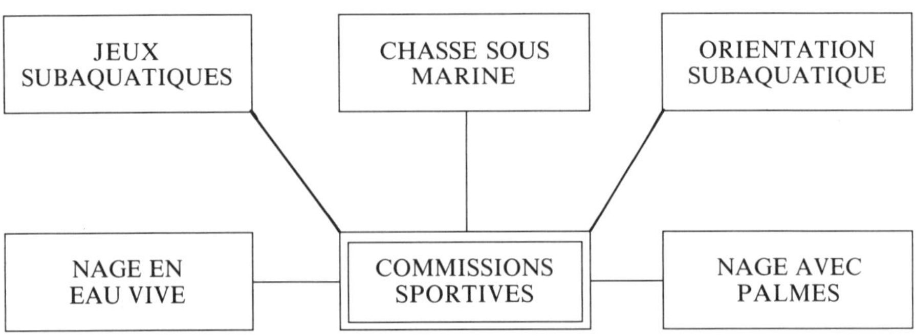

4) LA COMMISSION DE CHASSE SOUS-MARINE

Le président est élu par les comités qui portent au sommet de la hiérarchie, la personne la plus compétente.

Il dirige, organise, oriente sa commission, défend ses acquis.

Dans le domaine important de la compétition, il attribue la responsabilité des différents championnats de France aux comités volontaires ou il les sollicite.

Il est sélectionneur unique des chasseurs devant représenter la France en compétition internationale en l'absence de comité de sélection.

Il confie le capitanat à un ancien champion, rompu à toutes les « ficelles », qui favorise au mieux son équipe aussi bien sur le « tapis vert » lors des discussions préliminaires, que sur le terrain où souvent il a concouru lui-même auparavant.

La France a la responsabilité d'organiser une manche de la coupe d'Europe. Il sollicite un club important ou crée une organisation spécifique sous son autorité.

Les deux vice-présidents sont là pour l'épauler et pallier sa défection éventuelle, mais ils ont un rôle plutôt honorifique, car proposés par leurs comités respectifs, ils ont déjà des responsabilités et souvent un gros travail à assumer.

Le secrétaire, par contre, souvent dans l'ombre du président a un travail ingrat mais important à effectuer, il doit tout connaître, tout gérer.

Le trésorier surveille scrupuleusement le budget alloué.

Un sportif de haut niveau représente les athlètes au comité directeur et peut donc apporter son point de vue aux instances supérieures.

Trois commissions : juridique, de propagande et médicale, sont directement liées au président.

L'enseignement qui nous concerne, est sous sa haute autorité.

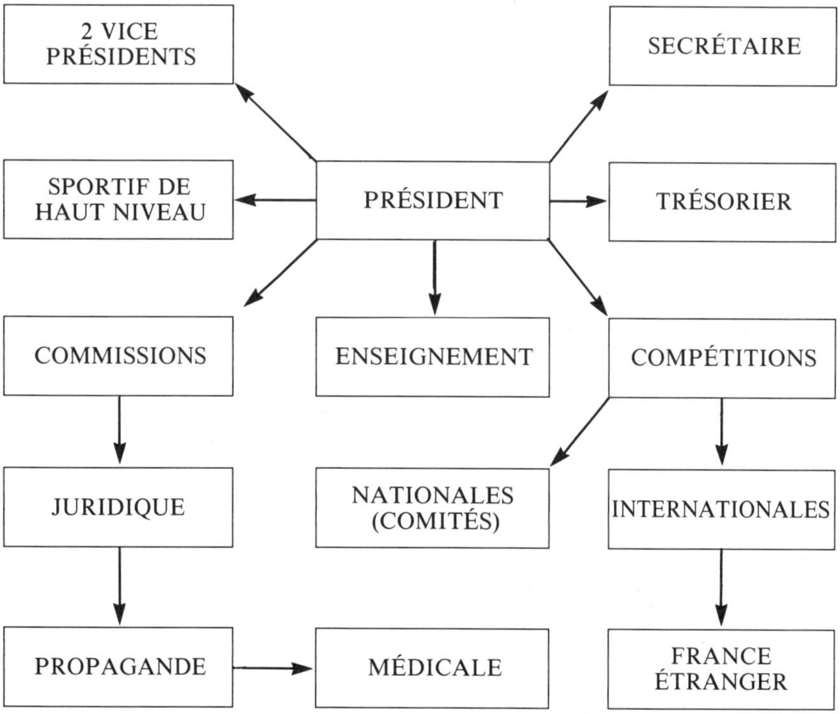

c) Les compétitions

Les compétitions en France, se concourent par équipe de 2 concurrents dans un but de sécurité, le chasseur en surface assurant son coéquipier au fond, à l'exception de deux épreuves se disputant par équipe de 3 concurrents, le Trophée Dessault et la Coupe Scuba Monge. Il est également décerné un titre de champion de France individuel en plus de celui par équipe de 2.

A l'étranger, toutes les compétitions se déroulent, à ma connaissance, individuellement.

Les concurrents chassent dans une zone délimitée, en un temps imparti. La compétition peut se dérouler en deux manches sur deux journées, à raison de 5 heures chacune, par exemple le championnat de France individuel.

Une compétition de moindre niveau, dure en général 4 heures.

La participation des athlètes aux compétitions, est subordonnée au bon état de santé et de non contre-indications stipulés par certificat médical.

Ils devront respecter certaines règles, dont je cite les principales :

1) LE POIDS DES POISSONS

Les poissons capturés doivent peser un poids minimal qui est variable, suivant l'importance de l'épreuve et le lieu.

Il est par exemple de 250 g pour un championnat de Provence, alors qu'il est de 350 g au championnat de Corse.

Le poids maximal, étant de 10 kg.

Certains poissons ont un poids minimum plus élevé en France, le congre et la murène doivent au minimum peser 1,4 kg si le poids minimum des poissons en général est de 350 grammes par exemple.

2) POISSONS INTERDITS

Certains poissons sont interdits en France, les poissons plats, les squales, les céphalopodes, les baudroies et balistes.

Dans certaines régions françaises, le comité organisateur peut imposer l'interdiction de certaines espèces, par exemple les mérous en Corse.

3) DÉCOMPTE DES POINTS

- Les congres et murènes cités précédemment de plus de 1,4 kg compteront 700 points forfaitairement.
- Chaque prise autorisée, autre que congre et murène, de plus de 250 g par exemple, et moins de 10 kg comptera 250 points par prise, plus 1 point par gramme. Par exemple un poisson de 300 g comptera :

  250 pts (prise) + 300 pts (poids) = 550 points.
- Les prises autorisées, autres que congre et murène, de plus de 10 kg, compteront 10 000 points plus 250 points de prise.
- Chaque prise, autre que congre et murène de moins de 200 g par exemple, donnera lieu à une pénalisation.

L'organisation comprend un certain nombre d'officiels, allant du directeur de la compétition aux membres du jury.

Je me permets d'insister sur les conditions de dépôt des prises, à la fin de l'épreuve...

Une fois sur les bateaux de ramassage, en fonction des conditions de sorties (à bien connaître), les concurrents devront placer leurs prises et leur dossard dans un sac ou filet prévu à cet effet, fourni par l'organisation.

Il y a des compétitions régionales, nationales et internationales.

1) RÉGIONALES

Ce sont les championnats annuels de chaque comité et d'autres compétitions organisées par des clubs ou comités.

2) NATIONALES

Les championnats de France, sous l'autorité de la F.F.E.S.S.M., dont voici le règlement :

Par équipe

Article 1er - Un seul championnat de France par équipe de deux est organisé chaque année, selon les règles habituelles de la compétition par équipe, en une manche de quatre à six heures.

Article 2 - Chaque comité dispose d'un **quota minimum** d'équipes, fixé par la Commission nationale de chasse sous-marine et révisable tous les trois ans.

Pour la période 1988-1989-1990, les quotas minimums sont les suivants : Provence 6 - Languedoc 4 - Ile-de-France 4 - Côte-d'Azur 4 - Bretagne 4 - Normandie 3 - Corse 2 - Sud-Atlantique 2 et 1 pour les autres comités.

Le quota total de chaque comité est établi comme suit : si « X » est le nombre d'équipes d'un même comité classées dans les cinq premières places du championnat, le quota de ce comité pour l'année suivante est égal à son quota minimum + « X ».

Article 3 - Pour 1988, année de transition, les quotas totaux des comités, établis par la Commission nationale, étaient les suivants : Provence 7 - Languedoc 6 - Ile-de-France 5 - Côte-d'Azur 4 - Bretagne 4 - Normandie 3 - Corse 3 - Sud-Atlantique 2 et 1 pour les autres comités.

Article 4 - Il appartient à chaque comité d'organiser une sélection régionale, par voie de compétition, pour désigner ses équipes.

Article 5 - Le championnat de France par équipe ne constitue par un mode de sélection pour le championnat de France individuel. Cependant, il sert de base d'appréciation pour désigner les comités ayant accès au championnat de France individuel (article 8).

Individuel

Article 6 - Un seul championnat de France individuel est organisé chaque année, selon les règles habituelles à la compétition en individuel, en deux manches de cinq heures chacune.

Article 7 - Les quotas de compétiteurs, pour les comités qui ont accès au championnat individuel, sont établis comme suit : si « X » est le nombre de compétiteurs d'un même comité classés dans les 25 premiers du championnat de France individuel, le quota de ce comité pour l'année suivante est égal à « X » + 1.

Article 8 - Un comité a accès au championnat de France individuel s'il a classé : 1) au moins une équipe dans les 15 premières du championnat par équipe de l'année précédente,

2) ou au moins un concurrent dans les 25 premiers du championnat de France de l'année précédente.

Article 9 - Il appartient à chaque comité d'organiser une sélection régionale, par voie de compétition, pour désigner ses compétiteurs individuels.

Article 10 - Pour 1988, année de transition, les quotas des comités, établis par la Commission nationale, étaient les suivants : Provence 10 - Languedoc 7 - Ile-de-France 3 - Côte-d'Azur 3 - Bretagne 2 - Normandie 2 - Corse 3 - Sud-Atlantique 2 - Polynésie 2 - Nouvelle-Calédonie 1 et 0 pour les autres comités.

Organisation

Article 11 - Les championnats de France se dérouleront au cours d'une période de quatre jours consécutifs, de la manière suivante : première journée : championnat de France par équipe ; deuxième journée : repos ; troisième et quatrième journées : championnat de France individuel.

Sélection des internationaux

Article 12 - La Commission nationale désigne ou reconduit chaque année un sélectionneur ou un comité de sélection chargé de former l'équipe de France.

Article 13 - Le sélectionneur ou le comité de sélection choisit les membres de l'équipe de France parmi les compétiteurs ayant participé au championnat de France individuel de l'année. Cette sélection permettra l'attribution automatique du titre d'international.

Dans l'hypothèse où une compétition internationale se déroulerait dans les mêmes conditions que le championnat de France par équipe, le sélectionneur ou le comité de sélection pourra désigner une équipe de ce championnat.

La coupe de France dont voici le règlement :

Article 1er - La coupe de France est un trophée qui récompense un compétiteur ou une équipe de deux compétiteurs, sur la base d'un classement établi à l'issue des grandes compétitions amicales françaises agréées à cet effet par la Commission nationale de chasse sous-marine. Ce sont pour 1988 : le championnat de Port-Vendres, le Mulet de Bronze, le Labre d'Or, la coupe Jean Bellan, la coupe d'Antibes, la coupe de Noël, le Sar d'Argent.

Article 2 - Pour être agréée par la Commission nationale, une compétition doit se dérouler selon les règles des championnats de France par équipe, être ouverte à tous les comités et avoir une certaine représentativité (nombre d'équipes engagées). Les demandes doivent être adressées, par écrit, au président de la Commission nationale.

Article 3 - Ne concourent pour la coupe de France que les compétiteurs qui participent au moins à trois des compétitions citées à l'article 1er, dont une en Atlantique ou en Manche et une en Méditerranée.

Article 4 - A l'issue de chaque compétition, un coefficient C, calculé comme suit, est attribué à chaque concurrent : C = 50 × (nombre des points de l'équipe) / (nombre des points de l'équipe vainqueur).

Article 5 - Le classement de la coupe de France est établi par addition des meilleurs coefficients de chaque concurrent. Si deux concurrents ont fait équipe ensemble dans toutes les épreuves auxquelles ils ont participé, ils sont classés ex-aequo. Si deux concurrents n'ont pas fait équipe ensemble dans toutes les épreuves auxquelles ils ont participé et ont le même total par addition de leurs trois meilleurs coefficients ils sont départagés par addition des autres coefficients et, si nécessaire, par la totalisation des points acquis dans les trois épreuves prises en compte, puis éventuellement, sur la totalité des épreuves.

Article 6 - La coupe de France est remise en jeu chaque année. Le trophée reste la propriété de la Fédération, mais peut être exposé dans le comité du vainqueur sous la responsabilité du président de la commission régionale de chasse sous-marine de ce comité.

Une médaille gravée, offerte par la Commission nationale, sera remise au gagnant à l'occasion de l'assemblée générale de la Fédération et restera la propriété de celui-ci.

3) INTERNATIONALES

Sous l'autorité de la C.M.A.S.

— Le championnat du monde qui a lieu tous les 4 ans.
— Un championnat par continent. C'est le championnat Eurafrique (Europe + Afrique) en ce qui concerne la France.
— La coupe d'Europe, ouverte à toutes les équipes européennes, comprenant 5 épreuves organisées par les principaux pays, où ce sport est développé, soit :
  • l'Amphore d'Argent en Bulgarie,
  • le grand prix du Mondo Sommerso en Italie,
  • la coupe d'Hiver des Nations en Yougoslavie,
  • le grand prix de Villacarlos, à Minorque en Espagne,
  • une manche organisée par la France et longtemps intitulée : le critérium des As.

Mais également d'autres épreuves qui ne rentrent pas dans le cadre de la coupe d'Europe.

d) Connaissances des éléments de navigation, de météorologie, cartes marines, étude de situations critiques lors de sorties en mer, réparation et entretien usuel sur les bateaux et moteurs hors-bord

1) CONNAISSANCES DES ÉLÉMENTS DE NAVIGATION

Le candidat au permis de bateau de plus de 10 CV, est obligé de « potasser » un ouvrage relatif à la réglementation en mer, mais une petite révision ne sera pas superflue, si l'obtention de ce permis date de quelque temps, puisque les connaissances exigées sont identiques.

2) LA MÉTÉOROLOGIE

Pourquoi lui consacrer un chapitre, alors que la météorologie nationale, par les moyens actuels peut nous la prévoir à brève échéance avec force détails et un pourcentage d'exactitude élevé.

Pour différentes raisons :

— suivant la situation, on peut n'avoir ni télévision, ni téléphone et peut-être pas de radio ;
— les prévisions de la Météo Nationale ne donnent que la tendance générale pour chaque région, sans précision locale. Or avec quelques connaissances on peut les établir avec assez de précision ;
— depuis la généralisation de l'utilisation d'une embarcation, le chasseur est aujourd'hui également navigateur et il lui faut tenir compte plus que jamais, des conditions de mer pour pratiquer en toute sécurité son sport favori.

C'est également un sujet d'examen du monitorat.

Si l'on s'accommode facilement de la présence ou non des nuages, du soleil, de la pluie, des températures ou des saisons, il n'en sera pas de même du vent. Ce sera en effet lui, qui la plupart du temps, conditionnera les sorties, avec ou sans embarcation d'ailleurs !

La puissance de la mer sera directement proportionnelle à celle du vent. Les connaissances locales des vents dominants et des abris respectifs ont donc une grande importance.

A — Le vent

Ce sont les variations de pression de deux masses d'air voisines, dues à des variations de température, qui déterminent le vent. Au contact du sol, qui a été chauffé par le soleil, l'air ambiant réchauffé se dilate, s'allège et monte dans l'atmosphère. L'air froid prend sa place, se réchauffe à son tour et ainsi de suite. On s'en aperçoit facilement l'hiver dans un appartement lorsque l'on monte sur une chaise pour planter un clou, la chaleur est souvent intenable à la hauteur du plafond !

A l'échelle de la terre, l'air chaud des régions équatoriales, moins lourd, détermine une basse pression. Il va être remplacé par l'air froid venu des pôles et le cycle va se perpétuer.

Pendant son parcours, cet air passe de la zone équatoriale, aux zones tropicales, polaires puis tempérées et détermine des différences de pressions dues aux différentes températures.

Elles cherchent continuellement à s'équilibrer, entraînant des courants donc des vents.

C'est encore le phénomène rencontré dans un appartement que l'on appelle communément un courant d'air, lorsque l'on ouvre une porte ou une fenêtre. Il est dû à la différence de température entre l'intérieur et l'extérieur. Sa direction sera toujours du plus froid vers le plus chaud, donc l'hiver de l'extérieur vers l'intérieur.

a) La brise thermique

C'est une première application qui nous intéresse particulièrement.

Une région n'est qu'un grand appartement. D'un côté la mer où nous nous ébattons, de l'autre la campagne qui se réchauffe le jour, plus rapidement que la mer. Ceci détermine localement une zone de basse pression, d'où courant d'air. Sa direction sera mer-campagne, de la haute pression, froide au-dessus de l'eau, vers la basse pression, chaude, au-dessus des terres. Ce sera l'inverse la nuit.

Dans la soirée la brise bienfaisante, l'été, viendra rafraîchir les chasseurs à terre pour qu'ils récupèrent, et en début de matinée elle les poussera sur leur embarcation vers les îlots au large.

Il ne faudra pas s'inquiéter de ces brises qui ne sont pas les prémices d'une tempête, mais un fait quotidien et naturel qui peut s'étendre sur 15 km à l'intérieur des terres, et autant au large.

b) Les types de vents et leur direction en France

Nous avons vu que le sens général est du froid vers le chaud, soit d'une haute pression vers une basse pression, donc d'un anticyclone vers une dépression, mais c'est sans compter avec la rotation de la terre.

A. Anticyclone
D. Dépression

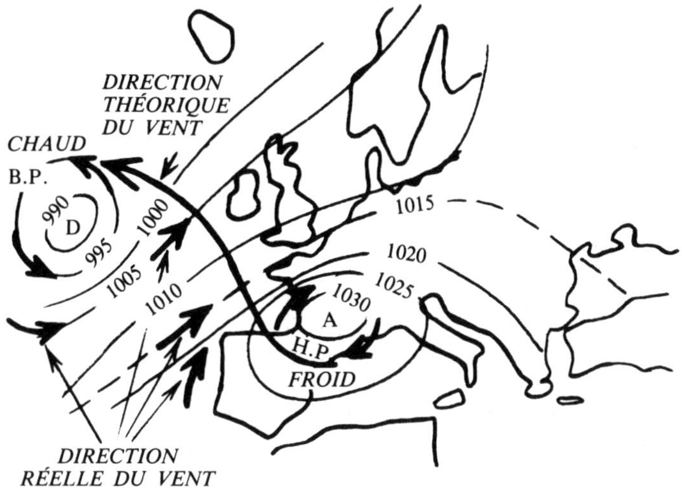

Par son action, le sens de ce vent dans l'hémisphère nord est celui des aiguilles d'une montre, autour de l'anticyclone, et dans le sens inverse autour de la dépression. Ceci est familier à tous les téléspectateurs regardant tous les jours la carte météosat. Le vent s'engouffre entre l'anticyclone et la dépression entraînée par le tournoiement de l'un et de l'autre donnant la direction réelle du vent.

1) Le vent d'ouest

Vu à la télévision également, le vent qui domine la France vient de l'ouest, de l'océan Atlantique amenant en général la pluie.

Ce sont les fameux anticyclone des Açores et dépression sur l'Islande qui nous envoient l'air tropical maritime en été par le sud-ouest et l'air polaire maritime en hiver, par l'ouest ou le nord-ouest.

2) Le vent d'est dans le Midi

Dans le Midi, c'est au contraire levante d'est, le vent, qui transporte les gros nuages gorgés d'eau. On est surpris parfois par l'annonce d'un vent d'ouest pluvieux sur la France et de s'apercevoir qu'à Nice ou à Marseille le mauvais temps arrive alors de l'est.

En regardant le schéma ci-dessus on comprendra immédiatement. L'anticyclone tel qu'il est centré, absorbera les nuages de la façade atlantique arrivant du sud-ouest et par son effet tourbillonnaire les prendra en charge pour les rejeter vers l'est. Il pourrait en être de même avec une dépression centrée sur la Méditerranée occidentale. Elle prendrait l'air humide de l'Atlantique et le rejetterait par l'est dans le sud de la France.

Mais c'est souvent de l'air tropical continental venant du sud ou sud-est qui affecte le midi de la France. Sec au départ, il s'humidifie au-dessus de la Méditerranée et apporte les orages bienfaisants l'été, s'ils ne sont pas trop violents. Il en est de même de l'air polaire continental transporté par des vents d'est et nord-est. Ils se chargent aussi d'humidité au-dessus de la mer et se déversent ensuite orageusement parfois.

Autant le vent d'est est apprécié par les chasseurs provençaux l'hiver, autant il est redouté par les chasseurs de la Côte-d'Azur, car il forme alors une mer puissante.

3) Le vent du nord

C'est le mauvais temps sur les côtes de la Manche. Chargé de l'air arctique, ce vent déterminé par l'anticyclone polaire sur l'Islande et la dépression sur la Méditerranée apporte le froid et l'humidité avec des précipitations de pluie et de neige, mais également d'orages et de grêle. Il souffle surtout l'hiver.

4) Le mistral

Vent du nord également, il prend en enfilade la vallée du Rhône, survole allègrement toute la Provence et vient buter sur la montagne Corse. Il a pour origine un anticyclone dans le nord du pays et une dépression sur la Méditerranée. L'importante différence de pression détermine cet immense courant d'air.

Le mistral vient donc du nord, mais lorsque l'on consulte la vieille rose des vents de la région marseillaise, ci-dessous, à laquelle on peut se référer très sérieusement car la connaissance des anciens et surtout des pêcheurs professionnels dans ce domaine est indéniable, on s'aperçoit que le mistral vient du nord-ouest. Il est donc dévié par le relief pour prendre cette nouvelle direction.

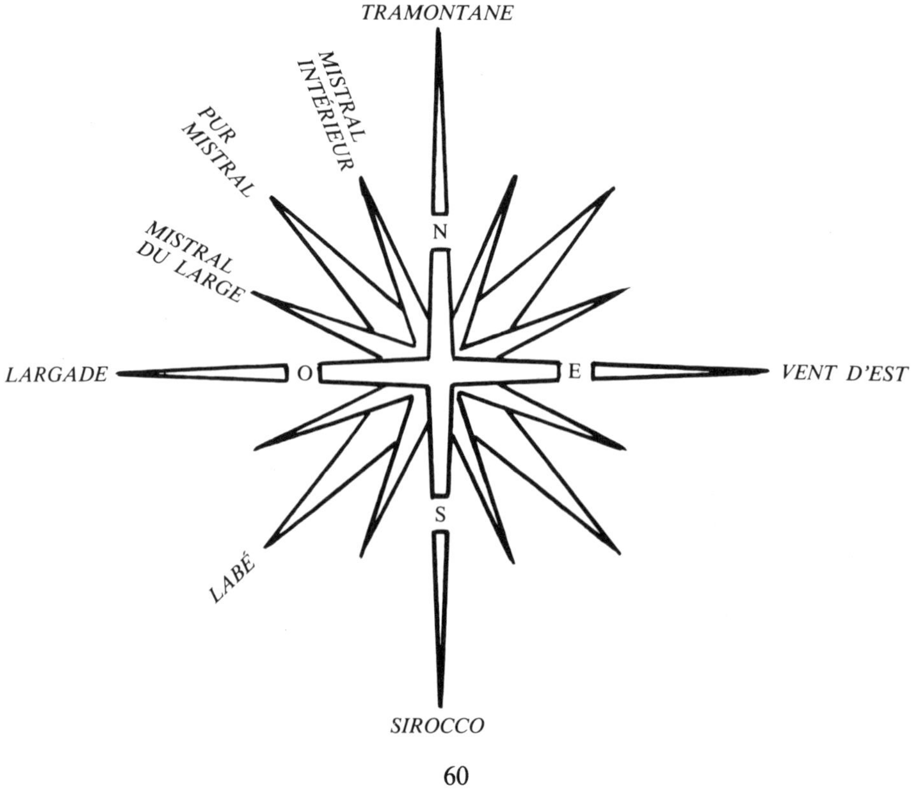

Il peut toujours d'après cette rose des vents, venir aussi du nord-nord-ouest, c'est le « mistraou intré » le mistral de l'intérieur, ou de l'ouest-nord-ouest c'est le « mistraou larg » le mistral du large.

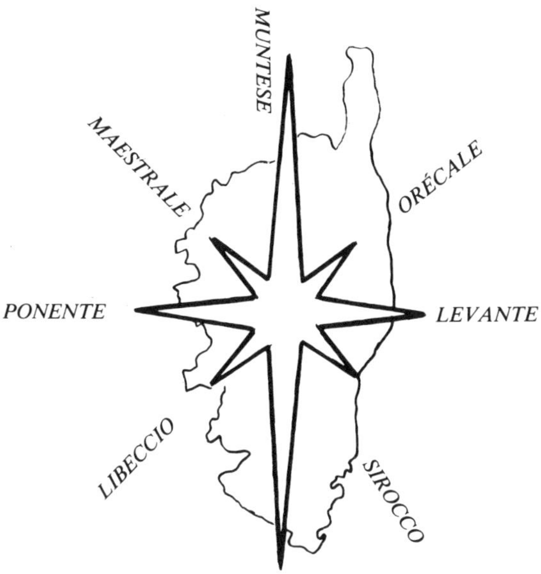

En Corse, le « maestrale » a suivi la même direction que le « mistraou », le nord-ouest, et frappe de plein fouet toute la Balagne et la côte ouest du Cap, mais le « libeccio » est autant redouté par sa puissance. Si le mistral assure un ciel dégagé, ce n'est pas le cas du libeccio, vent de la pluie par excellence.

Ces deux vents dominants ont eu une grande incidence sur la chasse sous-marine au cours des siècles !... En effet autant les fonds sous-marins sont rocheux et dégagés sur la côte ouest à l'inverse de la majorité de la côte est. C'est un phénomène commun à toutes les îles même de peu d'importance et seuls les forts courants constants peuvent contrarier cette règle. C'est le cas de la côte sud-est entre Porto-Vecchio et Bonifacio.

5) La tramontane

Vent du nord-ouest qui affecte surtout le Languedoc et le Roussillon. Au même titre que le mistral en Provence, la tramontane tire au large. Elle peut être dangereuse pour les chasseurs qui s'aventurent au large avec des embarcations légères. Il faut avoir subi l'assaut de face de l'un ou de l'autre sur la petite embarcation que peut être un pneumatique par exemple, pour évaluer la difficulté à résoudre le moindre problème. Il faut surtout se méfier des possibilités de retournement.

Le début de tramontane est apprécié des chasseurs de la région, car les poissons sont abondants à trous pendant cette courte période. Peut-être en raison des impuretés chassées des trous par la mer qui tire au large les particules en suspension. La TREMOUNTANO ou MOUNTANIERO souffle jusqu'en Provence et même en Corse (MUNTÈSE), mais sans doute déviée par le relief également, les roses des vents nous donnent l'orientation nord-sud. Elle souffle surtout l'hiver.

6) Le vent d'autan

Bien connu à Perpignan et dans la région toulousaine, touche également le Languedoc et le Roussillon. Venant du sud-est, sec et chaud et du large il est moins dangereux que le précédent, mais trouble rapidement l'eau de cette côte sablonneuse. Il peut se charger d'humidité sur la mer et apporter des précipitations pluvieuses c'est alors le vent d'autan noir plus à l'est. Appelé également « GREC » en Languedoc. Les internationaux Patrick et Michel Cantou chassant une grande partie de l'année, hiver comme été, entre la Camargue et Cerbère, apprécient celui-ci l'été. L'eau sale qu'il draine est propice à la chasse aux loups. Ils ont noté que la veille d'un « coup d'est », la faune est abondante en pleine eau et même à trous.

7) Le sirocco

On pourrait citer également le sirocco qui sévit l'été dans le midi, apportant une chaleur difficilement tolérable, parfois plus de 40° à l'ombre en Corse. Venant du sud ou sud-est, il traverse les zones désertiques du Sahara d'où cet air chaud et sec.

8) Les vents locaux

Suit la séquelle des vents locaux ou régionaux ayant une grande importance dans les prévisions. J'ai cité précédemment le libeccio pour la Corse, il est impossible de l'ignorer pour les sorties de chasse. C'est le labé de la côte provençale à ne pas mésestimer, car destructeur, il rentre partout, gare aux abris insuffisants pour les embarcations.

A vous de les découvrir dans votre région habituelle ou de villégiature. Le plus simple et sûr étant de consulter les anciens. Lors d'un stage annuel, remarquablement organisé par le comité Languedoc-Roussillon, l'international Michel Cantou expliquait aux stagiaires, attentifs aux conseils des champions, l'influence du LABECH, le LABÉ provençal ou marin, vent du sud-ouest sur la pratique de notre sport. Lorsqu'il souffle, quinze à vingt jours par an, son effet bénéfique est à exploiter car la faune est particulièrement abondante, même si ce vent est léger en hiver. Les eaux sont alors chaudes et claires. Cette clartée assez rare sur la côte, sera appréciable pour le repérage. Par contre la capture des poissons sera moins aisée l'été car ils détecteront plus facilement le chasseur et fuiront alors que l'hiver ils auraient au contraire tendance à s'enraguer.

ÉTAT DE LA MER

Termes descriptifs	Hauteurs moyennes en mètres
Calme	0
Ridée	0-0,1
Belle	0,1-0,5
Peu agitée	0,5-1,25
Agitée	1,25-2,5
Forte	2,5-4
Très forte	4-6
Grosse	6-9
Très grosse	9-14
Énorme	14

ÉCHELLE BEAUFORT

Termes descriptifs	Vitesse moyenne en km/h	Aspect de la mer dont on déduit la force du vent
0 Calme	1	Comme un miroir
1 Très légère brise	1-5	Quelques rides
2 Légère brise	6-11	Vaguelettes ne déferlant pas
3 Petite brise	12-19	Les moutons apparaissent
4 Jolie brise	20-28	Petites vagues, nombreux moutons
5 Bonne brise	29-38	Vagues modérées, moutons, embruns
6 Vent frais	39-49	Lames, crêtes d'écume blanche, embruns
7 Grand frais	50-61	Lames déferlantes, traînées d'écume
8 Coup de vent	62-74	Tourbillons d'écume à la crête des lames, traînées d'écume
9 Fort coup de vent	75-88	Lames déferlantes, grosses à énormes, visibilité réduite par les embruns
10 Tempête	89-102	Lames déferlantes, grosses à énormes, visibilité réduite par les embruns
11 Violente tempête	103-117	Lames déferlantes, grosses à énormes, visibilité réduite par les embruns
12 Ouragan	118	Lames déferlantes, grosses à énormes, visibilité réduite par les embruns

Les vitesses se rapportent au vent moyen et non aux rafales

B — Le brouillard

Il peut perturber nos sorties de chasse au point de les interrompre voire les annuler.

Ce n'est qu'un nuage au niveau du sol. Très insidieux il peut surprendre, surtout le chasseur parti de terre à la nage vers le large.

On observe différentes formes sur terre, mais en bordure de côte, celui qui nous intéresse est le brouillard d'advection. Un air chaud humide venant de terre entre en contact avec la surface plus froide de l'eau de mer, il y a alors condensation et formation du nuage. On le voit par ailleurs se former, car suivant la saison, la mer fume...

Il peut poser de sérieux problèmes de navigation surtout dans les zones aux nombreux écueils, d'où l'intérêt de posséder un compas à bord, d'ailleurs obligatoire.

C — Prévision du temps

Nous venons de passer en revue les problèmes que peut rencontrer le chasseur suivant les conditions météorologiques et les vents. Nous savons qu'ils conditionnent nos sorties.

La prévision du temps nous permet de planifier à moyen terme nos sorties de chasse, lieux et types, en fonction de ces prévisions.

Ainsi à l'annonce d'une mer calme, chaude et claire on se permettra de monter une expédition, éloignée de son point de base ; chasse aux dentis, liches ou mérous, par exemple. Si les prévisions s'avèrent pessimistes, il faudra la renvoyer à plus tard.

a) Prévisions par la météo nationale

Elle affirme prévoir le temps avec certitude à :

— 99 % sur 2 heures
— 90 % sur 24 heures
— 75 % sur 2 jours
— 60 % sur 3 jours
— 50 % sur 5 jours

Les prévisions définies par d'autres organismes à longue échéance, mensuelle, semestrielle ou annuelle seraient fantaisistes.

Il est donc envisageable de prévoir le temps du lendemain en écoutant les bulletins de météo-marine diffusés sur France-Inter à 20 h 05.

La direction de la météorologie nationale édite un dépliant intitulé « Marins pêcheurs, plaisanciers, pour votre sécurité LA MÉTÉO », véritable mine d'or pour l'utilisateur. On peut se le procurer à la direction météo, mais également dans les bureaux des différents quartiers des affaires maritimes.

En ce qui concerne la météo côtière, on relève pour la radio, les bulletins diffusés par France-Inter à 6 h 55 et 20 h 05 ; et à toute heure en cas d'avis de coup de tempête. Y figurent également toutes les radios locales de Radio-France.

Vous pourrez également y consulter les numéros de téléphone des stations météo régionales.

A noter que les bulletins météo-marine sont affichés à l'extérieur des capitaineries des ports.

L'animation par satellite des bulletins météo de chaque chaîne de télévision, vous rendra service.

Tout cela pour la France, mais les télévisions étrangères, les radios, vous proposent les mêmes informations, se renseigner auprès des autochtones ou aux capitaineries de tous les ports.

b) Prévisions personnelles

Avec peu de moyens, elles permettront d'établir des prévisions locales assez précises.

Le matériel indispensable sera le baromètre et une girouette. Celle-ci pourra être constituée d'un simple fanion fixé à un petit mât, un bambou suffira, bien enfoncé dans le sol et situé en un point le plus dégagé possible.

1) Prévisions élémentaires par le sens du vent

Dans sa région le chasseur connaît impérativement les différents vents locaux, ce qui lui permet de déterminer sans erreurs le temps à venir, d'où l'intérêt du fanion.

Attention, le fanion donnera le sens du vent au niveau du sol, mais c'est le vent en altitude qui sera déterminant. Il faudra donc décaler de 45° dans le sens inverse des aiguilles d'une montre celui du fanion. Si celui-ci, ou mieux la girouette plus précise, indique un vent de nord-ouest, en altitude il sera du nord.

Ce procédé permet la prévision de temps pour une vingtaine d'heures parfois plus avec un pourcentage élevé d'exactitude.

Si le vent du nord ou nord-ouest, commence à se manifester dans la région marseillaise il y a de grandes chances que le mistral s'établisse plusieurs jours. Il est souvent précédé par une période pluvieuse n'excédant pas trois à quatre heures. On le voit alors arriver avant de le sentir souffler même modérément. Une bande continue de ciel très claire apparaît à l'horizon au nord-ouest, chassant déjà les nuages. Le ciel bleu est assuré mais l'état de la mer ne permettra pas la chasse dans certains secteurs.

Si le vent d'est ou sud-est commence à légèrement souffler, c'est le vent de la pluie, de gros nuages vont arriver et il y a des possibilités d'averses dans les quelques heures. C'est bon pour la chasse, surtout si le vent est passé directement du nord-ouest à l'est. Les provençaux appellent ce brusque virement « la renverse d'est » nettement meilleure à la « renverse de mistral » surtout à l'automne ou en hiver.

Voici deux exemples de prévision locale caractéristiques et leur interprétation pour la chasse du lendemain.

2) Prévisions sommaires par les nuages

Cela se complique un peu, car il faut les connaître, mais nous les avons tous observés et l'on sait déjà, par expérience, que les gros nuages sombres les nimbostratus apportent la pluie. C'est l'inverse avec de petits nuages parsemant le ciel, leur base est horizontale et le dessus cotonneux, les cumulus, nuages de beau temps l'été.

Ces nuages sont classés en quatre grandes familles (schémas page 65).

— les CIRRUS (23)
— les CUMULUS (34)
— les STRATUS (35)
— les NIMBUS (36).

Ces noms peuvent être associés deux à deux et joints à des qualificatifs pour désigner toutes les formes de nuages.

Les cirrus, cirro-cumulus et cirro-stratus, les altocumulus et altostratus,

— les nimbo-stratus et strato-cumulus, les cumulo-nimbus, on s'y perd (voir schémas correspondants page 66).

CUMULUS

NIMBUS

CIRRUS

STRATUS

STRATO-CUMULUS

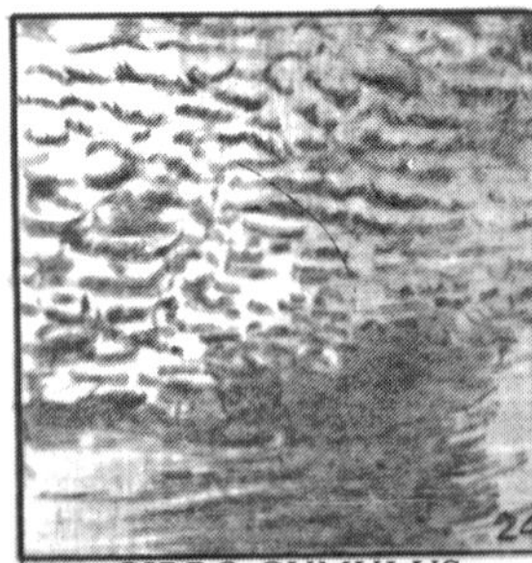

CIRRO-CUMULUS

ALTO-CUMULUS

ALTO-STRATUS

CUMULO-NIMBUS

NIMBO-STRATUS

CIRRO-STRATUS

Les cirrus et ses deux variantes sont faciles à reconnaître, car ils sont filamenteux, légers, transparents et très étirés par des vents violents en altitude ; quoique les cirro-cumulus se distinguent des deux autres par de petits nuages toujours étirés mais pommelés. Il est d'autant plus facile de les reconnaître, qu'ils forment souvent un halo autour de la lune ou du soleil. L'apparition des cirrus est un mauvais présage. Ils sont précurseurs du mauvais temps le lendemain, d'où l'intérêt de les identifier.

Les cumulus déjà décrits, sont au contraire un signe de beau temps, mais il n'en sera pas de même des cumulo-nimbus, très connus depuis notre enfance, illustrant tous nos dessins naïfs.

Ce ne sont que des petits cumulus individuels ayant pris des proportions énormes. Leur base est obscurcie et pommelée dans sa structure sombre et lourde. Seuls à l'origine des orages, ils peuvent provoquer des précipitations conséquentes de pluie, neige, grêle ou grésil.

Ils sont transportés par des vents venant de l'ouest et du nord ou nord-ouest suivant les régions.

Les stratus, nuages étalés en couche gris uniforme, sont près du sol et donnent une grosse impression d'humidité car ils ont envahi les sommets des collines environnantes. Ce n'est en fait qu'un brouillard à 80 ou 100 mètres d'altitude. La bruine va tomber longtemps et régulièrement avec du brouillard en mer. Ils seront véhiculés par le vent du sud-ouest.

Les strato-cumulus sont un mélange de stratus et de cumulus, assez courants l'hiver. Venant du sud ou sud-est ils n'apporteront aucune précipitation.

Les nimbus ou nimbo-stratus, sans formes nettes, sombres à bords déchiquetés, parfois de petits lambeaux courent vite et très bas. Ils amènent la pluie ou la neige persistante.

Les altostratus sont les nuages caractéristiques d'hiver. D'un gris-bleu uniforme recouvrant tout le ciel, laissant paraître le soleil par transparence et présageant la neige.

Les altocumulus en forme de galets ou de rouleaux s'ordonnent en groupes ou en files suivant une ou deux directions. Ils viennent du sud ou sud-est et n'apportent aucune précipitation.

3) Le baromètre

Facilement transportable, même si ses indications sont approximatives, elles sont tout de même intéressantes, mais sa tendance est toujours exacte. Il faut donc la retenir pour nos prévisions.

Bien entendu, il vous faudra le régler à l'altitude respective de votre région. Acheté à Chamonix mais utilisé à Brest, il vous indiquera la tendance, mais les précisions seront faussées. A titre indicatif, il faut retenir que la diminution de la pression est de 8,6 millibars tous les 100 m jusqu'à 1 000 mètres et inférieure au-delà. En ce qui nous concerne, au niveau de la mer, la pression est de 1 013 mb ou 760 millimètres de mercure.

On considère que le temps est :

Avec précision sur le baromètre			En simplifiant
Très sec	à 785 mm	de mercure	Beau fixe à partir de 765 mm Variable + de 760 à 765 mm de mercure Variable – de 755 à 760
Beau fixe	à 775 mm	’’	
Beau	à 765 mm	’’	
Variable	à 760 mm	’’	
à la pluie ou vent	à 750 mm		à la pluie ou au vent moins de 755
à la grande pluie	à 740 mm	’’	
à la tempête	à 730 mm	’’	

On constate que l’indication « pluie ou vent » reste trop vague puisque le vent, seul nous intéresse. La neige ne peut être indiquée, mais j’ai observé personnellement qu’une chute brutale importante de la pression précède la neige.

La tendance à l’augmentation de la pression est une amélioration du temps par rapport à celui en cours et plus la valeur relevée antérieurement est élevée, plus la tendance sera au beau. Si la tendance est à la baisse c’est le contraire qui se produira. D’où l’intérêt d’effectuer des relevés journaliers sur un tableau dont voici le modèle (page 69).

Je me souviens de mon grand-père cultivateur, un des rares dans notre hameau à posséder un baromètre, qui, impatient de savoir le temps du lendemain, tapotait légèrement le cadran. Suivant l’orientation de l’aiguille, il en tirait des conclusions.

Faire de même, pour noter dans la colonne correspondante vos appréciations en utilisant les symboles adaptés, suivant la tendance de l’aiguille, vers les hautes pressions (+), vers les basses (–), ou reste stable (=).

Pour le ciel, on peut diviser la colonne en quatre parties et griffonner une ou plusieurs tranches suivant son état.

Dans notre exemple, nous sommes passés de la pluie au temps variable – et la tendance est au variable +. En conclusion, nous allons vers le beau temps avec certitude.

Si la pression reste constante à une valeur élevée, le beau temps persistera, surtout si le vent dominant du beau temps local se manifeste, que le ciel soit dégagé ou que seulement quelques nuages, des cumulus, le parsèment.

Si la pression baisse progressivement, si le ciel commence à recevoir des cirrus de plus en plus nombreux ou des strato-cumulus de moins en moins haut, et s’ils deviennent rouges et mauves au crépuscule ; le temps tournera au mauvais.

Si la pression se stabilise aux environs de 750 mm de mercure, que la pluie tombe régulièrement fine, sans vent, que le ciel est complètement bouché surtout avec des stratus ou altostratus, le mauvais temps persistera peut-être plusieurs jours.

Si les cumulo-nimbus apparaissent l’été, surtout au-delà du 15 août, des orages sont à prévoir et si la radio crachote, ils sont imminents.

On affinera ces prévisions en déterminant l’arrivée des fronts chauds ou froids qui précèdent toujours un changement de temps, mais ceci nous amènerait trop loin...

Pour ceux qui souhaitent approfondir leurs connaissances, je leur conseille la lecture d’un ouvrage spécialisé, c’est passionnant.

L’ouvrage de Pierre Kohler, astronome à l’observatoire de Paris « Prévoir le temps en 10 leçons » de la collection « Le Livre de Poche » m’a beaucoup aidé à la réalisation de ce chapitre.

TYPE DE NUAGE	DATE	PRÉCIPITATION PLUIE, NEIGE, GRÊLE	VENT	PRESSION MILLIBARS	TENDANCE	CIEL	PRÉVISION POUR LENDEMAIN	RÉSULTAT DU LENDEMAIN
NIMBO-STRATUS	15-5-89	PLUIE	OUEST	749	+		ARRÊT DE LA PLUIE	EXACT
STRATUS	16-5-89		NORD OUEST	755	+		AMÉLIORATION CIEL SE DÉGAGEANT	EXACT
STRATUS	17-5-89		NORD	760	=		BEAU	ENCORE LÉGERS NUAGES

3) CARTES MARINES

Les ouvrages consacrés aux permis de navigation en mer, donnent en détail tous les éléments nécessaires, mais nous allons tout de même les passer rapidement en revue, car ils sont très utilisés par les chasseurs sous-marins.

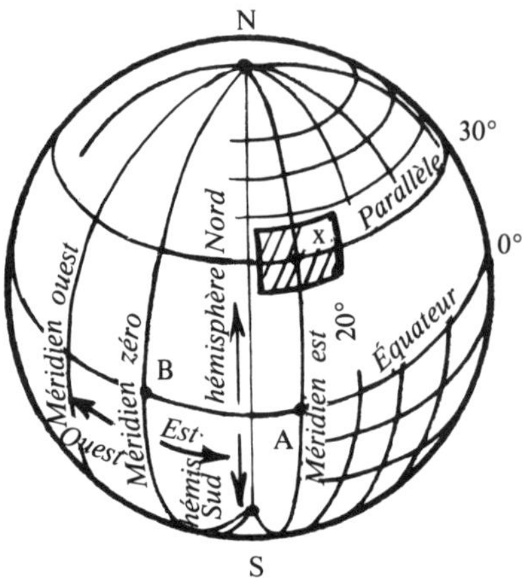

FIG. 1

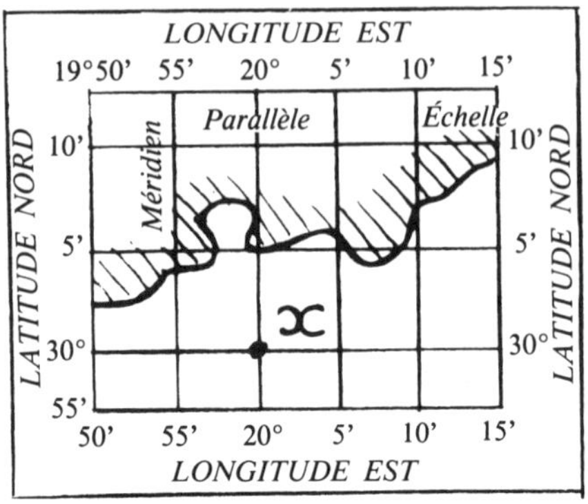

FIG. 2

A — Le globe terrestre

Le croquis ci-dessus est assez explicite pour rappeler sur le globe, la position de l'équateur, du méridien zéro ou de Greenwich ou international, et qui passe près du Havre, des méridiens « ouest » et « est », des hémisphères « nord » et « sud » et des parallèles.

La latitude est mesurée sur un méridien en partant de l'équateur. La latitude du point « x » est « nord », c'est la distance A x.

La longitude est la partie de l'équateur entre le méridien zéro et le méridien concerné.

La longitude du point « x » est, « est » et sera la distance B A.

On mesure la position du point « x » soit ses coordonnées en degrés, minutes et secondes.

Celles du point « x » sont 30° de latitude « nord » et 20° de longitude « est ».

La carte marine est une fraction du globe, la carte fig. 2 est la partie hachurée de la fig. 1.

B — Échelle

L'échelle d'une carte marine est parfois de 1/50 000, soit 1 mm représenté sur la carte correspondant à 50 000 mm ou 50 mètres sur la surface de la mer ou de la terre et inversement 50 mètres représentent : $\frac{50 \text{ m} \times 1}{50\,000} = 0{,}001 \text{ m}$ ou 1 mm sur la carte marine.

C — Renseignements

a) Sur terre apparaissent les points remarquables perçus de la mer, permettant des repérages pour le chasseur, ce sont les sommets, les cheminées d'usines, les clochers d'églises, etc. ainsi que les phares et feux. Ils sont représentés par une flamme rouge. Voir schéma page 155.

b) En mer, représentées en bleu ciel ou blanc y figurent :
— les profondeurs appelées sondes,
— les courbes de niveau appelées « lignes de sondes » de 10 mètres en 10 mètres, près des côtes et même 5 mètres au bord,
— la nature des fonds par des abréviations dont voici les principales :

Principales abréviations concernant la nature du fond :			
Al.	Algue	D.	Dur
Bo.	Boue	f.	fin
Coq.	Coquillages	g.	gros
H.	Herbe	vas.	vaseux
R.	Roche	m.	molle (vase)
S.	Sable	gr/	gris
		etc...	

4) Les dangers : écueils, îlots, épaves, représentés par des signes conventionnels. Leur profondeur est exprimée en mètres. Si ce nombre est souligné, il représente la partie qui émerge à marée basse.

SIGNES CONVENTIONNELS : DANGERS - COURANTS			
	Danger isolé	Courant général	
	Roche à fleur d'eau	Courant de flot	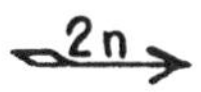
	Roche toujours submergée recouverte de moins de 2 m d'eau	Courant de jusant	
	Épave qui ne couvre jamais	Bouée de tribord	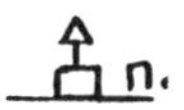
	Épave qui couvre et découvre	Bouée de bâbord	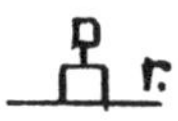
	Épave dangereuse recouverte de moins de 18 m d'eau	etc...	
	Limites de dangers		

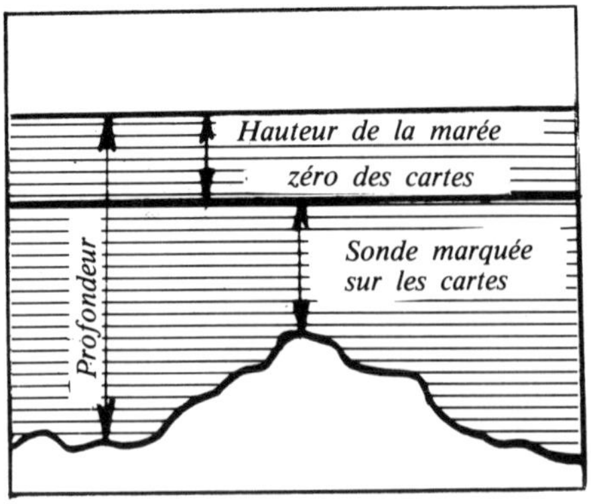

5) Les balises et bouées.

6) Les courants sont représentés par des flèches donnant la direction générale du courant avec un nombre donnant la vitesse en nœuds.

Ces indications sont précieuses pour les chasseurs qui devront se procurer pour les côtes de la Manche et l'océan Atlantique l'annuaire des marées pour connaître les horaires de pleine mer, basse mer et la morte eau.

Voici la définition des différents termes :

Flot ou flux : montée de l'eau,

Reflux ou Jusant : descente de l'eau,

Pleine mer : hauteur maxi de l'eau à la fin du flot correspondant,

Basse mer : hauteur mini à la fin du jusant correspondant,

La vive eau : marée de grande amplitude,

La morte eau : marée de faible amplitude,

Coefficient de marée : il définit l'importance de la marée pour une pleine ou basse mer, proportionnelle à l'amplitude de la marée. Le coefficient 45 est celui d'une marée de morte eau moyenne.

Le coefficient 95 est celui d'une marée de vive eau moyenne.

7) Déclinaison magnétique : c'est l'angle fait par la direction du nord « vrai » et celle du nord magnétique. Indispensable à connaître pour les navigateurs parcourant de longues distances au large. Elle ne l'est pas pour le chasseur qui sur sa frêle embarcation ne s'éloigne pas des côtes.

8) Mesures : elles sont exprimées en mètres, en ce qui concerne les sondes ou les hauteurs à terre, les sommets ou les phares. Par contre la distance de la visibilité des feux est exprimée en mille marin (1 852 m). Il correspond d'ailleurs et seulement pour les latitudes à la longueur d'une minute.

c) Entre les deux, terre et mer, l'estran pour les cartes des mers à marée. C'est la zone découverte à marée basse et recouverte à marée haute.

4) RÉPARATION ET ENTRETIEN USUEL SUR LES BATEAUX ET MOTEURS HORS-BORD

Le fonctionnement de ces moteurs est décrit également dans les ouvrages relatifs aux permis de bateaux.

Pour ce qui est de l'entretien du moteur et de l'embarcation, suivre scrupuleusement les conseils donnés dans les manuels d'entretien fournis par les constructeurs. Mais en voici les règles générales :

A — Moteur

1) Le faire tourner dans un bac d'eau douce après chaque utilisation pour éviter la formation de bloc de sel dans le circuit de refroidissement.

2) Effectuer tous les ans ou « x » heures de fonctionnement (voir manuel d'entretien) la vidange de l'huile du carter d'engrenages.

3) Changer les bougies pour la même période.

4) Faire effectuer un graissage de tous les points prévus sur le manuel d'entretien, toujours pour la même période.

5) Après l'avoir bien nettoyé avec un pinceau souple et du gas-oil, pulvériser au moyen d'une bombe, un produit antirouille à huile pénétrante qui n'altère pas les contacts électriques, UNIL par exemple. Il conservera un film gras de protection des pièces métalliques.

6) Vérifier régulièrement l'état général : durites, fuites éventuelles, vis ou écrous débloqués, oxydation de certains éléments, l'état de l'hélice (déséquilibrage à la suite de choc), etc.

7) Si le moteur n'est pas utilisé pendant une certaine période, le faire tourner tous les 15 jours dans un bac d'eau douce quelques minutes, ou l'hiverner.

8) N'utiliser que de l'essence convenant au moteur et rejeter l'essence stockée depuis plusieurs mois. Ne pas hésiter dans certains pays, à utiliser l'essence offrant le maximum d'octanes.

9) Stockage du moteur. Le nettoyer extérieurement à l'aide d'un pinceau souple et du gas-oil afin de le débarrasser de toutes les impuretés, sable, algue, sel et graisse vieillie.

Dérouiller les éléments imprégnés, les protéger avec des produits antirouille.

Effectuer les réparations nécessaires.

Faire tourner le moteur, ôter le capot, pulvériser de l'huile moteur dans l'admission d'air jusqu'à étouffement à l'aide d'une burette à pression. Desserrer légèrement les bougies qui seront à éliminer à la prochaine saison.

Certains mécaniciens préconisent de le faire tourner régulièrement au lieu du stockage ci-dessus.

Conserver le moteur dans un lieu sec.

Tout le reste me semble être du domaine du spécialiste ou du chasseur très bon mécano.

Ces opérations d'entretien sont à la portée de tous les chasseurs bons bricoleurs en général.

Elles leur permettront de mieux connaître leur moteur et peut-être de le dépanner plus facilement en cas de défaillance en pleine mer, opération souvent délicate par grosse mer !

B — Embarcation

Le bateau pneumatique, adopté par la plupart des chasseurs, en raison de ses qualités, est fragile malgré l'excellence des matériaux employés par les fabricants.

1) Le sable est l'ennemi du pneumatique. Le sable sur lequel il peut frotter, visible, mais surtout le sable plus insidieux transporté avec les pieds, par le vent, les vêtements, etc. et qui s'infiltre dans les coins les plus cachés. Par le frottement continu sur la toile, il peut détériorer sérieusement le bateau.

La précaution principale consiste à le rincer le plus souvent possible avec un jet puissant d'eau douce, en le maintenant incliné à l'envers. De temps à autre, effectuer cette opération, plancher ôté.

2) Vérifier régulièrement l'état de la toile. Si vous avez un doute, passer les fuites éventuelles à l'eau très savonneuse, avec beaucoup de minutie.

3) Renforcer les zones détériorées en collant une bande ou une plaque d'une matière préconisée par le fabricant. Utiliser la colle conseillée afin d'éviter les déboires !

La pose facile de ces renforts exige des précautions élémentaires.

a) Se placer à l'ombre dans un lieu sec à l'abri de la poussière et du vent.

b) Repérer les zones à réparer avec un stylo à bille et dégonfler les boudins si nécessaire.

c) Frotter avec du papier de verre à gros grain, une toile à émeri ou une tôle-râpe utilisée pour la réparation des chambres à air de vélos, la surface du boudin et de la toile à rapporter afin qu'elles soient rugueuses.

d) Bien dégraisser (attention aux traces de doigts) avec du baltane. Ne pas utiliser l'essence qui est un peu grasse.

e) Passer un film léger de colle sur les deux parties à encoller à l'aide d'un petit pinceau propre.

f) Laisser sécher quelques minutes. Il ne faut plus que la colle adhère au toucher, faire déborder le collage préalablement pour cette vérification.

g) Appliquer les deux faces encollées, appuyer fortement. Si possible utiliser des presses avec cales en bois, ou tapoter avec un maillet.

h) Laisser sécher 24 heures pour avoir le maximum d'adhérence.

4) Vérifier l'état des cordages de l'embarcation, des planchers et longerons et surtout de la quille rigide si elle en est équipée, car elle travaille énormément. Les éléments en bois sont facilement réparables par collage et vissage des renforts.

Utiliser des matériaux résistant à l'eau de mer, contre-plaqué marine, colle spéciale, vis en inox ou laiton.

Voici une liste non exhaustive des précautions à prendre pour éviter les déboires en mer ou une détérioration rapide du matériel :

1) Le pneumatique craint énormément les frottements sur le sable, c'est un abrasif. Pour tirer le bateau au sec sur une plage, utiliser des boudins gonflables ou des rondins en plastique. Le maintenir bien en retrait du rivage pour éviter qu'il ne soit balloté sur ce sable.

2) Il faut éviter les rochers à fleur d'eau. Ceci semble évident, mais penser à la marée basse en Atlantique, au courant qui peut changer de direction, au mouillage qui peut riper. Les précautions consistent donc à mouiller loin des rochers, à vérifier le mouillage avant de s'éloigner et la profondeur de l'eau.

3) Prendre la précaution au mouillage de ne pas laisser un cordage frotter sur un boudin.

4) Faire attention aux oursins transportés qui peuvent transpercer la toile, mais surtout aux épines dorsales des gros poissons comme les mérous très dangereux pour les boudins lorsqu'ils se débattent. S'assurer qu'ils soient bien morts avant de les embarquer. Utiliser de gros bacs en plastique, pour déposer les poissons, fixés préalablement sur le plancher.

5) Prendre d'énormes précautions lors de la remontée sur l'embarcation. Éviter le frottement des plombs et de l'accroche-poissons sur le boudin.

6) Fixer tout le matériel qui peut se balader dans l'embarcation surtout le réservoir d'essence. Les documents indispensables seront logés dans une boîte étanche (documents du bateau, permis de chasse, carte marine, etc.).

7) Maintenir les arbalètes pointes vers l'arrière dans l'écope.

8) Ne pas omettre d'emporter tous les objets réglementaires : l'écope, la corne de brume, les fusées de détresse, le miroir et une lampe étanche plus particulièrement.

9) Utiliser un mouillage équipé d'un grappin déployable (parapluie) avec 3 à 4 mètres de chaîne conséquente. La longueur de la ligne de mouillage pourra être assez courte.

Mais prévoir un filin supplémentaire permettant, ajouté au premier, un mouillage dans une trentaine de mètres. Ce second filin permettra un remorquage éventuel.

10) Transporter dans une boîte étanche tout l'outillage nécessaire et en particulier :

— une clé à bougies fixée à une corde et à attacher au poignet lors de l'utilisation en mer,
— une pince à prises multiples,
— des clavettes de sécurité de rechange pour l'hélice, si elle en est équipée,
— des goupilles fendues de fixation de l'embout de l'hélice,
— un jeu de bougies neuves bien protégées,
— quelques boulons de dimension courante,
— quelques morceaux de tuyau souple et durites aux dimensions existant sur l'embarcation, avec colliers de serrage courants,
— des chiffons propres dans un petit sac étanche,
— une brosse à bougies,
— suivant la distance à parcourir, prévoir un petit réservoir supplémentaire d'essence,
— une clé à molette et deux tournevis dont un de petite dimension,
— un tuyau d'alimentation pour le carburant, neuf, équipé de sa pompe à main et des deux extrémités de fixation.

11) Stockage de l'embarcation en période de non utilisation :

Plier le pneumatique dans sa housse sans serrage excessif, dans un endroit sec, à l'abri de la lumière et des rongeurs.

C — Organisation à bord

Le chasseur utilise en général une embarcation de petite dimension, et donne sa préférence au pneumatique.

L'organisation à bord prend donc d'autant plus d'importance, que le bateau est exigu et fragile.

Chaque chose à sa place et bien amarrée, sera la règle d'or ! Rien ne doit se déplacer librement à l'intérieur, même par mer agitée.

Aucune embarcation pneumatique n'est conçue spécialement pour la chasse sous-marine. Il faudra dans un premier temps l'aménager en conséquence.

L'exemple proposé, est un pneumatique genre Zodiac Mark II, avec deux chasseurs à bord (page 76).

1) Coller sur les boudins et le plancher une toile caoutchoutée antidérapante (rep. 10 sur le croquis).

2) Acheter deux bacs en plastique. Certains modèles employés dans l'industrie mécanique pour le transport des pièces sont très solides.

Le plus important, le bas central (rep. 8) pourra avoir les dimensions intérieures suivantes : 0,80 L × 0,50 l × 0,50 profondeur.

Le bac avant rep. 16, sera moins volumineux, il devra :

• se loger au mieux à l'avant,
• être recouvert entièrement par le pontage avant. Il faudra le pourvoir de deux blocs de protection rep. 3 sur les angles supérieurs avant, en caoutchouc mousse, d'une épaisseur de 1 centimètre minimum. Les maintenir par collage sur les boudins ou à l'aide d'un sandow faisant le tour du bac.

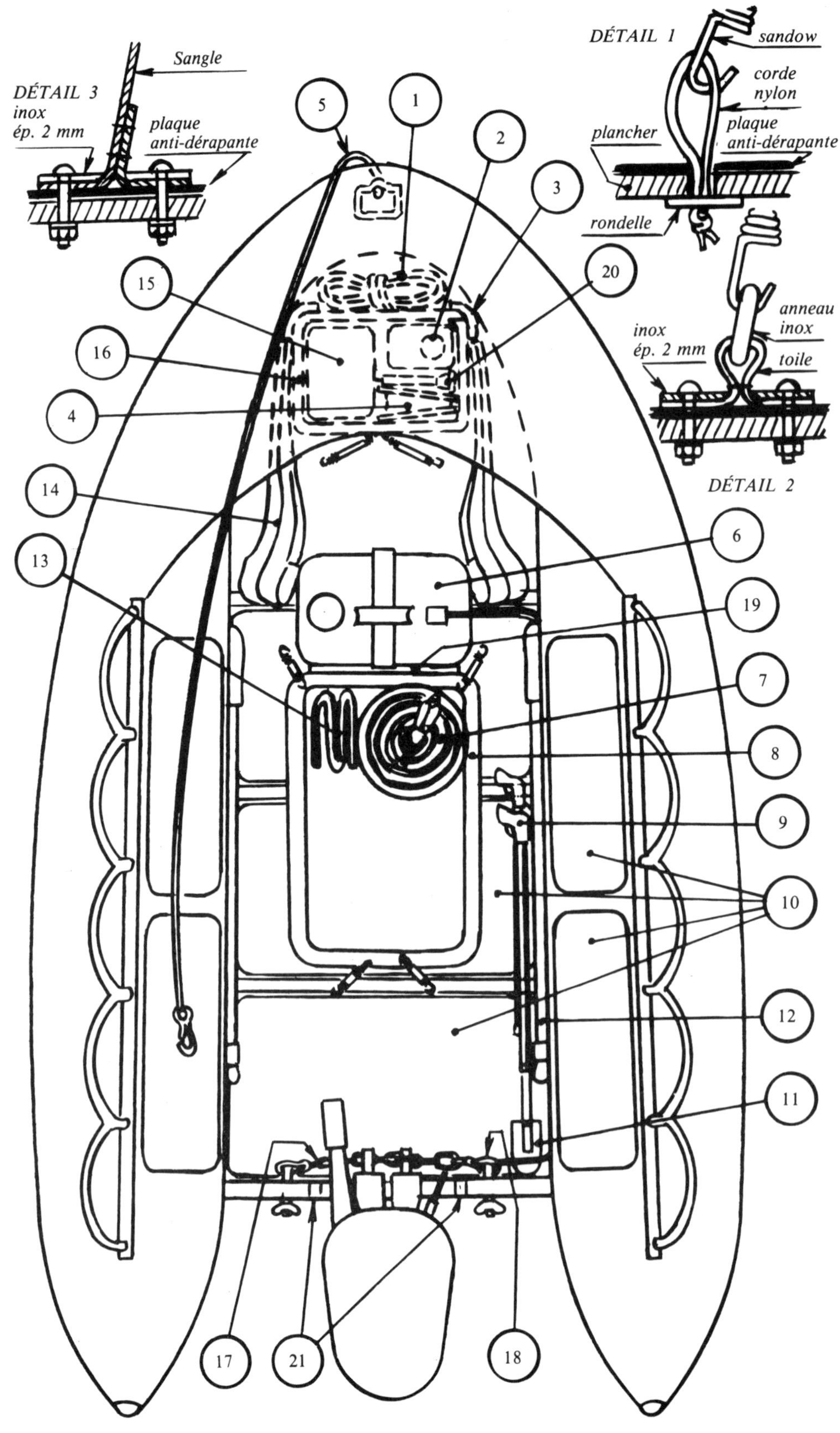

DÉTAIL 3
Sangle
inox
ép. 2 mm
plaque
anti-dérapante
DÉTAIL 1
sandow
corde
nylon
plaque
anti-dérapante
plancher
rondelle
anneau
inox
inox
ép. 2 mm
toile
DÉTAIL 2
1
2
3
4
5
6
7
8
9
10
11
12
13
14
15
16
17
18
19
20
21

Les deux bacs seront fixés sur le plancher à l'aide de sandows, identiques aux sandows de galerie de voiture. Une extrémité accrochée au bac, troué à cet effet, l'autre sur le plancher.

3) Le système d'accrochage des sandows sur le plancher pourra être conçu de plusieurs façons.

Le croquis présente deux possibilités avec les détails 1 et 2 — Attention aux systèmes rigides qui peuvent blesser les pieds nus.

Le réservoir d'essence rep. 6 sera positionné à l'avant du bac et fixé soit avec des sandows ou avec une sangle. On peut se la procurer chez Plastimo où elle est vendue au mètre avec des boucles très pratiques. Les deux extrémités seront solidaires du plancher, par exemple suivant le détail 3.

Interposer éventuellement un bloc de caoutchouc mousse rep. 19, entre le bac et le réservoir évitant une détérioration de sa peinture.

4) Incorporer une chaîne de sécurité rep. 17, évitant au moteur, mal serré, de basculer à l'extérieur par grosse mer.

Elle sera calibrée pour passer à l'intérieur de l'évidement des deux leviers du système de blocage du moteur sur le tableau arrière. Les deux extrémités seront fixées aux boulons à œil inversé, servant à l'amarrage de la corde de ski nautique, avec deux petits mousquetons rep. 18.

5) Le bout avant rep. 5, sera muni d'un gros mousqueton en inox, permettant l'amarrage du filin du mouillage.

6) Installer, s'ils ne sont pas prévus d'origine, deux vide-vite rep. 21, sur le tableau arrière, sous le plancher.

L'aménagement étant terminé, la répartition du matériel s'effectuera de la manière suivante :

Le bac central recevra :

— un seau rep. 7, dans lequel est lové le mouillage, le grappin étant dessus, prêt à l'emploi,
— un sac ou deux en jute, pour transporter les poissons, mais surtout les protéger du soleil rep. 13,
— les poissons seront recouverts avec le ou les sacs en jute, mouillés de temps en temps,
— les coquillages, en particulier les oursins.

Le bac avant recevra :

— un récipient étanche qui renfermera rep. 15
  • les documents du bateau,
  • les permis de chasse et de conduire bateau,
  • des relevés de cartes marines,
  • le compas,
  • la corne de brume,
  • l'outillage,
  • le matériel de rechange ou de réparation,
— un réservoir de secours d'essence de 5 l rep. 2,
— le gonfleur et son embout rep. 4,
— la lampe étanche rep. 20.

Une longueur de filin supplémentaire rep. 1, permettant au total un mouillage de 50 mètres, pourra être logé à l'avant.

Les palmes rep. 14, pourront être placées de chaque côté du bac avant, en les coinçant vers l'avant, ou à l'horizontale entre le taud et le dessus du bac avant.

Les rames, très encombrantes, seront laissées sur leurs points d'ancrage, mais elles gênent lors du rétablissement pour la remontée. On peut les poser à même le plancher, contre les boudins à babord, montées ou désolidarisées, mais attention à la détérioration des boudins ! Si possible utiliser des pagaies rep. 12.

Les arbalètes et les flèches supplémentaires, seront déposées sur le plancher à tribord, pointes vers l'arrière logées dans l'écope, ou tout autre objet similaire. Les flèches de rechange et le gantchou éventuel seront pourvus d'embouts de protection rep. 9.

Cet aménagement pourra être personnalisé car les variantes sont multiples. Certains préfèrent le réservoir complètement à l'avant pour mieux répartir le poids.

Le bac avant permet de loger le matériel décrit précédemment, mais également des vêtements, ou des serviettes sèches. Ce sera la zone la mieux protégée des « paquets » de mer.

Certains fabricants de pneumatiques ont innové en intégrant dans leur plancher en bois ou aluminium, deux rails latéraux permettant l'arrimage du matériel.

Autre évolution intéressante sur certains types, un pontage rigide faisant office de coffre ou permettant de suspendre un sac volumineux conçu à cet effet. Il remplacera le bac avant proposé avec son matériel.

5) ÉTUDE DE SITUATIONS CRITIQUES LORS DE SORTIES EN MER

Ces situations seront certainement imaginées par les examinateurs. Ils les exposeront aux candidats.

Ces situations sont multiples, les exemples peuvent donc être nombreux, en voici quelques-uns qui peuvent malheureusement se produire :

1er exemple : Vous êtes un groupe de copains en vacances dans une région propice à la chasse sous-marine.

Une personne vient affolée vous demander de l'aide pour rechercher un chasseur solitaire, parti en pneumatique et qui n'est pas rentré, cette personne est un proche du chasseur disparu, que faites-vous ?

a) calmer la personne en la réconfortant,

b) essayer de connaître le lieu de pêche,

c) avertir les autorités (gendarmerie) de la disparition présumée,

d) suivant l'état de la mer, envisager toutes les hypothèses :

I — Présence du mauvais temps :

1) Le chasseur a pu être déporté par les vagues ou le courant.

2) Être terrassé par le mal de mer, donc poser la question : le chasseur est-il sujet au mal de mer ?

II — Par beau temps :

1) Présence du courant ?

2) Panne de bateau.

e) rechercher le lieu d'ancrage de l'embarcation,

f) une fois retrouvée, ne surtout pas déplacer l'embarcation :

1) Si le chasseur utilisait une bouée, la rechercher.

2) A l'aide d'une autre embarcation, cheminer le long de la côte, si elle est proche ou d'îlots, et rechercher une sortie éventuelle du chasseur, sur les rochers à la suite d'un problème quelconque, et parfois assez éloignée si le courant est violent.

3) Toujours avec une autre embarcation, si le trafic de navigation est intense, rechercher le chasseur peut-être blessé par un bateau, en surface.

g) si la bouée est retrouvée :

1) Ne pas la déplacer, conserver sa position.

2) Effectuer dans un rayon de 50 m avec la bouée pour point central, des recherches à plusieurs.

3) Si le fond est très tourmenté, effectuer des plongées ou demi-plongées, pour éventuellement retrouver le chasseur qui aurait coulé dans une zone difficile à distinguer de la surface.

h) sans résultat les recherches s'étendront sur un champ nettement supérieur. Le terrain devra alors être entièrement ratissé. Pour cela il faudra baliser un rectangle avec quatre bouées, partant de la bouée du chasseur disparu, et nager de front sur une même ligne, sur toute la largeur du rectangle. Adopter une distance correcte entre sauveteurs, pour être sûr de couvrir visuellement l'intervalle. Suivant les résultats, étendre encore la zone, avec de nouveaux repères, mais convergeant toujours sur la bouée du chasseur, et ainsi de suite.

i) tenir compte du courant qui aura pu emporter le corps s'il n'était pas beaucoup lesté, et si l'on connaît les lieux effectuer des recherches aux points névralgiques.

j) si le nombre de sauveteurs est suffisant, une personne seule devra donner les instructions et orienter les recherches en restant sur une embarcation.

2e exemple : Vous envisagez une sortie en mer pour pratiquer la chasse au mérou assez profonde autour d'îlots éloignés de la côte et assez exposés au mauvais temps. Pour cette raison, vous effectuez le parcours à deux pneumatiques et quatre chasseurs, formant ainsi deux équipes de deux.

L'un d'entre vous victime d'un malaise dans l'eau, perd connaissance et coule. Vous êtes à ses côtés, que faites-vous ?

a) récupérer le camarade en le ramenant à la surface après avoir largué sa ceinture. La remontée s'effectuera comme indiqué dans l'étude des épreuves du 1er groupe du monitorat. « Montée du blessé sur un bateau pneumatique. »

b) essayer de le réanimer simplement, en lui ôtant son masque et lui assénant quelques gifles.

I — S'il ne reprend pas connaissance, et que les autres chasseurs sont à portée de voix, les appeler à l'aide.

c) pendant que les deux chasseurs s'occupent du blessé, le 3e part avec une embarcation donner l'alerte au point le plus proche, soit le S.A.M.U., les pompiers ou la gendarmerie,

d) le sauvetage à deux sera nettement plus facile que seul, car pendant que l'un pratique le bouche-à-bouche, le second tracte les deux chasseurs accouplés, vers l'embarcation ou les rochers. La distance déterminera le choix. A deux il est plus aisé de monter le blessé sur le pneumatique. Si vous optez pour l'embarcation, même éloignée, un chasseur ira la récupérer à la nage, alors que le second s'occupera du blessé,

e) hors de l'eau, pendant que l'un pratique le bouche-à-bouche, le second pratique le massage cardiaque si nécessaire. Se relayer tout en suivant les instructions du traitement d'urgence à la noyade.

II — Si la perte de connaissance se prolonge, et que les autres chasseurs s'avèrent introuvables, le sauveteur opèrera seul. L'aide même tardive des autres chasseurs sera tout de même utile, dès leur retour pour donner l'alerte, mais les soins d'urgence devront être pratiqués par le chasseur-sauveteur seul.

3e exemple : Vous effectuez une sortie en mer avec une embarcation légère et un autre chasseur. Au retour votre moteur refuse de démarrer. La mer assez forte s'est levée. Les vagues déferlent sur l'embarcation, que faites-vous ?

a) vérifier que :

1) Il reste du carburant dans le réservoir.

2) La tuyauterie d'alimentation en carburant du moteur n'est pas écrasée par les pieds ou du matériel.

3) La vis de mise à l'air du réservoir carburant est bien dévissée, permettant le passage de l'air.

4) Aucune prise d'air ne se manifeste le long de la tuyauterie souple et aux deux branchements. Si nécessaire réparer au mieux malgré la tempête avec du scotch et un collier.

5) Le câble électrique n'est pas détaché de la tête d'une bougie.

6) Aucune impureté ne vient obstruer le filtre du réservoir carburant. Dans le doute, le remuer fortement pour les décoller de la crépine.

7) Le coupe-circuit de sécurité est en place.

b) Actionner la pompe à main jusqu'à ce qu'elle soit rigide et essayer à nouveau de démarrer.

c) si le moteur est toujours récalcitrant :

I — Si la côte est proche avec possibilité de trouver un abri, tenter de tirer à deux le pneumatique à la nage.

Pendant que l'un des deux à l'eau maintient le bateau, le second remonte le mouillage. Puis pendant que l'un tire le bout avant à la nage, le second pousse par l'arrière. Cette opération sera plus facile chaussé de vos palmes et avec le masque et tuba. Une fois à l'abri récupérer, puis effectuer les dépannages possibles.

1) Vérifier que le carburant arrive. Débrancher l'arrivée au carburateur et actionner la pompe à main, le carburant doit couler.

2) Vérifier que le courant arrive aux bougies. Les débrancher du câble électrique, les démonter, rebrancher les câbles et poser les bougies branchées. Tirer sur le lanceur et vérifier si l'étincelle se produit.

3) Si le carburant et le courant arrivent, vérifier que le moteur n'est pas noyé. Débrancher l'alimentation en carburant sur le moteur, démonter les bougies et tirer 25 à 30 fois sur le lanceur, pour éliminer le carburant en surplus par évaporation.

4) Remplacer les bougies par des bougies neuves, rebrancher la tuyauterie, actionner la pompe à main et essayer de démarrer. Si des bougies neuves ne sont pas disponibles, nettoyer les bougies en cours d'usage, avec une brosse métallique et vérifier l'écartement des électrodes.

Si le moteur ne démarre toujours pas, la panne risque d'être grave. La situation n'est pas catastrophique. Se manifester pour se faire remorquer par des bateaux de passage, ou rejoindre le port le plus proche à pied éventuellement. Dans le pire des cas, mouiller au mieux le bateau ou le tirer à terre et revenir le chercher plus tard.

II — Si la côte est éloignée, l'état de la mer ne permettant pas d'effectuer toutes les opérations possibles en I, essayer d'alerter des embarcations à proximité en agitant une rame à la verticale, en utilisant la corne de brume et dans le cas extrême les feux de détresse. En aucun cas n'abandonner l'embarcation pour partir à la nage, si la distance à parcourir est importante.

4ᵉ exemple : Vous effectuez une sortie en mer avec un débutant en partant de la côte à la nage. La mer se lève brusquement, celui-ci s'affole, que faites-vous ?

a) si son état n'est pas alarmant, rester à proximité et lui parler calmement en lui expliquant que la situation n'est pas dangereuse. Lui demander de s'accrocher à la bouée ou la planche. Rentrer en nageant en le surveillant, la corde de la bouée ayant été réduite au minimum pour être à sa hauteur,

b) si son état est inquiétant, avec nausées, pâleur extrême, manque de force, sans réflexes, abandon.

1) Si la côte est à proximité et qu'un abri est possible, agir comme ci-dessus en lui précisant l'objectif à atteindre à terre.

Si l'accessibilité le permet, une fois à l'abri, rejoindre le point de départ à pied.

Dans le cas contraire, le laisser à l'abri à terre et partir seul à la nage chercher du secours.

2) Si aucun abri n'est possible, le faire monter sur la planche ou tenir la bouée. L'attacher avec l'extrémité libre de la corde de traction à la ceinture de lest ou à une main, afin de garder le contact, en cas de perte de connaissance ou manque de réaction.

Le tracter ensuite à la nage jusqu'à l'abri le plus proche.

D'autres exemples pourraient être étudiés, mais Georges Oliveras me signale que les examinateurs insistent sur les situations suivantes : bateau percé, panne de moteur, noyé à retrouver, courant, brume, etc.

e) Connaissance des poissons et des fonds marins, vie, mœurs (notion d'écologie) techniques de chasse et matériel appropriés

Lors de cette épreuve, il sera demandé :

a) De dessiner la silhouette d'un poisson (très schématiquement, mais cela permet de voir comment le candidat a assimilé les courbes, nageoires, bouche, ligne, écailles, queue, etc. comment pourrait-il faire un cours sur le mérou en dessinant une ablette ?).

b) Reconnaître 4 spécimens de poissons locaux.

c) Présenter 2 poissons en détail : comportement, vie, mœurs, habitat, etc.

d) Reconnaître 5 poissons venus d'ailleurs, Méditerranée pour les chasseurs de l'Atlantique, ou vice-versa, plus des poissons des mers chaudes.

La physiologie du poisson est sommairement décrite dans le paragraphe suivant, mais différents ouvrages auxquels je me réfère, complèteront de façon très intéressante cet enseignement.

Je vous recommande particulièrement l'ouvrage de Gilbert BARNABÉ et Paul BOUGIS bénéficiant d'un rapport qualité prix exceptionnel.

D'autre part, l'un des auteurs, Gilbert BARNABÉ est un excellent chasseur sous-marin. Par ses connaissances scientifiques, en qualité de chercheur à la station de biologie marine et lagunaire de Sète, et la pratique de notre sport, il nous offre un livre « cousu main » pour chasseurs sous-marins. « Je reconnais les poissons marins », collection Agir et connaître, tome 2 — en plongée — aux éditions André LESON — 10, rue de l'Éperon, Paris 6e.

Pour élargir nos connaissances on peut se procurer également le « Guide des poissons marins d'Europe » de M.-L. BAUCHOT et A. PRAS aux éditions Delachaux et Niestlé.

A se procurer également les fiches F.A.O. (Food and Agriculture Organization of the United Nations) pour la fidélité des dessins de poissons et la qualité des renseignements.

Également, « La vie des océans » de Norman B. MARSHALL aux éditions Fernand NATHAN.

Dans le chapitre « techniques appliquées aux différentes espèces de poissons » le lecteur trouvera aussi une description intéressante, et leur comportement face au chasseur.

Les fonds marins sont étudiés au chapitre « choix des lieux de chasse », les techniques de chasse et l'étude du matériel ont également un chapitre correspondant.

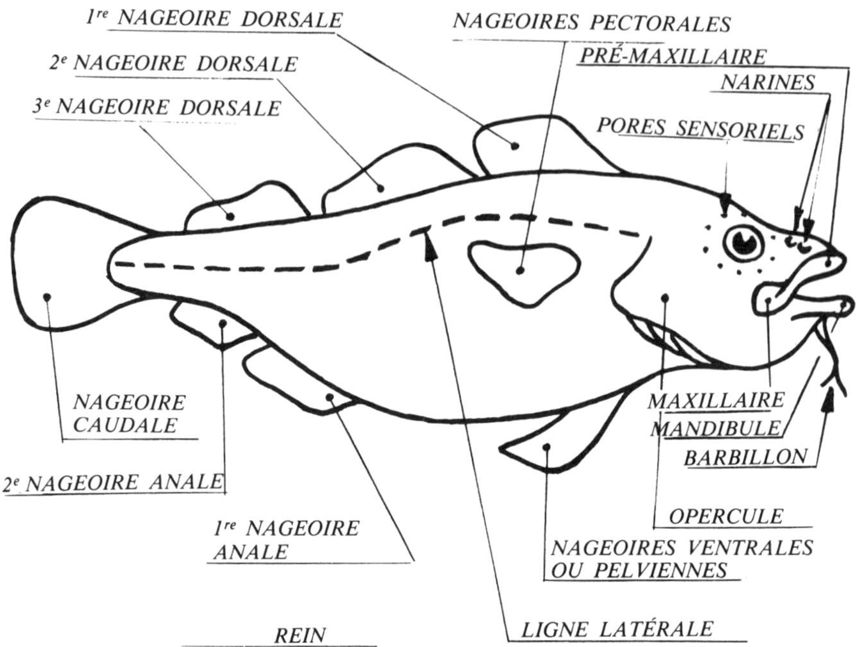
1re NAGEOIRE DORSALE
2e NAGEOIRE DORSALE
3e NAGEOIRE DORSALE
NAGEOIRES PECTORALES
PRÉ-MAXILLAIRE
NARINES
PORES SENSORIELS
NAGEOIRE CAUDALE
2e NAGEOIRE ANALE
1re NAGEOIRE ANALE
MAXILLAIRE
MANDIBULE
BARBILLON
OPERCULE
NAGEOIRES VENTRALES OU PELVIENNES
LIGNE LATÉRALE

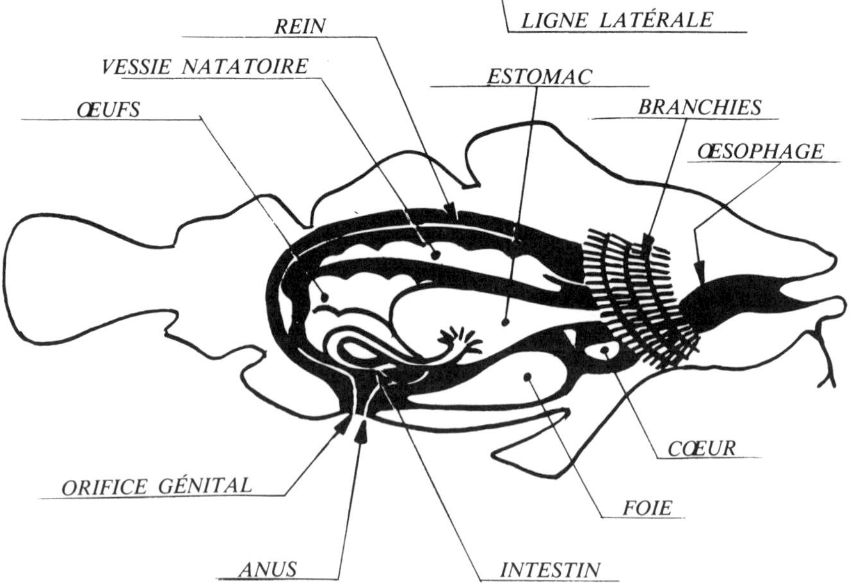
REIN
VESSIE NATATOIRE
ŒUFS
ESTOMAC
BRANCHIES
ŒSOPHAGE
CŒUR
ORIFICE GÉNITAL
FOIE
ANUS
INTESTIN

A — QU'EST-CE QU'UN POISSON ?

Un animal vertébré aquatique, respirant au moyen de branchies et pourvu de nageoires pour se mouvoir.

Les croquis ci-dessus déterminent les différents organes du poisson qu'il est bon de connaître.

B — SES DIFFÉRENTS SENS

Par rapport à l'homme, le poisson a certains sens très développés d'autres qui le sont moins.

Il y voit mal mais entend très bien et possède un sens olfactif très développé.

Il sait parfois très bien se camoufler en raison de sa couleur naturelle ou par mimétisme mais n'est pas intelligent.

Il est souvent vorace et curieux, ce qui le perd.

La vue

La plupart des poissons sont myopes. Ils percevraient bien les mouvements mais ne distingueraient pas très bien les formes.

Ils seraient par contre, sensibles aux couleurs.

Les poissons qui naviguent, comme les loups ou les liches, ont une vision binoculaire très limitée, en raison de l'emplacement latéral de leurs yeux.

D'autres plus statiques, comme les labres ou mérous ont des yeux globuleux et articulés, leur permettant de voir continuellement dans toutes les directions sans se déplacer.

L'ouïe

Le poisson entend plus ou moins bien suivant les espèces, mais il possède un sens très développé qui lui permet de percevoir non seulement les vibrations émises par d'autres poissons, mais également ses propres ondes qui par échos lui permettent de déterminer les obstacles. Ce sens est tellement développé qu'il arrive à déterminer si ces vibrations viennent d'un ami ou ennemi !

La plupart de ces vibrations sont « réceptionnées » par la ligne latérale.

Les sons

Contrairement à ce que l'on pourrait croire, la plupart des poissons émettent des sons.

Ils sont d'autant plus perceptibles que les sons se propagent très bien dans l'eau.

Ils sont émis soit par un grincement de dents, la vessie natatoire qui vibre et sous l'action de bulles d'air lâchées.

Les poissons doivent donc communiquer entre eux.

Sens olfactif

Il est très développé et le poisson peut traquer son gibier en suivant une piste, tel un chien de chasse.

Pour mieux flairer, il possède deux narines de part et d'autre de la tête, permettant à l'eau de circuler en permanence en rentrant par une narine et sortant par l'autre.

Sens gustatif

Également important, soit par la bouche, mais également par les barbillons que possèdent certaines espèces, comme le rouget ou la mustelle, mais également par les pores sensoriels situés sur la tête, détectant ainsi leur nourriture.

Au même titre que l'homme devient rouge lors d'une colère et pâle lors d'une peur, le poisson évolue dans ses teintes, mais avec beaucoup plus de nuances.

Si la femme se pare de belles couleurs en utilisant rouge à lèvres, crèmes, teinture, etc. les poissons n'ont pas besoin de ces artifices, et à l'époque du frai leur livrée nuptiale est magnifique et naturelle... !

Beaucoup de poissons font du mimétisme comme les scorpènes, les mérous ou les poissons plats.

Pour nous chasseurs sous-marins, quelles conclusions pouvons-nous en tirer ?

On comprend mieux pourquoi les poissons n'y voyant pas bien et étant curieux, mais peu intelligents, viennent parfois si bien à l'agachon pour mieux distinguer cette forme inconnue... !

On s'explique aussi la façon dont ils viennent. Pour les raisons invoquées précédemment, ils arrivent de face, en particulier les loups ou les liches pour discerner à l'aide de leur vision binoculaire.

Ils évaluent alors la distance et la profondeur, puis ils nagent de côté en tournant autour du chasseur pour remarquer les détails avec une vision monoculaire bien meilleure.

Mais attention, ils ont de la mémoire... et retiendront que cette forme est dangereuse !

On comprend mieux alors que les mouvements brusques et bruyants du chasseur soient prohibés.

On est moins surpris par le brusque démarrage d'un corb, alors que l'on atterrissait sur un champ de posidonies dans lequel la robe sombre couleur d'algue du corb, se confondait, par le saut du chapon sur lequel on allait poser la main croyant à un rocher !

Dans l'eau glauque de « Engras dos Reis » au Brésil, on savait la loche présente puisque l'on entendait distinctement son « glop-glop » caractéristique.

On est moins étonné de voir la famille de rougets soulever un nuage de sable recherchant à l'aide de ses barbillons les vers enfouis.

Mais il est bon de savoir :

— qu'il est possible de connaître approximativement l'âge d'un poisson en comptant, comme sur la section d'un tronc d'arbre, les cercles de croissance sur une écaille.

La difficulté réside dans l'interprétation de ces stries concentriques. Il y a une croissance d'été importante en raison de l'abondance de la nourriture, et une croissance d'hiver beaucoup moins perceptible. Ceci engendre un espace clair pour la première période et au contraire sombre pour la seconde période. C'est l'association de ces deux teintes qui détermine une année. Les spécialistes arrivent même à déterminer les stries de la ponte.

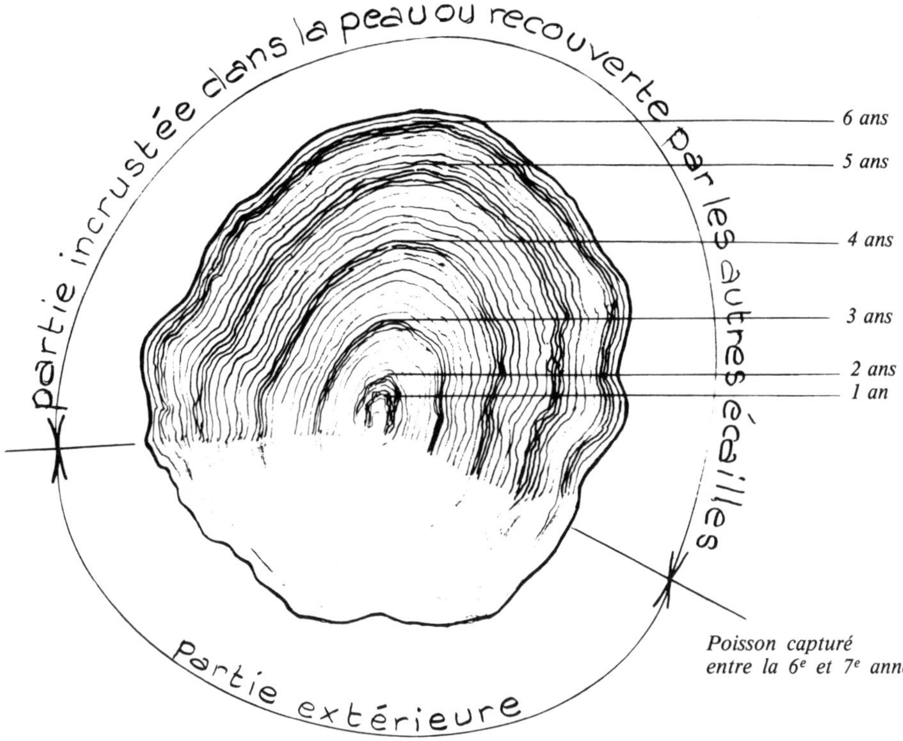

Poisson capturé entre la 6e et 7e année

Il est possible aussi de l'évaluer avec les fameuses otolithes du corb ou autres poissons osseux.

Elles sont situées dans l'organe d'équilibre du poisson et doivent donc contribuer à le servir.

— que les poissons femelles pondent un nombre très important d'œufs, le record est détenu par le poisson-lune, plus de 300 millions.

Heureusement, car la plupart des œufs meurent lors d'intempéries, sont dévorés, ou devenus alevins, meurent de faim.

— que certains poissons ont une croissance très rapide, 40 kg en 5 ans pour un congre, qui peut atteindre 108 kg et mesurer 3 mètres ;
— des poissons peuvent vivre très longtemps, l'esturgeon plus d'un siècle ;
— les poissons sont presque tous carnivores et se nourrissent d'autres poissons, de mollusques, de crustacés, de vers et de plancton.

C — LES PÉRIODES DE REPRODUCTION

Nous verrons plus loin que la capture des poissons est liée à leur période de reproduction. Il est donc important de les connaître, le tableau ci-dessous, est un récapitulatif des espèces les plus courantes.

Les poissons migrent vers la côte tous les ans, dans de modestes profondeurs pour y trouver une meilleure température et une pression moins importante entre autre.

Ils se regroupent en bancs assez importants et suivant un rituel que nous aborderons dans le chapitre consacré aux poissons.

Se reporter également aux chapitres consacrés aux techniques de chasse et au matériel.

DÉSIGNATION		PÉRIODE DU FRAI	TAILLE EN CENTIMÈTRES		POIDS MAXI kg	OBSERVATIONS
			MAXI	COMMUNE		
MÈROU *Epinephelus guaza*		JUILLET	115	60	32	POIDS PESÉ
ABADÈCHE		ÉTÉ	80	50	10 à 12	
LICHE *Seriola dumérilii*		JUIN	200	30 à 100	55	POIDS PESÉ
DENTI		MI-MAI - FIN JUIN	100		+ 10	9 PESÉ
LOUP (BAR)		MI-NOVEMBRE - FIN MARS				MÉDITERRANÉE
		MARS A MAI	100	50	12	BRETAGNE
		FIN AOUT - DÉBUT SEPT.				NORMANDIE
SAR	DIPLODUS SARGUS	MARS A JUIN	40	15 à 25	– 2	
	BECOFINO	SEPTEMBRE - OCTOBRE		40		
LABRE	LABRE VERT	MARS A MAI				
	MERLE	MARS A MAI	60	25 à 40		
	CRENILABRE	MAI A JUIN				
	VIEILLE COMMUNE	MAI A JUILLET	50	30	5	POIDS ATLANTIQUE
DORADE ROYALE		OCTOBRE A DÉCEMBRE	70	20 à 40	7	
CORB		MAI - JUIN	75	30 à 40	+ 4	MÉDITERRANÉE
					7	ATLANTIQUE
MUGE		JUILLET A OCTOBRE	60	15 à 40	4	
MUSTELLE		PRINTEMPS	60		2,5	
ROUGET BARBET		PRINTEMPS	40		1,5	
SAUPE			45	25 à 30		
RASCASSE	BRUNE	MAI A AOUT	30	15		
	ROUGE (CHAPON)		50		3	
MURÈNE		HIVER	150		11	POIDS PESÉ MÉDITERRANÉE
CONGRE		ÉTÉ	250		108	FRAI 1 FOIS DANS VIE
SEICHE		PRINTEMPS	TRONC SEULEMENT		2,5	MÉDITERRANÉE
		ÉTÉ	30			ATLANTIQUE MANCHE
CALMAR-ENCORNET			35 FEMELLES			
			60 MÂLES			
ARAIGNÉE (ESQUINADE)		MAI	Ø 20		1,5	MÉDITERRANÉE
		JUILLET				ATLANTIQUE
CIGALE		MAI - JUIN	30		2	
HOMARD			75		7	RECORD 106 cm 20 kg
LANGOUSTE		MAI A JUILLET	50		4	MÉDITERRANÉE

* PESÉ

f) Connaissances sur l'organisation des secours, les soins d'urgence et connaissance des principes physiologiques qui régissent la plongée libre

A — SOINS D'URGENCE ET ORGANISATION DES SECOURS

Nous avons vu dans l'étude du 1er groupe d'épreuves, les traitements d'urgence à la noyade et la façon de procéder en fonction de la situation où l'on se trouve, seul ou à plusieurs pour opérer les secours.

Quant aux soins à apporter, suivant la diversité d'accidents susceptibles d'intervenir, se reporter à un ouvrage spécialisé en secourisme.

Certains problèmes spécifiques à la chasse sous-marine, sont abordés dans le chapitre consacré aux dangers de la chasse.

B — DONNÉES PHYSIQUES ET PHYSIOLOGIQUES DU PLONGEUR EN APNÉE

Il n'est pas question ici de faire une démonstration de l'une ou de l'autre, d'excellents ouvrages traitent ce sujet mieux que je ne saurais le faire, entre autres « La plongée, santé, sécurité » des docteurs Xavier FRUCTUS et Raymond SCIARLI.

Je me propose seulement de répondre d'une façon très simple aux questions que l'on se pose en prenant parfois quelques exemples pratiques pour mieux comprendre ces données scientifiques.

J'ai bénéficié des conseils du docteur Antoine MARIANI, médecin fédéral, lui-même excellent apnéiste.

Même s'il fut, comme le laisse supposer l'une des thèses, un poisson il y a des millions d'années, le plongeur en apnée se retrouve maintenant dans un milieu hostile. Son corps est obligé de s'adapter à cette situation et il lui faut :
— se vêtir et accumuler les calories pour rester sur et sous l'eau,
— se lester et équilibrer les oreilles pour pouvoir plonger,
— utiliser un masque pour voir nettement sous l'eau.

1 — La déperdition de chaleur

L'un des grands problèmes qui apparut aux précurseurs de la chasse sous-marine, fut la résistance au froid dans l'eau. A tel point que dans certaines régions de nos pays au climat tempéré, il leur était impossible de rester quelques minutes dans la mer.

La nécessité de se vêtir se fit donc immédiatement sentir, car le grand feu de bois, alimenté par un volontaire à terre, auprès duquel ils venaient se réchauffer après un court séjour dans l'eau, s'avéra vite insuffisant.

Si l'utilisation du chandail en laine fut un malin progrès, l'avènement du vêtement isothermique en caoutchouc mousse d'abord puis en néoprène résolut ce problème.

Il est toutefois possible de supporter nu, une température de l'eau de 21 à 22° et même en dessous si l'on fait un effort physique. Or la pratique de la chasse sous-marine nous oblige à nager, plonger, donc à nous dépenser et à supporter

18 à 19° pendant quelques dizaines de minutes. Les frileux ou les sveltes ne tiendront peut-être qu'un petit quart d'heure. Les moins frileux ou les plus « enveloppés » pourront rester dans l'eau une heure.

On arrive par un entraînement approprié à résister de plus en plus au froid. On le remarquera effectivement en fin de vacances.

Lorsque l'on sait qu'avec une différence de 1 degré centigrade entre la température cutanée du plongeur nu, et celle de l'eau dans laquelle on s'immerge, celle-ci étant plus froide, le corps doit fournir environ 180 watts pour lutter contre cette agression thermique. (Dr FRUCTUS et Dr SCIARLI).

Le corps humain est en effet homéotherme. Il fabrique lui-même l'énergie qui lui est nécessaire pour maintenir sa température. Il faudra, particulièrement en période hivernale, l'alimenter en combustible, la nourriture sera alors riche en glucides (sucre).

S'il utilise cette énergie à se réchauffer, ce sera au détriment de ses muscles, de son cerveau et pour le chasseur sous-marin de son apnée.

D'où l'intérêt d'utiliser au mieux sa « garde robe » sous-marine, avec des vêtements isothermiques bien adaptés à sa morphologie, bien étanches, bien entretenus et utilisés en fonction des saisons ou des intempéries.

2 — La dépense d'énergie — Les calculs ci-dessous sont simplifiés

Pour brûler 100 grammes de glucose, il faut 96 litres d'oxygène.

Au cours d'une compétition de chasse sous-marine de 5 heures avec un rythme respiratoire moyen de 15 inspirations-expirations par minute et en admettant une plongée de 1 minute toutes les 4 minutes, un chasseur aura plongé. (En considérant que la minute d'apnée est comprise dans les 4') :

$$\frac{5 \text{ heures} \times 60'}{4'} = 75 \text{ fois}$$ (48 seulement si l'on tient compte de tous les critères)

ou 75 minutes. Il respire en effet 3' et plonge 1', il passe donc le quart de son temps sous l'eau et (5 h × 60') − 75' = 225' en surface.

Il effectuera 15 × 225' = 3 375 inspirations-expirations.

1) en considérant que l'air inspiré contient 21 % d'oxygène et l'air expiré 16 %, la consommation est de 5 %,

2) en supposant que pendant les 3 minutes en surface, la moitié du temps est employée à s'hyperventiler et l'autre à récupérer de la plongée précédente

a) première moitié 2,5 *l* d'air inspiratoire, 0,5 *l* d'air courant, 1,5 *l* d'air expiratoire (schéma page 93) soit un total de 4,5 litres ;

b) seconde moitié 0,5 *l* d'air courant.

$$\text{Moyenne : } \frac{4{,}5\ l + 0{,}5\ l}{2} = 2{,}5 \text{ litres par inspiration-expiration.}$$

La consommation d'oxygène en respiration en surface sera de

$$\frac{2{,}5\ l \times 5}{100} \times 3\,375 = 422 \text{ litres.}$$

La consommation d'oxygène en apnée, en admettant la consommation totale de l'oxygène emmené soit 21 %, et une capacité pulmonaire de 6 litres, sera :

$$\frac{6\ l \times 21}{100} \times 75 = 94 \text{ litres.}$$

Consommation totale 422 *l* + 94 *l* = 516 litres d'oxygène qui correspond à la combustion de

$$\frac{516\ l}{96\ l} \times 100 \text{ g} = 538 \text{ grammes de glucose}$$

(393 g si l'on tient compte de tous les critères, voir annexe page 278).

Dans l'organisme, le glucose est stocké sous la forme d'un composé le glycogène, au niveau des muscles et du foie (environ 400 g dans le corps).

Au cours d'un effort, les muscles utilisent leur stock de glycogène en le transformant en glucose, si l'effort se prolonge, le foie intervient, et transforme le glycogène qu'il contient en sucre qu'il fournit à l'organisme au fur et à mesure des besoins.

Si l'effort se poursuit encore sans apport de nourriture, l'organisme mobilise alors des réserves en graisses qui passent dans le sang et sont transformées en combustible par le foie.

Les graisses constituent un combustible moins pur que le glucose, et leur utilisation laisse des déchets que le foie doit éliminer, et parmi ceux-ci, celui que l'on appelle l'acétone.

Le foie est donc un organe extrêmement important pour l'activité musculaire. C'est lui qui fournit le combustible nécessaire à la fabrication de l'énergie, les poumons fournissant l'oxygène nécessaire pour brûler ce combustible.

Un foie engorgé ou déficient peut entraîner un manque de glucose ou un retard à en fournir, qui se traduit par un malaise que l'on appelle hypoglycémie, avec muscles incapables de fournir un effort, sueurs froides, pouvant aboutir à la syncope.

Il peut également être à l'origine de ce que l'on appelle « crise d'acétone », avec malaise, nausées et vomissements, en plus de l'hypoglycémie, et dû au défaut d'élimination des déchets, résultant de la transformation des graisses en glucose.

Le problème consécutif à la déperdition de chaleur ayant été résolu, il reste celui insoluble de la pression.

3) La pression

Trois phénomènes nous intéressent :
— la pression hydrostatique liée au principe de Pascal,
— la réaction sur le plongeur lorsqu'il s'immerge, c'est le principe d'Archimède,
— surtout l'évolution de son corps lorsqu'il descend, c'est la loi de Mariotte.

I — La pression hydrostatique

Cette pression suivant le principe de Pascal peut se résumer ainsi pour l'apnéiste.

Une colonne d'eau de mer verticale de 1 cm^2 de section et de 10 mètres de haut détermine une force de 1 kg à sa base, soit une pression de 1 kg au cm^2.

Il faut retenir que :
à 10 mètres de profondeur il y aura 1 kg au cm^2,
à 20 mètres de profondeur il y aura 2 kg au cm^2,
à 30 mètres de profondeur il y aura 3 kg au cm^2, etc.
mais à cela s'ajoute la pression atmosphérique que nous subissons sans nous en rendre compte, de 1 kg au cm^2 environ.

Soit pour le plongeur en apnée s'immergeant à

— 10 m	1 kg/cm^2 d'eau	+ 1 kg/cm^2	de pression atmosphérique	=	2 kg/cm^2
— 20 m	2 »	»	»	=	3 kg/cm^2
— 30 m	3 »	»	»	=	4 kg/cm^2

II — Le principe d'Archimède

Bien qu'étrangère à la pression, voyons la réaction sur le plongeur lors de son immersion. Archimède comme chacun sait l'a analysée d'une façon singulière en prenant son bain et en prononçant le fameux cri de joie « EURÊKA ».

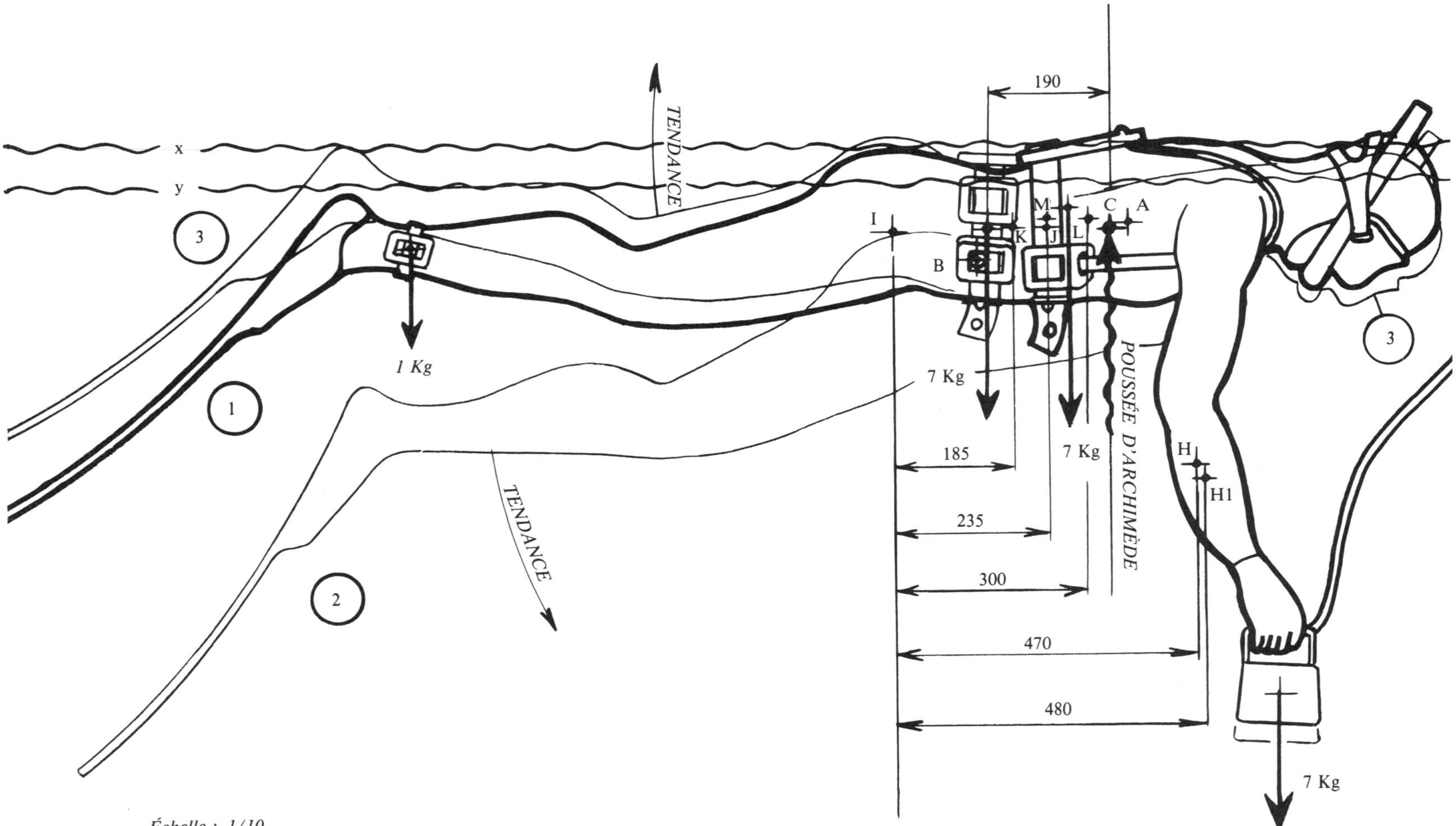
190
x
y
TENDANCE
3
I
M
C
A
K
J
L
B
1 Kg
7 Kg
POUSSÉE D'ARCHIMÈDE
1
185
7 Kg
H
H1
TENDANCE
235
300
2
470
480
3
7 Kg

Échelle : 1/10

Rappelons son principe :

« Tout corps plongé dans un liquide (soit la mer) reçoit une poussée verticale, de bas en haut, égale au poids du volume de liquide déplacé. Ce qui nous oblige à nous lester. »

Le croquis page 90 représente un chasseur équipé des différents lestages employés.

— lestage avec ceinture à la taille et variante : ceinture plus plombs aux chevilles ;
— lestage avec baudrier et variante : baudrier plus plombs aux chevilles ;
— lestage avec une gueuse largable.

Sur le croquis le centre de gravité des poumons est en « A ». Celui du vêtement isothermique, en « B ». La résultante des deux est en « C ». Ce sera le point d'application de la poussée d'Archimède.

Il y aura équilibre si le poids du lest est égal à la masse d'eau déplacée par l'air des poumons et du vêtement soit : 7 litres pour l'exemple choisi, ou 7 dm^3 ou 7 kg.

Le chasseur sera alors complètement immergé mais ne coulera pas. Par rapport à la surface « x » il aura approximativement la position 1 avec le baudrier, 2 avec la ceinture, 3 avec la gueuse.

Avec un sous-lestage, 5 kg par exemple, les poumons et le vêtement émergeront de façon à rétablir un équilibre avec 5 litres d'air seulement. La position du chasseur sera approximativement celle par rapport à la surface « Y ». La poussée d'Archimède sera de 5 kg.

Avec un sur-lestage, 8 kg par exemple à la gueuse pour descendre facilement, le chasseur aura tendance à couler car il y aura un déséquilibre de 1 kg entre la poussée d'Archimède 7 kg et le lest de 8 kg, le chasseur devra fournir un effort de 1 kg pour se maintenir en surface, la poussée d'Archimède sera de 7 kg.

Ces différents lests déterminent des points d'équilibre en combinant leur poids et la poussée d'Archimède.

LEST	POIDS	POINT D'ÉQUILIBRE	BRAS DE LEVIER « l »
CEINTURE SEULE	7 kg	« J »	235 mm
CEINTURE + PLOMBS DE CHEVILLES	6 kg 1 kg	« K »	185 mm
BAUDRIER SEUL	7 kg	« L »	300 mm
BAUDRIER + PLOMBS DE CHEVILLES	6 kg 1 kg	« M »	235 mm
GUEUSE	7 kg	« H »	470 mm
GUEUSE	8 kg	« H_1 »	480 mm

Lors de la culbute ou canard effectué pour amorcer la descente, l'articulation se fera approximativement autour du point « I ».

Plus le point d'équilibre, ci-dessus, sera éloigné de « I », plus petit sera l'effort à fournir pour donner l'impulsion nécessaire à cette culbute.

En effet, cet effort s'appliquera mécaniquement en ce point d'équilibre, or le moment nécessaire « M » sera fonction du bras de levier « *l* » et de l'effort « F », $M = l \times F$, et plus « *l* » est grand et plus « F » sera petit. M étant identique dans tous les cas de figure des différents lests de 7 kg.

On s'aperçoit que la culbute la plus facile se fera avec la gueuse, surtout celle de 8 kg évidemment, les gueuses sont toujours d'un poids nettement supérieur à la flottabilité du chasseur, il est souvent de 10 kg.

Il est possible de le démontrer en prenant la ceinture de plomb à la main au lieu de la laisser à la ceinture.

En seconde position vient le baudrier seul.

Le croquis représente à l'échelle 1/10 un chasseur de 1,70 m pesant 70 kg avec 6 litres de capacité pulmonaire totale et 1 litre de bulles dans son vêtement isothermique.

III — La loi de Mariotte

Mais la loi de Mariotte nous pose plus de problème. Cet abbé, physicien français, fut le premier à déterminer entre autre :

« A température constante, le volume d'une même masse de gaz est inversement proportionnel à la pression qu'il supporte. »

Si les gaz sont compressibles, il n'en est rien des liquides et solides.

Or le chasseur sous-marin est constitué de liquides, solides et de gaz. Seuls les gaz feront varier son volume au fur et à mesure de sa descente par conséquent sa flottabilité.

Plus il descendra, plus il aura tendance à couler. Comme il est lesté à son volume de départ de la surface, celui-ci sera de moins en moins nécessaire au cours de sa plongée, voire inutile à une certaine profondeur. D'où la pratique judicieuse de diverses techniques de chasse : lâcher de gueuse ou largage de ceinture.

Où sont situés ces gaz ?

1 — Dans le vêtement isothermique. Ce sont les petites bulles d'air qui l'isolent de la froidure de l'eau.

2 — Dans son corps, mais où ?

a) dans les poumons
b) dans les sinus
c) dans les oreilles
d) dans l'intestin
e) dans les liquides (air dissout par la pression).

« 1 » et « a » sont les plus importants, mais nous verrons que « b » et « c » sont loin d'être à négliger.

IV — L'air dans le vêtement et les poumons

Pour mieux comprendre, rien ne vaut un bon exemple et pour éviter des explications fastidieuses, il nous faut admettre que la loi de Mariotte détermine la formule suivante : $V' \times P' = V \times P$ d'où $V' = \frac{P \times V}{P'}$ dans laquelle :

V est le volume de gaz au départ (surface).

V' est le volume de gaz à la profondeur « X ».

P est la pression au départ (surface) elle est invariable au niveau de la mer et égale à 1 kg/cm^2 (pression atmosphérique).

P' est la pression à la profondeur « X ».

Se reporter éventuellement à un ouvrage de physique.

Le corps humain composé en grande partie de liquides, soit d'une densité proche de l'eau de mer, possède deux poumons qui font office de bouée.

Il flottera donc en surface, mais un individu maigre aura tendance à couler à l'expiration et inversement un obèse flottera.

Cette bouée, les deux poumons, se décompose pour un individu normalement constitué de :

— 0,5 litre d'air courant
— 1,5 litre d'air expiratoire
— 2,5 litres d'air inspiratoire
— 1,5 litre d'air résiduel

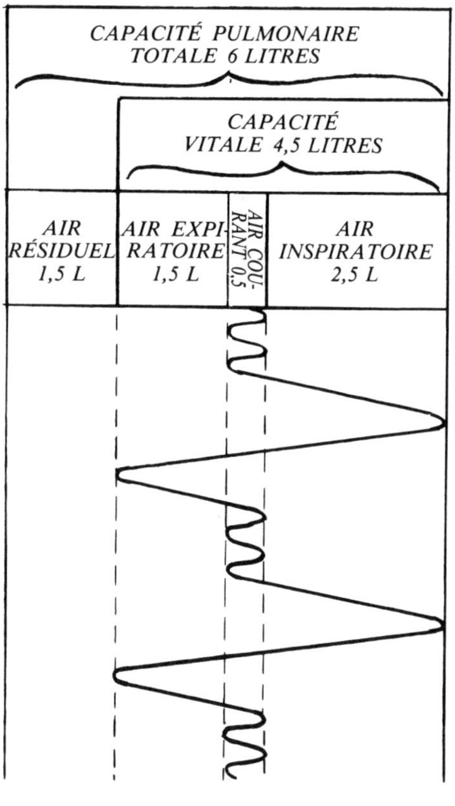

soit une totalité de 6 litres, le minimum étant de 3 litres environ.

L'air courant est la quantité d'air que l'on inspire ou expire lors d'une respiration normale (calme).

— L'air expiratoire est la quantité d'air qu'il est possible d'expirer après une expiration normale (calme).
— L'air inspiratoire est la quantité d'air qu'il est possible d'inspirer après une inspiration normale (calme).
— L'air résiduel est la quantité d'air restant dans les poumons, la trachée et les bronches quelle que soit l'amplitude des mouvements respiratoires.

Pour notre exemple, prenons un plongeur moyen de capacité totale de 4,5 litres avec 1 litre de petites bulles dans son vêtement isothermique :
Soit : V = 4,5 *l* + 1 *l* = 5,5 litres.

Pour plonger sans effort un lest de 5,5 kg lui sera nécessaire, puisqu'il lui faudra déplacer un volume de 5,5 litres d'eau de mer pour amorcer sa plongée dès le premier mètre, or 1 litre d'eau de mer égale environ 1 kg.

Le reste de son corps déplacera également un volume d'eau, mais sa densité est proche de celle de l'eau. Le volume d'eau déplacé sera donc égal au poids du reste du corps et il y aura égalité entre l'action (le corps), et la réaction (loi d'Archimède) d'où cette aisance une fois immergé. A « x » = 15 mètres la pression P' sera égale à 1,5 kg/cm² de pression d'eau (hydrostatique) plus 1 kg/cm² de pression atmosphérique soit 2,5 kg/cm².

$$V' \text{ sera donc égal à } \frac{1 \text{ kg/cm}^2 \times 5{,}5\, l}{2{,}5 \text{ kg/cm}^2} = 2{,}2 \text{ litres}$$

Sa flottabilité à 15 mètres sera ramenée à 2,2 litres, soit 2,2 kg. S'il ne largue pas sa ceinture, il lui faudra vaincre une force de :

5,5 kg − 2,2 kg = 3,3 kg, lors de sa remontée à 15 m de profondeur.

A 10 mètres V' sera égal à :

$$\frac{1 \text{ kg/cm}^2 \times 5{,}5\, l}{2 \text{ kg/cm}^2} = 2{,}75\, l \text{ ou } 2{,}75 \text{ kg}$$

et il lui faudra vaincre un effort de 5,5 kg − 2,75 kg = 2,75 kg.

A 5 mètres V' sera égal à

$$\frac{1 \text{ kg/cm}^2 \times 5{,}5\, l}{1{,}5 \text{ kg/cm}^2} = 3{,}66\, l \text{ ou } 3{,}66 \text{ kg.}$$

Il n'aura plus qu'une force de 5,5 kg − 3,66 kg = 1,84 kg à vaincre.

On comprend alors très bien l'intérêt de se lester au minimum, car ces efforts peu importants, mais se répétant à chaque plongée, usent l'organisme. D'autre part, plus on plonge profond, plus la colonne d'eau P' sera importante et le démarrage du fond sera d'autant plus difficile. Il pourra même être dramatique car au moment où le chasseur aura peut-être gaspillé une grande partie de son énergie, il lui faudra puiser dans ses réserves pour remonter.

Prenons un autre exemple : une plongée à 25 mètres avec le même individu. Dans la colonne de gauche ci-dessous il possède toujours un lest de 5,5 kg, dans celle de droite il s'allège de 1,5 kg et aura donc un lest de 4 kg. Il lui faudra utiliser un vêtement isothermique plus épais car l'eau à cette profondeur, même en été, est parfois assez fraîche. Elle aura environ 1,5 litre de bulles d'air dans les deux cas.

V = 4,5 *l* (capacité pulmonaire) + 1,5 *l* (bulles d'air) = 6 litres

P invariable au niveau de la mer 1 kg/cm²

P' = 2,5 kg/cm² (colonne d'eau) + 1 kg/cm² (pression atmosphérique) = 3,5 kg/cm² à 25 mètres, il sera égal à 2,5 kg/cm² à 15 mètres et à 1,5 kg/cm² à 5 mètres.

Il y aura donc dans le cas de la colonne de droite une flottabilité positive à partir de 5 mètres environ, ce qui devrait lui permettre, sur sa lancée, de ne plus palmer à partir de cette profondeur.

Il aura par contre, de la difficulté à amorcer sa plongée, car il faudra vaincre dès le premier mètre, 2 litres de flottabilité, soit faire un effort de 2 kg, différence entre V = 6 litres ou kg et le lest de 4 kg.

Ne vaut-il pas mieux peiner pour franchir les premiers mètres, alors que le chasseur possède sa fraîcheur physique !

FORCE A VAINCRE		
POUR REMONTER DE	AVEC UN LEST DE 5,5 kg	AVEC UN LEST DE 4 kg
5 m	SURFACE $V' = \frac{1\ kg/cm^2 \times 6\ l}{1{,}5\ kg/cm^2}$ 4 *l* ou 4 kg 5,5 kg – 4 kg = 1,5 kg	SURFACE 4 kg – 4 kg = 0 kg
15 m	$V' = \frac{1\ kg/cm^2 \times 6\ l}{2{,}5\ kg/cm^2}$ 2,4 *l* ou 2,4 kg 5,5 kg – 2,4 kg = 3,1 kg	4 kg – 2,4 kg = 1,6 kg
25 m	$V' = \frac{1\ kg/cm^2 \times 6\ l}{3{,}5\ kg/cm^2}$ 1,7 *l* ou 1,7 kg 5,5 kg – 1,7 kg = 3,8 kg	4 kg – 1,7 kg = 2,3 kg

Pendant des années, avec bien d'autres, j'ai évolué en bermuda 1/2 peau et vareuse à manches courtes, aux Baléares ou en Corse l'été.

On a rarement froid aux jambes ou aux bras, même si l'eau est fraîche en profondeur, le séjour y étant très court.

L'important est d'avoir une vareuse et un bermuda bien ajustés et étanches de façon à préserver nuque, dos et aisselles.

Ceci permet de supprimer environ la moitié du vêtement en volume.

En reprenant le cas précédent il ne restera plus que $\frac{1{,}5\ l}{2} = 0{,}75\ l$ de bulles d'air d'où :

$V = 4{,}5\ l + 0{,}75\ l = 5{,}25\ l$. On s'aperçoit alors, que l'on peut utiliser un lest de 3 kg seulement, pour obtenir de meilleurs résultats que ceux de la colonne de droite précédente, mais surtout qu'à partir de 7 mètres, la flottabilité devient positive.

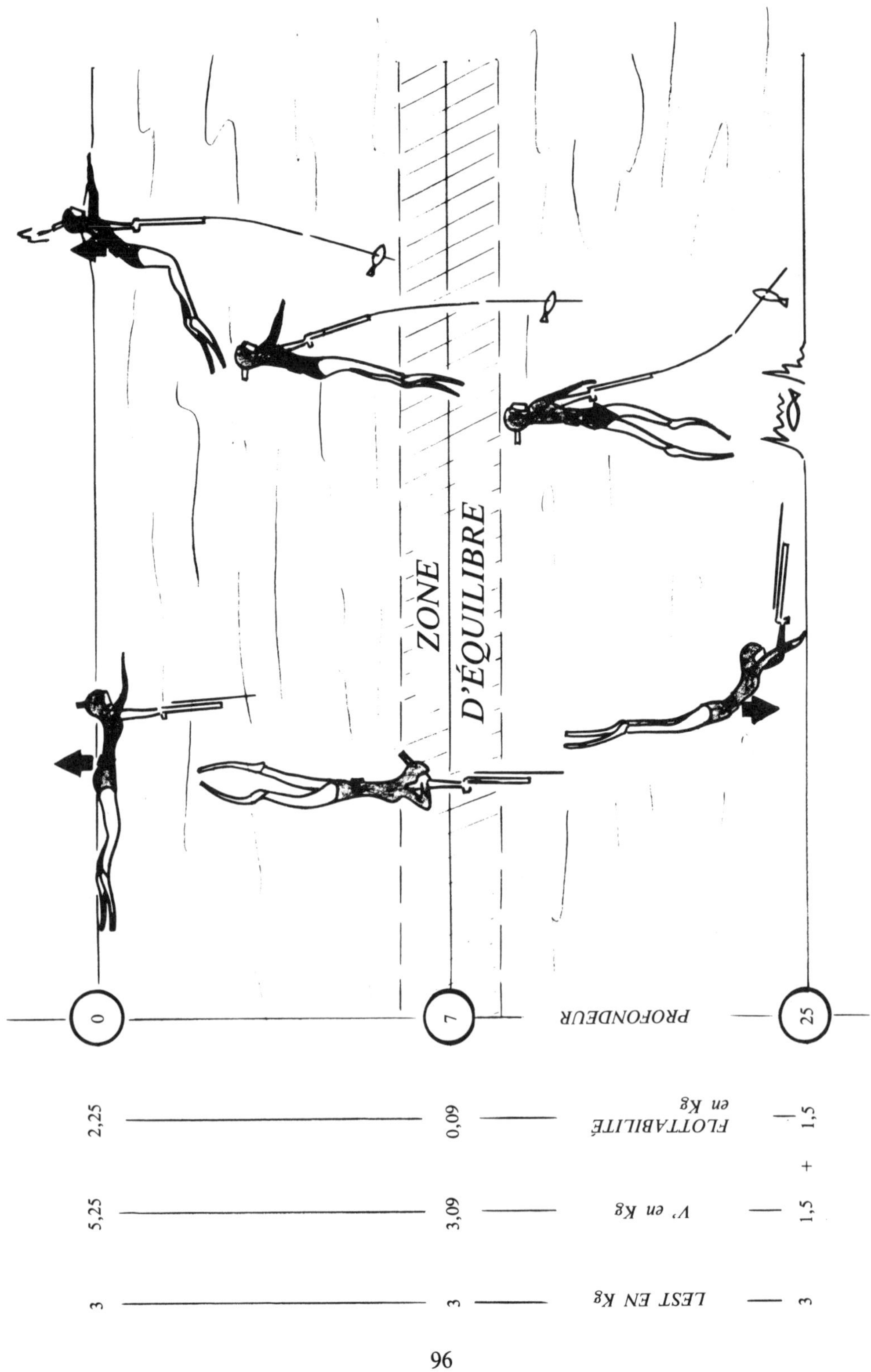
ZONE
D'ÉQUILIBRE
0
7
25
PROFONDEUR
FLOTTABILITÉ
en Kg
2,25
0,09
1,5
V' en Kg
5,25
3,09
1,5
+
LEST EN Kg
3
3
3

En effet : à 25 m : $V' = \dfrac{1 \text{ kg/cm}^2 \times 5{,}25\ l}{3{,}5 \text{ kg/cm}^2} = 1{,}5\ l$ ou 1,5 kg

à 7 m : $V' = \dfrac{1 \text{ kg/cm}^2 \times 5{,}25\ l}{1{,}7 \text{ kg/cm}^2} = 3{,}09\ l$ ou 3,09 kg

Effort 3 kg − 3,09 kg = − 0,09 kg.

On pourra donc éviter le fameux rendez-vous syncopal des 7 mètres cher au Docteur SCIARLI, ou dans le pire des cas, être assuré de remonter en surface au lieu de couler lors de la perte de connaissance.

Pour plus de sécurité encore, lors de plongées profondes, il serait judicieux d'adopter la méthode usitée entre autre par Bernard SALVATORI, champion de France 1987 dans les eaux claires de Solenzara en Corse.

Il est inutile de fignoler le poids de la ceinture de plomb, car contrairement à ce qui est décrit précédemment, le lest sera légèrement supérieur à la flottabilité en surface, pour permettre une plongée aisée dès le départ. Donc plongée facile et rapide avec un léger surplombage, puis largage de la ceinture au fond. Après avoir prospecté ou tiré un poisson une remontée relativement aisée.

Le calcul ci-dessous va confirmer l'avantage de cette méthode :

V = 4,5 *l* de capacité pulmonaire, plus 1,5 l de bulles d'air d'une combinaison chaude soit 6 litres.

Le lest sera de 6,5 kg.

Avec une plongée à 30 mètres « P » sera égal à 4 kg/cm²

$$V' = \frac{1 \text{ kg/cm}^2 \times 6\ l}{4 \text{ kg/cm}^2} = 1{,}5\ l$$ ou kg de flottabilité positive sans lest.

S'il conservait le lest, il lui faudrait fournir un effort de

6,5 kg (lest) − 1,5 kg (V') = 5 kg pour décoller du fond de 30 m.

Jacques MAYOL procède de la même façon lors de ses plongées records, mais la profondeur est telle qu'il est obligé malgré l'abandon de son lest, de gonfler une bouée pour se faire tracter vers la surface une partie du parcours. S'il a une capacité pulmonaire de 6 litres et une combinaison légère de 1 litre de bulles d'air V sera égal à 7 litres et P' à 105 mètres égal à 11,5 kg/cm².

Mais ici les calculs sont différents et se compliquent un peu car à partir d'une certaine profondeur le volume de la capacité pulmonaire ne varie pratiquement plus. L'élasticité de la cage thoracique se stabilise entre 20 et 30 mètres (doc. n° 71) des laboratoires MIDY).

Par contre le volume de la combinaison isothermique subira la pression jusqu'à la profondeur atteinte, car la structure de la mousse la composant n'est pas suffisamment rigide.

Il faudra décomposer les calculs en deux en considérant que

V = V1 + V2 = 7 litres avec

V1 = 6 litres de capacité pulmonaire et V2 = 1 litre de bulles d'air dans le vêtement isothermique.

1) cage thoracique. En limitant à 30 mètres son élasticité

$$V'1 = \frac{1 \text{ kg/cm}^2 \times 6\ l}{4 \text{ kg/cm}^2} = 1{,}5\ l.$$

2) vêtement isothermique

$$V'2 = \frac{1 \text{ kg/cm}^2 \times 1\ l}{11{,}5 \text{ kg/cm}^2} = 0{,}09\ l.$$

Les bulles sont pratiquement écrasées par la pression et l'épaisseur du vêtement qui n'est plus isothermique mais réduit à l'épaisseur de néoprène sans bulles et de toile (Lycra par exemple).

d'où : V'1 + V'2 = 1,5 *l* + 0,09 *l* = 1,59 litre de flottabilité positive puisqu'il lâche son lest. A 105 mètres, c'est peu.

Comme nous allons le voir ci-dessous, malgré la rigidité de la cage, si la pression peut continuer de croître, elle ne sera que de : 0,52 *l* + 0,09 *l* = 0,61 *l*.

Il faut remarquer, en ce qui concerne le 1) ci-dessus, même si la limite d'élasticité de la cage thoracique se situe à moins de 30 mètres, ce sera bien à partir de 30 mètres que les poumons seront en dépression. Il faut en effet prendre également en considération que :

a) nous avons environ 1,5 *l* d'air résiduel (V') ;

b) la capacité totale de MAYOL dans l'exemple précédent et de la plupart d'entre nous, est de 6 litres (V) ;

c) la pression au départ 1 kg/cm² invariable au niveau de la mer (P).

Nous savons que P' × V' = P × V donc

$$P' = \frac{P \times V}{V'} = \frac{1\ \text{kg/cm}^2 \times 6\ l}{1{,}5\ l} = 4\ \text{kg/cm}^2$$

Cette pression correspond bien à 30 mètres de profondeur. Au-delà la pression ambiante augmentant, le système respiratoire sera en dépression. Par exemple de : 0,5 kg/cm² à 35 mètres.

Tout ceci est plus ou moins théorique, comment cela se passe-t-il en réalité ?

1) Tous les calculs précédents sont faussés puisque la cage thoracique, nous l'avons vu, offre une résistance. Elle apparaît certainement dès les premiers mètres, mais elle sera d'autant plus importante qu'elle se rapprochera de sa limite élastique donc des vingt à trente mètres théoriques. Dans quelle proportion sont-ils faussés ? Il est difficile de le déterminer !

2) Un phénomène dont on parle peu va se produire. Dès que la limite de compressibilité de la cage thoracique sera atteinte, et même avant sans doute, la pression se transmet à l'air des poumons, par le diaphragme refoulé à l'intérieur du thorax, par les organes abdominaux comprimés par la paroi abdominale.

Il est facilement possible de le vérifier hors de l'eau :

1) expirer à fond, en chassant le maximum d'air résiduel,

2) tout en maintenant l'apnée, redresser le buste,

3) rentrer le ventre.

Ceci évitera-t-il une dépression ou la limitera-t-il ? Seules des expérimentations à l'échelle humaine pourraient le déterminer.

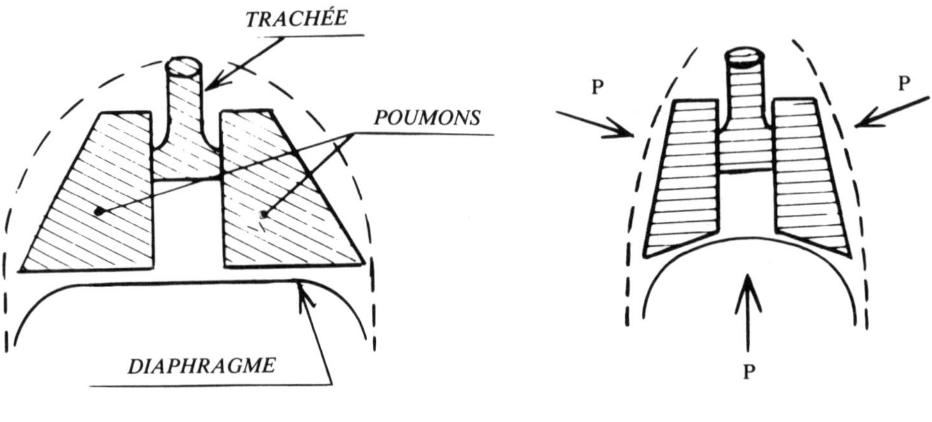

HORS DE L'EAU *SOUS L'EAU*

Un phénomène particulier spécifique de la pression, appelé par certains : le confort respiratoire, est observé dans des profondeurs assez importantes de 20 à 25 mètres. Il est attribué à deux hypothèses :

a) A ces profondeurs la pression partielle d'oxygène alvéolaire est importante et ceci facilite le passage de l'oxygène dans le sang.

Celui-ci saturé donne dangereusement l'impression au chasseur d'être très à l'aise et il ne ressent pas le besoin de respirer.

b) Le docteur MARIANI donne une autre explication à ce qu'il appelle le « bien-être au fond ».

Il existe pour les muscles de la cage thoracique une position de repos qui est réalisée environ au 1/3 de la capacité totale, c'est-à-dire 2 litres pour 6 litres. Pour inspirer à partir de cette position, il faut une contraction des muscles inspiratoires, et pour expirer, une contraction des muscles expiratoires.

Pour une apnée en surface, au maximum du volume pulmonaire, il faut maintenir en contracture maxima les muscles inspiratoires. Le diaphragme est abaissé, et comprimé les organes abdominaux en particulier le foie. L'impression ressentie est désagréable et il est nécessaire de faire un important effort de volonté pour maintenir l'apnée.

Pour le chasseur à 20 mètres, son volume pulmonaire de 6 litres en surface est ramené à $V' = \dfrac{1 \text{ kg/cm}^2 \times 6\, l}{3 \text{ kg/cm}^2} = 2$ litres.

Ce qui correspond à la position de repos du thorax.

Ceci entraîne la même impression de bien-être que l'on ressent à l'expiration, après une apnée prolongée en surface.

V — L'air dans les oreilles

Comme nous l'avons vu précédemment, l'air contenu dans notre corps ne se limite pas aux poumons. Il y en a dans les oreilles, plus précisément dans l'oreille moyenne et interne et dans les sinus.

Quelques croquis très simplifiés permettront de comprendre le grave problème susceptible d'apparaître si l'équilibre ne se fait pas sur la fragile membrane du tympan située entre l'oreille externe et l'oreille moyenne.

Une face de celui-ci est en contact direct avec l'eau en « A » donc à la pression correspondant à la profondeur atteinte.

L'autre face en « B » peut être en contact avec l'air des poumons. Ils sont comprimés et l'air qu'ils emprisonnent est à la même pression que l'eau en « A », mais tout est conditionné par l'ouverture du canal de la trompe d'Eustache.

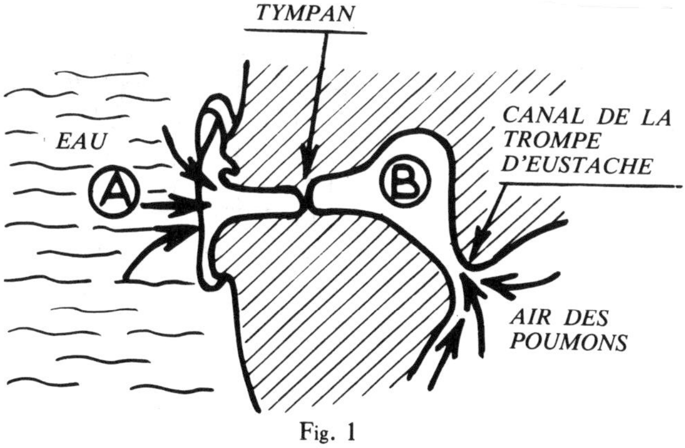

Fig. 1

— s'il est ouvert, fig. 1 :

Pression en A = pression en B, il y a équilibre et le tympan ne souffre pas.

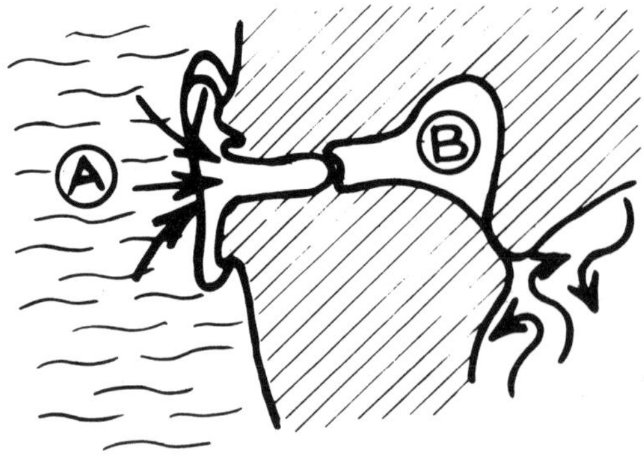

Fig. 2

— s'il est fermé, fig. 2 :
Pression en A > (plus grande) que pression en B.
Il y a déséquilibre, le tympan se déforme vers B et a tendance à se perforer.

Avant d'en arriver à ce stade, sa déformation progressive entraînera en général une douleur significative.

Suivant les sujets, celle-ci, peut ne pas être violente. Il faut donc se méfier, par exemple :

— le chasseur sous-marin part de la surface et effectue une plongée à 5 mètres, il aura en A une pression de 1,5 kg/cm², 0,5 kg/cm² de pression hydrostatique plus 1 kg/cm² de pression atmosphérique.

Si la trompe d'Eustache est ouverte, les poumons qui sont à la même profondeur et jouant un rôle de détendeur, propulsent de l'air à la même pression en B : 1,5 kg/cm².

Si elle est fermée, l'air en B sera à la pression du départ, la pression atmosphérique 1 kg/cm² : on aura A 1,5 kg/cm² > B 1 kg/cm² et déséquilibre.

La différence 0,5 kg/cm² est énorme pour le tympan, car il peut y avoir rupture à partir d'une dépression de 0,13 kg/cm² à 0,20 kg/cm² seulement. Ce qui équivaut à une profondeur de 1,30 mètre à 2 mètres sans équilibrage possible.

La nature est extraordinaire. Cette trompe s'ouvre automatiquement une fois par minute, une fois toutes les cinq minutes pendant le sommeil.

C'est pour cela que lors de promenades en montagne en voiture, mais surtout à pied, la différence d'altitude, donc de pression, s'effectuant lentement, l'équilibre se fait naturellement par l'ouverture régulière des deux trompes.

Il n'en sera pas de même pour certains lors des décollages ou atterrissages d'avion, la différence étant trop brutale. L'on se souvient de l'époque révolue où les hôtesses distribuaient des bonbons dont l'objectif était de favoriser une déglutition naturelle.

En plongée on ne peut attendre la minute ni sucer un bonbon, il faut provoquer cette ouverture.

Incontestablement bien privilégiés, sont les chasseurs possédant cette faculté de trompes très sensibles à la déglutition, qui ainsi libère une main et économise un peu d'énergie. D'autres encore plus privilégiés, par une gymnastique inter-nasale commandent cette ouverture à leur convenance.

Certains avancent légèrement la mâchoire pour obtenir le même résultat.

Un petit claquement signale que le passage dans le canal est possible. Il est facile de tenter l'ouverture des trompes, par la déglutition car il faut en avalant la salive, déclencher le processus identique à la déglutition des aliments.

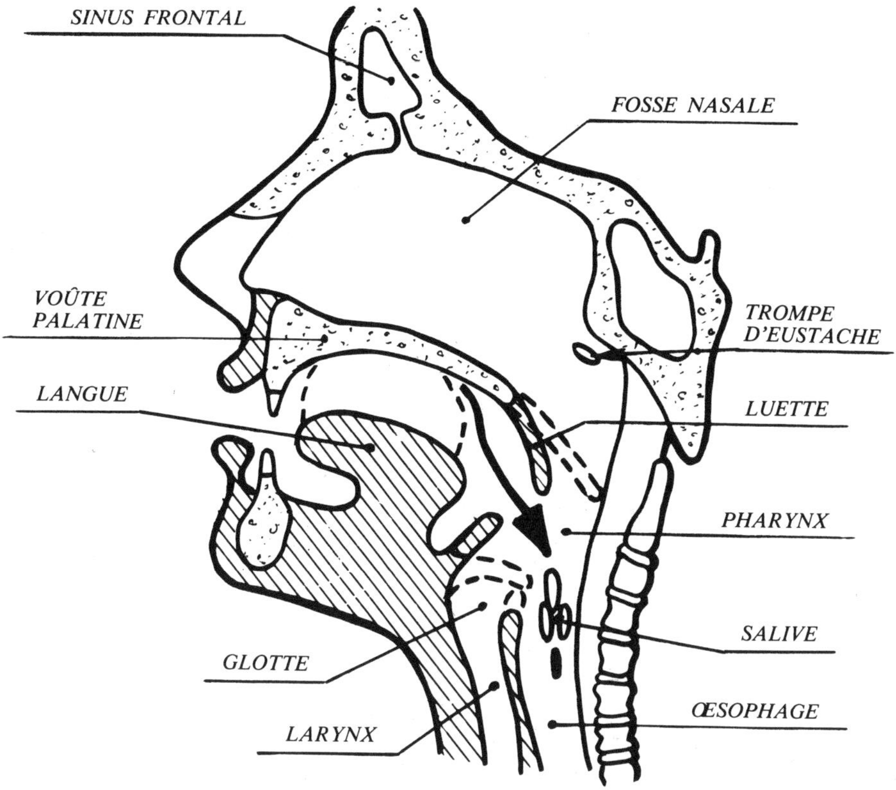

Soit : saliver, puis par un mouvement de langue s'appuyant sur la voûte palatine, éjecter la salive vers le pharynx. Le réflexe de celui-ci détermine un mouvement ascendant puis descendant et parallèlement se produit une fermeture de la luette et de la glotte.

En s'initiant à cette pratique hors de l'eau on sent l'ouverture des trompes et on entend un petit claquement caractéristique.

La déglutition de la salive entrouvre à peine l'orifice, alors que l'absorption de nourriture et surtout de liquide déclenche l'ouverture maximale.

Cette ouverture minimale sera-t-elle suffisante ? suivant les sujets non ! Aussi la plupart des chasseurs moins favorisés ont adopté la manœuvre de VALSALVA consistant à :

1) se pincer les narines, soit par l'utilisation des cavités aménagées à cet effet dans le masque, ou le relief du nez permettant une meilleure préhension surtout avec les gants,

2) souffler dans le nez sèchement mais avec modération.

On entend un petit claquement par l'arrivée brutale de l'air.

VI — L'air dans les sinus

Incroyable, le rôle exact des sinus reste encore obscur et différentes théories leur attribuent une fonction dont aucune n'est sûre.

Seuls nous intéressent, les sinus frontaux, car eux peuvent nous poser quelques problèmes si les canaux les reliant aux fosses nasales sont obstrués.

Dans le cas contraire, l'air dans les cavités osseuses subit les variations de pression naturellement, sans avoir besoin, comme pour les oreilles de manœuvre pour équilibrer.

Nous verrons plus loin que la manœuvre de VALSALVA peut tout de même s'avérer utile.

4) La vision dans l'eau

Dans l'air, l'image reçue par l'œil se projette sur la rétine, elle est nette.

Dans l'eau, en raison d'un phénomène optique assez complexe, l'image se forme derrière la rétine, elle est floue.

Le masque, isolant l'œil dans une bulle d'air, corrige la projection de l'image qui devient nette à nouveau, mais au prix d'un inconvénient : l'image est rapprochée d'un quart environ et agrandie d'un tiers environ.

Le chasseur s'adapte rapidement à cette situation quant à la distance, mais il lui est plus difficile d'apprécier la taille d'un poisson avec suffisamment de précision lors d'une compétition. En effet taille signifie poids... il est bien difficile d'évaluer 220 ou 230 grammes avec la limite fatidique des 250 g souvent requis. D'où l'idée d'apposer sur les arbalètes les gabarits minimums des espèces de poisson les plus courants.

C. 4e GROUPE — ÉPREUVES PÉDAGOGIQUES

Épreuves très importantes, la pédagogie étant l'élément indispensable pour enseigner correctement, aussi Georges OLIVERAS veut apporter quelques précisions pour décontracter un peu les candidats qui redoutent ces épreuves.

Jusqu'à présent, on jugeait surtout les capacités physiques des futurs moniteurs, leurs connaissances techniques et la sécurité.

Actuellement, il faudra être un bon chasseur mais également maîtriser la technique de transmission des connaissances et savoir en organiser les contenus pour que les élèves puissent les assimiler rapidement en sécurité.

Le sauvetage doit devenir automatique et irréprochable, tout comme la réanimation.

a) La pédagogie

Voici la pédagogie souhaitée pour un moniteur au niveau de l'examen et par la suite évidemment :

- à qui est-ce que je m'adresse ?
  - qui sont mes élèves ?
  - que sont-ils capables de faire ?
- que vais-je leur proposer et pourquoi ?
- comment vais-je m'y prendre pour qu'ils puissent évoluer dans le sens que je souhaite ?
- réussissent-ils ?
  - si non, pourquoi ?
  - dans quel sens dois-je intervenir et réajuster ?
- maîtrisent-ils suffisamment pour généraliser à d'autres situations (en fonction du poisson, de la profondeur, de la clarté, etc.) ?
- vont-ils réfléchir sur cet apprentissage et établir des liens cohérents entre l'observation du milieu, la technique proposée, leur compréhension de la technique, leur réalisation de cette technique et la réussite ou l'échec, puisque le but de mon enseignement est de rendre les élèves autonomes et capables de s'adapter à toute situation nouvelle ?

b) L'intervention pédagogique

Complément d'informations pour l'épreuve « organisation de l'enseignement de la chasse ».

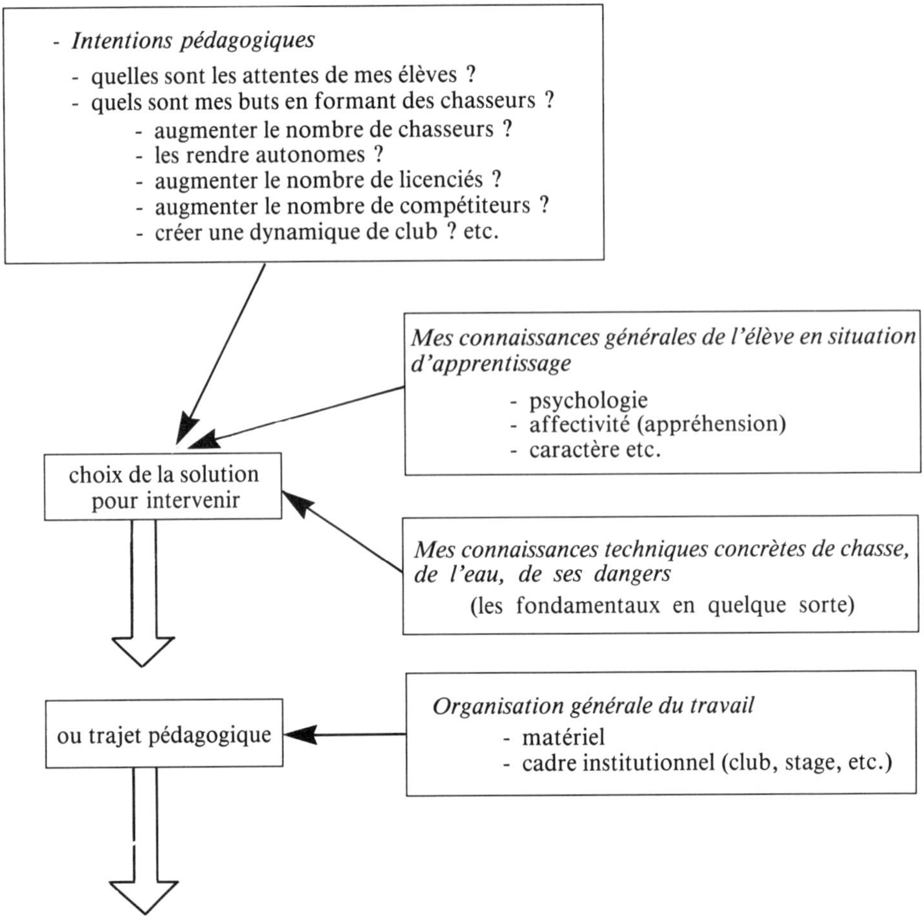

Organisation pédagogique

— objectifs ou fin de cycle, objectifs intermédiaires
— programme (relation entre temps — contenus et niveau des élèves)
— progression (structuration des savoir-faire et des connaissances à acquérir)
— contenu des séances
— prévision des observations-contrôles ou de tests.

Utilisation des résultats (va et vient théorie-pratique)

- confortation pédagogique
- ou changement dans la démarche
- ou révision des objectifs.

Conclusion

La pédagogie n'est pas un don, c'est une conduite.
L'enseignant doit être à la fois

- observateur
- technicien
- sécurisant
- régulateur — (des apprentissages ou des aspects sociaux de la conduite motrice).

IV. Les stages

A. STAGE DE WEEK-END

La particularité de ces stages est la disponibilité des stagiaires et instructeurs le samedi et le dimanche.

Le nombre de stages annuels sera proportionnel au budget, à la disponibilité de l'encadrement et au potentiel des stagiaires.

Le stage est financé en partie par la commission nationale de chasse, le reste par la participation des clubs ou par les stagiaires eux-mêmes. Les frais envisagés seront seulement nécessités par la consommation de carburant si des embarcations sont utilisées, la location de celles-ci, ou les frais de déplacement de l'encadrement.

Si les départs s'effectuent à la nage de la côte pour l'enseignement pratique, les frais seront très limités.

1) Organisation

Il faut donner les informations suffisamment à l'avance afin que celles-ci remontent aux clubs, ensuite à leurs membres, puis que les adhésions fassent le chemin inverse...

En cas contraire, la lourdeur du système risque de gêner l'élaboration des structures du stage.

Ces informations seront fournies en premier lieu par le bulletin fédéral, mais sa parution bimestrielle pose un problème, lors de l'assemblée générale du comité, par une circulaire aux clubs, ou par voie de presse. Mais la première information sera donnée directement par le délégué aux clubs recensés proches de notre discipline.

Pour que le stage soit le plus attrayant possible, il est préférable d'en limiter le nombre à une vingtaine de stagiaires.

Personnel d'encadrement indispensable :

— 1 responsable de stage,
— 1 médecin pour assurer la sécurité durant l'enseignement pratique en mer, prodiguer des conseils et donner un cours sur les dangers de la chasse,
— 5 moniteurs ou instructeurs (1 moniteur pour deux équipes).

Soit un total de 27 personnes, dans une même zone de chasse afin que le médecin s'avère opérationnel en cas de nécessité.

Il faudra définir :

a) le type de stage soit :
- ouvert à tout le monde,
- au débutant,
- à des chasseurs confirmés ;

b) les critères : licence fédérale, assurance compétition, âge mini-maxi, certificat médical de moins de trois mois, etc. ;

c) le programme des deux journées avec un enseignement pratique en mer, le matin, et théorique l'après-midi.

2) Enseignement théorique

Le retour de l'enseignement pratique en mer vers 13 heures ; le rangement du matériel, un brin de toilette et le repas ne permettront pas de commencer avant 15 heures.

Trois heures de cours s'avèreront bien suffisantes, après une journée bien remplie.

Pour les deux journées on dispensera donc 6 heures de cours ; chaque heure pourra être consacrée à un thème différent :

— les dangers rencontrés par le chasseur } par le médecin
— le secourisme }
— les méthodes de chasse } par moniteurs et instructeurs
— connaissance et physiologie des poissons }
— connaissance des fonds marins }
— étude du matériel }

Se reporter aux différents chapitres pour animer ces cours.

La solution idéale consiste à projeter des séries de diapositives et des films sous-marins, aux stagiaires, lors de la soirée du samedi.

3) Enseignement pratique

a) Les sorties en mer en embarcations qui seront soit :

- prêtées par les participants, moniteurs ou instructeurs,
- louées — mais solution onéreuse — il est plus judicieux d'utiliser les bateaux des participants moyennant dédommagement. Pour 27 personnes, compter 6 pneumatiques.

b) La sortie en mer, avec départ à la nage de la côte, exigera tout de même une embarcation pour la sécurité.

Chaque moniteur encadrera deux équipes de deux, regroupées dès le début, et suivant leurs connaissances il leur enseignera soit les principes élémentaires soit les techniques de chasse.

Pour un meilleur enseignement, choisir si possible, pour les deux journées, deux terrains différents :

- fond rocheux puis de mates,
- éboulis et dalles,
- eau claire et eau trouble,
- falaises et épaves, etc.

Il faudra s'efforcer à limiter le temps de chasse en fonction de la valeur des stagiaires et du type de stage.

Pour les débutants, deux heures en mer suffiront, alors que les chasseurs plus confirmés supporteront trois et même quatre heures.

La première journée pourra être consacrée à la critique de leur façon de procéder, hyperventilation, nage, technique, matériel, lestage, etc.

La seconde journée à l'application des méthodes, suite aux applications théoriques de la veille.

Faire tourner les moniteurs et instructeurs avec toutes les équipes.

B. STAGES DE PLUSIEURS JOURS

Disposant de beaucoup plus de latitude, l'organisation pourra être beaucoup plus rigoureuse dans l'enseignement théorique. Il est évident qu'un sujet traité en une heure n'est qu'effleuré.

Lors de ces stages prolongés, d'autres sujets, comme l'entraînement, la diététique sportive, des exercices techniques, la culture physique, complèteront sérieusement l'enseignement.

Le schéma général sera le même, mais avec des cours plus détaillés sur les sujets suivants :

1) Dangers rencontrés par le chasseur sous-marin : syncope, surlestage, courants, condition physique précaire, animaux marins à éviter, etc., réanimation, remèdes.

2) Méthodes de chasse, techniques appliquées aux poissons et entraînement.

3) Connaissances et physiologie des poissons.

4) Fonds marins, choix des terrains de chasse, repérage, lecture de cartes marines, étude des vents locaux.

5) Étude du matériel.

6) Règlements nationaux et internationaux ?

7) Diététique sportive adaptée au chasseur sous-marin.

On voit que les sujets peuvent être nombreux et variés, mais il est certain qu'une priorité est donnée en fonction du nombre de journées de stage.

Ils sont classés dans un ordre de valeur décroissante. Si l'on dispose d'une semaine de stage, on pourra alors exploiter chaque sujet et consacrer même une journée de repos, à la convenance des stagiaires en tourisme ou dilettante.

Voici le programme type proposé (voir tableau page 108).

C. STAGE PRÉ-MONITORAT OU DE RECYCLAGE

Ce stage, tel qu'il est présenté sur le tableau (page 109), ne pourra s'effectuer que sur plusieurs journées qui pourront s'échelonner sur un ou deux mois si les concurrents et animateurs ne sont libres qu'une ou deux journées par semaine.

Le recyclage théorique pourra même s'effectuer en soirée.

Il faudra profiter au maximum de l'expérience vécue par les moniteurs et instructeurs, regrouper par écrit les épreuves théoriques exigées et en déterminer les réponses exactes pour communiquer au mieux les résultats aux futurs candidats.

L'entraînement physique devra être poussé au maximum en tenant compte de la sécurité maximale assurée par les examinateurs.

STAGE DE PLUSIEURS JOURS

	DIMANCHE	LUNDI	MARDI	MERCREDI	JEUDI	VENDREDI	SAMEDI
7 h à 7 h 30	EXERCICES			JOURNÉE DE REPOS	PHYSIQUES		
7 h 30 à 8 h 30	PETIT				DÉJEUNER		
8 h 30 à 12 h 30	SORTIE				EN MER		
13 h à 14 h	DÉJEUNER				DÉJEUNER		
14 h à 15 h	REPOS				REPOS		
15 h à 18 h	DANGERS RENCONTRÉS PAR LE CHASSEUR SOUS-MARIN EXPOSÉ PAR MÉDECIN	MÉTHODES DE CHASSE ET ENTRAÎNEMENT EXPOSÉ PAR	ÉTUDE DES POISSONS EXPOSÉ PAR		FONDS MARINS CHOIX DES TERRAINS REPÉRAGE LECTURE DES CARTES EXPOSÉ PAR	ÉTUDE DU MATÉRIEL RÈGLEMENTS NATIONAUX ET INTERNATIONAUX EXPOSÉ PAR	DIÉTÉTIQUE SPORTIVE EXPOSÉ PAR MÉDECIN
18 h à 19 h	DÉTENTE - JEUX NON VIOLENTS (VOLLEY - BOULES - etc.)				DÉTENTE - JEUX NON VIOLENTS (VOLLEY - BOULES - etc.)		
19 h 30 à 20 h 30	SOUPER				SOUPER		
21 h à 22 h	CONFÉRENCES PROJECTIONS FILMS - DIAPOS				CONFÉRENCES PROJECTIONS FILMS - DIAPOS		

STAGE PRÉ-MONITORAT OU RECYCLAGE

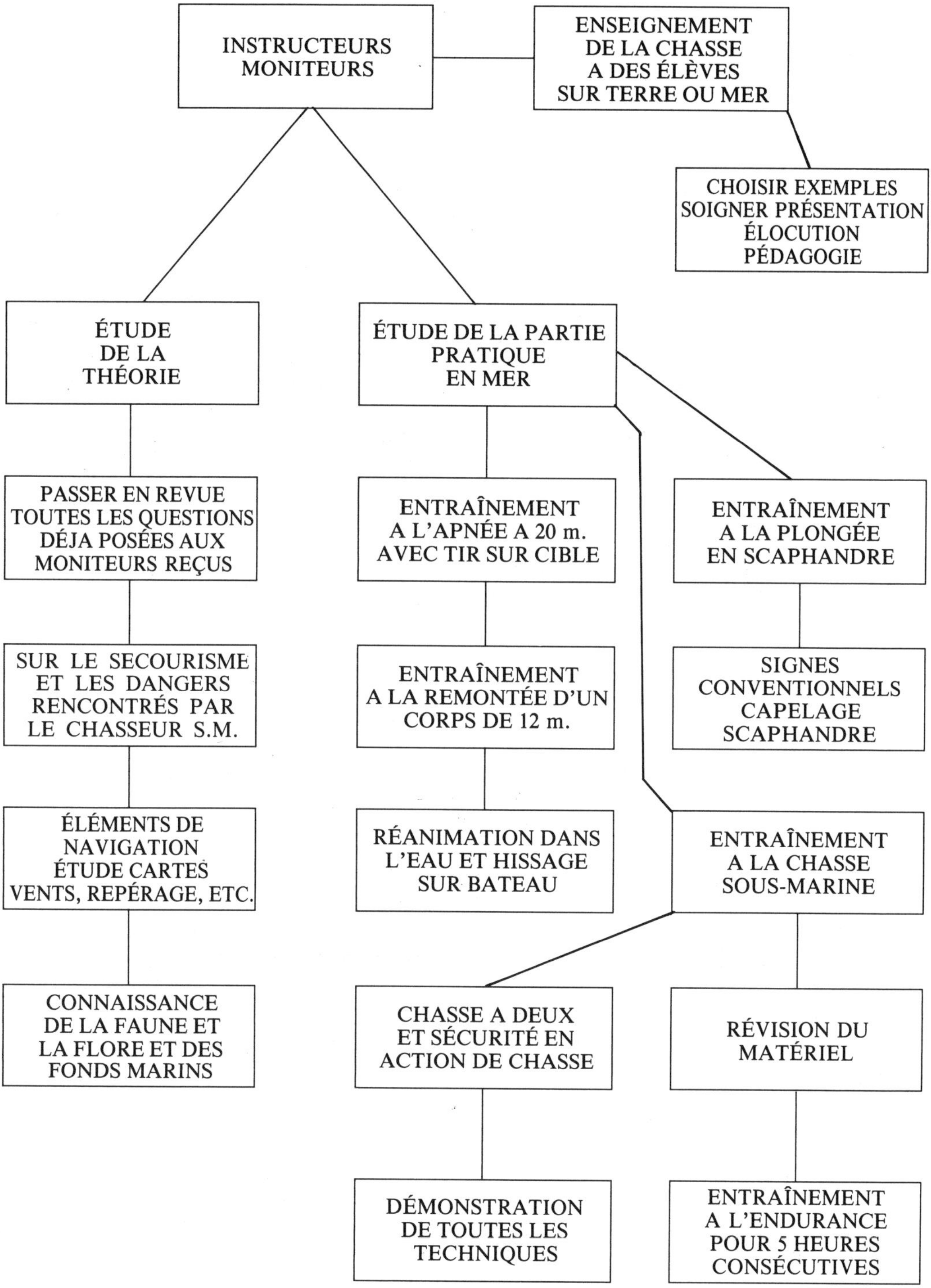

D. STAGES ORGANISÉS PAR DES COMITÉS RÉGIONAUX ET PAR LE CLUB APNEA

1) Les comités

Depuis plusieurs années, c'est une tradition, le dynamique comité du Languedoc-Roussillon organise au printemps un stage limité à 80 personnes.

Beaucoup d'internationaux ou ex-internationaux dispensent leurs connaissances.

Ce comité ayant fait école, la Provence et la Bretagne lui emboîtent le pas.

2) Le club Apnéa

Il a organisé en septembre 1988, 4 stages d'une semaine à Banyuls. Des moniteurs du club et des champions encadraient 10 chasseurs lors de chaque session sur une côte allant d'Argelès-sur-Mer à Cadaques en Espagne.

E. ÉCOLE DE CHASSE SOUS-MARINE FÉDÉRALE

Inaugurée en 1987, l'école de la base fédérale de Saint-Jean-de-Luz/Ciboure a eu un franc succès.

Les élèves peuvent s'initier ou se perfectionner à la chasse durant les mois de juillet et août, en suivant les conseils des moniteurs fédéraux. Voici le programme :

a) Initiation

— niveau : nager 50 m, se maintenir en surface verticalement pendant 30 secondes et nager quelques mètres sous l'eau ;
— découverte du milieu : acquisition des techniques de pénétration du milieu : connaissance du matériel et son utilisation ; sécurité.

b) Perfectionnement

— niveau : avoir déjà pratiqué en étant capable de descendre à 8 ou 10 mètres et être capable de plonger en apnée pendant 40 secondes ;
— découverte du milieu : maîtrise de la technique, sécurité ;
— technique de la capture.

Conditions :
— être âgé de 16 ans minimum et savoir nager ;
— licence fédérale avec assurance individuelle catégorie 2 ou 3 ;
— certificat médical établi par un médecin fédéral ou un médecin qualifié en médecine sportive ;
— posséder son matériel.

Participation aux frais (pour information prix pratiqué en 1988) :
— Frais techniques : 1 semaine 400 F ; 2 semaines 800 F.
— Frais d'hébergement : 1 semaine 685 F ; 2 semaines 1 470 F.

Renseignements complémentaires à fournir lors de l'inscription :

(En plus de la fiche d'inscription) indiquer sur papier libre : votre niveau de pratique, votre âge et votre profession, le nombre d'années de pratique et dans quelle(s) région(s) avez-vous pratiqué ?

Réservations :

S'adresser au comité régional Sud-Atlantique
38, cours de l'Argonne, 33000 Bordeaux
Tél. : 56.94.34.48 (l'après-midi).

F. L'ENSEIGNEMENT PAR LA COMPÉTITION

Si la compétition est une forme d'enseignement, il en est une qui l'est particulièrement par sa formule, c'est la coupe du C.S.A.K.B.-SCUBA MONGE.

Les équipes sont constituées de trois personnes. Un moniteur de chasse ou compétiteur expérimenté plus deux équipiers moins expérimentés.

CHAPITRE 3

PRÉPARATION PHYSIQUE

Elle est étudiée pour les conditions optimales soit la compétition.

Elle devrait permettre d'atteindre une condition physique exemplaire, indispensable pour participer avec le maximum de chances aux compétitions.

L'organisme alors grandement sollicité sera en mesure de répondre efficacement aux efforts demandés sans aucun risque.

La forme sera l'optimum de la condition physique, mais autant celle-ci pourra être maintenue indéfiniment si les sacrifices consentis sont poursuivis, autant celle-là ne sera que passagère.

Fragile et fugitive, le problème consistera à l'obtenir au moment opportun.

Cette préparation se décomposera en :

— une vie saine,
— une activité physique sérieuse.

I. Une vie saine

Le comportement de l'athlète ne consentira qu'à un minimum d'abus. Une vigilance accrue dans les domaines suivants s'imposera :

— la diététique et l'hygiène,
— l'équilibre physique et moral.

A. LA DIÉTÉTIQUE

Le docteur MARIANI très scrupuleux quant à l'alimentation nous donne quelques notions :

— L'alimentation

Elle a pour but de fournir à l'organisme :

1) le combustible indispensable pour maintenir la température du corps, pour alimenter l'énergie musculaire, le travail des organes, cerveau, cœur, foie, rein, tube digestif, glandes endocrines et autres ;

2) les matériaux nécessaires pour la reconstitution des tissus usés ou détruits ;

3) les éléments servant à la constitution des réserves ;

4) les liquides destinés à renouveler ceux qui sont éliminés par la transpiration, la respiration, les urines et les selles.

Le besoin d'alimentation se traduit par la faim ou la soif. La sensation de faim résulte d'une baisse du taux de sucre dans le sang, retentissant en premier sur le cerveau gros consommateur de glucose et qui oriente les pensées vers la recherche de nourriture, puis sur les sécrétions de l'estomac, entraînant une impression de vide : « le creux à l'estomac ».

La soif résulte d'une augmentation de la concentration du sang en éléments minéraux, sel ou sucre en particulier.

Ce ne sont pas les chiffres en valeur absolue des taux de sucre ou de sel dans le sang qui engendrent la faim ou la soif, mais les variations de ces taux.

Le taux normal moyen de glucose dans le sang est de 0,80 g/litre. On ressent une sensation de faim s'il baisse à 0,75 et des malaises au-dessous de 0,70.

La vie que l'on mène, douillette, sans effort, ne permet pas de brûler tout le combustible que l'on absorbe. Il s'ensuit une accumulation dans l'organisme d'éléments en excès.

La graisse tout d'abord, formée à partir des graisses absorbées et aussi des sucres et de l'alcool.

Elle s'accumule sous forme d'amas plus ou moins disgracieux sous la peau, mais également dans le sang, sous forme de cholestérol ou de triglycérides, qui entraînent en excès, des risques d'encrassement des artères et sous forme de particules de graisse qui peuvent donner au sérum un aspect laiteux épaississant le sang et freinant la circulation en entraînant au niveau du cerveau un ralentissement de son fonctionnement et des somnolences.

Le sucre peut aussi s'accumuler dans le sang, lorsque le pancréas épuisé, ne peut plus sécréter assez d'insuline, hormone grâce à laquelle le sucre peut être transformé en combustible, utilisable par l'organisme.

L'acide urique est produit par la consommation importante de viande et, audelà d'un certain taux dans les liquides ne peut plus être dissous et se trouve sous forme de cristaux. Au niveau du rein, ces cristaux en s'agglomérant peuvent former des calculs, à l'origine des coliques néphrétiques. L'acide urique présent dans les liquides articulaires peut, sous l'influence du froid, précipiter sous forme de cristaux, qui sont de véritables aiguilles microscopiques, entraînant une irritation en frottant les cartillages des articulations et une inflammation de ces articulations, à l'origine de rhumatisme.

Cet acide urique peut également s'accumuler sous forme de cristaux au niveau du gros orteil, ou la circulation est souvent gênée par le froid et par les souliers ou par les palmes et déclencher ce que l'on appelle la crise de goutte.

Mais de plus, l'acide urique présent en quantité élevée dans le sang, diminue la possibilité de celui-ci de dissoudre l'acide lactique produit par les muscles en travail ; cet acide lactique s'accumule alors dans ceux-ci et entraîne des crampes.

Une alimentation équilibrée, mais trop abondante par rapport aux dépenses fournies, peut donc être à l'origine de difficultés et même d'accidents.

Il est un moyen d'adapter son alimentation aux activités que l'on pratique : c'est de faire une analyse de sang, recherchant les taux de sucre, de cholestérol, de triglicérides, d'acide urique, d'urée. Un taux de cholestérol au-delà de 2,40 g, la normale étant 1,80 g, est l'indice d'une trop grande consommation de graisses, beurre en particulier. 15 g de beurre comprenant 13,5 g de graisse pure, dont 80 % passent dans le sang, soit environ 10 g représentent un taux de 2 g de cholestérol par litre (il y a environ 5 litres de sang dans le corps qui s'ajoutent au cholestérol déjà existant. Ajouté aux autres graisses absorbées cela représente un excès).

Un taux de triglycérides au-delà de 1,50 g indique une consommation exagérée d'alcool et de sucre.

Un taux d'acide urique supérieur à 0,40 g indique une consommation trop importante de viande.

Un taux de sucre supérieur à 1 g indique un début d'insuffisance du pancréas, en rapport avec un excès d'alcool très souvent, ou un excès de poids, la graisse neutralisant l'insuline. Dans le cas d'un excès de poids très important, le pancréas ne peut suffire à fabriquer l'insuline nécessaire pour les quantités de sucre ingérées, une partie trop importante en étant neutralisée par la graisse.

Une nourriture trop riche n'amène donc pas une amélioration des performances. Les vainqueurs de marathons ou de courses de grand fond proviennent souvent de pays en voie de développement, ou s'ils proviennent d'autres pays, ne sont jamais des gens bien enveloppés.

Nous avons vu que l'organisme ne peut utiliser rapidement que ses réserves en glycogène, qui sont proportionnelles au poids des muscles et du volume du foie sain.

Une fois ces réserves de glycogène constituées, le sucre absorbé est transformé en graisses, qui fournissent un combustible de moins bonne qualité, ne permettant pas des efforts aussi intenses que le glucose et exigeant, pour être transformées, un travail important du foie.

Un repas important avant une épreuve sportive quelle qu'elle soit, n'apportera pas plus de possibilité d'effort, qu'un repas ou une boisson sucrée apportant uniquement à l'organisme de quoi compléter la réserve en glycogène des muscles et du foie, c'est-à-dire quelques grammes de glucose. Le surplus ne servant qu'à constituer des réserves sous forme de graisses.

Il est donc préférable, au cours d'une épreuve de longue durée d'apporter de petites quantités de sucre diluées dans une quantité d'eau suffisante pour compenser les pertes de celle-ci par transpiration, et ceci dès que l'organisme le réclame, c'est-à-dire lorsque l'on ressent la faim.

En effet, à ce moment les réserves de glycogène du foie sont épuisées et le taux de sucre commence à baisser dans le sang.

A partir de là, si l'on n'apporte pas de sucre, l'organisme commence à souffrir et à entamer le processus d'utilisation des graisses. Mais les performances s'en ressentent. On peut continuer mais c'est aux prix de souffrances, et dès cet instant, la volonté doit jouer un rôle de plus en plus important.

En dehors de l'étude des quantités et des proportions de sucre, graisses et viande dont nous avons vu l'importance, et qui constituent la diététique, d'autres éléments ont également une importance considérable dans la prévention des accidents, et font partie de ce que l'on appelle l'hygiène alimentaire.

B. L'HYGIÈNE ALIMENTAIRE

Manger modérément et de façon équilibrée avec les efforts fournis fait déjà partie de l'hygiène. Mais il est des habitudes alimentaires qui peuvent s'avérer dangereuses.

a) L'abus d'alcool est l'une des plus importantes

De façon habituelle, en dehors de l'encrassement des artères dû à l'accroissement des triglycérides dans le sang, il entraîne une diminution de lucidité et des facultés intellectuelles, l'engorgement du foie par la graisse en même temps que la destruction de cellules hépatiques, ce qui aboutit à un foie organiquement gros, et fonctionnellement insuffisant ; il entraîne également une atteinte du pancréas.

De façon accidentelle, l'abus d'alcool peut provoquer la veille ou le jour d'une plongée, un engorgement du foie rendant celui-ci incapable de libérer ses réserves de glycogène lorsque celles des muscles sont épuisées ; cela entraîne une diminution beaucoup plus rapide des possibilités physiques.

b) L'abus de café

S'il est recommandé de boire modérément du café, il est surtout à proscrire au petit déjeuner avant une sortie en mer. Il peut être en effet à l'origine de problèmes cardiaques une fois dans l'eau.

La caféine a pour effet d'accélérer les battements du cœur et d'exciter le centre respiratoire, mais aussi de favoriser les spasmes digestifs. Elle est également vagotomisante, c'est-à-dire qu'elle a tendance à aggraver les réactions de l'organisme aux différents stimuli. Elle augmente la sensibilité au mal de mer, aux émotions et diminue la maîtrise de soi.

c) L'usage de drogues

Les drogues : euphorisants, excitants ou au contraire tranquillisants ou calmants, faussent les messages que se transmettent les différents systèmes de l'organismes pour la meilleure adaptation possible aux circonstances.

Les amphétamines et même le café excitent le cerveau, donnant l'impression d'effacer la fatigue. Mais ils excitent également le système neuro-végétatif et augmentent le rythme cardiaque en particulier, alors que celui-ci est déjà très rapide en cours d'effort, pouvant entraîner un épuisement et un arrêt du cœur.

De même certains calmants ou tranquillisants peuvent diminuer le stress précédant une compétition, mais ils s'opposent à l'action de l'adrénaline qui a pour but de mettre le sang en pression de façon à ce qu'il puisse arriver très vite aux muscles qui en auront besoin.

d) L'alimentation trop riche

Le docteur MARIANI nous a fait ci-dessus une recommandation importante sur l'abus de la nourriture avant une épreuve sportive.

Il faut retenir, que la veille d'une sortie en mer et qui plus est d'une compétition, il est impératif d'équilibrer quantitativement et qualitativement ses repas. Éviter surtout les sorties habituelles du samedi soir au restaurant ou chez les parents ou amis. Il n'y a pas de mystère, en sport... il faut choisir !

e) L'usage du tabac

Traité dans le chapitre consacré aux dangers de la chasse sous-marine.

f) Les bienfaits de l'ail

Tout le monde croyait que MAYOL, en bon méridional, consommait de l'ail plus par goût que par nécessité, or il n'en est rien.

Il considère qu'il est excellent pour l'organisme, chose que ne conteste pas le médecin, et qui se révélerait un excellent nettoyant de la circulation sanguine et favoriserait surtout le fonctionnement des alvéoles pulmonaires, deux fonctions qu'il juge bénéfiques pour l'apnée.

Il considère que depuis qu'il absorbe énormément d'ail ses apnées s'améliorent sensiblement au cours des années, sans modification d'entraînement. Il prête ces bienfaits à l'ail ! (Océans n° 49 — Février 77 et l'ouvrage de Jacques MAYOL, « Homo Delphinus » aux Éditions GLÉNAT.)

g) En compétition

C'est un des rares sports qui permet de s'alimenter gratuitement en produits de qualité. Tels coquillages et poissons riches en vitamines. De surcroît ils auront une fraîcheur exceptionnelle, le label le plus important de ces aliments.

Je ne suis pas qualifié pour proposer le menu quotidien du sportif ou celui à observer lors d'une préparation intense ou lors d'une récupération après de gros efforts.

Les ouvrages traitant de la diététique ont proliféré ces dernières années et les chasseurs pourront s'y référer, en s'orientant vers ceux destinés aux sportifs.

Mais le chasseur sous-marin est un sportif un peu particulier. Mi-être humain, mi-poisson il est peut-être plus proche du dauphin pendant ses ébats que du coureur cycliste, du footballeur ou du judoka.

Il est donc possible qu'un régime particulier lui soit avantageux, ne serait-ce que par la perte de calories importante suivant la saison, malgré la combinaison isothermique. Également par la position acrobatique de son corps volontaire ou non lors des cahots qu'il subit par mauvaise mer, ceci pouvant troubler passagèrement ses fonctions digestives, s'il ne s'alimente pas suffisamment tôt.

Donc plus que tout autre sportif, le chasseur doit faire très attention à la nourriture qu'il absorbe avant une compétition. S'alimenter trois heures avant une épreuve pour éviter toute indisposition. Une compétition débute rarement avant 8 h 30, il faudrait donc se sustenter à 5 h 30. S'il ne s'agit que d'un petit déjeuner frugal deux heures suffisent.

Il est aberrant de constater que le chasseur reste parfois les cinq heures d'une compétition sans manger. A celles-ci, si nous ajoutons les deux heures de marge, nous arrivons à 7 heures sans nourriture.

Certains concurrents ne se nourrissent pas avant une compétition, ou se contentent d'un thé léger. On peut considérer qu'ils n'ont rien absorbé depuis le dîner précédent vers 21 heures. Si la compétition débute à 8 h 30 et se termine donc à 13 h 30, ils n'auront rien absorbé pendant 16 h 30.

N'importe quel entraîneur de quelque sport que ce soit, se mettrait les mains sur la tête... car il est admis que rester cinq à six heures sans se nourrir avant d'effectuer un concours ou un match est un maxima.

On comprend alors que certains concurrents se sentent épuisés après quelques heures et ne « tiennent pas la distance » ceci en est dans de grandes proportions, la cause.

Prendre même s'il faut se forcer, vers 5 h 30 un petit déjeuner conséquent en évitant toutefois le café au lait indigeste et les graisses. Un thé léger au citron avec quelques biscottes additionnées de miel et un ou deux œufs à la coque bien frais. Ceci pourrait être le petit déjeuner conseillé.

Il serait astucieux, surtout si un bateau d'accompagnement est prévu de s'alimenter après deux heures de compétition en absorbant quelques morceaux de sucre et quelques fruits secs.

Le docteur SCIARLI, président de la commission médicale fédérale, porte son choix sur les pruneaux en ce qui concerne les fruits secs, de par leur teneur en potassium, calcium, magnésium, phosphore et soufre.

Facilement transportable, ce petit acompte sera enfermé dans une boîte étanche et accroché à la bouée.

Tout ceci ne constitue pas une perte de temps, mais permettra au chasseur de conduire intelligemment sa compétition, car il préservera son énergie.

L'apport de vitamine « C » par comprimés s'avèrera bénéfique lors de plusieurs journées consécutives. Consulter un médecin-chasseur, qui conseillera utilement et déterminera la dose. Surtout ne pas absorber ces vitamines au-delà de 17 heures, elles risqueraient de provoquer des insomnies.

Lors des déplacements à l'étranger, il se pose régulièrement le problème de l'alimentation. En ce qui concerne les produits solides, il m'arrivait d'emporter dans les bagages du bon fromage de chez nous. La cuisine locale qu'en bons gastronomes nous pouvons apprécier, convient rarement aux menus de compétiteurs ! Bien souvent il faut prévoir l'achat d'eau minérale.

D'après l'ouvrage « Alimentation du sportif et de l'homme moderne » du docteur Gérard DEBUIGNE aux Éditions Amphora, voici le détail d'une ration alimentaire mentionnée, ration comprenant les calories, vitamines, protides, lipides, glucides, nécessaires aux compétiteurs.

— viande	300 g
— pain	300 g
— pommes de terre cuites (ou riz, pâtes)	400 g
— légumes verts	500 g
— fruits	300 g
— sucre (miel ou confiture)	100 g
— corps gras (huile, beurre)	60 g environ
— lait	1/4 de l
— fromage	60 g

Cette ration type journalière équilibrée correspond à 3 400 calories environ.

C. ÉQUILIBRE PHYSIQUE ET MORAL

Les soucis de la vie quotidienne, le soutien matériel du club, l'ambiance familiale, seront des facteurs importants pour l'équilibre psychique de l'athlète avant une épreuve en particulier.

Malgré la tension nerveuse le repos ne devra pas être altéré. Heureux sont les athlètes insensibles aux attaques, critiques et plus encore aux félicitations ou au prestige.

Il devra être décontracté, mais suffisamment motivé et conscient de l'importance de l'épreuve. Il fera confiance à sa valeur et ses possibilités mais ne sous-estimera pas les adversaires. Les athlètes inquiets devront s'efforcer d'avoir des loisirs durant les temps morts, leur permettant d'oublier momentanément l'enjeu de la compétition.

L'amitié de quelques camarades, la lecture ou la musique seront d'un excellent secours.

Dormir longtemps, neuf à dix heures, lors des périodes intensives de sport, devrait permettre une récupération rapide.

Le sommeil est très important dans la vie d'un athlète. Aussi les insomnies seront néfastes à son bon comportement. Il faut en rechercher la cause pour y remédier, peut-être un peu trop d'excitant comme le café ou le thé.

Les drogues pour les combattre seront sans doute efficaces mais ne seront-elles pas néfastes dans d'autres domaines ?

Le médecin conseillera utilement.

Un problème ardu apparaîtra à l'homme marié, la conciliation de son sport à la vie familiale. Car s'il est un sport qui demande beaucoup de temps, c'est bien celui-là.

En effet chasser trois ou quatre heures, c'est un minima pour être suffisamment entraîné en vue des compétitions ultérieures, aussi bien le samedi que le dimanche.

Il faut souvent une heure de transport pour l'aller et autant pour le retour, et un certain temps pour se préparer. Il faut donc compter une absence de six à sept heures à chaque sortie.

Une seule solution, associer l'épouse non pas à la chasse sous-marine, malheureusement mais aux plaisirs de la mer et du soleil.

C'est faisable l'été et pendant les vacances, mais l'hiver comment procéder ? Le problème reste posé, mais heureusement que les épouses de sportifs sont compréhensives... Pour vous faire pardonner, rapportez de beaux loups et coquillages, vous comblerez de joie vos enfants, et votre femme imaginera déjà l'admiration de ses amis en leur servant ces beaux poissons grillés... Avouez que nous bénéficions d'un gros avantage par rapport à d'autres disciplines.

Il pourra se poser, pour beaucoup, également des problèmes professionnels, surtout si l'athlète atteint un bon niveau sportif.

La solution consiste à créer un club dans l'entreprise par l'intermédiaire du comité d'établissement, les problèmes s'en trouveront aplanis.

II. L'activité physique

Comme je le faisais remarquer, le chasseur sous-marin est proche du mammifère marin, il est mi-homme, mi-poisson, puisqu'en surface la majorité du temps, et parfois sous l'eau.

Cette situation particulière ne permet pas d'adopter les méthodes d'entraînement classique empruntées à l'entraînement des nageurs de fond, par exemple.

Car s'ils sont en manque d'oxygène, il leur suffit en effet de combler leur besoin par la respiration en surface, mais le chasseur, voit cet effort entrecoupé d'apnées, où l'économie de cet oxygène se fera cruellement sentir.

D'autre part, la chasse sous-marine doit également être assimilée aux sports d'adresse, les tirs étant la finalité de notre discipline.

On est donc un peu perdu, mais la chasse se pratiquant pendant de longues heures, l'entraînement sera donc en majorité axé sur des épreuves de fond exigeant de l'endurance, plutôt que sur des épreuves d'efforts brefs et violents.

Quoique le problème soit complexe, car les départs de compétition sont souvent le théâtre d'une course intense de nage, comparable à une épreuve de demi-fond, pour atteindre, les premiers, les lieux poissonneux.

Alors que faire ? Jusqu'à ce que les recherches en ce domaine aboutissent aux résultats scientifiques d'un entraînement spécifiquement adapté, et suffisamment expérimenté, pour en tirer des conclusions positives, il nous faudra composer, en essayant d'améliorer d'une part, l'apnée et l'endurance, d'autre part, en mer, acquérir une bonne aquaticité indispensable au perfectionnement de la qualité des tirs. C'est-à-dire : l'apnée, la condition physique en favorisant l'endurance, l'aquaticité et l'adresse.

A. L'APNÉE

Trois possibilités s'offrent à nous : hors de l'eau, en piscine, en mer.

a) Hors de l'eau

Peu de personnes pratiquent cet entraînement pourtant efficace, peut-être par manque d'information. Il a l'avantage de pouvoir s'effectuer à n'importe quel moment de la journée, sans être obligé de perdre un temps souvent précieux. Un seul impératif, et non des moindres, la qualité de l'air...

Je l'ai expérimenté personnellement, faute de temps disponible pour mon entraînement. J'avais pris l'habitude lors d'une marche lente à n'importe quel moment de pratiquer des hyperventilations modérées, suivies de courtes apnées et de récupérations de plusieurs minutes, le tout répété, plusieurs fois par jour, durant plusieurs jours.

La facilité d'apnée acquise me permettait de passer au second stade, consistant à pratiquer l'hyperventilation pendant une marche lente, suivie d'une marche rapide pendant l'apnée. L'apnée sera courte au début, elle pourra être prolongée, mais ne pas rechercher encore la performance. Récupérer longuement, par une marche ralentie et de larges inspirations-expirations.

— L'amélioration de l'apnée permettra d'accéder au 3ᵉ stade en s'hyperventilant toujours lors d'une marche lente, mais essayer de tenir de longues apnées pendant une marche rapide. Récupération identique à la précédente. Rechercher la performance, en chronométrant vos apnées.

Bien sûr, vous ne pourrez effectuer ces exercices dans les embouteillages, ni dans les allées d'un bureau enfumé !

— Vous serez surpris des résultats obtenus.

b) En piscine

L'entraînement en piscine, dont personne ne conteste l'efficacité, a été inventé par les Parisiens, chasseurs-terriens-sous-marins par excellence. Aussi est-il bon de tenir compte de l'expérience des excellents chasseurs de l'Ile-de-France, Jean-Pierre Juges, champion de France par équipe en 1986 et Jean-Paul Carli, rapportée dans l'article de la revue « Océans » (avril 86).

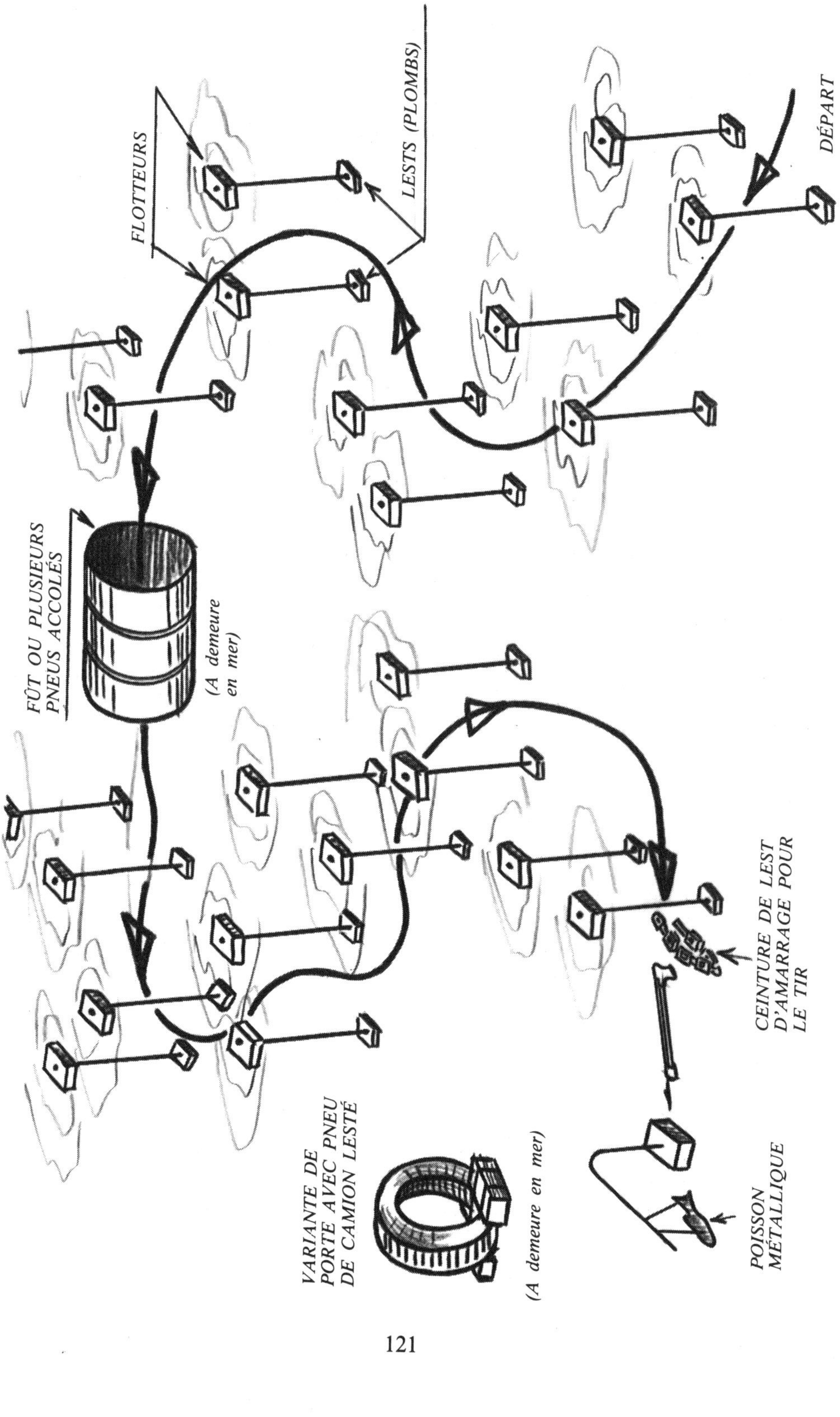
FLOTTEURS
LESTS (PLOMBS)
DÉPART
FÛT OU PLUSIEURS PNEUS ACCOLÉS
(A demeure en mer)
CEINTURE DE LEST D'AMARRAGE POUR LE TIR
VARIANTE DE PORTE AVEC PNEU DE CAMION LESTÉ
(A demeure en mer)
POISSON MÉTALLIQUE

Ils enchaînent ventilation ou hyperventilation — apnée — récupération, en effectuant :

1) 25 mètres en apnée, suivi d'un 25 mètres de récupération, tout en préparant l'apnée suivante, en se ventilant à nouveau.

A effectuer 10 fois sans interruption.

2) La séance suivante, se fera dans les mêmes conditions, sur 50 mètres, l'hyperventilation se faisant à l'arrêt. Le temps de nage sous l'eau s'effectuant de plus en plus rapidement.

Ils utilisent une planche de nage, tenue verticalement et à bout de bras, elle recrée artificiellement les conditions de chasse dans le courant, en opposant une résistance à la progression du nageur.

Le chasseur, sans poisson, pourra mieux se concentrer sur sa technique de palmage, améliorer la discrétion de sa culbute, etc.

Un parcours sous-marin pourra agrémenter cet entraînement, voir proposition sur croquis page 121.

- Simuler au mieux un parcours plausible en mer, avec un objectif précis.
- Transformer l'entraînement classique assez rébarbatif sous forme récréative, appréciée après une âpre journée de travail.
- Permettre à des enfants de s'initier à la chasse sous-marine.
- Permettre la participation des femmes.

Ce parcours pourra être également installé en mer, dans un lieu abrité. Un fût démuni de ses deux fonds, pourra représenter un tunnel sous-marin.

Les portes avec flotteurs seront remplacées par des pneus de camion lestés.

J'ai expérimenté ce genre de parcours dans un club de vacances, et puis vous assurer qu'il faisait la joie des petits mais aussi des grands !

Aussi bien en piscine qu'en mer il faudra surveiller avec beaucoup de vigilance l'évolution des apnéistes, en modulant la distance et les difficultés du parcours suivant l'entraînement individuel, car absorbé par l'intérêt du jeu, ou distrait par tout autre chose, le sujet peut en oublier de respirer !

c) En mer

L'entraînement à l'apnée en mer sera l'aboutissement logique des étapes précédentes.

Procéder alors, comme je le préconise au paragraphe consacré à l'hyperventilation et l'apnée en début d'ouvrage, avec prudence, et à deux, le coéquipier surveillant l'apnéiste.

B. LA CONDITION PHYSIQUE

Il serait prétentieux de vouloir m'étendre dans ce domaine, déjà traité par de nombreux spécialistes. Se référer à leurs conseils, entre autre l'article d'Apnéa n° 11, où les professeurs d'éducation physique, Marc FABET et Bernard SALVATORI, associés au docteur Jacques MERCIER, établissent un programme d'entraînement en piscine, basé sur plusieurs semaines.

Les seuls éléments que je puisse apporter, sont subordonnés à mon expérience. Mais Antoine MARIANI, mon ami et « médecin conseil », me précise que la chasse sous-marine exige un entraînement sportif général poussé pour développer la force, la capacité pulmonaire, l'endurance à l'effort et au froid, et la maîtrise de soi.

Tous les sports lui semblent valables, car pour acquérir des muscles il faut faire travailler le cœur et la respiration, avoir la volonté de dépasser le stade de la fatigue et de développer la maîtrise de soi.

Les sports d'endurance, course de fond, ski de fond, natation, vélo, etc. privilégient le développement de la capacité pulmonaire et du cœur.

Après une longue éclipse le cyclisme revient à la mode depuis quelques années, ce phénomène est dû au besoin de l'homme de se dépenser et pour ce faire, par le vélo, il peut arriver à ses fins, même en étant éloigné d'un complexe sportif. Il lui permet également de goûter un peu plus la nature, de découvrir des tas de détails dans un paysage vu maintes fois en voiture. L'athlète possède là une liberté extraordinaire, lui permettant d'adapter son entraînement à son emploi du temps, désir et besoin.

Il apporte la résistance et surtout fortifie les cuisses, élément moteur du chasseur sous-marin. Ce sont en effet elles qui sont le plus sollicitées musculairement.

Mais posséder un vélo de qualité demande un investissement important. Le matériel de chasse lui-même déjà onéreux, peut doubler le budget du chasseur.

Par contre, il y a la possibilité, surtout pour ceux qui ont la chance de résider à la campagne, à proximité d'un espace vert ou d'un stade, de pratiquer le « cross-country », deux fois par semaine, aux moindres frais. Il est considéré comme étant une des bases de la mise en condition.

Commencer par d'assez courtes distances, deux à trois kilomètres à un rythme peu élevé, pour atteindre après quelques séances 10 km environ avec des accélérations plus ou moins poussées suivant la période de l'entraînement et l'âge du sujet.

C'est par le cross que j'ai ressenti les meilleurs effets. Il est vrai que je m'entraînais avec une équipe d'athlétisme et l'excellent climat qui régnait avec ses spécialistes me stimulait beaucoup. Même après une interruption de plusieurs semaines, je reprenais la chasse avec une condition physique étonnante.

Pour éviter le surmenage on peut contrôler la condition physique par des tests.

a) Contrôle de la condition physique

Le moyen le plus simple est la prise du pouls. Il se prend au poignet ou à la carotide. Il est calculé sur la minute.

Après un entraînement poussé ou après une compétition, il faut prendre le pouls le matin qui suit, avant le lever.

Il faudra donc connaître le pouls au repos en temps normal, toujours avant le lever, pour faire la comparaison.

S'il est plus élevé que la normale, c'est un signe de méforme ou de non-récupération. Si cela persiste, consulter un médecin sportif, ou diminuer l'intensité de l'entraînement.

Après un entraînement régulier le pouls devrait diminuer. Une façon plus rationnelle de contrôle est le test de Ruffier-Dickson, dont la formule est la suivante :

$$\frac{(x - 70) + 2 (y - z)}{10}$$

— Fléchir les jambes 30 fois en 45 secondes, dès la dernière flexion prendre le pouls pendant 15 secondes, à multiplier par 4 pour l'amener à la minute. Le chiffre obtenu sera à placer en « x ».

Une minute après la dernière flexion, et non après avoir pris le pouls, le prendre à nouveau également pendant 15 secondes en le multipliant par 4. Le chiffre obtenu est à placer en « y ».

« z » étant le pouls au repos, avant le lever le matin, pendant 60 secondes.

Au résultat de ces opérations on pourra tirer les conclusions suivantes :

— plus petit que 4, la condition physique est excellente ;

— de 4 à 8, elle est moyenne ;

— au-delà de 8, elle est mauvaise, il y a alors soit surmenage, soit un manque d'entraînement, mais il est préférable de consulter un médecin qui déterminera surtout en prenant la tension, l'état de l'athlète.

Il faut établir une courbe sur papier millimétré, de façon à voir d'un coup d'œil l'évolution de la condition en cours d'entraînement.

Il ne faudra pas être trop rigide sur les chiffres obtenus et surtout ne pas s'affoler. Après quelque temps d'entraînement, comme je précisais, « z » devrait diminuer. Il peut arriver que « y » devienne inférieur à « z ». Ceci devrait prouver que la récupération est meilleure, ce n'est pas absolu, mais certainement que la résistance augmente.

En principe la courbe dès les premiers tests, est ascendante, puis se stabilise pour être descendante enfin, pour ce qui est d'un entraînement régulier, en période normale, par exemple lors d'un stage d'une semaine.

Le poids varie énormément chez le chasseur, surtout chez les sujets enveloppés. En période hivernale où la chasse est moins pénible physiquement ou en période d'arrêt momentané son poids augmente. Par contre l'été à cause des plongées profondes et de la chaleur qui ne permet pas de récupérer normalement, il perd du poids.

Il m'est arrivé de perdre quatre kilos pendant un week-end, sans participer à une compétition, mais en chassant dans le courant.

Après une période de compétition ou d'entraînement, si le poids perdu n'est pas récupéré, c'est que l'athlète est surentraîné et doit réduire ses sorties en mer ou les adapter de façon à ce qu'elles soient moins pénibles.

C'est donc encore une façon de contrôler la condition physique, mais le meilleur baromètre est certainement la bonne humeur, le bon appétit, un sommeil paisible, qui sont autant de signes optimistes.

Par contre une fatigue anormale et constante, une baisse de tonus, une irritabilité inhabituelle, des urines très colorées sont des signes témoignant un surentraînement.

Ceci n'est pas absolu car chacun doit se connaître et cette baisse de forme peut avoir une autre origine, un surmenage professionnel par exemple.

b) Le carnet de chasse, d'entraînement et de compétitions

Ce carnet, dont j'ai vanté les mérites en maintes occasions, permettra de centraliser le plus de renseignements utiles dans le temps. La progression lors des compétitions, les entraînements avérés les plus efficaces, les périodes de chasse les plus bénéfiques suivant les espèces et les saisons en fonction de la météo et d'autres critères, etc.

Se munir d'un agenda, y inscrire tous les renseignements susceptibles d'être intéressants à la page correspondante, en particulier :

1) POUR UNE SORTIE CLASSIQUE DE CHASSE, NOTER :

— lieu de la sortie,
— le nom des coéquipiers (éventuellement),
— les conditions météorologiques,
— l'état de la mer,
— la température de l'eau, déterminée soit avec un thermomètre de bain fixé à une cordelette ou en évaluant, eau très froide, froide, fraîche, tiède, bonne ; l'avantage du thermomètre est que la température relevée avant la mise à l'eau permet d'adopter une protection adéquate. Il est par exemple possible d'éviter le gilet, d'où lestage moindre,
— le courant, éventuellement direction et puissance (fort ou faible),
— la clarté de l'eau,
— les espèces de poissons capturés,
— la quantité en nombre et en poids,
— leur réaction et situation (profond, au bord, à trou, en pleine eau),
— la zone où ils étaient particulièrement abondants,
— matériel utilisé (arbalète longue, courte, etc.).

2) EN PÉRIODE D'ENTRAÎNEMENT INTENSIF :

En mer,
— le nombre d'heures de chasse,
— individuellement, avec coéquipier (nom), un groupe,
— le lieu,
— la technique adoptée (agachon, à trou, plongée profonde, nage rapide, etc.),
— la profondeur à laquelle on a chassé,
— le matériel utilisé (critiques éventuelles ou incidents),
— la conclusion (aisance, difficulté, etc.),
— indice du test de Ruffier-Dickson (le lendemain).

A terre,
— discipline adoptée (cyclisme, cross, salle, etc.),
— kilométrage parcouru ou autres renseignements,
— sensations (difficulté, facilité, etc.),
— x^e journée d'entraînement à terre,
— indice du test de Ruffier-Dickson (le lendemain).

3) POUR UNE COMPÉTITION

— désignation de l'épreuve et lieu,
— la place obtenue — individuelle — par équipe de deux, par comité, par nation, etc.,
— le nombre de points,
— le nom des ou du vainqueur, leur nombre de points,
— le classement des 10 premiers (avec points),
— la tactique adoptée,
— celle des vainqueurs (si possible),
— le poisson capturé,
— les lieux où les captures furent les plus abondantes.

Ainsi que tous les renseignements notés précédemment pour une sortie de chasse classique.

Tous ces renseignements seront exploitables à partir du début de la troisième année, et le seront de plus en plus au cours des années suivantes.

On s'étonnera des services rendus !

c) Préparation en vue de compétitions

1) COMPÉTITIONS DE CLUB

Si le club auquel adhère le chasseur est bien structuré, il serait judicieux que sa commission sportive organise une compétition amicale propre à son club ou interclubs, dans les mêmes conditions que l'épreuve future, individuelle, par équipe, sur plusieurs jours, etc.

Multiplier les épreuves pour aguerrir les concurrents et rendre les équipes de deux homogènes. Il faudra également en organiser des individuelles, pour que les chasseurs s'habituent à chasser seuls.

L'idéal serait également de varier les terrains et ne pas hésiter par exemple à l'occasion d'un week-end prolongé à organiser des sorties dans des régions sollicitées habituellement pour des compétitions. Par exemple des concurrents du comité Côte-d'Azur aux Aresquiers près de Carnon car les conditions de chasse seront différentes des leurs. On a connu de grands espoirs trébucher plusieurs fois sur ce terrain maudit pour eux.

Pour organiser ces compétitions il est inutile d'avoir une organisation importante et d'investir argent et matériel.

2) PRÉPARATION INDIVIDUELLE

Souvent le concurrent ne devra compter que sur lui-même et pour progresser il lui faudra se faire mal lors de l'entraînement et des compétitions, s'adapter à n'importe quelle condition. Il ne lui faudra craindre ni la tempête ni la chaleur d'un été torride, ou le froid d'un hiver rigoureux. Il s'endurcira en s'appliquant à rechercher les conditions dures et pénibles lors de ses sorties. Ainsi habitué aux difficultés, il évoluera aisément en compétition, et c'est seulement à ce prix qu'il pourra prétendre atteindre les plus hauts sommets.

On se demande souvent ce qui fait la différence entre un champion et ses suivants immédiats, certains l'attribuent à la chance, c'est faux ! Des petits riens, souvent infimes, confirmeront le champion. Il ne manquera pas le poisson dans une vague où il se sentira très à l'aise. Il poursuivra une vieille s'enfuyant jusqu'à ce qu'elle soit à portée de tir, alors qu'un autre serait remonté avant, asphyxié.

Pourquoi ? Par son travail de longue haleine, même s'il s'avère doué, il ne gagnera pas les titres en restant dans un fauteuil.

Par la suite, intelligemment, il cherchera à s'économiser le plus possible, à doser ses efforts. Il connaîtra parfaitement ses capacités et ses points faibles et cherchera donc à exploiter au maximum les premières et améliorera sensiblement les seconds. Cela s'appelle « le métier » qui jouera alors en sa faveur.

Il deviendra l'homme à battre, celui sur qui on calquera sa compétition, on exigera de lui une confirmation de ses titres, il lui sera peut-être dur de se maintenir.

Il lui faudra donc encore plus de minutie dans sa préparation physique, matérielle, ne rien négliger.

3) CHASSEURS DU LITTORAL

Le chasseur sous-marin du littoral méditerranéen, sort en mer toute l'année, pour son plaisir personnel et surtout pour son entraînement, mais il ne pourra être dans une forme maximale constante.

On s'attachera à établir un plan d'entraînement en fonction des compétitions principales, peut-être internationales, ou le championnat de France.

Ceci lui permettra d'être en forme au bon moment et de conserver son influx pour des épreuves de sélection ou pour un titre important.

Beaucoup de chasseurs s'épuisent à longueur d'année, c'est d'abord la période des loups, ensuite à la belle saison celle des sars quelquefois des mérous, où se greffent des parcours importants en voiture... Ils arrivent à la veille d'épreuves importantes, saturés, amaigris !

Mais peut-être aura-t-il comme je le préconisais, l'idée de « couper » un peu par périodes pour se « refaire une santé », ou en profitera-t-il pour améliorer sa condition physique par la pratique de la nage, un peu de musculation. Peut-être abandonnera-t-il momentanément la chasse dont il sera lassé, pour s'adonner à des sports d'équipe, qu'il affectionne, tels le volley, le foot, le hand, qui le distrairont tout en conservant le contact physiquement. Ils lui permettront de retrouver plus tard l'envie de chasser et le punch pour les bonnes occasions.

L'hiver, un séjour d'une semaine en montagne, pour ceux qui le pourront, à pratiquer le ski alpin, mais surtout le ski de fond ou de randonnée, en plus du charme extraordinaire de la montagne, apportera détente et air pur.

Lors de cette période, un petit entraînement léger, basé sur les idées proposées au paragraphe précédent sera excellent. Il permettra tout de même de garder le contact sans obligation à la reprise, de repartir à zéro.

Cette interruption sera presque automatique pour les Bretons et les Basques, pour qui en période hivernale, la chasse sous-marine semble difficilement praticable. Il leur est donc possible de pallier ce manque d'activité par une préparation inspirée également du paragraphe précédent.

Pour une compétition importante il aura testé scrupuleusement son matériel, le week-end précédent, tout en poursuivant son entraînement soutenu.

S'il le peut, il effectuera le mercredi une sortie en mer, très poussée, elle lui sera bénéfique.

Mais surtout il ne négligera pas celle de la veille de l'épreuve. Beaucoup de chasseurs l'imaginent être un handicap. Je ne le pense pas, du moins pour ceux qui ne pratiquent la chasse que le week-end. J'en ai fait une règle personnelle, elle s'avère très concluante. Une sortie de deux heures, en dilettante, suffira.

La chasse sous-marine est à ma connaissance, le seul sport où les athlètes ne s'échauffent pas préalablement. C'est anormal et dangereux.

Cardiaquement, car le muscle qu'est le cœur est sollicité violemment sans transition pour un palmage rapide, une hyperventilation minimale et une apnée prolongée. Physiquement par des accidents musculaires aux cuisses.

Les entraîneurs de toute autre discipline s'affoleraient en constatant cette lacune.

Je n'ai pas souvenance de problèmes, survenus aux membres inférieurs, mais par contre j'ai constaté personnellement que lors d'un démarrage rapide et prolongé à la nage, je me trouvais sérieusement essoufflé.

Tous les concurrents constatent également que les plongées prématurément profondes restent souvent « en travers du gosier », on ne les « digère pas ».

Il ne vient d'ailleurs pas du tout à l'idée lors d'une sortie normale, de commencer par une zone profonde. Toute personne sensée recherche des profondeurs transitoires permettant de s'échauffer.

A l'examen du diplôme de moniteur fédéral, lors de l'épreuve éliminatoire de plongée à – 20 mètres, les organisateurs octroient aux concurrents 1/4 d'heure qui leur permet d'accomplir des plongées transitoires.

Il est étonnant que la commission médicale n'applique pas cette ligne de conduite lors des compétitions réputées pour leur profondeur importante.

Les concurrents n'accepteraient pas volontiers une telle contrainte, dont ils apprécieraient pourtant les bienfaits ultérieurement.

C'est avec les championnats de France par équipes et « individuel » que l'on rencontrera les conditions les plus difficiles !

Ils se dérouleront sur une période de quatre jours consécutifs, entrecoupée d'une seule journée de repos.

Le cas extrême sera la participation d'un même concurrent au championnat par équipe (qui peut durer 6 heures) et individuel, disputé lui, sur 2 journées, à raison de cinq heures. Une journée de repos seulement séparera les deux championnats.

Le temps de récupération risque d'être trop court, car 16 heures de compétition, à ce niveau, durant quatre jours c'est beaucoup !

Chaque comité, ayant la possibilité de sélectionner pour l'un ou l'autre championnat, des chasseurs différents, il serait étonnant que les responsables de comité se privent de la participation d'athlètes « frais » pour le championnat individuel, mais le cas peut se présenter !

A priori, il semblerait donc que deux manches consécutives, de cinq heures, soit un maximum, le championnat du monde lui-même s'effectuant dans les mêmes conditions.

L'entraînement devra tenir compte de la durée de l'épreuve et du terrain de chasse.

Même, les chasseurs ne disposant que de peu de temps, pourront réserver quelques fins de semaine à cet effet.

Mais avant d'en arriver à ce stade, songeons aux compétitions régionales, à la portée de tous les chasseurs, je propose aux plus « défavorisés » (les éloignés de la mer), un entraînement modulable :

- 1er week-end : 2 fois 3 heures,
- 2e week-end : 2 fois 4 heures,
- 3e week-end : 1 fois 5 heures, le samedi et une fois 6 heures le dimanche, à renouveler si possible un 4e week-end.

Il serait bénéfique de s'entraîner bien avant la date de l'épreuve, sur les lieux du championnat si cela est possible. Sinon essayer de trouver un terrain similaire ; quant à la profondeur, la faune, conditions climatiques, mers, etc.

La plus grande prudence sera respectée lors d'un entraînement individuel à partir de – 15 mètres. La surveillance est problématique car être surveillé par un coéquipier équivaut à chasser en équipe. Il est par contre possible de chasser une heure chacun, le coéquipier ne faisant que suivre le plongeur, mais dans ce cas l'entraînement sera limité pour tous deux, puisque le temps sera doublé.

Il faut donc observer une règle et se faire violence quant à son application. Rester nettement en deçà de ses possibilités à l'entraînement.

Pour des épreuves exigeant moins d'endurance, il est inutile de multiplier les journées d'entraînement, mais observer toujours un temps de chasse au moins identique sinon supérieur à celui qui est prévu. Durcir de plus en plus les sorties en mer par un rythme de plongées plus soutenues, et plus profondes, des apnées si possible plus longues, etc.

Si un athlète a l'habitude et la possibilité de chasser cinq à six heures, il devrait « se promener » lors d'une compétition de quatre heures.

En compétition, la chasse « se fait » souvent dans la première heure. Les points intéressants sont en effet monopolisés dès le début. Pour atteindre ces lieux, souvent connus de la plupart des concurrents il se déclenche une véritable course de nage pour arriver le premier au but.

Le choix des palmes aura une grande importance, mais les jambes n'étant pas interchangeables, l'entraînement consistera à améliorer ses qualités de nageur, rapidité, endurance.

Rapidité pour arriver le premier au but, endurance pour chasser éventuellement dans le courant durant tout le temps imparti.

Il faudra pousser des pointes en tirant une bouée équipée du matériel de compétition pendant dix à quinze minutes à vive allure. S'aider du bras libre pour nager si la distance est courte.

Prévoir tout de même la récupération, car le but n'est pas d'arriver le premier, mais de capturer le premier les poissons présents.

Il s'agit donc de nager vite afin d'arriver non pas asphyxié, mais capable de s'hyperventiler et tenir une apnée correcte.

Il y a donc un compromis à adopter. Si la compétition se déroule par équipe, le meilleur nageur prendra la bouée, le coéquipier ménagera ses efforts pour jouir de toutes ses possibilités dès l'arrivée, alors que le nageur récupèrera pendant ce temps.

4) L'HYGIÈNE DU CHASSEUR AVANT ET APRÈS UNE COMPÉTITION

Il est recommandé de se masser légèrement les jambes (tous les sportifs devraient savoir le faire, après avoir demandé conseil à un kinésithérapeute) et se passer un peu d'embrocation sur les cuisses.

N'utiliser que des pommades prévues à cet effet et prescrites par un médecin chasseur et l'expérimenter avant une compétition.

L'athlète pourra être un très bon technicien, s'être entraîné correctement, posséder un excellent matériel, avoir un moral inébranlable, connaître des fonds valables, mais il ne s'imposera pas s'il ne dort pas régulièrement ses huit heures en temps normal et neuf à dix heures lors d'entraînement intensif ou de compétition.

Le sommeil est réparateur, le corps usé par des efforts violents ou continus, reconstitue ses tissus et son organisme pendant le repos nocturne.

Pendant les déplacements, les voyages, c'est un problème crucial. Il est difficile par correspondance de dénicher l'hôtel au calme... Il ne reste que la solution des « boules Quiés ». Encore faut-il s'y habituer !

Les repas trop copieux, le soir, les excitants pour certains (café, vitamines C), l'attrait de la télévision, les chambres surchauffées, le trac sont autant de facteurs néfastes pour le sommeil.

Donc, manger modérément au dîner, éliminer la drogue télévisée et la caféine, dormir les fenêtres entrebaîllées l'hiver, ouvertes l'été.

L'hygiène du chasseur aura, comme pour tous les sportifs, une grande importance, mais il faudra veiller particulièrement à l'hygiène dentaire, car certaines affections pourraient entre autre interdire toute plongée libre.

Un plongeon dans la mer, après déshabillage, même si l'eau est quelque peu fraîche, sera de la part du chasseur un acte de « charité » à l'égard de ses proches, si l'on considère l'impossibilité de s'abstenir d'uriner durant cinq heures...

Mais la douche ou le bain présenteront le double avantage d'éliminer les impuretés superficielles du corps, et d'être un excellent défatigant.

Quel bien-être de laisser couler l'eau tiède au retour des chasses hivernales.

La relaxation est indispensable au sportif, il en est de même pour le chasseur sous-marin.

Aussi je lui conseille après une bonne journée de chasse, la douche tiède immédiatement en rentrant au domicile, puis de s'étendre 1/4 d'heure à vingt minutes avant le repas, en essayant de ne plus penser à rien et surtout pas à la chasse, d'éliminer tout souci.

Valentin me racontait une anecdote vécue personnellement au cours d'une épreuve.

Alors qu'il accumulait les tirs défaillants, chose qui ne lui arrive jamais, il décida de se décontracter. Il monta sur les rochers et là tranquillement vérifia son matériel, se relaxa cinq à dix minutes et retourna à l'eau. Marc ne manqua plus ses tirs et se félicita de cette sage décision.

Cet exemple est le reflet de l'athlète prévenant l'énervement. Il évitera ainsi de sombrer dans l'inquiétude, le doute qui ne conduiraient qu'à une mauvaise performance.

En cas d'erreurs ou de maladresses consécutives, mais pas obligatoirement désastreuses, analyser la situation objectivement, calmement pour repartir « du bon pied ».

Le yoga est excellent, ceux qui peuvent le pratiquer en apprécieront les effets bénéfiques.

C. L'AQUATICITÉ ET L'ADRESSE

Les chasseurs vivant à proximité de la mer, été comme hiver, ont le privilège de garder le contact, et d'être instinctivement décontractés, dans des conditions de mer parfois difficiles.

Tous les autres, devront faire l'effort d'effectuer le plus souvent possible des séjours en mer pour maintenir l'aquaticité ou l'acquérir.

Il faudra donc s'adapter ou se réadapter aux conditions réelles de notre sport, soit :

— l'eau en mouvement, sa température, le vêtement isothermique, la visibilité, les courants, etc., mais avec l'attrait suscité, la vue de « vrais » poissons, de bons coquillages, d'un paysage sous-marin à faire rêver !

Cette réadaptation sera d'autant plus rapide, que le sujet sera jeune, sportif et surtout entraîné physiquement. Il se « forgera » le psychisme dans l'élément aquatique, tant désiré.

S'il a acquis une bonne apnée avant son séjour en mer, sa décontraction et son aisance dans l'eau réapparaîtront rapidement, mais il sera plus prudent, en particulier pour les chasseurs à l'expérience limitée de procéder progressivement, en fonction des conditions de mer et de temps.

Nous allons aborder, dans le chapitre consacré aux dangers, les problèmes psychiques graves que peuvent engendrer certaines conditions, et afin d'éviter d'écœurer à jamais un nouvel adepte, une modulation très douce dont la progression sera impérative.

Le programme proposé ci-dessous a été élaboré par Gilles BELLIER, appliqué avec succès durant plusieurs années. Une partie de son programme peut être pratiqué en piscine, afin de réserver l'essentiel en mer.

Ce programme échelonné sur une semaine, pourra être modulé en fonction de la disponibilité de temps.

Il décompose le programme en deux parties — initiation à la plongée libre et perfectionnement en plongée libre — initiation à la chasse sous-marine.

A — Initiation plongée libre — Programme d'une semaine :

Deux séances par jour, 3/4 d'heure la séance.

Travail en piscine ou à la mer, dans ce cas, il est indispensable de délimiter l'aire de travail (bouées lestées) pour sécuriser les élèves.

15 élèves par moniteur maximum.

Niveau minimum des élèves : 25 mètres de nage libre.

Établir et faire admettre un examen de fin d'initiation (petit diplôme) nécessaire par exemple pour poursuivre les cours de perfectionnement de plongée libre et d'initiation à la chasse.

a) *examen :* 400 à 500 mètres nage libre avec palmes, masque, tuba

- descendre à 6 mètres et remonter un poids de 1 kg,
- tenir 1 minute en apnée inerte,
- palmage noté sur 20,
- culbute notée sur 20,
- questions orales sur matériel, sécurité, ventilation, oreilles, notées sur 20.

b) *initiation :* le moniteur se tient sur le bord de la piscine, le ponton ou la plage.

Il dirige et anime la séance, corrige les élèves et assure leur sécurité.

Les élèves évoluent par vagues, en aller-retour.

Programme : présentation de l'activité, du matériel, essayage. Mise à l'eau des élèves qui débuteront chaque séance par un aller-retour nage libre d'échauffement sans matériel.

Exercices à répartir.

Chacun de ces exercices s'effectuera plusieurs fois.

— Mise du matériel, palmage sur le ventre, sur le dos, de sustentation, immersion de la tête et souffler l'air du tuba, roulade avant (rôle des bras équilibrateurs et tracteurs de l'eau) puis avec jambes tendues.
— Apprentissage de l'équilibrage des oreilles et de la culbute (canard). Explication et démonstration (point de repère au fond).
— Travail de l'équilibre, dans 0,8 mètre d'eau
  - *a)* je m'allonge et prends un peu d'élan,
  - *b)* je casse au niveau du buste, mains en direction du point de repère,
  - *c)* j'élève mes jambes, aidé par deux collègues.
— Ventilation et apnée inerte.
— Sortie palmage en groupe.
— Cours théorique une ou deux fois dans la semaine.
— Entraînement et répétition avec corrections.

Tous les exercices ou jeux améliorant l'aquaticité des élèves seront exploités.

Laisser, en les occupant, les élèves « longtemps » dans l'eau, car plus que comprendre, ils doivent sentir ce qu'ils font et surtout acquérir une sensibilité aiguë de l'eau.

Pour animer l'initiation, installer le parcours sous-marin proposé par la planche page 121.

B — Perfectionnement plongée libre — initiation à la chasse

Réservé aux élèves ayant réussi le test de fin d'initiation.

Insister sur la notion d'équipe à toutes les occasions.

a) Perfectionnement plongée libre

- endurance et résistance (palmage) sous forme de découverte, faune, flore et aspect du fond (sable, algues, roches, failles, ragues, pierre abeille, etc.) sans oublier la bouée pour deux ;

- initiation plongée profonde 10, 15, 20 mètres, bouée lestée et étalonnée, bonne culbute, descente verticale, relâchement, ventilation, étude du matériel adapté ;
- initiation secourisme. Prise et transport d'un noyé, bouche-à-bouche, premiers secours, la syncope, etc.
- apnée inerte 1'30 à 1'40.

b) Initiation chasse sous-marine
- le matériel, arbalète, flèche, fil (nœuds) poignard, bouée, planche ;
- familiarisation dans l'eau à la manipulation de ce matériel, une arbalète pour deux ;
- entraînement au tir sur vieilles bouteilles dans 6-7 mètres ;
- étude de la faune, des fonds et techniques de chasse ;
- apprendre à observer le temps, courants, couleur et température de l'eau, réaction des poissons, choix des zones, lectures de cartes, réglementations ;
- sortie pêche, couronnée d'un repas de poissons capturés.

Organisation pour les clubs ou groupes en vacances.
- 1re semaine — Initiation plongée libre.
- 2e semaine — Perfectionnement plongée libre
  Objectifs — Descendre à 15 mètres
  — Apnée inerte 1' 30''
  — Palmage sur 1,5 à 2 km relax
- 3e semaine — Initiation à la chasse sous-marine.

— Les tirs — bien sûr, vous avez l'entraînement en piscine du tir sur cible.

Mais vous ne devez pas oublier qu'il ne recrée pas exactement les conditions de chasse (cible statique).

Mise à part la présence statique dans les trous, où les tirs seront la plupart du temps effectués à bout portant, les poissons seront souvent en mouvement. Il n'y aura donc que l'entraînement répétitif de tirs réels, dans les conditions les plus défavorables : mauvaise mer, poisson fuyant, tirs de loin, etc. qui vous permettront de vous améliorer.

Mais l'apnée maîtrisée vous assurera déjà une décontraction indispensable et bénéfique à la précision.

Bien sûr, la qualité et l'entretien du matériel ne seront pas à négliger.

CHAPITRE 4

LE MATÉRIEL

« Le matériel est au point », c'est Titou Esclapez qui le dit dans une interview de Paul ROBIN (*Océans*, octobre 87), intitulée « La chanson d'un ténor ». Il ajoute « d'une manière générale, je n'utilise que du matériel de série, celui que n'importe qui peut acheter chez le spécialiste du coin ».

Ce matériel créé et mis au point par des champions a atteint un tel degré de fiabilité et de perfection, que pour aller au-delà, concurrence oblige, certains fabricants recourent à des gadgets ou à la création de systèmes à priori séduisants, s'avérant inutiles ou peu pratiques ultérieurement.

Seuls quelques défauts de jeunesse leur sont imputables, mais Messieurs Dessault, Valentin, Azémard, Esclapez, Michel Antoine, Boinet, et Van Eecke, et bien d'autres, sans compter, les sans grade, merci, vous nous avez créé un matériel sensationnel. Grâce à vous, nous n'avons plus froid dans l'eau, nous manquons rarement nos poissons, nous nageons plus vite, nous y voyons mieux.

1. LES ARMES

Rio de Janeiro, décembre 1963, nous étions ridicules avec nos frêles arbalètes, alors que dans les eaux brésiliennes nous attendaient des loches énormes.

15 jours plus tard, nous étions sollicités pour faire un banc d'essai en piscine, avec arbalètes et fusils pneumatiques, à la suite de notre succès et celui de notre matériel.

Avec la suppression de leur fil de liaison, nos arbalètes, s'avéraient les plus rapides, les plus précises, celles dont la flèche couvrait la plus grande distance.

Par contre, elles étaient évidemment moins puissantes. Mais la simplicité, la rapidité de la mise en œuvre, la maniabilité, de nos arbalètes séduisaient nos adversaires.

Je me souviens de notre ami Pedro CORREA de ARAUJO, champion d'Amérique du Sud en titre à l'époque, auquel nous devons en grande partie notre succès, qui lors de l'entraînement m'arrachait l'arbalète des mains, par surprise, pour l'essayer. Lorsque je tirais deux « anchovas » petites liches de 4 à 5 kg, il n'en tirait qu'une ! Rendement dû à l'arme et non au chasseur !

Toujours est-il, que beaucoup de fabricants de fusils pneumatiques, se crurent obligés de « changer leur fusil d'épaule » et de fabriquer également des arbalètes, en particulier les constructeurs espagnols et italiens, dont 90 % de la clientèle, utilisait le pneumatique.

Nous nous en apercevons actuellement, avec la RAYO de Practisub élaborée par l'ancien champion espagnol Manuel MELCHOR, séduisante par la qualité de sa détente, et l'APACHE de l'Italien CRESSI-SUB, par son « design ».

Cette concurrence acharnée a donné une seconde jeunesse au pneumatique et le rapprochement avec l'arbalète quant à la forme et au maniement indéniable.

L'arbalète a en effet, un peu grossi, passant d'un diamètre de 25 mm à 28 mm, et le pneumatique s'est allégé, mais possède maintenant un bloc crosse-détente, dans l'axe du tube, comme l'arbalète.

Il n'y a qu'à voir la nouvelle série des « STEN » de Mares, pour constater les progrès réalisés.

Le plus séduisant, à mes yeux, est la puissance réglable instantanément, donc directement au fond de l'eau, par une simple action du pouce sur une manette. C'est très intéressant pour la chasse à trous.

Quant à la chasse en pleine eau, sur des poissons courants, je pense que le pneumatique est nettement inférieur à l'arbalète.

On ne changera pas les habitudes, la masse des chasseurs italiens et espagnols utilisera le pneumatique modernisé, et celle des chasseurs français, l'arbalète.

Mais l'adoption de cette dernière par les champions ibériques et transalpins lors de compétitions importantes est la preuve de sa supériorité.

Pourquoi le tube de l'arbalète a-t-il augmenté de diamètre ? Il semblerait que les fabricants aient recherché une meilleure flottabilité mais surtout une meilleure rigidité lors de la tension des sandows, les arbalètes s'étant également allongées.

La flexibilité des tubes de Ø25 mm n'aurait peut être pas supporté une longueur de 1,30 mètre.

En passant au Ø28 l'arbalète classique est moins maniable dans le courant. Aussi beaucoup de chasseurs pratiquant en Atlantique ou Manche lui préfèrent l'ancienne dimension.

a) L'arbalète — Le choix

Dans l'ensemble, elles se valent toutes, éviter tout de même les modèles entièrement nouveaux, car les innovations comporteront de petits défauts de jeunesse éventuels, et demanderont alors une mise au point. Mais les modèles relativement récents et suffisamment rodés sont tous de qualité équivalente.

Ma préférence irait vers des modèles fabriqués en grande série, afin de bénéficier d'un service après-vente, pendant une longue période, pour les pièces de rechange « consommables ».

Elles possèdent toutes le fameux réglage de la sensibilité de tir, dont personne ne se sert ! ou presque...

La cassette englobant tout le mécanisme, équipe presque toutes les crosses. Ceci est séduisant, car en cas de « pépin », il suffit de détenir une cassette de rechange, et le tour est joué (en vacances en particulier).

Mais on n'a plus de pépin ! oui... oui ! Les arbalètes actuelles sont tellement fiables que les incidents sont pratiquement inexistants !

Elles possèdent toutes la sécurité, évitant une fois armée de pouvoir tirer. Celle-ci est superflue, car il est interdit de conserver un fusil armé hors de l'eau, et il est conseillé de ne pas l'enclencher dans l'eau. Car on oublie la plupart du temps de la déverrouiller, et un verrouillage par inadvertance, car très accessible et très sensible, vous privera du tir sur le poisson de votre vie !...

Ne pas laisser l'arbalète armée hors de l'eau est la seule sécurité, ne jamais orienter une arme dans l'eau vers un partenaire, éviter de se trouver sur la trajectoire de la flèche, lors de nage l'un derrière l'autre etc.

Le départ intempestif d'une flèche est le plus grand danger. Avec ou sans sécurité, elle partira malheureusement tout de même. Je conseille donc de la supprimer dès l'acquisition d'une arbalète.

La longueur de l'arbalète évoluera en fonction du type de chasse et d'espèces de poissons (voir les chapitres correspondants).

Elles possèdent toutes des crosses ambidextres.
Par les sandows et les flèches, le chasseur personnalisera son arme.

b) Les sandows

Les arbalètes vendues dans le commerce, sont équipées d'excellents sandows, mais conçus pour le chasseur type moyen.

Ils donneront donc satisfaction à la plupart d'entre eux, mais bien d'autres auront une préférence pour un modèle dont la longueur répondra à leur besoin spécifique de puissance, tenant compte des possibilités musculaires, de la longueur des bras, et de leur matière.

La qualité de leur matière est primordiale. Nous savons que la plus grande quantité d'énergie sera emmagasinée dans les sandows, au maximum de leur tension. Elle sera libérée au fur et à mesure de leur détente, mais plus ou moins progressivement, suivant la qualité de la gomme.

On peut dire, sans entrer dans les détails techniques, que des sandows durs à la tension, libéreront plus rapidement leur énergie que des sandows plus élastiques à énergie totale égale.

Malheureusement, il est difficile au chasseur de faire un choix technique, car les sandows sont vendus à la longueur entre bagues et non à leur force de propulsion.

Pour éviter tout tâtonnement, s'en tenir toujours à la même marque, de façon à retrouver toujours le même type de sandows, désiré en fonction de la longueur. Mais faut-il encore que la composition de la gomme ne subisse pas de modification, sans que l'usager n'en soit informé !

La gomme des sandows comporte un additif, lui permettant de résister aux ultraviolets, qu'elle n'apprécie pas du tout. Il faut donc prendre l'habitude de les protéger du soleil, ne serait-ce qu'en posant une palme dessus.

Il est aberrant de constater que l'amélioration technique de tout le matériel en général, mais particulièrement des arbalètes, une des pièces les plus importantes, ait amené les fabricants, à cours de nouveautés, à axer leurs recherches en des domaines qui me semblent secondaires, voire inutiles, et qu'ils négligent l'un des éléments essentiels de l'armement, les « sandows ». Non pas l'amélioration de leur qualité qui est indéniable, mais par le manque d'information dont devrait bénéficier tout chasseur pour acquérir le sandow répondant à ses besoins précis.

Il serait pourtant facile de déterminer des abaques pour chaque qualité et longueur de sandows, qui donneraient la possibilité de déterminer la puissance obtenue, lorsque le chasseur arme au 1er ou 2e cran des flèches, en fonction de la longueur de l'arbalète utilisée.

Par les petits calculs qui vont suivre, on s'apercevra, avec l'exemple donné, qu'un chasseur possédant une arbalète au tube de 1 m, équipée de sandows blancs de 250 mm, qui, pour diverses raisons, est contraint de changer de marque de sandows et d'opter, par exemple, pour des sandows rouges « Dessault », afin d'obtenir la même puissance, devra choisir un sandow de 320 mm de long. Par réflexe, il aurait pris une longueur presque identique, soit 260 mm, qui détermine une puissance de 50,5 kg, au lieu de 40 kg pour les blancs armés au 1er cran.

La différence est énorme : 25 % ! Il aurait peut-être eu des difficultés à armer, surtout au 2e cran, la puissance atteignant 58,5 kg au lieu de 45,5 kg, pour les blancs, soit 13 kg de plus !

Le phénomène inverse aurait pu se produire, et le chasseur aurait peut-être manqué régulièrement ses poissons, par manque de puissance.

SANDOWS ROUGES
DESSAULT

ARBALÈTE ÉQUIPÉE D'UN
TUBE DE 1 MÈTRE

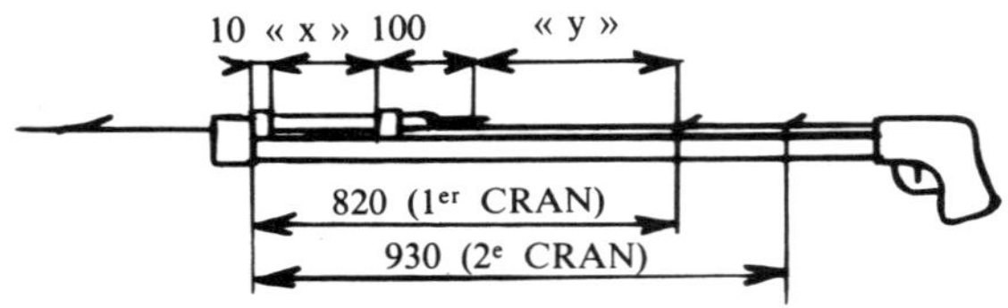

Longueurs 260-280-300-320-350 = « x »

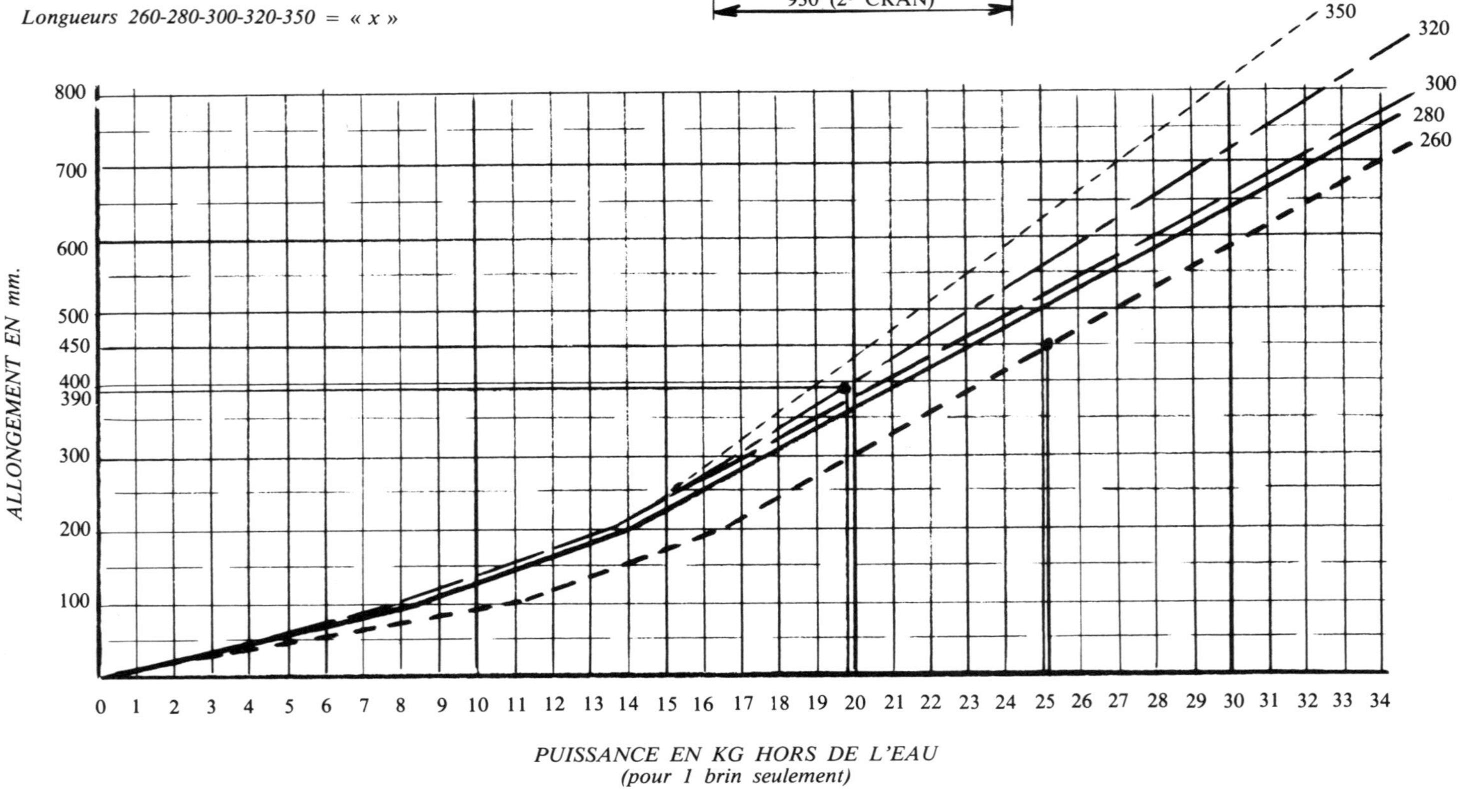

SANDOWS BLANCS AMÉRICAINS

Longueur 250 mm

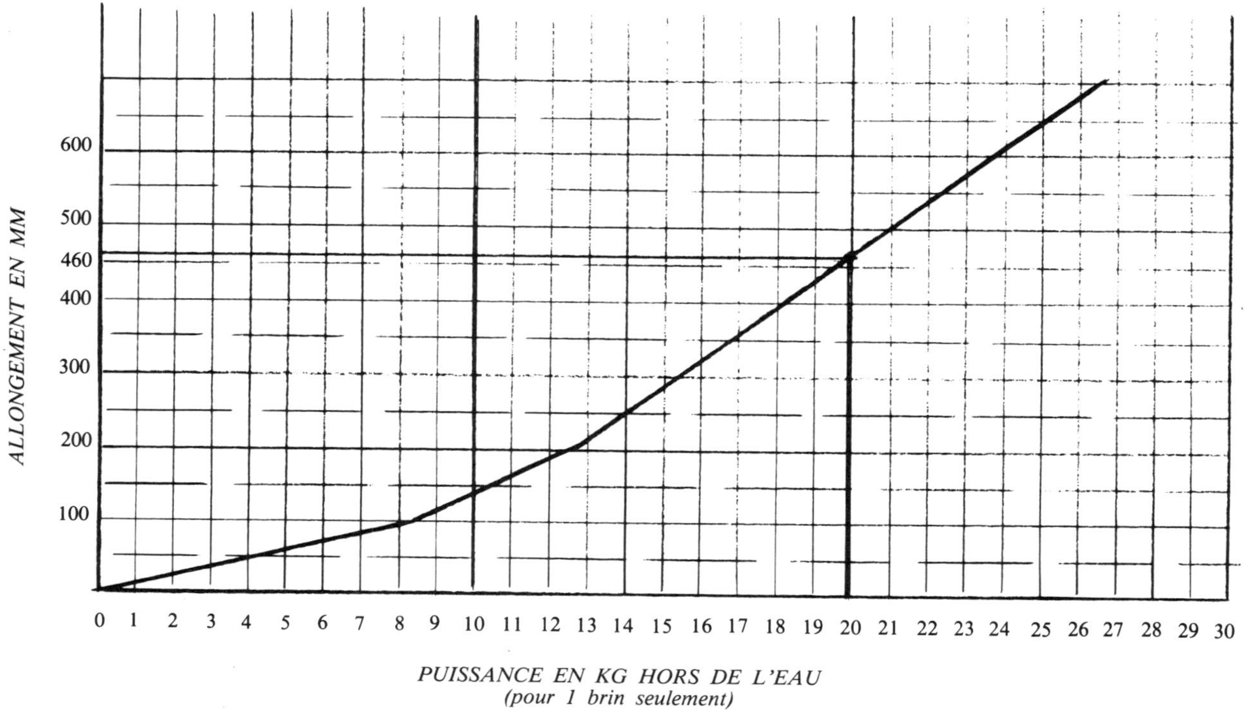

Le but de cette étude, n'est pas de critiquer telle ou telle marque de sandows, mais de faire ressortir la difficulté à se procurer un sandow de puissance équivalente, lors d'un changement de marque !

Les blancs sont valables, mais pour obtenir la même puissance que les rouges il faut les acheter nettement plus courts.

A signaler que les sandows bleus « crawl » se rapprochent des caractéristiques des rouges « Dessault ».

Exemple : J'ai une paire de sandows blancs américains de 250 mm de long, montés sur une arbalète — tube 1 m. Elle développe une puissance, hors de l'eau, de 40 kg, soit 20 kg par brin, armée au 1er cran (voir schéma page 137).

En effet, Y = 820 – (10 + 250 + 100) = 460

(voir croquis de l'arbalète page 136).

10 et 100 sont constants, 10 étant la longueur d'une bague d'un sandow et 100 la distance entre la bague arrière du sandow et l'accrochage de l'ogive sur le cran de la flèche. 250 est la longueur « x » du sandow usagé dans le cas présent.

Je voudrais l'équivalent en sandows disponibles.

Seuls sont en vente des sandows rouges « Dessault » aux dimensions approchant 260 mm. L'abaque me donne les efforts suivants.

Pour x = 260 mm. (voir schéma page 136). L'allongement « Y » déterminant la puissance sera égal pour le 1er cran à :

Y = 820 – (10 + 260 + 100) = 450 mm

soit 25,2 par brin ou 50,5 kg environ, pour 1 jeu, pour 40 kg désirés.

Il faut donc adopter une autre longueur, celle qui semble correspondre le mieux en longueurs « standard » existantes, sera 320 mm.

En effet :

Y = 820 – (10 + 320 + 100) = 390

et l'effort sur l'abaque est de 19,8 kg pour 1 brin ou 40 kg environ pour 1 jeu.

Les abaques ne sont pas fournis par les constructeurs, et ne correspondent peut-être pas à leurs puissances réelles.

Les calculs et les abaques ne sont donnés qu'à titre indicatif, exemples très approximatifs.

J'ai en effet déterminé les différentes puissances, avec des sandows neufs achetés la veille de l'essai.

Celui-ci a été effectué d'une façon très rudimentaire, avec de petits moyens dont un peson très oxydé (que j'utilise pour peser les mérous), mais tous les essais ont été effectués dans les mêmes conditions, et avec le même matériel, et sont donc comparables.

Les sandows de 320 mm rouges n'étaient pas disponibles, j'ai donc tracé la courbe approximativement en partant des résultats d'essais réels des longueurs de 300 et 350 mm, longueurs disponibles.

Ceci, laisse apparaître qu'en cas d'indisponibilité, de sandows de 320 mm par exemple, le chasseur peut se procurer, soit une paire plus puissante de longueur 300 mm, qui détermine 42,5 kg ; ou moins puissante de longueur 350 mm, déterminant 36 kg.

A la suite d'essais effectués sur des sandows usagés (utilisation intense sur deux saisons), il semblerait qu'ils vieillissent bien, les résultats s'avèrent très proches, Mais je précise, que je prends toujours la précaution élémentaire de les protéger du soleil.

Les performances des sandows seront amoindries par la pression, donc la profondeur. Il serait bon que les constructeurs affichent l'énergie développée lors du tir aux différentes profondeurs.

c) Les flèches

Le problème sera plus facile à résoudre, les caractéristiques du métal étant moins abstraites, que celles du caoutchouc.

De toute façon, le choix sera souvent vite fait. Tout ne sera qu'une question de prix, les plus chères étant incontestablement les meilleures, mais payer une flèche aussi cher qu'une arbalète, ne sera pas à la portée de tous les budgets !

Après bien des essais, des tâtonnements, des mises au point, ont disparu, pour différentes raisons, les flèches creuses, en fibre de verre, en zicral.

Il reste la « vieille » flèche en corde à piano (acier), qui résiste encore et n'a pas cédé malgré la présence de la flèche inox, inaltérable. Sans doute en raison de ses qualités de résistance, mais surtout de son prix, peu élevé.

La flèche inox qui a le gros avantage de conserver indéfiniment son bel aspect métallique est suffisamment résistante pour supplanter la corde à piano. Tout dépendra du budget, son prix étant de 40 à 50 % supérieur (suivant diamètre et longueur) à celui de la corde à piano.

Mais le haut de gamme est détenu maintenant par la flèche en titane. Ce matériau beaucoup utilisé en aviation, possède les mêmes caractéristiques que l'acier, tout en étant nettement plus léger. Inaltérable, la flèche de Ø8,5 mm aura d'autre part l'avantage d'avoir un meilleur impact sur les poissons. Un seul inconvénient, son prix. Vous pourrez vous offrir sept flèches corde à piano Ø6 mm pour une en titane, de 1,5 m de long. C'est bien sûr, du luxe !

En ce qui concerne les diamètres, les flèches de 7 mm de Ø; semblent avoir cédé le pas, avec l'avènement des tiges Ø6 mm et 6,5 mm.

Personnellement je trouvais les flèches en 7 mm un peu grosses et lourdes mais les 6 mm me paraissent un peu légères et fragiles, quant à la rectitude.

J'ai donc adopté le calibre de Ø6,5, qui me convient parfaitement et dans l'ensemble, en toutes circonstances.

Mais on connaît le rôle important joué par le psychisme, en ce qui concerne la qualité des tirs. Si les tirs sont mauvais on incrimine la flèche... s'ils sont bons on la bénit ! Il faut donc laisser aller ses sentiments envers l'élément le plus délicat de l'armement.

C'est pour cela qu'il faut admettre que certains chasseurs fassent « le sacrifice » de s'offrir le « nec plus ultra », la flèche en titane, car sa supériorité influencera certainement favorablement la précision des tirs.

Certains chasseurs changent souvent de flèche, en tenant compte des espèces de poissons chassés. C'est parfois indispensable, en raison de la distance le séparant du poisson, ou de son volume.

Mais, à mon avis, il faut s'efforcer de conserver un armement type, le plus souvent possible : même puissance des sandows, même longueur de flèche, même longueur de tube d'arbalète.

Je donne un exemple, de mon arme idéale, répondant à mes besoins, arme polyvalente :

— tube : 1 mètre de longueur et Ø28 mm.

— flèche : Ø6,5 mm, en corde à piano de 1,50 m.

— sandows développant 55 kg de force, armés au 2e cran.

Parfois la flèche s'enrague, on a la possibilité de l'atteindre ou non. Dans le premier cas, on aura de grandes chances de l'extraire, dans le second beaucoup moins.

La plupart du temps, c'est l'ardillon qui rend l'extraction difficile.

C'est au moment où l'on tire vers soi, la flèche ou le nylon, que l'incident se produit. L'ardillon s'ouvre et bloque la flèche derrière une aspérité. Par la puissance du tir, elle peut également se bloquer dans une faille.

S'il est impossible de la déraguer, en poussant et tournant, dans les deux sens, puis en tirant, on peut utiliser une astuce. Elle consiste dans un premier temps, à réintroduire la flèche dans l'arme si cela est possible, la préhension sera meilleure.

Il faudra également pousser, mais plus fortement et efficacement en ayant la poignée en main, et tourner modérément. La traction sera surtout beaucoup plus facile.

Malheureusement cette « manœuvre » efficace pour la flèche, sera défavorable à l'arbalète, car elle n'est pas conçue pour travailler en torsion. De bons bricoleurs utilisent une vieille crosse renforcée, qu'ils ont en permanence dans leur embarcation. D'autres utilisent une pince à prises multiples plus efficace encore, en torsion.

Plusieurs plongées et manipulations sont en général nécessaires. Suivant la position de la flèche, ou la profondeur, les efforts seront importants et une surveillance nécessaire.

Il ne faut pas, dans ce cas, hésiter à appeler son coéquipier, et même abandonner la flèche, quitte à la récupérer plus tard, si l'on est seul.

Une flèche en fibre de carbone est commercialisée. Ce matériau est beaucoup utilisé dans l'industrie aéronautique et spatiale, mais l'usage est tout de même subordonné « aux conditions de travail des pièces ».

Or, tout le monde se souvient de l'échec des flèches en fibre de verre, dû entre autres, à l'éclatement des fibres à la liaison fibre-acier, lors des impacts sur la roche.

Je n'ai pas eu l'occasion de la tester, mais étant donné son prix, j'ose espérer que les inconvénients rencontrés avec le verre, ne se renouvelleront pas avec le carbone, le principe d'emmanchement semblant identique.

d) Les tridents

On a parfois l'impression de tourner en rond. Le moulinet utilisé par les chasseurs d'une autre époque, est à nouveau d'actualité, à juste titre, d'ailleurs. Les tridents dont les premiers chasseurs équipaient leurs flèches et qui avaient été remisés « aux antiquités », sont à nouveau à la mode.

Il est vrai, qu'il n'y a rien de comparable, entre le trident des années 50, et celui d'aujourd'hui, élaboré par les champions actuels, répondant à leurs besoins spécifiques.

Abandonné en raison du manque de précision qu'il entraînait. Ceci est toujours valable, me semble-t-il, mais il est incontestable que l'impact de la flèche alourdie par ses trois points de fixation, paralyse le poisson. Ceci permet aussi bien à trous qu'en pleine eau, de garder plus facilement le contact avec les autres poissons, celui tiré étant immobilisé.

On lui reprochait également de se détériorer facilement, il fallait constamment réaligner les dents tordues, et perdre du temps pour l'extraire d'un poisson, même de taille moyenne.

Des améliorations dans ce domaine ; car un ardillon réversible équipe chaque dent, mais s'il est parfois difficile de sortir la flèche classique, fichée dans la tête osseuse d'un beau poisson, avec le trident la difficulté sera multipliée par trois !

Il semble être, plus utilisé en Atlantique et Manche, et son renouveau s'explique peut-être par les plus grandes chances de succès en eau trouble, où la précision des tirs est moins importante.

Mais comme je le signalais déjà, en ce qui concerne les tirs, il faut être bien dans sa « tête », la confiance en son matériel étant primordiale, et pourquoi pas équipé d'un trident sophistiqué, à en faire pâlir Lucifer !

e) Les ogives — ou jeux d'obus

Elles relient entre elles les deux extrémités des sandows et permettent leur fixation sur les crans de la flèche. Il existe plusieurs modèles : ogives articulées, ogives non articulées.

- non articulées — une corde à piano de 2 mm de Ø, relie les deux obus filetés en matière plastique ou métallique. Elles se cassent assez régulièrement d'où la création d'ogives articulées ou souples.
- les souples — soit la corde à piano est enroulée en 1 spire de chaque côté de son axe lors de sa fabrication, faisant office de ressort de torsion, donc plus fiable,
  — soit elle est remplacée par un câble souple métallique (arbalète Valentin).
- les articulées — Elles sont fabriquées de deux façons :
  — découpées simplement dans une tôle et extrêmement dangereuses.
  — usinées ou embouties, ce sont les meilleures, que je conseille d'acquérir dès l'achat d'une arbalète, pour des raisons de sécurité. (voir chapitre — dangers — les armes).

II. LE TUBA

Comme beaucoup d'autres inventions, parfois cela prête à sourire aujourd'hui, mais l'avènement du tuba (désignation donnée par le docteur Pulvenis en 1938, créateur d'un ensemble lunettes, appelé à l'époque « œil sous-marin » et d'un tuyau respiratoire appelé tuba), fut d'un précieux secours au chasseur sous-marin.

Imaginons-nous partir chasser sans celui-ci, et être obligé de tourner la tête sans cesse, pour respirer !

Les nageurs avec palmes, qui nous ont beaucoup aidé en créant des palmes longues, ont été obligés d'augmenter le diamètre du tuba, en raison de l'intensité de l'effort.

La plupart des chasseurs l'ont adopté, et ce que je considérais inutile, à une époque, semble au contraire leur convenir.

La chasse sous-marine est beaucoup plus physique actuellement, d'autre part, la chasse dans le courant équivaut à une sorte de course de nage avec palmes, qui exige donc une arrivée d'air importante, pour soutenir le rythme respiratoire imposé.

J'ai constaté également, que beaucoup de chasseurs enlèvent le tuba de la bouche, pour être plus discret au fond (bulles d'air) mais également pour décontracter la mâchoire et conserver ainsi un peu d'énergie, (trismus de la mâchoire), mais le remettent impérativement avant d'atteindre la surface, afin d'éviter d'absorber de l'eau, si la mer est agitée.

Les constructeurs, conscients des inconvénients présentés par le tuba des nageurs :

— sa trop petite longueur gênante dans la mer mouvementée,
— son trop gros volume d'eau à expulser à l'arrivée en surface,
— son espace mort important,

ont élaboré un tuba d'un diamètre intermédiaire entre celui des nageurs et l'ancien modèle des chasseurs, tel que nous l'avons connu. C'est donc ce modèle que je vous recommande.

Il permet ainsi de respirer aisément, mais pour améliorer encore le rendement, certains n'hésitent pas à utiliser un tuba toujours de même type, mais raccourci lorsque la mer est calme.

Il est inutile de préciser que les tubas qui ne sont pas tout caoutchouc, ou à gadget, telle la balle de ping-pong, sont à proscrire, même pour vos enfants !

Les docteurs Préfaut et Mercier déconseillent pour éviter certains petits malaises, les tubas trop longs et de gros diamètre, qui augmentent trop l'espace mort.

III. LE MASQUE

Les qualités exigées d'un masque sont les suivantes :

— un champ visuel maximum,

— un volume d'air minimum,

— forme et matière s'adaptant à tous les visages, et facilité d'accès au nez.

Un progrès important semble avoir été fait par l'utilisation de la silicone. Matière beaucoup plus souple, elle permet une meilleure adaptation aux visages, même les plus anguleux.

Certains constructeurs, croyant bien faire, ont utilisé de la silicone translucide, mais malheureusement suivant la position de la tête, par rapport à la source de lumière, par exemple en scrutant une rague, et les rayons de soleil venant latéralement, des reflets apparaissent sur la glace, pouvant gêner la vision. Donc n'utiliser que des masques à la silicone teintée !

C'est le matériel le plus délicat à choisir, car tout dépendra de la forme du visage, et de son relief, (moustaches, rides, visage buriné), qui fera en sorte qu'il convienne ou non.

L'opération qui consiste à poser le masque sur le visage, et faire le vide, afin qu'il adhère sans le tenir, ne donnera qu'une indication toute relative.

L'idéal serait de pouvoir faire des essais, avant l'achat. Vous pourriez peut-être l'emprunter à un ami, pour vérifier l'efficacité d'un modèle sur vous.

Un masque acheté la veille des vacances, sans essai préalable, risque de vous gâcher quelques parties de pêche, si votre point « d'atterrissage » est loin de tout !

Je conseille vivement d'en posséder un de rechange, et de le garder sur votre embarcation, en cas d'expédition lointaine !

Vous avez bien sûr le choix entre les modèles bioculaires au nez apparent, ou le masque panoramique nez apparent, ou alvéoles de compensation.

Même pour un enfant, lors de l'achat d'un masque, vous devez veiller à la qualité du verre, la mention verre sécurit ou trempé doit figurer sur celui-ci, et il doit être équipé des alvéoles de compensation, et il faut lui expliquer la manœuvre de Valsalva.

Le choix se fera en fonction du confort personnel. Titou Esclapez chasse toujours avec le modèle panoramique, super compensator, qui lui convient parfaitement bien.

D'ailleurs, à l'époque, l'apparition des alvéoles de compensation fut un énorme progrès, car on s'aperçoit que rares sont les chasseurs qui compensent en déglutissant.

IV. LES PALMES

Il est curieux que, dans les années 1940, l'on ne conseillait pas dans les années 1940, aux débutants de chausser les « pales de natation pour pieds », il existait également des pales pour les mains.

Toujours est-il, qu'aujourd'hui, nous les conseillons vivement ! surtout celles à grande voilure, empruntées à nos amis les nageurs avec palmes, qui firent involontairement progresser la chasse sous-marine dans de grandes proportions.

Élément moteur du chasseur, les palmes ont une grande importance.

Tous les constructeurs français et étrangers commercialisent maintenant des palmes à voilure en composite (plastique).

Très performantes, et d'un rendement élevé, elles sont fortement conseillées.

Hugues DESSAULT qui en fut le précurseur a donc fait des émules, mais il semble bien conserver « une longueur d'avance » avec la diversité de modèles qu'il nous offre.

Je conseillerai pour le chasseur débutant, ou moyen, la palme « Standard » de Dessault, de couleur jaune, favorable à la visibilité, aussi bien en surface qu'au fond, ou le type « longues souples » vertes ou bleues.

Je réserverai la Dessault à voilure rouge, conçue pour la chasse profonde, aux chasseurs ayant déjà un entraînement très sérieux, les champions et les bons chasseurs l'ont tous adoptés, mais leur entraînement et leur adaptation à ce palmage spécifique le leur permet.

Effectivement, les débutants, ou les chasseurs passant de palmes tout caoutchouc au plastique, devront se méfier, car les palmes trop raides exigent un effort plus puissant et fatiguent beaucoup plus. Cette fatigue peut entraîner une intense dépense d'énergie, défavorable à l'apnée. Or pour une bonne apnée le palmage doit se faire à l'économie.

N'ayez pas la mauvaise idée, de changer de palmes le jour d'une compétition, vous le regretteriez vivement !

Le chasseur a intérêt à donner la préférence à des modèles dotés d'une voilure longue, ayant une grande surface, bien souple, mais nerveuse, dotée d'une flexibilité progressive croissante en allant du chausson jusqu'au bord d'attaque et conçue pour bien canaliser l'eau dans le sens longitudinal. Réflexion tirée des tests effectués par *Océans* n° 42, juin 76 et qui avaient suscité pas mal de polémiques. Tests très intéressants, mais à l'époque, seule la Dessault était à voilure plastique.

Seules, les palmes chaussantes, et bien ajustées à sa pointure en tenant compte des chaussons conviendront au chasseur qui recherche l'efficacité. Il est même conseillé de se munir de « fixe palmes ».

Si le jeu ou la souplesse du chausson laisse trop de liberté au pied dans la palme, le rendement chutera énormément.

V. LE LESTAGE

Nous avons vu au chapitre consacré à la physiologie du plongeur — la pression —, sa nécessité et l'existence de trois types de lest : la ceinture, le baudrier et la gueuse.

Tous présentent des avantages et des inconvénients.

1) La ceinture

• AVANTAGES

C'est le lestage le plus utilisé, car le plus simple, le moins cher, le plus précis. Il permet de moduler la charge à sa convenance, par fractions de 500 g.

Son utilisation pour la chasse avec largage au fond est possible en la fixant préalablement au filin relié à la surface.

Toutes les ceintures vendues dans le commerce assurent un largage de sécurité par une boucle adaptée.

Je donne la préférence à la ceinture marseillaise, car dotée d'une boucle ceinturon, elle est très simple et très efficace, autorisant même un pré-largage. Il est en effet possible de dégager le doigt de son logement, et de maintenir la sangle à la main pendant la remontée (voir la revue *Océans* n° 168 de mars 88).

• INCONVÉNIENTS

Sa position sur les vertèbres lombaires, s'avère pénible pour les sujets à colonne vertébrale fragile. C'est le lestage le plus défavorable à la culbute (ou canard).

2) Le baudrier

• AVANTAGES

Sa position normale est celle représentée sur le schéma de la page 90. Il sera plus confortable à porter par sa position haute, soulageant les vertèbres lombaires.

Ce sera plus rationnel, car son centre de gravité est très proche de « C » le centre de la poussée d'Archimède, contrairement aux deux autres lests, l'idéal étant qu'ils soient confondus. Cette position permettra au chasseur en surface d'avoir une position confortable, presque à l'horizontale, sans avoir à fournir d'efforts pour s'y maintenir, position 1.

Avec la ceinture, le chasseur aura tendance à tourner autour du point « C », point d'articulation du corps au repos en surface. Le poids « F » de la ceinture, déterminera un moment $M = F \times l$, ou « l » le bras de levier est égal à 190 mm, pour le cas envisagé. Ce moment aura tendance dans la représentation du croquis, position 2, à faire tourner le chasseur, dans le sens inverse des aiguilles d'une montre jusqu'à ce qu'il soit à la verticale. Pour annuler ce moment, le chasseur devra fournir par de petits mouvements de palmage, un effort pour se maintenir dans sa position de confort.

Par contre avec la gueuse, position 3, il aura tendance à tourner dans le sens des aiguilles d'une montre, les fesses hors de l'eau, les palmes en surface et le tuba dans l'eau !...

• INCONVÉNIENTS

Le baudrier conserve une mauvaise image de marque, considéré longtemps comme dangereux par sa difficulté de largage en un mouvement de dégagement des bretelles.

Or, celui fabriqué par la maison Beuchat se largue aussi facilement que la ceinture. Le doigt de la boucle ceinturon, libère aussi bien en une seule manipulation, les bretelles et la ceinture du baudrier. Ce qui n'est pas le cas du baudrier représenté par le schéma page 90 — il ne semble malheureusement plus commercialisé, ne figurant pas au catalogue 88.

Pierre VAN EECKE — Histoire d'eau à Marseille — fabrique un modèle se larguant également par les bretelles, mais exigeant une manipulation supplémentaire.

L'avantage offert par la ceinture de moduler le plombage, ne sera pas faisable avec le baudrier, le lest minimum étant le plomb dorsal de 3 kg. A moins de « bricoler » un plomb plus léger, en faisant des trous par exemple dans un plomb dorsal classique.

Son utilisation pour la chasse profonde avec largage du lest, sera défavorable, avec la difficulté d'enfiler les bretelles dans l'eau.

3) La gueuse

• AVANTAGES

Lest idéal pour la culbute, car le plus éloigné du point d'articulation « 1 », nous l'avons déjà vu. Ceci est d'autant plus important que son poids est, en pratique, nettement supérieur au poids nécessaire en surface.

Il est souvent adopté pour la chasse profonde, aussi bien par les Français que les étrangers.

• INCONVÉNIENTS

Son asservissement pour la remonter ne la destine pas aux plongées classiques en petites et moyennes profondeurs.

Sa difficulté pour la maintenir en surface, seul, ne favorise pas une bonne hyperventilation.

Sa fabrication artisanale semble être la seule solution. Elle n'est à ma connaissance conçue par aucun constructeur.

Pour éviter de dépenser inutilement de l'énergie, le chasseur fixe la gueuse à la bouée ou à la planche, par un crochet et la manipule après l'hyperventilation, juste avant la culbute.

L'opération la plus classique consiste au maintien de la gueuse, par le coéquipier. Il assiste celui qui va plonger en lui tendant la poignée lorsqu'il est prêt, suivant un geste convenu préalablement.

En conclusion, la ceinture semble être le lest le plus polyvalent, valable aussi bien en petite, moyenne et grande profondeur, avec ou sans largage.

On sait que l'esprit inventif des chasseurs sous-marins n'a pas de limite, et on peut rappeler quelques inventions concernant le lest :

- des lests avec des grenailles de plomb, il fallait y penser ; c'est génial, sauf lorsque le sachet les enfermant a la mauvaise idée de se percer,
- un lest de chevilles modulable par fractions de 100 grammes et cintré pour plus de confort, ça existe chez « Histoire d'eau ». Ces plombs s'enfilent, comme sur une ceinture.
- un lest de chevilles avec un plomb cintré, commercialisé chez « Îlot Sport » à Marseille.
- Ces lests de chevilles, peuvent également être fixés en-dessous des genoux, si le poids total adopté, trop important, l'exige. Leur but est de permettre un palmage, jambes bien immergées, mais surtout de faciliter leur chute lors des agachons.

En associant la ceinture ou le baudrier avec les lests aux chevilles, leur centre de gravité évolue dans le mauvais sens. Pour rétablir l'équilibre d'ingénieux apnéïstes ont inventé le collier de perles en plomb, fixé autour du cou évidemment (ce n'est pas une blague !).

VI. LE POIGNARD

Deux impératifs : il faut qu'il tue et qu'il coupe. Utiliser de préférence la dague, qui pénètre mieux dans la tête des mérous, congres ou murènes.

Elle est fragile en torsion et flexion.

Les petites dagues avec gaine au mollet sont largement suffisantes.

La gaine au mollet permet une manipulation rapide de la dague, mais augmente également la sécurité, car on peut avoir un accrochage inopiné du fil de la flèche par exemple et s'en défaire facilement.

VII. LES VÊTEMENTS ISOTHERMIQUES

Les pulls que nos grands-pères enfilaient avant de se mettre à l'eau l'hiver, ou les vêtements en caoutchouc mousse de nos pères avec bande de toile anglaise, à la taille et sous les bras, nécessitant en permanence collage et recollage sont loin, mais ceux qui s'en souviennent en frissonnent encore. Quel progrès le néoprène !

Abondance de biens, nuit, car maintenant on s'y perd ! Les fabricants abondent et les différents modèles prolifèrent. Les couleurs sont agréables à l'œil, surtout pour les vêtements féminins, mais ne sacrifie-t-on pas le côté pratique pour l'esthétique ? Nous ne nous vêtissons pas pour le carnaval, mais pour avoir chaud, gardons la tête froide.

Quels sont les critères essentiels pour effectuer un choix judicieux :

— le budget disponible,
— l'utilisation envisagée,
— l'endurance au froid.

Un vêtement complet, vareuse et pantalon peut coûter du simple au quadruple. Ce qui fait le prix d'un vêtement, c'est son épaisseur, sa finition et la qualité de la matière première.

Le plus cher est en 6,5 mm d'épaisseur, collage renforcé par couture surjet extensible, bordures, manchons d'étanchéités, le pantalon ayant le gilet attenant.

Le moins cher est en 3 mm, sans couture, et pantalon sans gilet.

Même si l'on gagne au tiercé, il n'est pas indispensable d'acquérir une combinaison haut de gamme. Avec une telle épaisseur et le gilet attenant, ces vêtements sont conçus pour chasser et plonger dans des eaux très froides.

Plus on est vêtu, plus on est gêné pour évoluer dans l'eau, en raison de l'épaisseur, malgré l'élasticité du néoprène, étant donné le lestage important. Il faut donc se vêtir le moins possible, et heureux est le chasseur endurant bien le froid !

La solution idéale consiste à se dévêtir progressivement, en fonction de l'évolution de la température de l'eau ou du changement de région.

a) Pour l'hiver utiliser un ensemble vareuse et pantalon de 4 à 5 mm et un gilet 1/2 manches avec cagoule et sous-cutale. Dès que possible supprimer le gilet. Par la suite, si la température de l'eau le permet, troquer le pantalon pour un bermuda. Il sera possible alors, de se lester avec seulement 3 kg au lieu de 7 kg l'hiver.

b) Si le budget le permet, se procurer une vareuse de 3 mm d'épaisseur. Avec le bermuda ce sera l'équipement isothermique idéal pour la Corse ou l'Espagne l'été. Un lestage de 2 kg devrait suffire. Mais attention aux coups de soleil sur les mollets, et aux coups de genoux sur les rochers et les oursins.

Le fait d'utiliser une autre vareuse l'été, permet de ménager celle d'hiver. L'investissement devrait être rentable, car la durée de vie de celles-ci sera doublée, théoriquement.

c) Si le chasseur ne chasse que l'été, une solution économique consiste à s'équiper d'un vêtement de 4 à 5 mm d'épaisseur, et à supprimer le pantalon si l'eau est assez chaude.

Avec la solution « b », il est entendu qu'elle implique de posséder également le matériel de la solution « a ». Il n'est pas exclu de n'avoir que « b », si le chasseur n'évolue qu'en eau chaude.

Mais on n'arrête pas le progrès, on croyait les vêtements de chasse ou de plongée, arrivés aux maximum de leur possibilités isothermiques et de confort, mais il n'en est rien.

Nous avons vu fleurir sur leur surface, des jersey aux couleurs chatoyantes, empruntées aux vêtements de surf. Très agréables à l'œil, ils n'apportaient rien ou presque aux vêtements. Les vêtements, « spécial chasse » style « commando » rappellent un peu le fond sous-marin... Les avis sont très partagés quant à l'efficacité du camouflage, personnellement je n'y crois pas, l'expérience semble être abandonnée...

Il semblait donc que les fabriquants se sentant « acculés » pour innover ne trouvaient plus que des arguments colorés !

Ce jersey en nylon, collé à l'extérieur sur la plupart des néoprènes avait l'avantage de renforcer le vêtement et d'éviter les déchirures dues à l'accrochage des rochers.

Collé à l'intérieur, il renforçait également et évitait l'utilisation de produit comme le talc facilitant l'habillage. La solution idéale, consistait donc, semblait-il à adopter les deux solutions, jersey intérieur et extérieur.

Si elle accordait une longue vie, par contre le confort s'en trouvait réduit, car le vêtement moins extensible, épousait moins les formes et le contact du nylon sur la peau était désagréable et froid.

Cette sensibilité aux basses températures est surtout perçue par les chasseurs qui entrecoupent leurs plongées de parcours en pneumatique pour se rendre d'un point à l'autre de chasse l'hiver.

Le jersey nylon imbibé d'eau faisait effet de « gargoulette » (calories évacuées vers l'extérieur).

Il fut adopté un compromis, le néoprène refendu avec nylon à l'extérieur. Il alliait confort et solidité.

Confort avec le néoprène refendu, laissant apparaître des micro-bulles qui sectionnées font effet de ventouse sur la peau, et le fait d'adhérer d'une façon presque parfaite sur tout le corps, mais malheur aux poilus !

Solidité par le jersey nylon à l'extérieur avec les inconvénients cités plus haut.

Mais voici qu'apparaît le jersey en lycra, plus solide que le nylon, plus extensible et qui sèche rapidement (effet de gargoulette supprimé) c'est l'idéal !

Je recommande donc les vêtements refendus avec jersey en lycra. Mais celui-ci semble « boudé » actuellement, car, argument peu convaincant, « son bruissement » lors des mouvements de bras et de jambes ou contre la roche lisse ferait fuir le poisson ! Le chasseur ne s'en plaindra pas, le vêtement en jersey classique coutant environ 20 % moins cher que le vêtement en lycra, plus solide il est vrai.

Je déconseille vivement le gilet attenant au pantalon (bretelles) pour des raisons très « terre à terre ». Il sera en effet facile, avec un gilet indépendant, de se dévêtir partiellement pour uriner à bord du bateau par exemple. Mais surtout si l'urgence l'exige, pour satisfaire un besoin bien naturel. Le port du pantalon, facilitera votre déshabillage partiel hors de l'eau, mais surtout dans l'eau, chose impossible avec un gilet attenant ! Il faut y penser !

La préférence sera donnée au vêtement « sur mesures ». De 50 % plus cher autrefois, la différence n'est plus que 20 % à 25 % suivant les fabricants.

Je ne conseille pas d'adopter les vareuses avec cagoule amovible ou avec fermeture éclair, en raison de l'étanchéité limitée.

Les vêtements « taille standard » doivent être essayés avant l'achat.

A titre indicatif, voici un parallèle température eau/protection pour environ trois heures de chasse :

— au-dessus de 23° : pas de protection,
— de 17 à 23° : vareuse seulement,
— au-dessous de 17° : vêtement complet.

VIII. LES GANTS

Les oursins sont dangereux pour le chasseur. Nombreux sont les sujets qui à la longue deviennent allergiques aux piqûres. Les gants offriront une protection efficace.

L'hiver ils deviennent indispensables, surtout pour ceux qui alternent chasse et bateau.

C'est la moufle qui assure la meilleure protection l'hiver.

IX. LES CHAUSSONS

Au même titre que les vêtements, l'épaisseur des chaussons sera fonction de la température de l'eau. Indispensables en hiver, les pieds étant très sensibles au froid. On pourra aisément s'en passer l'été, d'autant plus que ce volume en moins permet un allègement du lest de chevilles.

X. LE GANTCHOU — GAFFE A MÉROU

Indispensable pour la chasse au mérou, il doit être fabriqué soi-même, en matériaux robustes et rigides, soit avec des rallonges démontables, soit en deux exemplaires ; un court de 0,75 m et un long de 1,50 m.

XI. LA MENTONNIÈRE

Les parties du corps les plus exposées au froid sont les extrémités des membres et les lèvres. Elles sont parfois tellement engourdies, qu'il est difficile d'éliminer la colonne d'eau du tuba, en soufflant. Elle peut donc être utile, si l'eau est assez froide.

Elle offrira également une protection contre les filaments de méduses.

XII. LE MOULINET

Par excès de sécurité, je ne suis pas partisan du moulinet fixé à la ceinture, mais il faut admettre qu'il peut rendre service en eau trouble pour marquer un point ou lors d'un tir d'une pièce conséquente.

Par contre, je recommande le moulinet fixé à l'arbalète, il a prouvé son efficacité pour la capture de poissons conséquents et difficiles.

XIII. LES GENOUILLÈRES

Elles ne semblent pas nécessaires pour la pêche. Elles protègent effectivement les genoux, mais apportent un volume supplémentaire réclamant un gestage plus conséquent.

XIV. L'ACCROCHE-POISSONS

Il est soit fixé à la ceinture et dans ce cas un fil souple s'impose, mais s'il est fixé à la bouée, il s'emmêle autour du matériel de réserve. Pour l'éviter, il faut employer un fil semi-rigide, le fil électrique gainé fera très bien l'affaire.

XV. LA PLANCHE DE CHASSE

Son avènement, en particulier en compétition fut une petite révolution, certains diront semblable à celle des palmes longues.

Lorsque l'on sait que la résistance opposée par l'eau, à la progression du nageur croît avec le carré de sa vitesse, soit un chasseur en apnée, qui voudrait aller deux fois plus vite, devra dépenser 4 fois plus d'énergie, on comprend mieux l'utilité de la planche.

En effet, à plat ventre sur la planche, avec seulement les jambes qui le propulsent dans l'eau, les déplacements se font très rapidement. (Deux à trois fois plus vite qu'à la nage avec palmes seules et bouée.)

La bouée était souvent un boulet à tirer qui épuisait le chasseur, à cause de sa traînée importante.

La bouée « boudin » permettait de fixer flèches et arbalètes et de diminuer celle-ci, mais avec la planche et sa grande surface pratique pour fixer tout le matériel, sac à poissons en jute compris, on tend vers l'idéal. Elles sont malheureusement peu commercialisées.

Certains utilisent des planches de surf, vendues surtout dans le Sud-Atlantique. En polystyrène expansé, elles sont d'un prix modique.

Mais si vous avez la chance d'habiter près d'une usine de planches à voile, ou d'un loueur de planches, il vous sera possible de récupérer à la casse, la partie avant. Il vous faudra ensuite biseauter la partie supérieure, habiller la mousse apparente, fixer une quille et les points d'attache pour le matériel, et le tour est joué.

Cette planche personnalisée devrait donner satisfaction, mais présente tout de même l'inconvénient d'être un peu encombrante.

Voici les normes imposées par la F.F.E.S.S.M., pour les planches utilisées en compétition.

Longueur : 70 à 120 cm — largeur 40 à 60 cm.

Un embout de protection devra recouvrir les pointes des flèches de rechange, pour éviter de se blesser. La couleur de la planche devra être identique à la couleur des bouées actuelles.

Incorrigible Marc Valentin, il n'arrêtera pas de nous étonner. « Avec mon Wind'eau j'ai réinventé le bateau pneumatique » dit-il. (*Subaqua* n° 97.)

On pourrait dire aussi, qu'il a motorisé la planche de chasse, alors qu'il en était déjà l'un des créateurs avec Michel CANTOU.

Deux boudins gonflables, sans plancher, avec une armature en bois, et un petit moteur de 2 CV tracte le chasseur. Pour plus de renseignements contacter : Myriam BERNARD et Philippe VALENTIN — 56, grand-rue Mario-Roustan, 34200 Sète — tél. : 67.74.71.81.

CHAPITRE 5

CHOIX DES LIEUX DE CHASSE

I. Précisions pour l'océan Atlantique et la Manche

Autant en Méditerranée, sauf en quelques points particuliers comme aux environs du détroit de Gilbraltar, le peu de marée ne pose aucun problème au chasseur sous-marin autant en d'autres lieux on ne peut l'ignorer.

Michel Cloatre nous met en garde et nous donne les conseils suivants et surtout une leçon sur les courants, valable pour l'Atlantique et la Manche, qu'il est impératif d'apprendre afin de pratiquer la chasse sous-marine en toute sécurité. Il faudra jouer avec, les utiliser à bon escient ou les éviter, mais toujours présents, il faudra obligatoirement, compter avec eux.

Ils sont provoqués par le mouvement des masses d'eau, imputable au phénomène de la marée.

Il y a deux basses mers et deux pleines mers par jour. Si la basse a lieu à 6 heures, la mer va monter jusqu'à 12 heures pour redescendre ensuite jusqu'à 8 heures. Le courant ira donc dans un sens pendant 6 heures, pour changer ensuite de direction pendant six autres heures et ainsi de suite. Mais le changement ne se fait pas brusquement. Le courant faiblit d'abord en approchant la sixième heure puis apparaît une période neutre plus ou moins longue, que parfois seulement le chasseur pourra exploiter. Elle varie de quelques minutes à une heure, c'est l'étale. Puis le courant repartira plus ou moins progressivement de plus belle dans l'autre sens.

La différence de niveau de la mer entre deux changements de marée détermine un cœfficient. Aux chiffres les plus élevés correspondent de grandes amplitudes et les plus forts courants. Ces cœfficients évoluent entre 35 et 120. On peut considérer que le courant sera faible entre 35 et 65, ce qui correspond à ce que l'on appelle les mortes eaux. Il sera moyen entre 65 et 85, et fort entre 85 et 120, pendant les vives eaux.

Les cartes marines ont été établies pour la navigation et non pour les plongeurs ou chasseurs sous-marins. Les profondeurs les plus dangereuses pour les bateaux sont évidemment à marée basse, les profondeurs indiquées sur la carte marine sont celles qui correspondent aux plus basses mers possibles (cœfficient 120). Exemple : si la carte indique un fond de 10 mètres, on est assuré de toujours trouver cette profondeur. En réalité, on aura quelques mètres de plus, même à basse mer.

On peut se procurer l'annuaire des marées dans tous les kiosques à journaux du littoral. Les indications sont données pour la côte ; elles peuvent être différentes si l'on s'éloigne sur des plateaux en « haute mer ». Il faut donc dans ce cas, ne pas négliger de se renseigner auprès des gens du pays, si possible des plongeurs ou chasseurs sous-marins, dont l'appréciation sera plus juste.

Ces derniers ont mis au point quelques astuces permettant au chasseur de récupérer entre deux plongées ou de s'hyperventiler en ne dépensant pas son énergie. Il faut en effet palmer en permanence pour se maintenir en un point. Il suffit de mouiller un petit grappin fixé à la corde de la bouée pour s'y maintenir. La seconde façon de procéder à deux consiste à maintenir le coéquipier par les palmes, l'un derrière l'autre, pendant qu'il s'hyperventile.

Le plus sovuent le courant est parallèle à la côte, il est orienté du sud vers le nord à marée montante et inversement à marée descendante. Il faut donc s'organiser intelligemment pour utiliser ces deux sens.

Pour un aller-retour, calculer l'heure de mise à l'eau pour être porté par le courant dans un sens à l'aller, puis dans l'autre au retour, ou alors revenir à pied ou en combinant avec deux voitures. La solution idéale consiste à se faire accompagner par une embarcation pour éviter tout problème. Avec un peu d'habitude et la connaissance des lieux, on trouvera toujours dans n'importe quelle circonstance des endroits abrités des courants, derrière des îles ou à l'intérieur des golfes.

Il faudra également penser à donner beaucoup de corde lors du mouillage de l'embarcation à marée basse, car suivant l'amplitude, elle pourrait être en mauvaise posture à marée haute. Inversement, si, à marée haute, vous mouillez votre embarcation dans un endroit peu profond vous risquez de la retrouver « au sec » lorsque la mer descendra (schéma page 72).

II. Comment rechercher une zone intéressante

A. SI LES RECHERCHES VISUELLES SONT IMPOSSIBLES

a) Consulter les cartes marines

Se référer au chapitre consacré à l'étude des différentes épreuves du monitorat — études des cartes.

Ce sont les symboles représentés par la lettre « R » schéma page 71 soit la roche, qui nous intéressent particulièrement, mais surtout, les secs ou remontées dont le chasseur est avide.

Ils sont représentés par le symbole (schéma page 71), à la suite de « dangers isolés » ou par « Roche à fleur d'eau », le sec étant presque en surface.

Les épaves sont très recherchées étant les abris privilégiés des poissons. Il y a celles qui ne « couvrent jamais » (schéma page 71), car profondes et celles qui « couvrent et découvrent » quasiment en surface, ou en raison de la marée.

Il sera judicieux de repérer les falaises en bord de mer, intéressantes par les blocs qui parsèment le fond.

Les écueils représentés par de petites croix, préfigurent un fond avec peu de profondeur favorable à la capture de certains poissons.

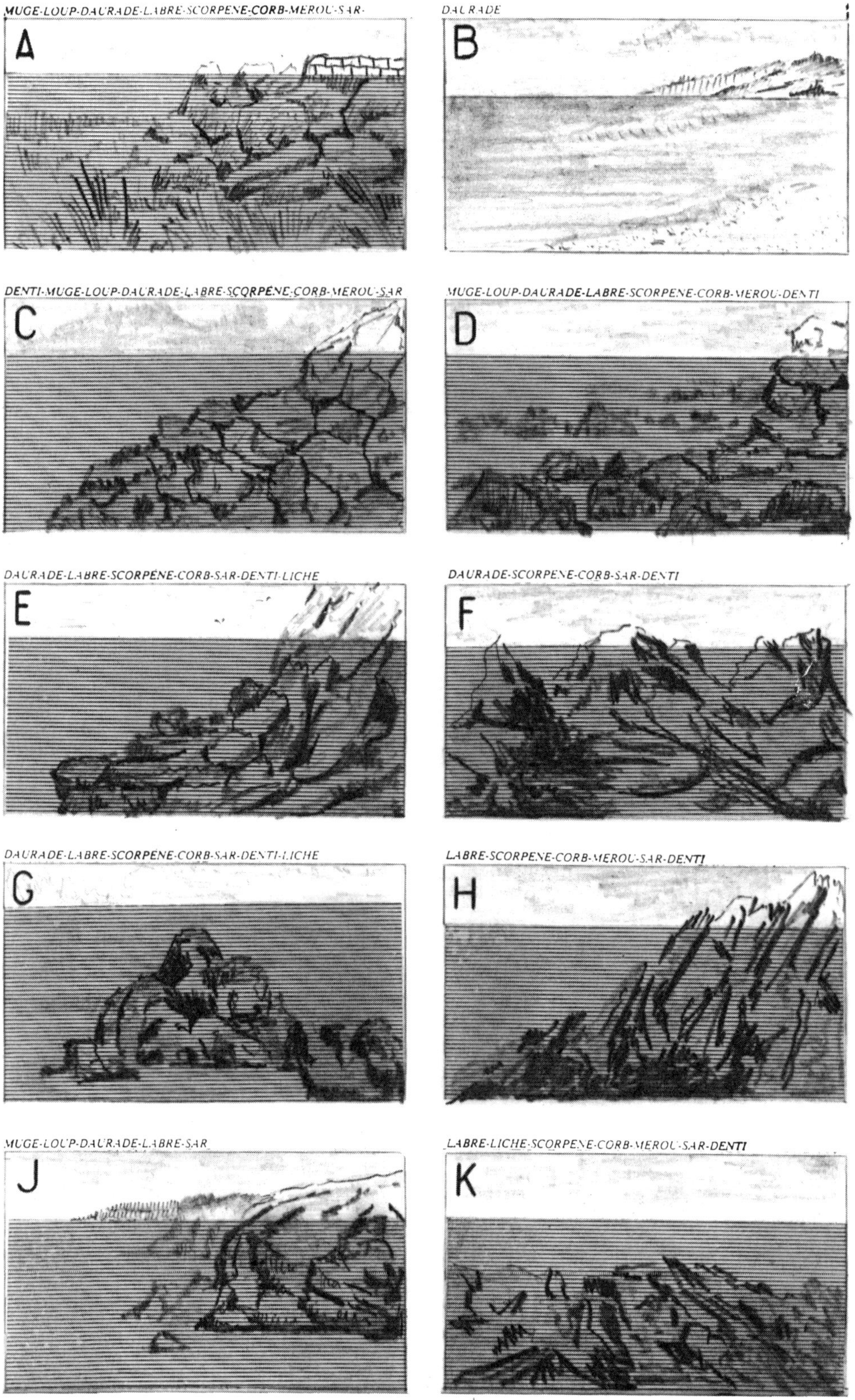

LES DIFFÉRENTS FONDS SOUS-MARINS

Si les remontées ou secs comme « G » de la planche page 153 sont souvent intéressants se méfier de la profondeur car celle-ci est donnée au sommet dénudé, sans faille ni bloc parfois.

Il faudra chasser tout autour où les profondeurs nettement plus importantes seront peut-être difficilement accessibles.

A moins que liches ou loups ne se manifestent !

Les pointes seront souvent poissonneuses mais attention au courant.

Par contre les zones en falaise auront engendré au cours des siècles des blocs parfois énormes qui se sont détachés, mais souvent à quelle profondeur !

Les failles verticales ou horizontales à même la falaise peuvent fournir un repaire intéressant à toutes sortes de poissons.

Il faut se renseigner sur les vents dominants, les zones exposées seront toujours intéressantes car la roche sera apparente.

Par contre, les zones abritées seront souvent ensablées, et peu poissonneuses en principe. Il n'est pas exclu d'y rencontrer tout de même quelques points isolés que le poisson peut affectionner surtout si le courant domine temporairement.

Lors de rencontres importantes, les cartes figurant sur le programme officiel, sont parfois incomplètes.

Ces oublis, volontaires ou non, pourront avoir des répercussions sur le résultat !

Ne pas oublier de noter tous les renseignements utiles et positifs sur la carte car ils seront précieux les années suivantes.

b) Consulter les autochtones

Il ne faut croire aux données des locaux que dans une certaine mesure seulement.

Mais tout en étant méfiant quant à la véracité, il faudra concéder que si quelqu'un connaît la région, c'est bien la personne qui l'habite. Il faudra donc s'employer à faire la part des choses.

Autant on pourra faire confiance au rameur, en compétitions car il se sent concerné, autant il faudra hésiter avec un pêcheur local. Chauvin, il peut vouloir favoriser ses couleurs en trompant l'adversaire de son équipe nationale.

Il faudra donc être très diplomate pour ne pas froisser les susceptibilités, faire preuve de gentillesse et modestie pour obtenir le maximum de confiance, sympathie et peut-être même d'amitié.

La « fanfaronnade » ne paiera pas et attirera même l'antipathie.

Si de bonnes relations s'établissent, il sera possible de profiter des connaissances des chasseurs sous-marins locaux, surtout dans des pays où les moyens sont limités en tant que déplacement vers les lieux de chasse.

L'utilisation de la voiture et surtout d'une embarcation sera encourageante pour les chasseurs du pays, mais j'insiste encore sur les informations erronées, l'incompétence ou les « profiteurs ».

J'en ai fait malheureusement la triste expérience en maintes occasions surtout ces dernières années en Tunisie où de pseudos chasseurs m'emmenèrent nager sur d'immenses zones de sable à la recherche de points soit disant intéressants mais en réalité inexistants.

c) Consulter les ouvrages spécialisés

Se référer à notre ouvrage « Guide de la pêche sous-marine en Méditerranée » Éd. la librairie du Plongeur à Paris où une multitude de points intéressants des côtes françaises et étrangères méditerranéennes, sont décrits avec un maximum de renseignements.

Également notre ancien ouvrage « Guide des techniques et lieux de pêche sous-marins en France » aux Éditions Amphora, vous pouvez vous y référer pour certaines régions de l'Atlantique et de la Manche.

Sans oublier les magazines APNEA, OCÉANS et la revue fédérale SUBAQUA.

d) Repérage d'un lieu intéressant sur la carte ou en mer

Figurent également sur les cartes, les amers ou points remarquables en surface, sur la côte, qui permettront au chasseur de se repérer pour retrouver les zones lui paraissant valables.

Ce sont les phares, les églises, tours, fortification, monuments, sommets, sémaphores, etc.

Il lui faut aligner deux lignes dont l'intersection sera le point recherché. Chaque ligne interceptera deux points remarquables ou amers.

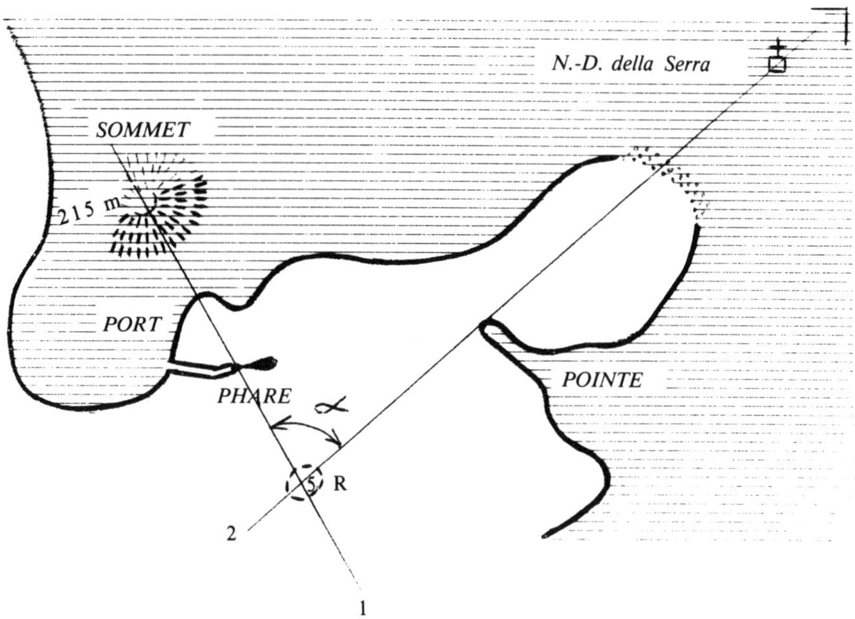

Exemple : le chasseur veut retrouver la remontée à 5 mètres, figurant sur la carte. Elle est située à l'intersection des lignes 1 et 2.

La ligne 1 passera par 2 points remarquables soit le phare du port et le sommet à 215 mètres.

La ligne 2, par la chapelle N.-D. de la Serra et l'extrémité de la pointe.

L'angle α sera le plus important possible, mais inférieur à 90°.

Si inversement, le chasseur découvre en mer un lieu poissonneux, qu'il veut retrouver ultérieurement, il lui faudra repérer 4 points remarquables à terre : 2 pour la ligne 1 — et 2 pour la ligne 2 —, suivant la planche ci-dessous.

Noter sur une ardoise sous-marine les amers des points repérés, la mémoire étant parfois défaillante, et pouvant entraîner des confusions.

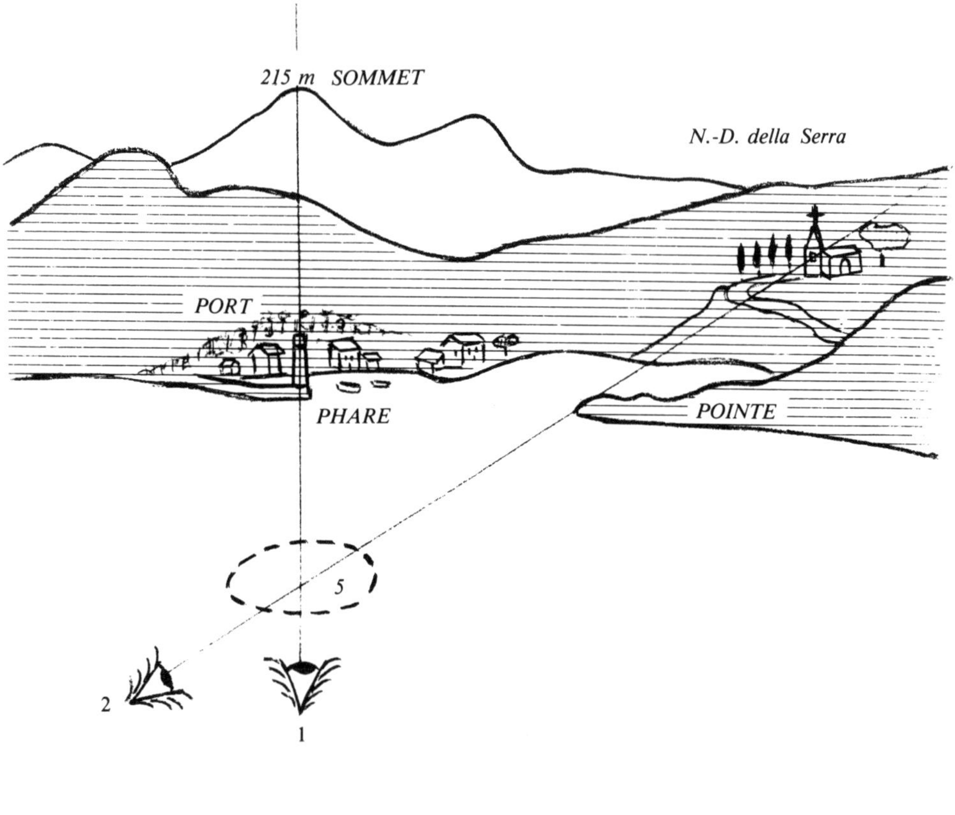

B. SI LES RECHERCHES VISUELLES SONT POSSIBLES

Il vaut mieux être comme saint Thomas, ne croire que ce que l'on voit et si le repérage est possible aller s'assurer soi-même de la qualité des fonds sous-marins, d'autant plus que les possibilités et les aspirations de chaque individu seront différentes.

Par exemple, un terrain très poissonneux assez profond pourra convenir à certains ayant la possibilité d'atteindre cette profondeur et d'y chasser correctement. Il peut par contre être inaccessible à d'autres plus limités.

Ceux qui affectionnent l'agachon auront tendance à aller prospecter des zones battues par la mer, éventuellement des embouchures ou la proximité des jetées des ports, etc.

Deux cas se présentent :

— le terrain déjà connu,

— le terrain inconnu.

a) Terrain déjà connu

Dans le premier cas les problèmes sont simplifiés car les points intéressants sont déjà repérés.

Mais il ne suffit pas d'en connaître les alignements, il faut qu'ils confirment leurs « bonnes dispositions » car d'une année à l'autre la densité de la faune a pu s'appauvrir localement.

Il n'est pas exclu, par la suite, de poursuivre les recherches pour enrichir l'éventail des zones valables. Elles permettront d'élaborer un plan, le plus rentable possible pendant l'épreuve.

La prospection ne sera jamais parfaite car une simple dalle, si elle s'avère assez riche, peut apporter un gain de points suffisamment appréciable pour améliorer considérablement un classement, lors d'une compétition.

Les herbiers ne seront donc pas rejetés systématiquement. Ils peuvent déceler des mates, des rochers isolés qui ne seront pas mentionnés sur les cartes et pourront être autant de points favorables.

Prospecter sur des herbiers est fastidieux, épuisant à la nage, et le rendement est mauvais.

La planche immergée traînée par une embarcation devrait permettre une recherche beaucoup plus aisée.

Si elle est effectuée systématiquement et méthodiquement elle peut s'avérer très rentable.

Deux conditions : la profondeur ne doit pas être trop importante et l'eau relativement claire. Mais il est possible en orientant la planche d'une façon appropriée, d'évoluer latéralement et en profondeur.

Les zones de fort courant maintiennent souvent des bancs de poissons qui s'y complaisent car la nourriture y est abondante.

Ce pourrait être le terrain de prédilection des liches, bonites, pélamides ou autres poissons de pleine eau.

Mais chasser dans le courant est très pénible.

A deux il y a la possibilité de maintenir le coéquipier pendant qu'il s'hyperventile pour lui éviter l'asphyxie.

b) Terrain inconnu

Lorsque le terrain est inconnu, il faut en partant des données de la carte marine, vérifier la corrélation, entre celles-ci et l'abondance du poisson.

Les zones d'éboulis comme « C » du schéma de la page 153, les amas de blocs ou de roches comme « D », « A », « E » ou « K » ; quelquefois même les jetées des ports comme « A », les îlots et écueils comme « F » pourront être l'habitat de colonies de poissons s'ils constituent pour eux des abris suffisamment conséquents.

Si le temps imparti est limité, il faut si possible se répartir au mieux le terrain entre les équipiers de façon à prospecter le plus rationnellement possible. L'attribution respective se faisant ensuite en fonction des aspirations de chacun et des recherches personnelles.

Il ne faut pas négliger de surveiller pendant la prospection lors des compétitions les embarcations des chasseurs du pays organisateur pour en tirer profit éventuellement.

CHAPITRE 6

LES TECHNIQUES DE CHASSE

Nous entrons enfin dans le vif du sujet. Il y a deux sortes de chasses : à trou et en pleine eau.

I. En pleine eau

C'est la méthode utilisée par le débutant avec beaucoup de défauts, mais c'est la méthode qui vient la première à l'esprit ; on peut donc considérer que c'est la plus naturelle. Il suffit en effet de regarder et dès que le poisson est repéré de le tirer. Mais c'est certainement plus facile à dire qu'à pratiquer !

Il faut en effet savoir regarder. Deux cas peuvent se présenter ; le poisson navigue ou il est statique.

— Le poisson navigue :

Si l'eau est suffisamment claire, tout ce qui est mobile attire le regard, le poisson est donc facilement détecté.

Si l'eau est trouble la tâche se complique énormément, car si le poisson voit, il entend également et quelquefois de très loin. Il a une vue relativement modeste, par rapport à sa faculté d'enregistrer les sons. Il faut évidemment considérer que le poisson est dans son élément et que l'homme n'y est pas. Il faut donc compenser cette infériorité par une qualité dont jouit l'homme et beaucoup moins le poisson, l'intelligence ! Vous avez certainement remarqué que la curiosité est le gros défaut de notre gibier, il faut donc l'exploiter, mais comment ? Par l'agachon.

A. L'AGACHON (l'affût)

C'est certainement la méthode qui demande le plus de qualités, car il faut être en même temps, très fin chasseur, très bon tireur, résistant et souvent courageux, car il faut la pratiquer régulièrement par gros temps et l'hiver.

Qui a inventé cette méthode ? Des Marseillais, c'est probable car le terme est méridional. Il fut pendant longtemps l'apanage de certains chasseurs qui ne voulaient pas le divulguer. Puis l'équipe française de ces dernières années, en majorité des méridionaux, en fit son arme favorite.

Toujours à cause de cette curiosité qui le perd presque à coup sûr, vous vous êtes certainement aperçu (si vous avez tant soit peu déjà pratiqué la chasse sous-marine), alors que vous étiez absorbé par la recherche, sous des rochers, de quelque gibier, et que, déçu une fois de plus vous amorciez votre remontée, que des poissons et souvent de belles pièces étaient là à vous regarder de très près. Le temps de ramener l'arbalète et de viser, ils étaient déjà dix mètres plus loin. C'est certainement à cause de cette remarque que les « inventeurs » ont adopté une tactique appropriée. Il suffisait donc de plonger et d'attendre dans les meilleures conditions de tir possible, ces poissons aperçus trop tard et dans de mauvaises conditions. Quoi de plus facile !

Cette méthode est valable, et, c'est son gros avantage, pour tous les poissons. Il est même arrivé de tirer des mérous de cette façon. Personnellement, j'ai eu la folle idée de lâcher mon tir sur un thon d'une centaine de kilos qui faillit me noyer... Mais elle est surtout valable pour des poissons qui en général ne font que naviguer, comme les muges et surtout les loups (et qu'il est très difficile de capturer différemment). L'inconvénient majeur est qu'il faut souvent la pratiquer dans des conditions extrêmement pénibles, par grosse mer et peu de profondeur. Il faudra donc être lesté plus que la normale, et surtout choisir si possible des points de plongée où l'on puisse passablement se camoufler et se tenir (à des aspérités de rocher ou des violets, c'est plus confortable). En effet, suivant la clarté de l'eau, si l'on est à découvert, le poisson viendra tout de même, mais restera à une distance respectable. Le principal est donc de se faire remarquer, mais tout juste pour attirer sa curiosité. L'idéal est d'avoir une visibilité de trois à quatre mètres. Il m'est arrivé de tirer des loups à l'agachon qui ne m'avaient ni vu ni entendu, et qui réalisaient ma présence la flèche en travers du corps ; on pourrait dire que ce sont des agachons trop bien faits, en réalité la connaissance du lieu me permettait de les surprendre.

Je vais donc essayer de décrire cette méthode dans ses grandes lignes, mais il est évident que des cas particuliers dans des conditions spéciales, obligeront à pratiquer un peu différemment, surtout si la chasse se pratique dans des eaux lointaines dont je ne connais pas la faune.

Le premier impératif est d'avoir une apnée prolongée, il faut donc considérer que de tenir sous l'eau quarante secondes est un minimum, surtout dans des régions où l'agachon est pratiqué couramment. Un bon entraînement pour l'acquérir s'impose.

a) Agachon en pleine eau

1) SEUL

a) S'hyperventiler suffisamment pour obtenir une apnée convenable.

b) Si la clarté de l'eau est suffisante ou si le terrain est connu, choisir un relief qui permettra de se cacher vers une direction déterminée et de se tenir de la main gauche si la mer agitée l'exige.

c) Attendre ensuite que le poisson se manifeste.

Si l'eau est assez trouble se limiter volontairement un champ de tir assez réduit car les poissons n'apparaîtront pas nettement. Il ne sera donc très souvent pas possible de changer la direction de l'arbalète, car déjà à portée de tir, le moindre mouvement du bras ou de la tête s'avèrera suffisant pour l'effrayer.

Si l'eau est assez claire, balayer du regard le plus grand champ visuel possible à distance suffisante, de façon à détecter le poisson suffisamment tôt, afin de modifier délicatement la direction de l'arme, éventuellement.

Si possible, avant d'amorcer la remontée regarder attentivement de part et d'autre des angles externes de vision, car le poisson peut venir également latéralement.

Dans les laminaires de l'Atlantique, le changement de direction ne sera pas possible. Il faudra donc se contenter d'un champ de tir limité, avec moins de chances de succès.

d) Si le poisson est abondant et peu ou pas habitué à cette méthode, inutile de prendre des précautions importantes. Il suffira de tirer la proie lorsqu'elle sera à distance respectable et si possible dans un endroit vulnérable. Si le choix est possible, tirer la plus belle pièce du groupe ou celle de qualité, un loup par exemple au milieu d'un banc de muges.

Si le poisson est déjà traqué, sa réaction sera identique, mais sa curiosité sera moindre et surtout sa prudence sera extrême. Les flèches qui l'auront frôlé, les blessures déjà cicatrisées ou la disparition de quelques compagnons l'auront marqué. Il se sera donc adapté à cette nouvelle manœuvre, comme d'ailleurs il s'est déjà adapté à certains filets ou certains appâts qui n'ont plus de prise sur lui.

Alors comment faire ? Exactement comme il est indiqué ci-dessus, mais en y mettant plus de foi, en appliquant la méthode avec beaucoup de volonté et en recherchant la perfection.

Il est très important d'anticiper, il ne faut pas faire d'agachons répétitifs inconsidérés, n'importe où et n'importe quand. Il faut avant de plonger, observer de la surface, et, avec un peu d'expérience cela s'acquierra rapidement, déterminer les endroits propices. Les pointes battues par les vagues, les petites criques, les terrains tourmentés, ou les zones déjà connues sont autant de points susceptibles de retenir le poisson. Donc choisir ces lieux pour plonger, plutôt que se fatiguer inutilement ailleurs. Mais surtout, faire l'agachon avant le point choisi, ne pas attendre d'être au milieu des poissons pour effectuer la plongée.

Vous êtes donc au fond, votre œil exercé apercevra peut-être dans l'écume une ombre grisâtre qui déjà s'inquiète de cette présence. Son approche dépendra de vos qualités... Si vous êtes déjà caché derrière un obstacle, épousez au maximum le relief, ne laissez apparaître que le minimum de votre masque, cachez-vous le mieux possible, presque à disparaître de la vue de votre proie de façon à aiguiser sa curiosité qui l'emportera peut-être sur sa méfiance. Vos palmes ne bougent plus, votre main gauche s'accroche encore mieux au relief du rocher choisi préalablement. Votre bras droit se détend lentement dans la direction du tir. Si vous estimez et avez la possibilité de le laisser encore s'approcher, d'accord, mais si vous percevez une hésitation, tirez, même s'il est de face et ne représente donc pas une grosse cible, car s'il détecte un danger quelconque ou s'il « flaire » son ennemi, en 1/100 de seconde il sera hors de portée.

Surtout ne vous découragez pas, en persévérant vos progrès vous combleront de joie.

— Et si je me trouve au milieu d'un banc de poissons, que faire ? Il faut évidemment en prendre le maximum dans un minimum de temps, car il ne restera pas indéfiniment. Ce cas pose souvent de gros problèmes, car le principal défaut est d'être trop gourmand ! On veut en prendre beaucoup et les plus gros.

Il faut être calme, maître de ses moyens et réfléchir rapidement, la principale des choses étant de ne pas apeurer le poisson. L'idéal est d'attirer à soi un très petit nombre de poissons de ce banc immense parfois, et même un seul si possible, tout en gardant le contact avec le gros de la troupe. Le tout sera fait dans le calme et en faisant le moins de gestes et de bruit possibles.

Si nécessaire ne pas hésiter à perdre du terrain, éliminer la tentation de tirer tout de suite, chercher un point favorable tout en observant d'un œil malin que la présence du poisson est toujours constante. Effectuer l'agachon et tirer le premier, s'il se présente bien. Remonter, si possible, non pas à la verticale, mais en recherchant l'abri à proximité duquel vous étiez (derrière une pointe, un écueil... par exemple). Ce n'est pas facile à faire, car il tarde parfois à remonter, mais il faut s'appliquer dans ce sens. Il faut toujours rechercher la perfection, sans jamais l'atteindre, mais en l'approchant. Il faut avoir le souci d'effrayer le moins possible ce banc si « fragile ». Il est probable que le poisson blessé (à moins de l'avoir tué net) émette des ondes réceptibles seulement par ses semblables, qui doivent les mettre en garde. Il est donc important de limiter cette panique, tout à fait naturelle. Si un poisson du banc s'affole, les autres suivent irrémédiablement, et il sera difficile d'en tirer d'autres.

En supposant que tout marche bien, répéter l'opération autant de fois que nécessaire. Les apnées devront être de plus en plus longues, le poisson restera de plus en plus loin, et peut-être même aura-t-il disparu. Avancer dans la direction de sa venue, en ayant soin de bien regarder et de prendre toutes les précautions, effectuer de nouveaux agachons et ainsi de suite.

2) A DEUX

Si vous êtes deux le problème se complique énormément. Il est très rare que deux coéquipiers s'entendent suffisamment pour obtenir le même rendement que lorsque l'on est seul ; sauf, pour les grosses pièces où il est au contraire conseillé de chasser en équipe. L'expérience prouve qu'on ne prend pas le double de poissons à deux ou exceptionnellement seulement. La moyenne est donc inférieure à la chasse individuelle. S'il y a deux sars dans un trou, en général on les prendra tous les deux aussi bien seul, qu'avec un coéquipier. Comme dans beaucoup de sports, je pense que la chasse sous-marine est un sport individuel et qu'il n'y a que des problèmes de sécurité qui imposent la chasse en équipe de deux.

Il est souhaitable que les coéquipiers se complètent.

Il faut donc s'efforcer :

1) Que l'un des deux seulement dirige les opérations, le plus expérimenté ou le meilleur ou à tour de rôle.

2) Convenir à l'avance de signes des bras ou de la main (soit un code) qui s'avèreront précieux avec un peu d'expérience, car ils permettront des manœuvres rapides et très efficaces. Il est en effet très difficile de s'exprimer dans l'eau, pour peu que le bruit des vagues, l'eau que l'on a tendance à absorber en ouvrant la bouche, la distance qui sépare souvent les coéquipiers, ou le froid qui engourdit les lèvres, se liguent contre vous.

3) Les coéquipiers devront rester si possible toujours les mêmes, pour bien s'entendre. Ils connaîtront donc leurs réactions réciproques, leurs qualités et leurs défauts, et surtout, au bout d'un certain temps, comprendront la manœuvre à effectuer sans avoir à se consulter.

4) Pour un agachon rester à distance respectable (un derrière l'autre au bord ou en falaise, et de front dans d'autres cas).

a) *Un derrière l'autre :* Le second reste 7 à 8 mètres derrière. Le premier s'arrête, s'hyperventile et plonge. Le second attend à l'arrêt la remontée de son copain, en ne faisant surtout aucun geste. Suivant les indications de « signes convenus » le second le passe et fait l'agachon en fonction des indications du coéquipier (il a, ou tiré, manqué ou perdu un poisson ou rien vu...) jusqu'à ce que le contact soit rétabli.

b) *Côte à côte :* Rester à 10 ou 12 mètres de distance et nager suivant deux lignes parallèles, tout en s'observant mutuellement. Si le contact est établi par l'un ou l'autre, il en avertit son compagnon.

— Si c'est le banc, s'éloigner encore d'une dizaine de mètres environ et essayer d'attirer et de se renvoyer ce banc en agissant toujours avec beaucoup d'intelligence et de sang-froid.

— Si ce sont des poissons isolés, rester à la même distance et pendant que le coéquipier réarme, plonger à son tour en regardant surtout dans la direction d'où venait ce solitaire qui suivant son espèce, vous laissera supposer qu'il est possible qu'il ne soit pas seul.

Certains préconisent d'effectuer l'agachon en ayant le soleil dans le dos. C'est très efficace, malheureusement la plupart du temps c'est le terrain qui impose le « point de chute ».

La plupart des chasseurs, c'est paradoxal, après une approche discrète émettent des bruits pour attirer la curiosité des poissons. Soit en lâchant quelques bulles avec la gorge, soit en grattant le rocher avec la main ou la crosse de l'arbalète.

Suivant la clarté de l'eau, l'utilisation d'une arbalète différente s'imposera. Autant elle devra être longue et puissante pour chasser le denti à l'agachon, autant dans les eaux froides et troubles de l'hiver l'agachon aux loups nécessitera parfois une arbalète courte de 60 cm à 75 cm de longueur de tube. Dans ce cas d'ailleurs la « résurrection » du trident sera bénéfique.

b) L'agachon au bord des trous

(Se reporter au paragraphe consacré à la chasse à trous).

Si le poisson est statique c'est le cas souvent des corbes et des mérous, ils sont souvent immobiles et vous regardent, seules leurs nageoires pectorales sont en mouvement pour leur stabilité. Souvent dans ce cas, le poisson est dans l'obscurité et quelquefois fait du mimétisme (mérous, chapons, etc.). Il faut donc avoir un œil exercé et c'est là qu'intervient le rôle du moniteur qui doit au début, montrer du doigt le mérou dans l'ombre « posé » curieusement sur sa queue, à la verticale et vous narguant 20 mètres en dessous. C'est en plongeant directement à la verticale que vous aurez la chance de tirer certaines des plus belles pièces de la Méditerranée. Cette méthode s'appelle « la coulée ».

B. LA COULÉE

Elle ne sera pas toujours valable car tout dépendra de 2 facteurs importants : la profondeur et la confiance du poisson. On pourrait même en ajouter un troisième : la précision du tir.

Pourquoi la profondeur ? Le poisson profond est plus calme et plus tranquille car beaucoup moins dérangé, la profondeur éliminant un gros pourcentage de chasseurs. Il vous regardera évoluer, confiant de la barrière des 18 à 20 mètres le séparant de vous.

Il vous faudra entretenir cette confiance en faisant le minimum de gestes et de bruit. Vous ne pourrez tirer qu'une fois. Si vous le manquez, il « giclera » rapidement dans des lieux ou des profondeurs souvent inaccessibles.

L'hyperventilation s'effectuera lentement, elle sera peut-être longue car, souvent, il faudra plonger profond. A moins d'être expérimenté ou très doué, ne pas plonger inconsciemment avec une hyperventilation insuffisante, vous courriez au suicide. Je le répète donc, prendre la chose calmement, tant pis si le poisson se dérobe avant ou pendant la plongée car vous n'avez pas le choix. Le moment crucial sera évidemment l'amorce de la plongée car le coup de rein sera le mouvement le plus violent et le plus bruyant de votre descente : il sera donc déterminant. Si votre proie n'a pas bougé, vos chances de la tirer augmentent considérablement, ce mouvement sera donc le plus souple possible et à la verticale de l'objectif. Palmer par mouvements longs et souples et de plus en plus lents si possible (tout dépendra de votre lestage et de la profondeur), s'arrêter de palmer le plus tôt possible et se laisser « couler » sur la lancée. Observez le poisson : il vous regarde arriver. Au début, la confiance aidant, il ne bouge pas mais au fur et à mesure que vous approchez, l'inquiétude le gagne, ses yeux bougent dans tous les sens, il amorce un mouvement de recul, il se laisse couler lui aussi a tendance à passer de la position verticale à la position horizontale. C'est le moment idéal pour le tirer. Si vous êtes suffisamment près, visez juste et tirez. Sinon, pris de panique, il détalera : le coup est manqué. Vous aurez fait le maximum ! mais attention ! ne remontez pas bêtement, profitez de ce que vous êtes à cette profondeur pour regarder autour de vous : vous découvrirez peut-être des choses insoupçonnées et très intéressantes.

Il faut toujours regarder et encore regarder. Même si vous avez « fait mouche », tout en remontant, imposez-vous de regarder tout en tournant sur vous-même et en embrassant le maximum de surface, tel un phare, le plus loin possible. Le moindre indice devra être exploité (surtout en compétition). En général, « ça paye » en fin de chasse.

Il y a évidemment d'autres façons d'effectuer cette méthode suivant la qualité du poisson ou du chasseur, mais celle décrite ci-dessus est la plus classique. Il arrivera quelquefois d'être obligé de palmer alors qu'arrivé à portée du tir, le poisson s'en ira lentement. Ceci est très courant pour la coulée aux sars.

En effet, vivant en bancs plus ou moins importants, les gros sars évoluent lentement (presque statiques) à de bonnes profondeurs, à proximité des lieux qu'ils affectionnent. La coulée sera effectuée dans les mêmes conditions que précédemment mais le sar s'enfuiera souvent lentement pour « s'enraguer » ou disparaître dans le bleu. La méthode consistera donc à le poursuivre par des palmages lents mais efficaces. Ils se laisseront souvent, à cette profondeur, gagner de vitesse, mais le « coup » devra être juste car il vous montrera la queue et vous ne pourrez le tirer que sur la tranche ou de 3/4 arrière. Ce sera d'ailleurs le plus efficace. Le sar, en effet, tout en nageant donnera un coup de queue à gauche puis à droite de façon à pouvoir surveiller d'un œil votre approche. Observez sa réaction et, souvent, après s'être légèrement tourné à droite par exemple, il présentera tout de suite après, une partie de son flanc gauche. Il suffit donc d'anticiper et souvent ça marche.

Je pourrai écrire un roman sur tous les cas possibles mais tout est question d'esprit d'initiative, de vice, d'intelligence et de progrès en améliorant votre méthode en fonction des échecs ou des réussites.

Donc, à vous de jouer !

II. Chasse à trous

Il y a 2 possibilités, on voit le poisson s'enraguer (ou s'enrocher), on ne voit pas le poisson.

A. ON VOIT LE POISSON S'ENRAGUER

Dans ce cas, il n'est pas condamné d'avance car certaines ragues sont inaccessibles ou tellement tourmentées que le poisson s'éclipsera sans qu'il soit possible de le tirer. Mais le fait de le voir rentrer dans un trou à l'avantage de permettre de plonger en ayant un gros pourcentage de possibilités de tir et surtout de prendre toutes les dispositions nécessaires à l'avance, éliminant toute surprise. Une fois encore tout dépendra si la zone de chasse est beaucoup ou peu sollicitée. Une multitude de cas peuvent donc se présenter en fonction de ceci et suivant les espèces qui réagissent différemment.

a) Le poisson est peu chassé

Le fait qu'il s'enrague prouve qu'il a peur. Sous sa pierre, c'est souvent son repaire habituel, il se sent chez lui et en sécurité. Il faudra donc agir avec prudence pour ne pas perturber cette quiétude. Suivant l'espèce, il pourra y avoir plusieurs poissons. Il faudra plonger, à moins de connaître la pierre, du côté où il est entré. Cela ne sera pas obligatoirement la meilleure possibilité car elle pourra avoir plusieurs issues, mais, s'il n'y en a qu'une, ce sera par là. La première opération consistera à survoler la pierre et se mettre à l'agachon au bord du trou, à distance de tir. Toujours aussi curieux, le poisson sera peut-être en bordure, à surveiller vos évolutions. Il faudra donc arriver prêt à tirer, en ne lui laissant pas le temps de réfléchir. Si cette manœuvre n'a rien apporté, 2 méthodes s'affrontent qui ont toutes deux certains avantages. On s'approche de la pierre en engageant dans le trou le fusil en même temps que la tête ou alors, maintenir le fusil à l'extérieur dans une direction indifférente et regarder. De toute façon, dans les 2 cas, il faut s'approcher avec délicatesse.

L'avantage de se présenter, le fusil en avant en partie engagé sous la pierre ou prêt à le faire est qu'on est en position de tir immédiate ou presque (rectification de la direction du fusil en fonction de la position du poisson).

Si on a la chance d'être en présence d'une pierre bien éclairée naturellement ou seulement avec des contrejours, le poisson pourra apparaître « en belle » et il sera inutile de s'habituer à l'obscurité. Mais si l'on n'a pas pris suffisamment de précautions en engageant le fusil, on peut se trouver sur la trajectoire d'un obstacle et en l'interceptant, le bruit du choc perturbera quelque peu la mise en scène prévue. Il ne vous restera souvent que la satisfaction de voir fuir votre belle pièce dont l'instinct de conservation aura décuplé la vitesse.

Dans le second cas, les mesures d'approches seront plus discrètes car seul l'œil perçant s'aventurera dans les ténèbres de la grotte. Mais souvent, vous aurez tout juste le temps de voir filer, impuissant et surpris, votre proie sous le masque. Par contre, d'autres fois, vous aurez tout loisir d'établir un rapide plan d'attaque qui mettra toutes les chances de votre côté. Vous aurez donc le choix. A vous de les expérimenter et d'en tirer les conclusions qui s'imposent. Personnellement, je suis partisan de la 1er solution car je pense que la rapidité d'exécution prime mais peut-être suis-je influencé par les difficultés que je rencontre dans mes zones de chasse où les réflexes doivent être « affûtés ».

b) Le poisson est chassé

Il a donc appris la leçon ! Les difficultés vont apparaître, souvent insurmontables car il se cachera mieux et plus profond. Finies les ragues faciles, elles sont désertées depuis longtemps, seuls quelques « suicidoires » ou quelques « transhumants » font une halte qui peut leur être fatale. Les failles seront étroites et très sombres, le fusil sera peut-être trop long et attention car on s'enrague facilement ! et, quelquefois, il vaut mieux abandonner le poisson devant l'accumulation des problèmes et des risques pour le matériel. De toute façon, il ne faut pas se décourager, votre tenacité et votre intelligence finiront par l'emporter.

— 1re difficulté : l'accoutumance à l'obscurité. Il faudra prendre la précaution de se préparer à une apnée un peu longue (il m'arrive en cours de plongée de fermer les yeux de façon à arriver adapté partiellement au fond). Il faut surtout éviter de regarder la clarté extérieure et qui plus est, dans la direction du soleil, car, alors votre accoutumance sera longue. A l'étranger, la lampe vous sera d'un précieux secours.

— 2e difficulté : les ragues difficiles. Le poisson est entré donc il y est. Il sera peut-être imprenable mais il faut tout mettre en œuvre pour essayer de le tirer en restant évidemment dans les limites de sécurité.

S'il est invisible d'un côté, il est possible que par une autre issue il se découvre. Explorez donc la pierre sous tous les angles. Usez de plusieurs stratagèmes. Faire par exemple du bruit d'un côté pour le faire changer de place et aller le tirer d'un autre plus accessible. Retirer ou pousser quelques pierres gênantes pour faciliter l'accès de votre fusil (dans ce cas évidemment, il n'est plus question de discrétion). Tout est bon, il m'est arrivé avec un copain de casser un petit pont de rocher à coups de marteau pour avoir la possibilité d'extraire un mérou récalcitrant (le marteau ayant été emprunté à une barque de passage qui sert normalement à casser les piadons).

B. ON NE VOIT PAS LE POISSON S'ENRAGUER

Il ne faut pas visiter systématiquement toutes les pierres où le poisson rentre et négliger celles où l'on ne voit rien. Il y a évidemment l'avantage d'aller presque à coup sûr sous les premières mais ça ne sera pas obligatoirement rentable. Il arrivera souvent que le poisson ne navigue pas, il sera donc invisible de la surface mais il sera peut-être là quand même, sous les pierres, dans les ragues. Il faudra avoir le « sens » de la pierre (en supposant la zone inconnue). il y a des pierres qui retiennent le poisson d'autres qui sont en permanence inhabitées. Certaines sont favorables à telle espèce et d'autres à telle autre. Donc, suivant l'inspiration ou l'intuition, il faudra plonger à l'« aveuglette » sous quelques pierres avec l'espoir d'y découvrir quelque chose. Vous réaliserez certainement que les difficultés ont augmenté sensiblement par rapport au cas précédent mais vous verrez que cette chasse à l'inconnu a son charme et les surprises seront quelquefois agréables. Donc 2 points importants : le sens de la pierre et savoir très bien regarder.

— *Sens de la pierre* — Au bout de quelques temps de chasse, on acquiert suffisamment d'expérience pour savoir à l'avance et de la surface si une pierre, quelquefois d'apparence anodine, nécessite une plongée. C'est inné et je pense que la passion de la chasse y est pour beaucoup. Cette sélection évite souvent des plongées inutiles et, à la longue, épuisantes (physiquement et moralement si on ne prend rien). En général, il faut éliminer les grottes immenses ou les pierres trop ouvertes ainsi que les gros galets souvent ensablés. Si le fond ne comporte que ce type de relief, vous n'avez pas le choix, elles pourront vous amener à découvrir les indices favorables qui vous orienteront dans un sens. Mais si le relief est très varié, choisir de préférence les grandes dalles horizontales qui sont le repaire rêvé d'une multitude d'espèces et entre autres des sars. Les blocs entremêlés artificiellement (jetée des ports) ou naturellement (éboulis, falaises effrondrées), les failles verticales ou horizontales, les cassures dans des gros blocs ou des mamelons sont autant de points favorables. Rechercher dans les herbiers ou les étendues de sable, les pierres isolées qui seront bonnes 9 fois sur 10, les épaves de toute sorte sont très appréciées par les poissons et même par les crustacés. La proximité des égouts attirent beaucoup de muges, loups, etc. mais après avoir eu beaucoup de courage pour chasser dans l'eau polluée, il faut avoir « l'estomac » de manger le poisson !

— *Savoir très bien regarder* — Le moindre indice, le moindre mouvement, le moindre reflet métallique est à exploiter. Car vous n'avez pas toujours l'espace ou l'éclairage suffisant pour explorer dans de bonnes conditions. Combien de fois doit-on plonger sous de belles pierres en laissant de belles pièces ! et combien de fois passer à côté sans rien voir.

Le plus important est de s'habituer à l'obscurité, de donner ensuite un coup d'œil d'ensemble puis passer en revue le moindre recoin. S'il le faut, à condition de ne pas prendre de risques, ne pas hésiter à engager soit la tête soit une partie du corps. Si la lampe est permise, elle nous sera d'un précieux secours mais il ne faut pas trop en prendre l'habitude.

La période idéale pour avoir la meilleure visibilité de la surface en été est le moment où le soleil est le plus à la verticale, soit entre 11 h et 14 h. Les zones d'ombres portées par le relief sous-marin seront donc réduites au minimum. C'est très important car certaines espèces affectionnent ces zones : les mérous et les corbs en particulier. Il faudra donc prendre l'habitude en permanence et tout en nageant de regarder d'abord d'une façon générale le maximum de surface puis en s'appliquant, de reprendre point par point tous les coins susceptibles d'être intéressants dont ces zones d'ombres. Il ne faut pas négliger les régions mieux éclairées où certaines formes peuvent attirer votre attention. Est-ce un poisson qui fait du mimétisme ou une pierre ? Le mieux est d'aller voir de plus près. Le bord des ragues est également à surveiller.

En résumé, si le poisson ne navigue pas, votre œil lui doit le faire ; il doit fouiller tous les recoins, avec un peu d'habitude, même les petites découvertes archéologiques seront possibles.

D'autres indices visuels qui feront également appel à votre dose de matière grise peuvent apparaître. Il y a des trous qui sont par exemple favorables à certains fiélas. Soit que votre intuition vous guide, soit que vous connaissez déjà l'endroit, vous ne voyez rien ! quelques crevettes grises attirent également votre attention et vous permettent de douter que ce repaire soit inhabité. En grattant avec la pointe du fusil, le bruit peut réveiller et attirer votre proie. Peut-être même que vous le voyez mais il est tellement loin que vos chances de le tirer sont inexistantes. Un petit sar sacrifié et fixé au bout de votre pointe peut, si son appétit est intact, provoquer sa fin !

Votre œil n'a pas eu le temps de saisir ce qui a soulevé cette vase ou ce sable devant votre nez sous cette pierre ! pourtant, c'est certainement une belle pièce qui, en détalant, a laissé ces traces. A vous de chercher...

L'eau est claire et calme, il n'y a pas de raison que cette cheminée naturelle « fume » et dégage cette eau trouble chargée de vase, c'est peut-être une murène qui fait son festin ! à vous de voir...

Et ce roucaou qui fait le mort dans les algues, et ce bruit sourd provoqué par un grand coup de queue que connaissent tous les chasseurs de mérous, et ce gloussement que font les corbs en colère, sont autant d'indices qui vous apprendront beaucoup ou que vous indiqueront quelques moniteurs valables.

III. Autres techniques

A. COMBINAISONS

En réalité, il faut souvent combiner les différentes méthodes en fonction des conditions qui se présentent à des moments différents, pendant la période de chasse.

Autrement dit, il arrivera souvent qu'il soit nécessaire au cours des quelques heures de chasse soit d'essayer les méthodes connues et classiques pour adopter celle qui s'avèrera la plus efficace ce jour, soit d'être obligé d'en adopter une puis au bout de quelques temps d'en utiliser une autre. Ou alors d'appliquer les différentes méthodes partiellement seulement, donc arriver à apporter sa « note personnelle » adaptée automatiquement aux besoins du moment.

Par exemple : le matin la mer est calme, l'eau est claire. La chasse à vue et à trou semble favorable. 1 heure après, la mer se lève, le fond sablonneux ou vaseux se trouble rapidement : l'agachon s'impose.

B. DEMI-PLONGÉES

Un autre exemple qui oblige à improviser sur le terrain même : au bord de l'eau claire, la chasse à trou et à vue est possible. En largué (au large), la proximité d'un égout ou d'un cours d'eau, le courant aidant, l'eau se trouble en surface (eau douce ou polluée). Des demi-plongées à la recherche de quelques pierres favorables ou de quelques gibiers seront très efficaces car elles permettront des repérages faciles et rapides.

Cette façon de procéder est également très pratique en cas de profondeur très importante et où il est parfois difficile de distinguer certains détails qui ont leur importance. Ces demi-plongées qui, avec une hyperventilation moyenne donnant une autonomie de 30 secondes environ, permettent, arrivé à la profondeur désirée (c'est-à-dire là où tout apparaît clair et précis) d'effectuer une nage à l'horizontale d'une dizaine de mètres pour prospecter. Elles évitent donc une dépense d'énergie qu'il faut conserver pour des plongées épuisantes ; par exemple si l'on repère un mérou assez profond.

Autant que possible, surtout à partir d'un certain âge où la fatigue agit plus rapidement, il faut s'économiser au maximum pour dégager toutes les réserves en temps voulu. Ce n'est pas pour cela qu'il faut être avare d'efforts car le poisson ne viendra pas s'empaler de lui-même.

C. MINI-AGACHONS

Il est peut-être bon de revenir à la chasse à trous et à l'agachon déjà cités. On est amené parfois à effectuer des mini-agachons soit que le trou n'est pas accessible et en se tenant à l'affût devant une faille étroite verticale, les « cartons » sont fréquents, soit que l'on veuille attirer le maximum de poissons à l'extérieur ou au bord de la rague avant de finir dans le trou lui-même. Cette dernière tactique est conseillée dans le cas où l'on a vu rentrer une quantité importante de poissons ou que l'on suppose qu'il y en a beaucoup. Si l'on tire directement à trou, souvent, le poisson se disperse et adopte des positions d'où il sera difficile de le déloger.

D. TECHNIQUE DE LA GUEUSE

Il existe une technique qui est beaucoup utilisée en compétition, surtout par les étrangers (elle répugne le chasseur français à cause de ses servitudes) qui peut également être utilisée par les amateurs. C'est la technique de la gueuse. Elle a l'avantage d'accroître la sécurité : utiliser une gueuse (bloc de plomb comportant une poignée noyée dans la masse) ou une ceinture de plomb normale dont le poids sera supérieur d'un kg au poids normal de votre lest. S'hyperventiler pour une plongée profonde, plonger. Arrivé à la profondeur désirée, lâchez votre lest. A 18 ou 20 mètres et plus, l'évolution malgré la combinaison sera aisée et évitera cette sensation « d'aimentation » vers le fond et surtout la remontée sera faite dans « du velours ». L'énergie dépensée en abondance lors de la remontée avec lestage à la ceinture qui fait tant « mal aux cuisses » (et quelquefois aura été fatale) sera éliminée. Vous serez surpris de cette facilité d'évolution au fond et de remontée.

Le plus fastidieux est évidemment la remontée du lest. Il aura été auparavant relié à une bouée par une corde nylon de gros diamètre (ski nautique) pour éviter les ampoules aux mains et flottante pour éviter que la corde ne se mêle aux palmes pendant la descente. Il y a une mise au point à faire également pendant l'hyperventilation. Si le lest est tenu à la main, elle ne peut s'effectuer dans de bonnes conditions. Prévoir soit une attache à la ceinture laissant les bras libres, le lest étant saisi à la culbute, ou un crochet à la bouée, ou ce qui est mieux, le lest sera tenu par le coéquipier qui assistera son compagnon.

E. CHASSE A LA BOUÉE

a) La bouée ou la planche pouvant être mouillées

La multiplication des bateaux et des chasseurs sous-marins justifient de plus en plus l'usage d'une bouée ou d'une planche de signalisation, surtout en période estivale, même si le chasseur utilise une embarcation pour rejoindre les lieux de chasse.

Autant la bouée a une traînée conséquente lors de sa traction par le chasseur, munie d'une arbalète de rechange et d'autres accessoires utiles, tels filets ou sandows, autant la planche, véritable petit bateau, assure le transport de ce matériel sans effort.

Elle permettra d'autre part, au chasseur, en se couchant dessus, de parcourir des distances importantes, rapidement, en nageant avec les jambes immergées (seulement), ce qui est beaucoup moins pénible que la traction de la bouée (voir chapitre consacré au matériel).

b) Arbalète à la bouée

C'est une façon de chasser très sécurisante pour les plongées profondes ou la chasse aux gros poissons à trous, mais également en pleine eau. Elle s'effectue en général à deux, mais peut être également pratiquée seul.

1) SEUL

A ma connaissance, l'apparition de cette technique fut une suite découlant de la mise au point de la chasse à la liche. Les chasseurs de l'époque se trouvaient en effet, devant un problème difficile à résoudre : comment conserver ce puissant poisson, une fois tiré ? Nous abordons la solution dans le détail, au chapitre consacré à la liche.

Un problème similaire se présentait avec le mérou, qui une fois tiré, se réfugiait souvent au fond de son antre, d'où il était difficile de l'extraire.

La liche emportait l'arbalète en pleine eau, et nous perdions poisson et arbalète. Le mérou, l'emportait également, mais au fond de son trou, le chasseur moins aguerri qu'aujourd'hui, récupérait poisson et arbalète au prix de plusieurs heures d'efforts. Parfois bien heureux de récupérer tout de même l'arbalète, abandonnant poisson et flèche !

Avec cette technique la liche peut se déchirer, mais l'arme sera sauvée. Avec le mérou, tout en remontant, le chasseur pourra tendre la corde accordant au mérou, le minimum de fil.

Le progrès était considérable, mais plus encore, les poissons se capturant de plus en plus profond, par équipe de deux, cette chasse profonde qui faisait tant de victimes, se pratique enfin en toute sécurité, à l'exception près, que nous verrons ultérieurement.

2) A DEUX

Le mérou très profond est beaucoup moins farouche qu'à 10 ou 12 mètres. On a donc souvent la possibilité de le « cueillir » au bord du trou dans des failles relativement ouvertes, dans de bonnes conditions de tir. Les chasseurs expérimentés peuvent même prétendre tuer net un mérou, mais de toute façon, il faudra le remonter, et de quelle profondeur ! Par contre, si le fusil est relié à la bouée et que les actions des deux coéquipiers, le chasseur et l'assistant en surface, sont bien coordonnées, cette méthode devient très efficace.

Elle est surtout valable si l'eau est claire, clarté retrouvée régulièrement l'été en Méditerranée. Malheureusement, il semblerait que cette limpidité de l'eau se raréfie de plus en plus. Nous en avons la preuve à Ibiza aux Baléares, où la pollution du continent espagnol gagne ses eaux.

Il en est de même pour la Corse, où la visibilité avoisinait les 25 mètres, il y a une dizaine d'années. On a, maintenant, de la difficulté à distinguer les réactions du chasseur à 20 mètres.

Il reste « la sonnette », le chasseur tire deux ou trois fois sur le cordage, ce qui même déformé en arceau par le courant, permet à l'assistant en surface de les ressentir.

Il faut donc que celui-ci, soit très vigilant, car tout repose sur la confiance du chasseur au fond à l'égard de son coéquipier. Si le doute s'installe ou de fausses manœuvres se produisent, il « gambergera » au fond et perdra une grande partie de ses moyens.

Il est indispensable, avant de se « profonder » de s'échauffer progressivement dans des fonds moins importants de façon à acquérir rapidement la condition physique nécessaire. Je pense que ce serait partir au suicide que d'attaquer directement le « vif du sujet ».

Le chasseur s'hyperventile longuement et calmement pour une plongée profonde et l'apnée longue qui nécessitera peut-être des efforts qui, à cette profondeur, seront épuisants.

Pendant ce temps, l'assistant prépare le matériel, la corde en particulier, qu'il faut ordonner de façon à ce que l'on puisse la dévider sans problème. L'arbalète est armée avec le maximum de puissance (avec 1 paire de sandows au 2e cran de la flèche si le sandow est puissant). Il est évident qu'il faut plonger dans ces conditions presque à coup sûr, soit que l'on a vu un poisson soit que l'on connaît la pierre ou la faille pour y avoir déjà pris ou vu de belles pièces, soit que la zone semble extrêmement favorable.

Le chasseur plonge, l'assistant dévide la corde, tout en surveillant scrupuleusement son coéquipier. Arrivé au point prévu, s'il n'y a rien d'intéressant, lâcher le fusil et suivant un signe concerté, l'assistant tracte vers la surface le chasseur qui se tient à la corde. Il remonte donc sans aucune difficulté et sans se fatiguer, en toute sécurité.

C'est un peu pénible pour l'assistant et pour ses biceps, mais en surface, il ne risque pas la syncope. Tout en remontant, le chasseur a le loisir de repérer des choses intéressantes. Il faut en effet exploiter au maximum l'avantage du moment. Il ne reste plus qu'à répéter l'opération. En principe on inverse les rôles : le chasseur devient assistant et vice versa.

Si le chasseur tire un poisson, l'assistant qui, de la surface a vu son coéquipier ajuster sa cible « ferre » la proie qui, si elle est bien tirée, se retrouve à la surface sans savoir ce qui lui arrive. Le chasseur remonte dans ce cas par ses propres moyens, ou également tracté comme précédemment, accompagnant le poisson.

On procèdera de la même façon, si faute de visibilité, on perçoit « les coups de sonnette » sur la corde.

Cette méthode exige, évidemment, un peu d'entraînement en commun, et beaucoup de coordination et une très bonne entente.

Comme je le signalais ci-dessus, il ne faut plonger qu'à coup sûr. Il serait bon de faire des demi-plongées de façon à repérer ou se déterminer en faveur d'un point susceptible d'offrir une chance de tir. Il serait en effet décevant de plonger sur une pierre fermée par exemple et d'y perdre du temps et une énergie précieuse.

Si le chasseur au fond, tire un poisson qui s'enrague, ne pouvant être sorti dans la plongée, il lui faudra remonter sans aucune aide. C'est l'inconvénient de la méthode, sa sécurité n'est plus assurée. S'il a produit un gros effort dans une profondeur conséquente, il lui reste la solution de larguer sa ceinture.

c) Chasseur relié à la bouée par une ceinture largable

L'ex-champion de France, Jean-Denis Caumer, l'un des meilleurs chasseurs de sa génération et l'un des plus « profonds », à la suite d'un incident qui faillit lui coûter la vie, mit au point une technique qui semble assurer une sécurité absolue.

En effet, descendant dans une bonne profondeur, et s'enfilant dans un trou tourmenté, il tirait un beau mérou. Ayant l'arbalète reliée à la bouée et son coéquipier en surface, celui-ci ayant perçu le tir, tendit la corde. Malheureusement, une boucle s'était formée autour de l'un de ses doigts. La corde venant d'être tendue, la boucle se refermait, le maintenant prisonnier au fond. Il ne pouvait atteindre son poignard, en raison de l'étroitesse du boyau dans lequel il se trouvait. Malgré ses efforts, il ne pouvait se dégager ! Son coéquipier, ne le voyant pas réapparaître hors de la pierre dans un temps normal pressentit l'incident, s'hyperventila rapidement, amorça la descente pour secourir son ami.

La corde étant ainsi relâchée, Caumer put se dégager enfin et remonter alors que son coéquipier venu à sa rencontre, le propulsait à la surface, ouf !... Depuis, il révisa sa méthode, qui ne tarda pas à faire des adeptes.

Il fixe sa ceinture de plomb, dont le lest est supérieur au lestage normal, à la bouée par l'intermédiaire d'une corde flottante de gros diamètre, genre corde de ski nautique, de 40 mètres de long.

Il n'est pas indispensable que la corde soit reliée à la bouée, si ce n'est pour signaler sa présence aux bateaux circulant, ou pour retrouver plus facilement ce cordage flottant.

Il s'hyperventile, plonge dans des profondeurs assez conséquentes, méthode justifiée uniquement en grande profondeur, largue sa ceinture de lest devenue superflue, arrivé au fond.

Il prospecte ou tire un poisson, remonte le plus facilement du monde.

S'il a tiré une pièce importante, ou se débattant suffisamment pour, à cette profondeur, user l'organisme, et si l'arme est équipée d'un moulinet, il ne perd pas le contact, mais surtout ne prend aucun risque.

Sécurité maximale, car si le chasseur doit tout de même palmer au début de sa remontée, rapidement allégé par l'expansion de ses poumons, et de sa combinaison, il remontera sans effort et sans palmer dès son approche de la surface.

Dans le pire des cas, la syncope, il est assuré d'atteindre la surface et a de grandes chances d'être sauvé, en raison de la présence du coéquipier.

Des remarques identiques s'imposent : ne plonger qu'à coup sûr, etc. (voir paragraphe précédent).

IV. La chasse profonde

L'exploit de Jacques MAYOL, qui aux yeux des apnéïstes a plus de valeur que les autres, les 61 mètres atteints en 1981 à 54 ans en deux minutes et 9 secondes, équipé comme un simple chasseur sous-marin, nous aide a bien comprendre les performances actuelles de l'élite internationale, à 30-35 mètres.

Il portait des verres de contact, un vêtement isothermique sans cagoule de 2 mm, un lest de 1 kg seulement, des palmes performantes, des gants palmés et un pince nez. Bien entendu, il ne chassait pas.

Pourquoi cette course à la profondeur, alors que les exploits du meilleur chasseur français de tous les temps Titou ESCLAPEZ, au palmarès éblouissant, se contentent de profondeurs relativement modestes ?

Il faut reconnaître qu'à classe égale, il est l'un des rares à pratiquer de cette façon. Ses rivaux européens italiens, espagnols ou yougoslaves sont obligés pour atteindre le sommet de la hiérarchie, de descendre très bas pour deux raisons :

1) Les poissons traqués évoluent maintenant à ces profondeurs, surtout les grosses pièces, mérous, liches, dentis, pagres, etc.

2) Leurs techniques de chasses sont adaptées à la capture de gros poissons en général.

Mais tous possèdent les qualités physiques et psychiques leur autorisant ces profondeurs. Ils maîtrisent les techniques de chasse profonde à la perfection.

La densité du poisson en faible profondeur dans les autres continents, ne contraint pas dans l'ensemble les champions de ces pays à descendre si profond !

D'accord me direz-vous pour l'élite ! Mais pourquoi tant d'adeptes de la profondeur parmi les non compétiteurs.

Pour deux raisons :

1) L'élite draine la masse des chasseurs. A l'image de tous les sports, les compétitions font évoluer les performances.

2) Le mythe des profondeurs laissant présager que les terrains inaccessibles recèlent une faune extrêmement riche et variée.

Et pourtant Titou Esclapez, n'excellant pas à la grande profondeur, a su affiner tous ses dons, lui permettant de rivaliser avec les meilleurs !

Il a une connaissance des poissons hors du commun, une extraordinaire intelligence de la mer, une mémoire topographique particulièrement développée et un grand amour de la chasse sous-marine dans laquelle il s'est investi entièrement. Toutes ces qualités le rapprochent beaucoup de la faune qu'il côtoie, il se fond avec elle, c'est presque un poisson !

Si l'élite maîtrise parfaitement la plongée profonde ; ce n'est guère le cas de tout le monde ! Aussi vais-je tenter de vous faire découvrir les techniques de ces champions.

Gilles Bellier, instructeur fédéral, professeur d'éducation physique, chasse régulièrement l'été avec son cousin Bernard Salvatori champion de France 1987, et Jean-Denis Caumer, ancien champion de France. Tous deux comptent parmi les plongeurs les plus « profonds ».

Les premiers jours, Gilles chasse auprès d'eux, mais à son rythme, à des profondeurs plus modestes, décontracté sans forcer.

Petit à petit, à leur contact, il gagne 10 mètres sur sa profondeur maximum qui passe de 20 à 30 mètres en quelques jours. Le temps de se forger le moral, le psychisme dit-il !

Cette réflexion semble être la clé de ce mythe de la profondeur ! Il se situait à l'époque de ma génération à 25 mètres, à tel point que personnellement, si la nécessité l'exigeait, en compétition, je voulais surtout ignorer la profondeur.

Je me conditionnais « le moral » sur le terrain choisi, quitte à revenir me mesurer à lui quelques dizaines de minutes après, si j'avais encore le doute !

Nos deux champions ont adopté une méthode que décrit merveilleusement bien Tony SALVATORI (le papa), dans son ouvrage. Voir chapitre hyperventilation.

Pour en savoir plus, j'ai posé la question aux participants du championnat de France 1re catégorie en Corse en 1987, soit l'élite française.

Il semblerait que cette génération de très grands plongeurs opte pour les profondeurs par nécessité. Ils se sont forgés une philosophie de cette chasse de plus en plus profonde, sans peiner, naturellement, pour satisfaire leur instinct de chasseur, au rythme de leur préparation et leur entraînement.

Cette élite a donc élaboré une nouvelle méthode. Ils ont éliminé cette hyperventilation « gesticulante ancestrale » constatant son effet néfaste, au profit d'une méthode plus calme s'avérant plus efficace dans ce contexte. En fonction des échecs, ou tout simplement d'incidents, ils ont affiné la technique de chasse qui, conjuguée au nouveau matériel, souvent élaboré du reste, par d'anciens champions, répond à leur attente et renforce cette confiance indispensable aux profondeurs atteintes.

Finie la hantise de la remontée individuelle suicidaire avec lest à la ceinture qui se soldait par tant d'accidents.

Confiance en la technique adoptée, au matériel utilisé, en leurs moyens physiques, leur apnée, leurs coéquipiers, tout ceci autorise une plongée profonde en toute sérénité.

Il est bien entendu que la notion de chasse, implique l'évolution et le travail au fond de l'eau, et non la seule action de descendre et remonter à la surface.

Si nous devions établir une échelle des degrés de profondeurs, nous pourrions considérer une

— petite profondeur dans 7 à 10 mètres
— moyenne profondeur dans 11 à 17 mètres
— grande profondeur dans 18 à 25 mètres
— très grande profondeur au-delà de 26 mètres.

La limite atteinte en chasse, semblerait se situer aux alentours de 40 m.

Ne pas confondre profondeur et difficultés car plusieurs critères : type de chasse, poissons rencontrés, conditions physiques et atmosphériques, etc. peuvent convertir une plongée dite moyenne par sa profondeur, en une plongée difficile et inversement.

La chasse très profonde doit toujours se pratiquer à deux. Elle nécessitera des équipiers de même valeur, capables de descendre aux mêmes profondeurs, s'entendant parfaitement et ayant une excellente coordination. Il sera impératif de posséder, à fond, la mise en application des méthodes de réanimation aussi bien à l'extérieur, que dans l'eau en surface.

Par ses contraintes, cette chasse n'est praticable que pour la capture de gros poissons de qualité, en pleine eau, à la coulée, l'agachon ou au bord des trous.

La chasse à trous est également possible, mais sera beaucoup plus épuisante.

N'abordez cette chasse qu'avec l'esprit serein, aucun problème ne doit altérer le moral, sinon s'abstenir.

A. PRÉPARATION AVANT LA MISE A L'EAU

Tout ce qui suit, suppose des plongées avec un lest minimum à la ceinture (ce ne sera pas la meilleure solution).

Pour déterminer le lest, se référer au chapitre consacré « aux données physiques et physiologiques du plongeur en apnée ».

Se vêtir légèrement, mais tenir compte de la fraîcheur que l'on peut rencontrer au fond, en particulier, pour les agachons. On sait que la déperdition de chaleur sera néfaste à l'apnée soutenue.

Ne pas trop serrer la ceinture ou le baudrier pour faciliter la respiration.

L'arbalète utilisée sera équipée d'un tube de 1 mètre et d'une flèche de 1,5 mètre de Ø6,5 mm, d'une paire de sandows et d'un moulinet. Avec deux paires de sandows, l'armement sera le même, mais pour un impact meilleur la flèche de Ø7 mm semblerait préférable. C'est ce que je conseille. A ce stade-là chaque chasseur personnalisera son armement en fonction du type de poissons.

Suivant la technique adoptée, préparer le matériel nécessaire, bouée, filin, gueuse, etc. avec le maximum d'organisation et de minutie.

B. PRÉPARATION AVANT LES PLONGÉES PROFONDES

a) Chasser pendant 15 à 20 minutes sur un terrain de moyenne profondeur pour l'échauffement.

b) Se rendre ensuite sur les lieux de chasse envisagés, effectuer des demi-plongées pour se mettre en condition physique et psychique avec le coéquipier. Plongées discrètes pour ne pas effrayer les poissons. Si vos mouvements sont lents, coulés, silencieux, les poissons s'habitueront à vos silhouettes et ne manqueront pas de venir « bader ». Profiter de cette aubaine pour déterminer votre « cible ».

c) Considérer que seule la sensation d'aisance donnera l'autorisation d'aller plus bas, toute plongée profonde devrait être facile.

C. PRÉPARATION EN SURFACE

a) Le corps à plat sur l'eau, tous les muscles relâchés, s'assurer qu'aucune contraction ne perturbe le corps (contraction de la mâchoire sur le tuba par exemple).

b) Rien ne doit troubler le chasseur... masque mal nettoyé ou de l'eau à l'intérieur...

c) Le poisson repéré, le lieu choisi, la trajectoire déterminée de façon à ne pas perdre de temps, il faut que tout soit clair et se déroule comme prévu.

d) Sentir la présence de son coéquipier, sur lequel on peut compter. C'est tellement sécurisant.

e) Se décontracter au maximum et commencer l'hyperventilation calmement par des inspirations amples, venant de l'abdomen et des expirations aussi douces. L'esprit est bien absorbé par la ventilation, il en perçoit toutes les sensations.

Cette ventilation dure d'une à quatre minutes. Certains l'alternent de petites apnées pour abaisser le rythme cardiaque comme Hugues Dessault.

Vérifier sa lucidité par des exercices de raisonnement logique.

D'après Tony Salvatori, Jean-Denis Caumer perçoit le ralentissement de ses pulsations, jusqu'à la fin de sa préparation.

Respirer normalement quelques secondes, effectuer enfin une inspiration maximale et la culbute.

Le docteur PASCUAL, international de chasse s'est personnellement penché sur le problème de la chasse profonde, il préconise une hypoventilation avant la descente (ventilation en dessous de la normale).

D. LA DESCENTE

a) Ne pas ôter le tuba de la bouche, pour éviter l'absorption abondante d'eau en cas de syncope, en retournant à la surface.

Cette pratique courante, d'ôter le tuba afin d'éviter le bruit émis par l'air s'échappant progressivement de celui-ci, ferait fuir les poissons. Mais ici, la quantité d'air sera épuisé avant d'arriver dans la zone de discrétion. On peut de toute façon l'enlever, ceci permettra un relâchement de la mâchoire, mais il faudra le remettre au début de la remontée.

b) Le coéquipier ne perd jamais de vue son camarade, ceci implique de le suivre de loin en effectuant une demi-plongée si l'eau n'est pas bien claire, ou la visibilité insuffisante, en raison de la profondeur. D'où l'intérêt de palmes de couleur voyante.

c) La descente sera lente, et toute en souplesse, à l'exception des premiers mètres, où il faudra palmer énergiquement pour vaincre la flottabilité, due au sous-lestage, chaque mouvement rationnel économisera toute dépense inutile d'énergie. Bien suivre la trajectoire, la plus courte, envisagée de la surface.

Jean-Denis Caumer progresse en fermant les yeux sur une partie du parcours, tant il se concentre (schémas page 177).

d) S'efforcer de maintenir un rythme cardiaque lent, éviter les émotions même minimes, conserver le cerveau au repos, chaque situation anticipée de la surface, contribuera à l'économie d'énergie de ces deux organes.

e) Poursuivre la descente passivement dès que possible, c'est-à-dire sans palmer. Se laisser couler en douceur sur le poisson, ou votre point d'agachon.

E. AU FOND

a) limiter la profondeur aux deux tiers de votre performance maximale,

b) tirer le poisson, ou prendre position pour l'agachon,

c) si vous le manquez ou s'il n'a pas été tiré, profitez de cette remontée pour mieux repérer le poisson, ou le lieu, afin d'affiner la prochaine plongée, ou de communiquer des données plus précises au coéquipier prenant le relais,

d) si le poisson s'est « évanoui », mettez à profit votre descente pour prospecter un court instant, les environs de la zone. Vous distinguerez peut-être un poisson non visible de la surface ou demi-plongée. Votre présence même discrète, perçue par les poissons, les attirera éventuellement hors des trous...

e) ne pas attendre d'éprouver le besoin de respirer pour amorcer la remontée. Il sera difficile dans ces profondeurs de tenir compte de la règle du tiers temps (Dr SCIARLI) ou de comptabiliser les secondes (Dr MARIANI).

f) Tony Salvatori conseille de limiter le travail au fond (flèche ou poisson enragué, déplacement) quant au Dr Pascual il préconise d'adopter ce principe fondamental :

Ne pas rejoindre un point comme ceci

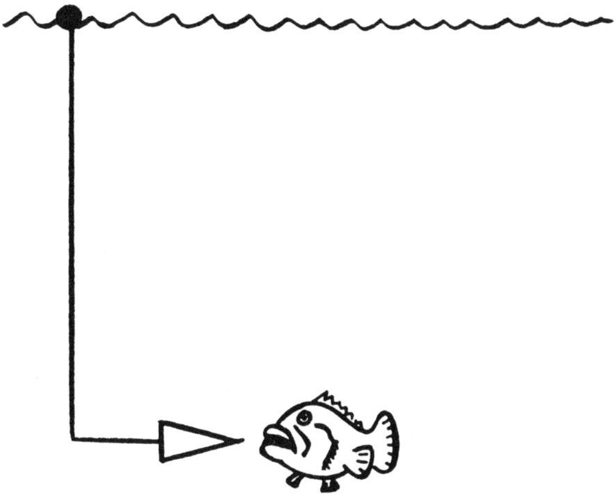

Mais comme cela

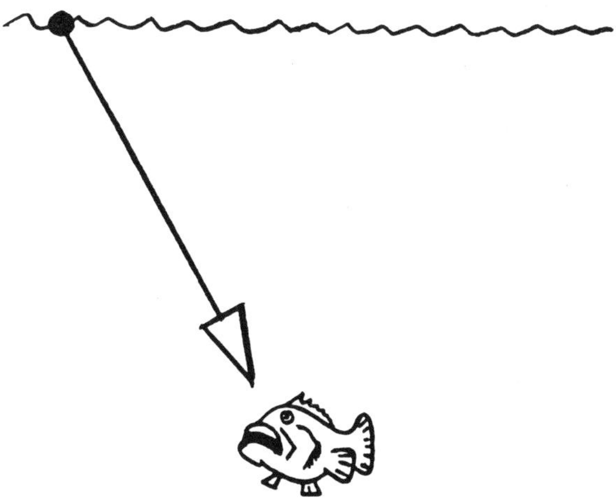

ou directement

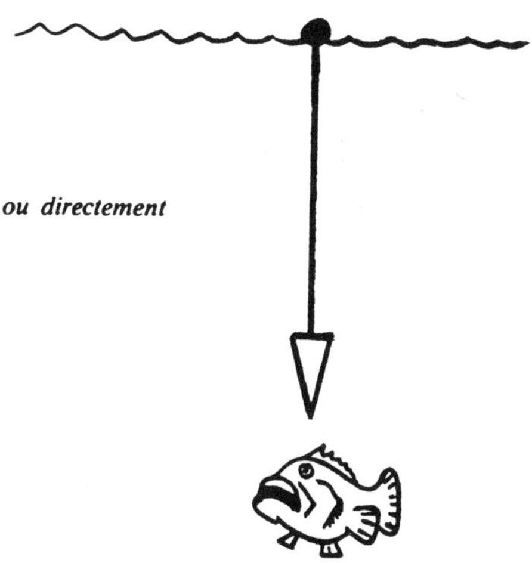

Deux courtes apnées valent mieux qu'une longue, car
— on prend moins de risque
— on se fatigue moins
— on revient deux fois à la surface, où il est plus aisé de réfléchir.

g) Se souvenir que la vue d'une belle pièce, par un phénomène d'investissement psychique, peut vous faire oublier l'envie de respirer et augmente artificiellement l'apnée mais le risque également !

F. LA REMONTÉE

a) Si le poisson a été tiré, remonter sans perdre de temps, en souplesse et lentement tout en dévidant le moulinet. Ne pas tenter de remonter le poisson même s'il a été tué net.

b) Si le poisson était présent mais n'a pu être tiré, appliquez les instructions du § E, ci-dessus, mais repérez méthodiquement un point bien caractéristique, le plus proche localisable de la surface, pour couronner de succès la prochaine plongée.

c) Si le poisson a disparu, remonter calmement, ne pas tenter de le repérer à nouveau, le maximum aura été fait (voir § E — d —), et si les poissons ne se manifestent pas, il sera plus prudent d'effectuer des demi-plongées, ultérieurement.

d) Le coéquipier va à la rencontre du chasseur et l'aide s'il le juge à la limite de ses possibilités.

e) Ne jamais regarder la surface en remontant, surtout lorsque l'on éprouve quelques difficultés, ne pas hésiter à larguer la ceinture... et garder son sang froid.

f) Essayer de ne penser à rien, et surtout pas au poisson qui vient de s'enraguer... avec la flèche... ni à la ceinture larguée et peut-être perdue, ni à l'arbalète abandonnée au fond, ni aux difficultés ultérieures nécessitées pour la récupération de votre matériel... Tout ceci n'est qu'un détail ! Faites-le vide dans votre tête...

On serait tenté de déconseiller tous mouvements de nage avec les mains, afin de privilégier une remontée bras détendus le long du corps, pourtant Mayol utilise parfois des gants palmés !

G. EN SURFACE

a) Après avoir soufflé dans le tuba, prendre enfin sa première inspiration, et la faire suivre par une courte apnée qui démontera le mécanisme de la syncope, d'après Hugues Dessault, champion du monde.

b) Récupérer de la manière la plus douce possible, à l'écoute de son état intérieur par la sensation. Se décontracter au maximum, bien allongé, tous les muscles relâchés.

c) Le coéquipier, durant quelques secondes, prêtera une attention soutenue au chasseur arrivant à la surface. Il sera à l'affût du moindre indice susceptible de révéler un état syncopal.

Si des vertiges, picotements, fourmillements apparaissent, si des étoiles ou un voile noir troublent le champ visuel, si les jambes semblent lourdes, il faut alors impérativement observer une pause d'une heure sur le bateau, ou cesser la chasse si des symptômes plus alarmants se manifestent (convulsions, spasmes).

Le docteur Pascual, préconise de consommer alors un peu de sucre, du pain, et des graisses, le tout sous une forme agréable et facile à absorber.

De toute façon, il sera, ce jour-là, plus raisonnable de limiter sa chasse à des profondeurs moins éprouvantes, mais non dénuées de risques tout de même ! Allez, soyez sage, rentrez au port !

d) Le coéquipier plonge à son tour, ou le même chasseur, après avoir respecté un temps de récupération, atteint son rythme cardiaque de croisière et se prépare à nouveau comme en § C.

H. OBSERVATIONS GÉNÉRALES

Limiter le temps de chasse très profonde à deux heures. Jean-Denis Caumer chasse seulement trois heures malgré une aisance croissante, mais ô combien sournoise !

D’après le docteur Antoine MARIANI, la vitesse de descente et de remontée est d’environ 1 mètre à la seconde pour un chasseur équipé de son lest à la ceinture. Elle fut enregistrée lors des différentes expériences auxquelles il a participé. Ceci se confirme par la descente record de Mayol à 61 mètres en deux minutes 9 secondes, soit 122 mètres en 129 secondes.

Robert MAURIES, international de chasse sous-marine, certainement l’un des plus « profonds » de sa génération, fondateur du merveilleux magazine APNEA, écrit dans l’un de ses articles sur la chasse profonde :

« En surface, la préparation dure 5 à 10 minutes et comporte deux phases : la récupération et la préparation de la plongée ultérieure. »

En doublant, pour chaque tranche de 10 mètres, le temps de préparation et de récupération, et en adoptant 5’ pour 20 mètres et 10’ pour 30 mètres, on ne doit pas être loin de la vérité.

Si l’on admet 30 secondes pour le temps passé au fond dans tous les cas, on peut établir le tableau ci-dessous.

PROFONDEUR	HIVER		8 m		16 m		24 m
	ÉTÉ	10 m		20 m		30 m	
DESCENTE		10’’	8’’	20’’	16’’	30’’	24’’
REMONTÉE		10’’	8’’	20’’	16’’	30’’	24’’
FOND		30’’	30’’	30’’	30’’	30’’	30’’
APNÉE TOTALE		50’’	46’’	1’10’’	1’2’’	1’30’’	1’18’’
PRÉPARATION		2’30’’ { 1’	1’	5’ { 2’	2’	10’ { 4’	4’
RÉCUPÉRATION		1’30’’	1’30’’	3’	3’	6’	6’
TOTAL		3’20’’	3’16’’	6’10’’	6’2’’	11’30’’	11’18’’

Volontairement, nous ne tenons compte d'une multitude de critères potentiels, mais il est bon de retenir les 20 % de diminution des profondeurs préconisés par Robert MAURIES, pour l'hiver.

En admettant :

— la capture d'un gros poisson à l'heure
— que le poisson soit bien tiré et non enragué
— que le temps nécessaire, à l'extraction de la flèche, au dépôt du poisson sur le bateau ou l'accroche poisson, et le réarmement, vous demandera 5 à 10 minutes suivant l'espèce capturée et les difficultés rencontrées en surface,
— qu'aucun répérage n'aura été utile,
— que la période d'échauffement dans peu de profondeur soit neutralisée.

En trois heures de chasse Jean Denis pourra effectuer l'été :

$\dfrac{180' - (3 \times 10')}{11'\ 30''}$ = 13 plongées minimum en supposant seulement des plongées à 30 mètres

ou $\dfrac{180' - (3 \times 5')}{6'\ 10''}$ = 26 à 27 plongées maximum en supposant seulement des plongées à 20 mètres

soit pour une chasse de 2 heures de 8 à 9 plongées et 17 à 18 plongées maxi. C'est peu, ceci confirme l'intérêt de tirer uniquement de gros poissons en chasse profonde.

La courbe ci-dessous détermine approximativement le temps nécessaire pour une plongée, en fonction des critères du tableau précédent page 179.

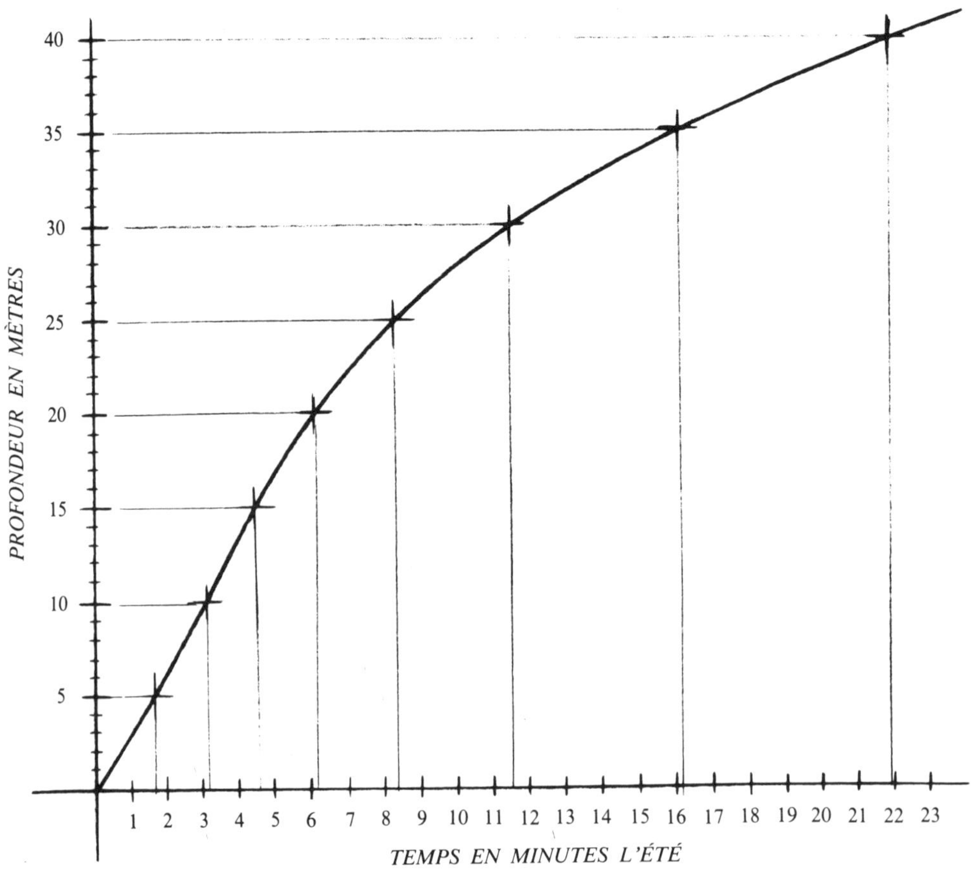

Terminer la chasse profonde par de petits fonds pour reposer l'organisme. Pratique observée chez de nombreux champions dont l'espagnol Amengual et Titou Esclapez.

Nous avons étudié les différentes techniques de chasse, celles qui me semblent les plus appropriées à la chasse profonde : ce sont la chasse à deux avec largage de ceinture, et la chasse à deux avec l'arbalète reliée à la bouée.

La chasse très profonde réservée à une certaine élite, n'est pas à la portée de n'importe quel chasseur, même le plus doué, on a l'exemple de Titou Esclapez. Au même titre que des athlètes courent le 100 mètres en 11 ou 12 secondes, d'autres plafonnent à 13 ou 14 secondes. Chasser aisément aux environs de 18 mètres, représente déjà une bonne performance.

La chasse profonde est réservée à des chasseurs ayant une expérience de la chasse sous-marine très « approfondie » : Il faut en effet, maîtriser d'une façon extraordinaire toutes les techniques s'y rapportant, mais surtout prendre en considération que les incidents répétés dans peu de profondeur dans des circonstances normales, l'auront aguerri et lui permettront peut-être d'éviter à 30 ou 35 mètres que de tels incidents « mineurs » dans 15 mètres d'eau, ne deviennent dramatiques à grande profondeur.

Il faut en effet, prendre conscience que le chasseur « profond » est SEUL. C'est un solitaire à 25-30 mètres. Son coéquipier en surface ne l'aperçoit plus ou peu, suivant la clarté de l'eau, malgré la couleur vive de ses palmes.

Si un incident survient au fond, il ne pourra pas lui porter secours, dans les limites imparties, pour sauver un individu.

A la suite d'une perte de connaissance, si le cerveau n'est plus irrigué 3 minutes environ, des lésions graves peuvent apparaître.

Or, le coéquipier en surface, nous l'avons vu précédemment, aura besoin de plusieurs minutes pour préparer sa plongée, 5 mn environ. Mais on connaît le rôle très important joué par le psychisme dans des conditions de chasse normale profonde. Lorsqu'il s'agira de récupérer un copain, son psychisme sera ébranlé dans de telles proportions, qu'il pourra perdre 50 % de ses moyens à mon avis.

Ceci augmente donc de 50 %, le temps envisagé initialement, pour la préparation.

Il lui faudra ensuite parcourir les 30 mètres, soit trente secondes environ pour descendre, et plus pour remonter l'accidenté, soit environ 40''. Puis le sauveteur observera automatiquement quelques secondes de récupération avant d'entamer l'épuisant traitement d'urgence soit 30'' environ, et nous arrivons à un total de :

5' + 2' 30 + 30'' + 40'' + 30'' = 10' 50'' c'est énorme !

Gilles Bellier nous précise ceci :

La chasse profonde est une chasse risquée. La présence de l'équipier est sécurisante, mais le chasseur doit prendre conscience qu'il est SEUL au fond, et n'a pas droit à l'erreur. Tout incident :

— poisson mal tiré,
— courant mal évalué,
— moulinet bloqué, etc.

doit être résolu de manière juste et rapide, presque réflexe.

La profondeur ne peut donc être abordée qu'après une grande expérience de chasse.

Il attire notre attention sur différents points :

- la clarté de l'eau, trompe sur la profondeur,
- plomb = ennemi de la remontée,
- le respect d'une hygiène de vie stricte (pas d'alcool, nourriture saine et équilibrée, beaucoup de sommeil, esprit libre).

CHAPITRE 7

LES PRINCIPALES ESPÈCES DE POISSONS CHASSÉS EN MER MÉDITERRANÉE ET OCÉAN ATLANTIQUE

I. LE MÉROU

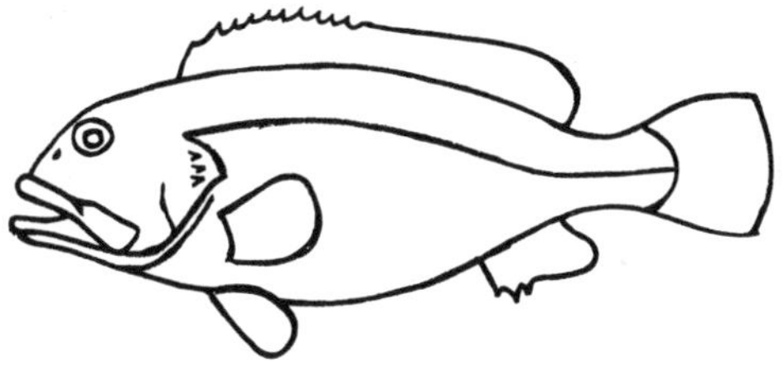

Lorsque l'on prononce le mot mérou, le cœur passionné du chasseur se met à battre, à grands coups. C'est à partir de ce moment que la chasse devient très sérieuse. Ce n'est pas le petit poisson de un à deux kilos, mais cette bête puissante et massive qu'il faut affronter, c'est le poisson dont on rêve !

a) Description

Le mérou se classe dans la famille des Serranidés. Il existe une quantité importante de types de mérous dans les mers chaudes du globe. En Méditerranée on en recense six.

Pour nous, chasseurs sous-marins, sans nous perdre dans les détails, nous en retiendrons deux.

1) L'ÉPINEPHELUS GUAZA OU MÉROU BRUN

(Épinephelus signifie « avec nuages dessus ») mérou classique que beaucoup de chasseurs ont rencontré, le plus commun, tête et gueule disproportionnées par rapport au corps, nageoire dorsale hérissée d'épines. Il est brun et tacheté de jaune, mimétique. Le ventre, surtout sur les jeunes spécimens, d'un jaune orangé, brunâtre chez les adultes.

D'après M. Claude Chauvet (Apnea n° 10), il vivrait jusqu'à 35 ans environ, pour une taille de 115 centimètres et un poids de 32 kg. Un mérou de 18 à 19 kg., aurait environ 20 ans. Sa première maturité sexuelle (femelle) peut apparaître à partir de la 4e année, il a alors une taille de 25 à 40 cm. Le frai s'effectue en juillet.

On le rencontre surtout en Méditerranée, mais également en Atlantique Est, sur les côtes portugaises, espagnoles ou africaines.

2) L'ÉPINEPHELUS ALEXANDRINUS ou badèche ou abadèche

Beaucoup moins volumineux, de forme plus allongée, avec une mâchoire inférieure caractéristique, avançant nettement par rapport à la supérieure, et son museau pointu. Il possède également des bandes longitudinales plus claires, alors que les taches jaunes du précédent mérou sont inexistantes.

Il est moins abondant, n'atteint en général pas plus de 10 à 12 kg, en Méditerranée. On le rencontre surtout en Afrique du Nord et dans le sud de l'Espagne. A l'étonnement général, j'en ai capturé un, dans la région marseillaise, aux pierres de la Chèvre exactement, en 1983.

La loche, que l'on ne peut ignorer en raison de son volume, bien qu'elle ne soit présente dans nos régions.

C'est un gros mérou atteignant 200 à 300 kg. Le 28 août 1966, lors du championnat vénézuélien de chasse sous-marine, H. Cardona a harponné et remonté seul, une loche de 298 kg.

Absente en Méditerranée, elle est présente en Atlantique Sud, sur les côtes africaines et américaines, en Mer Rouge et dans le Pacifique.

b) Écologie

Si le mérou se raréfie sur nos côtes métropolitaines françaises où il ne semble pas se reproduire, nous n'y rencontrons pas en effet, de « bébés mérous », les plus petits spécimens atteignant deux à trois kilos. Il est abondant sur les côtes d'Afrique du Nord ou d'Espagne du sud. L'espèce est loin de s'éteindre comme certains le prétendent.

J'ai dénombré, il y a quelques années c'est vrai, une centaine de petites badèches de 1 à 2 kg, sur un sec au large d'Aguillas en Espagne. Je peux assurer avoir vu tous les ans en Algérie ou Tunisie, des centaines de mérous, souvent imprenables, mais présents, et ceci, ces dernières années.

M. Claude CHAUVET nous précise également que les pêcheurs professionnels tunisiens en capturent environ 100 000 par an. On y rencontre du reste, souvent ces « bébés mérous », magnifiques dans leur robe sombre tachetée d'un jaune vif. Le mérou est hermaphrodite et Gilbert BARNABÉ, conseiller scientifique de la

F.F.E.S.S.M., précise dans son ouvrage, que jusqu'à 5-8 kg, les mérous bruns sont de sexe femelle puis se transforment en majorité en sexe mâle.

Le mérou, possédant la faculté de faire du mimétisme pour mieux se camoufler, passe son temps à l'affût afin de gober les poissons qu'il affectionne : les céphalopodes en particulier. A tel point, que dans les zones où abondent les poulpes, on est presque assuré de ne recontrer aucun mérou.

Il n'est pas rare de trouver dans ses entrailles, des restes de crustacés de belle taille. C'est donc un grand prédateur, mais il fait partie de l'équilibre naturel sous-marin.

Les mérous semblent migrer, puisque sur nos côtes ils sont tous adultes. Une exception récente, en été 1987, j'ai pu admirer dans 4 à 5 m de profondeur un mérou de 400 à 500 g, en Corse, qui par sa taille 20 cm environ, semblerait être né dans la région. Cette taille correspondrait à un âge de 2 à 3 ans 1/2, d'après la courbe de M. CHAUVET (fait de plus en plus courant en Corse).

Soit que les mérous éprouvent le besoin de remonter de profondeurs importantes pour pondre les œufs en juillet — août, soit en cheminant de côtes en côtes allant ou venant de leur lieux de reproduction. Les distances parcourues seraient alors parfois importantes, mais peut-être s'effectuent-elles sur plusieurs saisons ?

Pendant la saison estivale, il semblerait donc rejoindre dans une région favorable, une zone où l'habitat, la température, l'environnement et la nourriture répondent mieux à ses besoins pour y vivre quelques mois.

Il s'installe seul ou avec d'autres mérous. Il se mêle souvent aux bancs de sars ou de corbs. L'apparition de l'un de ces bancs avec les poissons tournoyant, rentrant, ou sortant des blocs environnants, révèle sa présence éventuelle. Il faudra donc être très observateur et inspecter discrètement par des demi-plongées, les pierres proches, surtout les zones d'ombre.

c) Habitat

Il est très varié et tous les abris efficaces lui sont favorables. Les blocs tourmentés, les dalles, les cassures, les blocs effondrés de falaises, les secs au large, les épaves en tout genre et même les mates comportant évidemment : trous, petites falaises et cratères caractéristiques. Ces mates sont parfois de véritables fromages de gruyère.

Ce sont d'ailleurs dans celles-ci que j'ai effectué mes plus belles chasses en Afrique du Nord, parmi des champs immenses de posidonies. Je me laissais porter par des courants modérés tout en recherchant entre 15 et 20 mètres par des demi-plongées successives, les zones un peu tourmentées.

Ces mates m'offraient la possibilité de tirer de belles pièces, qui s'enraguaient difficilement, puisque le terrain était moins tourmenté que la roche pure.

C'est là, que j'ai vu des mérous de belle taille, foncer dans le varech qui abondait dans ces ragues et que j'ai perdus de vue, car complètement dissimulés. D'autres déboulaient devant mon nez m'arrachant presque le masque au passage, alors qu'ils étaient à moitié enfouis dans ce varech et recouverts par les algues qui retombaient de petites falaises. Ils étaient à l'affût guettant leur proie dans une situation, on ne peut mieux camouflés. Ceci se passait dans les années 80 à 85.

On peut donc capturer des mérous assez facilement en ayant tout de même acquis suffisamment d'expérience pour déjouer leur ruse, mais surtout pour les déceler. C'est peut-être là que réside la plus grande difficulté avec la profondeur.

Pourchassé par les prédateurs que nous sommes, il a réagi en conséquence. Il est plus méfiant et se maintient plus profond.

L'idéal pour le repérer, sera donc une eau claire et un bon éclairage. Il sera obtenu en prospectant entre 12 et 14 heures.

d) Les techniques pour le chasser

Beaucoup lui sont propices. Personnellement je me suis efforcé, surtout en prenant de l'âge, de tirer ces poissons au bord des trous ou légèrement à l'intérieur seulement, faisant en sorte qu'ils ne puissent s'enraguer.

C'est la solution de facilité, car dans ces conditions le poisson est capturé avec le minimum d'efforts et de risques ! Mais faut-il encore se trouver dans ces conditions idéales, qui le seront de moins en moins, pour les raisons déjà invoquées.

Comment procéder ? Par une préparation, un repérage, une approche et un tir.

1) PRÉPARATION

On n'improvise pas la chasse au mérou, on la prépare physiquement et matériellement.

A — Préparation physique

Il faudra être capable d'une décontraction et d'une aisance extrêmes, et dans des profondeurs assez importantes. Elles ne seront acquises que par une succession de sorties en mer, de plus en plus longues, afin d'obtenir une forme correcte. Il faudra maîtriser une apnée assez longue en toute sécurité pour favoriser la confiance en ses moyens et un psychisme assurant le tir précis au moment opportun.

Elle devra se préparer avec le coéquipier habituel, pour une bonne coordination si la chasse s'effectue à deux, ce que je recommande vivement.

Pourtant, je dois avouer humblement, que les chasses citées ci-dessus au milieu des posidonies se pratiquaient seul, ou presque, car un ami pêcheur à la ligne me suivait en bateau, mais ne m'aurait pas été d'un grand secours sous l'eau !

Je suis persuadé avoir tout de même chassé en sécurité, car je ne prenais aucun risque. Tout poisson semblant difficile ou se mettant à trou était systématiquement délaissé, espérant le retrouver quelques jours après, dans de meilleures conditions.

B — Préparation matérielle

J'utilise une arbalète avec un seul jeu de sandows, les plus puissants possible. Longueur de tube 1 mètre avec flèche de 1,5 m et un Ø de 6,5 mm, en acier, corde à piano ordinaire ou acier inox.

J'ai une préférence pour le premier matériau, m'évitant ainsi la hantise de la perte ou la détérioration d'une flèche de qualité. Ceci prête à sourire, mais prend une importance relative pour la décontraction du tir. Aucun souci ne doit altérer le raisonnement du chasseur au fond. Une simple hésitation peut faire perdre le fruit d'un long travail d'approche et de mise en confiance du poisson, mais surtout sera néfaste à la précision du tir. Or l'emploi d'une flèche légère de Ø 6,5 mm a pour objectif un tir précis et rapide.

L'arbalète sera soit reliée à la surface par une corde flottante, « tenue en laisse » par le coéquipier en surface, ou par l'utilisation du moulinet sur le tube de l'arme.

Tout dépendra de la technique adoptée.

Il est possible d'employer des arbalètes moins longues avec un ou deux jeux de sandows, mais à mon avis la longueur mini du tube sera de 90 cm et celle de la flèche de 1,30 m, beaucoup plus propice à la chasse au mérou à trous.

Beaucoup de chasseurs, et non des moindres, utilisent ce dernier armement, équipé de deux paires de sandows, mais leur classe leur permet de ne faire que des tirs presque parfaits. Ce ne sera guère le cas de tous les chasseurs et il n'est pas rare que le poisson mal tiré, avec un armement trop puissant, « passe dans le fil ». Le poisson, alors libre de tous mouvements, non entravé par la flèche, peut s'enraguer facilement.

Le nylon reliant la flèche à l'arbalète sera très solide, car sa tension pourra se faire sur une arête rocheuse. Le gantchou sera à portée de main si l'embarcation est adoptée.

2) REPÉRAGE

La zone choisie est connue bonne pour le mérou ou réputée telle.

A — A la nage

Si la profondeur et la clarté de l'eau le permettent, nager lentement de front, avec le coéquipier, distant de 15 à 20 mètres. Dès qu'un indice, une roche, une zone d'ombre paraissent favorables, effectuer une demi-plongée discrète.

Si la clarté de l'eau n'est pas suffisante ou si la profondeur est telle, qu'il est difficile de distinguer nettement le fond, les demi-plongées devront se faire systématiquement à tour de rôle. Nager alors, immergé, à l'horizontale dès que la visibilité est parfaite. S'efforcer de regarder particulièrement dans les zones propices : bord de trous, failles, zones d'ombre. Rechercher les indices favorables dont les bancs de corbs ou de sars, se stabilisant autour d'une ou plusieurs roches. Ne pas négliger tout de même le haut des secs ou le dessus de gros blocs où le mérou, sans doute repu, semble prendre parfois le soleil !

Il arrive parfois, alors à la recherche de poissons divers que le chasseur au fond, soit surpris par un coup sourd. C'est le « coup de canon » du mérou. L'approche inopinée du chasseur provoque son brusque démarrage. Ce bruit est sans doute émis par un violent coup de nageoire caudale contre la roche. Il est alors trop tard pour le voir, mais c'est un indice. Cela se produit souvent avec les néophytes, qui par inexpérience ont de la difficulté à déceler un mérou.

Il est souvent statique, seules les nageoires pectorales le stabilisant, le trahissent.

D'autre part, son mimétisme et son affection pour les zones sombres le rendent moins perceptible, et lui donnent ainsi sa chance...

B — Tracté par le bateau

A faible allure avec une planche de traction. Plus facile, moins éprouvante la prospection permettra de couvrir beaucoup de terrain, tout en ayant la possibilité de s'immerger en inclinant et orientant la planche.

3) L'APPROCHE

Le mérou étant enfin repéré, il faudra effectuer l'approche. Moment très délicat, nécessitant l'emploi de toute la panoplie des possibilités en fonction de pas mal de paramètres, en particulier, la conformation du fond, la profondeur, la densité des chasseurs dans la région et le comportement du poisson, la condition physique, la présence ou non d'un coéquipier, des conditions de mer et de visibilité et j'en passe, ajoutons tout de même, un peu de chance !

Cela fait beaucoup ! mais c'est justement l'attrait de la chasse au mérou. Le chasseur affronte plus fort que lui à l'exception du domaine de l'intelligence. Il a compris depuis longtemps que le point faible du poisson est sa curiosité.

Celle-ci sera émoussée s'il a été « canardé » plusieurs fois. Par la fuite immédiate du poisson sans hésitation, le chasseur comprendra que l'on aura très peu de chances de le capturer.

Il faut s'astreindre à « filer » son périple, jusqu'à son habitat de prédilection et voir par quel côté il l'aborde. En effet, même doté de plusieurs issues, il aura tendance à se présenter à nouveau dans son passage favori.

Si, après avoir été repéré, il se maintient toujours à proximité de l'un de ses trous de chasse au lieu de fuir définitivement vers son repaire, les possibilités de tir augmentent.

En général, attiré par la présence du chasseur, il sort de son affût pour voir. Il peut y retourner une fois sa curiosité satisfaite. Ces trous, ces pierres seront plus ouverts, moins compliqués, souvent à plusieurs issues par rapport à son antre. Il faudra exploiter cette aubaine, ses possibilités de s'enraguer étant minimes.

Sous cette pierre ou cette mate, il continue à surveiller le chasseur en surface, qui se prépare calmement, convaincu d'être à l'abri par l'environnement habituel qui le sécurise.

Peut-être le verra-t-on apparaître à nouveau, « museautant » au bord, partagé entre l'envie de voir ce qui se passe au-dessus de lui, et celle de rester caché.

On peut, avant la plongée décisive, s'éloigner un peu, tout en effectuant des demi-plongées discrètes permettant de mieux cerner la situation globale du terrain environnant, mais également pour le mettre en confiance.

La préparation à l'apnée, s'effectuera calmement et longuement car l'émotion pourrait la limiter.

Mais auparavant la tactique à suivre aura été réfléchie seul, ou concertée avec le coéquipier. Il restera à proximité, prêt à l'assister, mais surtout, pour lui apporter un « plus de confiance ».

Le coéquipier se maintiendra, corde flottante lovée dans ses mains, en aval du courant ou des vaguelettes, par rapport au chasseur, prêt à la dévider au cours de la descente.

L'attention du coéquipier sera alors extrêmement vigilante, car il lui faudra assurer la sécurité du chasseur, mais également être actif en « ferrant » le poisson au moment crucial du tir. La coordination devra être parfaite, sinon, les difficultés pourront survenir, rendant pénible pour le chasseur l'extraction du poisson de son trou. Il lui faudra voir et écouter.

Voir, si cela est possible, le recul du bras ou de la main lors du tir.

Écouter, en immergeant la tête le plus possible pour entendre le coup partir.

Il lui faudra donner suffisamment de mou à la corde, pour ne pas gêner le plongeur, mais pas trop pour « ferrer » rapidement.

On s'aperçoit qu'une longue pratique d'une même équipe est souhaitable.

Quelle tactique adopter ? On pourra tenter, si l'on juge le mérou peu farouche, la plongée directement à la verticale du trou pour tenter de « cueillir » le poisson museautant. Il faudra alors avoir confiance en son tir qui se fera de loin.

L'amorce de la plongée sera décisive, car c'est l'instant le plus bruyant et mouvementé de l'opération.

Si la distance à parcourir est assez importante, ce moment sera moins déterminant. On peut enlever le tuba de la bouche pour éviter le bruit. Le palmage lent avec grande amplitude permettra d'atteindre rapidement une profondeur, où la coulée immobile sur le lestage permettra une approche plus discrète.

Si le poisson est toujours visible, surveiller ses yeux si possible. Tant qu'ils regardent franchement le chasseur, le mérou ne pressent pas encore le danger, mais dès que ses yeux ont tendance à regarder le chasseur et ailleurs, c'est qu'il flaire le danger... se laisse couler légèrement s'il était sur sa queue, le démarrage est imminent et le tir doit alors être tenté.

4) LE TIR

Si la portée est suffisante, tirer immédiatement même d'assez loin en visant le point sensible et mortel situé légèrement en arrière des yeux. Combien de mérous ai-je capturés de cette façon, les tuant net, la flèche ayant à peine pénétré.

Il faut parfois anticiper le point d'impact en orientant l'arbalète en conséquence si le trou le permet, car souvent ce n'est plus que l'extrémité du museau qui apparaît. De toute façon le tir dans le museau peut s'avérer efficace, sans le tuer, si la flèche traverse la mâchoire supérieure, l'ardillon s'ouvrant dans la bouche. Le « ferrage » en surface ne permettra pas au poisson de s'enraguer, et sortira de lui-même sous la tension.

Dans les mates mêlées aux algues, ces tirs sont très efficaces, car les algues retombant, sécurisent le mérou et permettent des tirs au juger à travers celles-ci.

Si lors d'une chasse courante, le chasseur tire par hasard un mérou, il lui faudra prendre certaines précautions.

Une fois tiré, le mérou ne possède que très peu de prises pour le tenir en main et le remonter facilement. Il y a la flèche fichée dans son corps, mais le tenir seulement par là est illusoire, car il peut se débattre de telle façon qu'il risque de s'en débarrasser avec facilité.

Dès que l'on a saisi la flèche, il faut le tenir par les yeux, en enfonçant le pouce et l'index dans les cavités. Cette méthode a deux avantages, d'abord maintenir le poisson, non plus en un seul point, mais en deux points, ensuite le paralyser.

D'un coup d'œil rapide, vérifier que la flèche a bien traversé son corps de part en part, pour que la réaction s'effectue sur l'ardillon. Sinon, par un coup sec et en se servant de l'inertie naturelle de la masse du poisson, tenter de l'enfoncer plusieurs fois s'il le faut pour éviter toute surprise désagréable. Ceci est également valable pour d'autres poissons comme le congre ou la murène. Il paraît souvent bien touché mais réagit subitement violemment au moment où l'on s'y attend le moins. Il faut même, en le tenant par les yeux, serrer assez fort pour éviter de lâcher prise au premier coup de queue.

Si l'approche du mérou nécessite par sa nervosité une tactique différente, il faudra employer une manœuvre « napoléonienne ».

Elle consistera à effectuer la plongée non pas à la verticale, mais suffisamment éloignée, en épousant au mieux le relief sous-marin, pour rendre cette approche attractive, afin que le poisson se manifeste au bord.

L'agachon caché derrière une pierre, à proximité, ou au-dessus du bloc l'abritant, permettra un tir plus rapproché et augmentera les chances de succès.

Elle sera plus physique par les déplacements au fond, et le temps requis.

Une multitude de possibilités pourront se présenter et il faudra composer en fonction de l'expérience et de la condition physique.

Reste la chasse à trous. Elle me rebute maintenant, car souvent très physique, mais également par les échecs qu'elle entraîne et les accidents qu'elle risque de provoquer.

Il ne faudra tirer un mérou à trou qu'en étant persuadé pouvoir l'en extraire.

En cas de difficultés importantes, il faut essayer de tuer le poisson. D'abord pour abréger ses souffrances, éviter de prolonger une agonie inutile, ensuite pour tenter de le sortir en évitant qu'il ne lutte. Utiliser une flèche sans ardillon dénommée « attendrisseur ». Elle autorisera plusieurs tirs en un point mortel, son extraction étant chaque fois possible.

Malheureusement, il arrive souvent de n'avoir pas le temps de réfléchir. Encore ajustable dans de bonnes conditions un court instant, dès l'apparition du chasseur en se présentant souvent de face, il sera ensuite difficile à tirer car positionné de telle façon que les possibilités de le foudroyer s'amenuisent.

Si je pense pouvoir surprendre le poisson par un tir rapide, il m'arrive pour éviter qu'il ne me prenne trop de fil de la flèche, de faire un nœud sur celui-ci, diminuant de 50 % environ sa longueur.

Que faire alors ? C'est au chasseur de juger, les conditions n'étant jamais les mêmes. Je pense qu'il est préférable d'abandonner une capture hypothétique, de bien repérer le lieu et la pierre pour revenir dans quelques jours.

La technique citée ci-dessus, avec l'arbalète reliée à la corde flottante, est celle que j'affectionne le plus, et nous l'avions mise au point avec mon ami Tony Salvatori, qui en avait eu l'idée, il y a... quelques dizaines d'années. Elle est toujours d'actualité, si ce n'est que la corde flottante était reliée directement à la bouée, mais toujours maintenue par le coéquipier. Cette bouée pouvait être immédiatement opérationnelle pour tendre la corde, en évitant au poisson de s'enraguer s'il n'était pas sorti dans la plongée.

La technique actuelle consiste à ajouter une petite bouée immergée, si les mêmes conditions se présentent. Notre bouée, il est vrai, nous permettait de transporter matériel et poisson.

La méthode Caumer, décrite par ailleurs, a fait beaucoup d'adeptes, malgré l'asservissement de la remontée de la ceinture. Elle garantit le maximum de sécurité pour la chasse très profonde.

Je conseille de relire ou de se procurer le n° 8 d'APNEA, qui traite, sous la plume de Michel CANTOU et de Robert MAURIES, d'une façon remarquable, la chasse au mérou.

Le mérou fait partie de ces poissons nobles comme la liche et à un degré moindre le denti, il faut le respecter.

Le tirer à trou pour l'abandonner ensuite est un sacrilège.

Dans les lieux où il abonde, la facilité de sa capture ne doit pas transformer le plaisir de la chasse sous-marine en massacre.

La mer n'est pas inépuisable et puissent nos enfants jouir encore longtemps de ce magnifique sport en capturant de temps à autre ce roi de la Méditerranée.

II. LA LICHE

a) Description

De la famille des Carangidés, c'est le poisson des eaux méditerranéennes le plus sportif à chasser.

C'est surtout la « sériole » (seriola dumerilii) qui est aperçue et capturée par le chasseur sous-marin, mais qui est assimilée à tort à la liche quant à sa désignation, bien qu'elle fasse partie de la même famille. Elle est facilement reconnaissable par le profil de l'abdomen légèrement creux.

La véritable, plus rare, est la « liche amie » (lichia amia) qui peut atteindre deux mètres et plus de 50 kg, comme la sériole. Sa ligne latérale est sinueuse.

On se rend compte alors que la chasse prend une autre dimension.

b) Écologie

C'est un poisson essentiellement de pleine eau, taillé pour la nage.

Il affectionne les courants, l'eau pure et vive des « secs » aussi ne le trouve-t-on pratiquement que là. Des milliers de petits poissons évoluent dans ces lieux sur une couche de plusieurs mètres. La liche les gobe goulûment en maintenant grande ouverte sa gueule. On l'entend d'ailleurs nettement se refermer après chaque bouchée.

La liche vit en banc assez important, mais on peut la rencontrer isolée.

Pour s'accoupler et frayer en juin (d'après G. BARNABÉ mais B. SALVATORI et J.D. CAUMER les voient s'accoupler en août en Corse), elles approchent du rivage où elles sont assurées de trouver une nourriture abondante de mai à octobre surtout en Corse, mais également aux Baléares, dans le sud de l'Espagne et de l'Italie et en Afrique du Nord.

Elles affectionnent les sardines et les anchois groupés en bancs serrés. Pour leur échapper ils sautent hors de l'eau par centaines. C'est un excellent indice pour repérer les liches et prendre ainsi toutes les précautions nécessaires.

Si le chasseur prend toujours un petit risque lors de la capture de ces poissons imposants et puissants, il est moins dangereux de chasser la liche que le mérou à trou. Les violents efforts nécessaires pour sortir parfois un mérou enragué sont inexistants avec la liche. C'est donc à priori plus facile mais faut-il bien assimiler la technique particulière à ce poisson.

c) Technique pour la chasser

1) PRÉPARATION

A — Préparation physique

La profondeur à atteindre sera parfois importante si la liche est posée sur le sommet d'un sec, car il avoisine parfois les 20, 25 mètres. On peut donc assimiler cette possibilité au tir d'un mérou hors du trou ou au bord de celui-ci mais la réaction des mérous sera de tenter de s'enraguer, la liche au contraire partira en pleine eau. La dépense d'énergie sera donc presque comparable.

Nager contre un fort courant, s'y maintenir pendant une longue période, s'hyperventiler, et tenir des apnées conséquentes, ne sera à la portée que d'athlètes en pleine forme, mais surtout bien entraînés pour la nage avec palmes.

Plusieurs solutions : soit mouiller un filin accroché à une bouée et s'y maintenir comme le font les chasseurs en Atlantique. Le coéquipier se limitera alors à tenir la corde flottante de celui qui va chasser pour lui éviter la trainée de la bouée et limiter le nombre de cordages dans le secteur. Mais il sera alors préférable de chasser avec l'arbalète équipée du moulinet.

Soit mouiller le bateau en amont du courant et laisser filer un cordage sur une longue distance. Le chasseur pourra plonger à la hauteur du bateau et se récupérer au cordage qui traîne.

Soit le coéquipier nage et maintient par les palmes le chasseur qui s'hyperventile devant lui, face au courant. Mais ces astuces suffiront-elles ?

La meilleure solution consistera à se laisser déposer, en amont du courant s'il est présent, et se faire récupérer par le bateau. Le pilote restant à bord sera attentif au déroulement des opérations.

Autre condition, posséder une très bonne apnée car l'attente au fond ou l'hésitation du poisson, imposera une prolongation importante de celle-ci.

La chasse à la liche nécessitera de développer particulièrement la décontraction, l'aisance et un sang froid hors du commun, pour tirer dans de bonnes conditions ce magnifique poisson. Il sera souvent à la portée maximale de tir et la moindre petite faute, la moindre nervosité ou mouvement inutile la feront fuir.

B — Préparation matérielle

Il faut donc voir ce magnifique poisson aux lignes pures se battre une fois tiré ! Il est impensable de le tirer sans un armement spécial adapté à cette chasse et surtout, il est impératif de chasser en équipe de deux, car possédant une puissance inouïe, la liche peut se déchirer facilement, il est donc nécessaire de la doubler.

Le matériel joue un grand rôle. Le fusil sera une arbalète à double sandows, tube longueur 1 m, équipée du moulinet avec flèche Ø6,5, longueur de 1,50 m. Autrement dit, c'est un matériel classique existant dans le commerce, sauf pour les sandows dont je ne peux donner les caractéristiques, car tout dépendra de la qualité du caoutchouc, de leur diamètre et surtout de la possibilité du chasseur à armer les deux sandows (longueur des bras et puissance musculaire) il y a évidemment un « coup à prendre ». Il faut armer d'un coup sec et non progressivement. Une seule solution, les expérimenter. On a tendance à augmenter anormalement la longueur du fusil, plus il est long et plus on se rapproche du poisson, mais il s'alourdit considérablement et sa manipulation dans l'eau est pénible surtout pour changer rapidement de direction. Il faudra vérifier le matage de l'axe de l'ardillon de la flèche, pour une meilleure pénétration, celui-ci est souvent négligé par le fabricant. Vérifier régulièrement l'état du nœud de la flèche, de la corde de liaison de la flèche au fusil.

On trouve dans le commerce des arbalètes avec une longueur de tube de 1,20 mètre et fléche de 1,70 mètre. Des chasseurs de grande valeur les utilisent. Il faut donc les considérer comme excellentes, mais tenir compte de la remarque ci-dessus pour armer.

Mais le record est détenu par Raymond BOINET (APNEA n° 14) qui utilise une arbalète de 1,80 mètre et une flèche de Ø6,5 longueur 1,80 m.

2) REPÉRAGE

La liche affectionne la chasse dans le courant et tous les chasseurs savent qu'elle se manifeste souvent aux alentours des remontées, écueils, îlots « enlargués », ce seront donc les terrains favoris de ce magnifique poisson.

A — A la nage

Si la distance de ces lieux n'est pas trop éloignée, il est possible de les atteindre à la nage, mais suivant leur situation il faudra être très vigilant contre l'agression des bateaux. En dehors de la bande côtière des 300 mètres, ils peuvent naviguer à grande vitesse. Il faudra aussi se méfier des courants qui peuvent se manifester et subitement tirer violemment au large.

L'approche se fera discrètement, si les liches ne sont pas en pleine eau, s'assurer de leur présence éventuelle posées sur une roche.

B — Avec une embarcation

Le repérage en est facilité surtout si la surface de la remontée est importante ou si plusieurs secs se succèdent dans les environs.

Très souvent les liches sont attirées par le bruit du moteur au ralenti et viennent jusqu'en surface.

Le plus pratique sera la prospection du bateau en immergeant la tête.

La vue joue ici un rôle important. Contrairement à ce que l'on pense malgrè leur volume important, les liches sont difficiles à détecter de loin. On n'a en effet aucun point de repère, à part le sec, on est suspendu entre celui-ci et la surface, et les liches peuvent apparaître de tous côtés. On a d'ailleurs tendance à trop regarder vers le bas, et il n'est pas rare de se trouver avec l'une d'elles à gauche ou à droite sans l'avoir vue arriver. Le mouvement brusque de la tête dû à la surprise ou l'émotivité sera suffisant pour la faire partir avant d'avoir pu l'ajuster. D'autre part si la liche est d'un gris sombre sur toute la partie dorsale, elle est d'un gris argenté sur la partie ventrale et sous la gueule. Les extrémités des nageoires pectorales sont plus claires. C'est donc à ces surfaces visibles que souvent on la verra apparaître au loin dans le bleu à 20 ou 25 mètres, distance souvent indispensable pour prendre toutes dispositions nécessaires.

3) L'APPROCHE

La liche comme les autres poissons est curieuse, elle vient donc contempler cet être bizarre qu'est le chasseur sous-marin. Il faudra donc exploiter cet avantage car sa méfiance naturelle prendra vite le dessus et alors elle croisera à une distance respectable, surtout si elle a déjà été chassée dans cette région et que l'une de ses congénères a, déjà été blessée. Mais des chasseurs intelligents ont cherché à défier cette crainte et se sont aperçus que la liche a peur des yeux ! L'un d'entre eux eut l'idée de mettre la main devant le masque et de ne regarder qu'à travers les doigts légèrement écartés.

Il ne faut pas croire qu'il faille procéder ainsi sans précaution préalable, mais c'est le dernier obstacle qui permet de franchir les quelques mètres nécessaires entre le poisson et la pointe du fusil, qui restaient très souvent infranchissables jusque-là.

Quoique certains champions préfèrent fermer les yeux au maximum de la visibilité possible.

Il est primordial d'arriver sur le lieu de chasse tout équipé prêt à entrer en action.

On peut découvrir le spectacle magnifique du banc de liches chassant de tous côtés, on est presque assuré d'un tir. Il faudra se mettre à l'eau le plus délicatement possible, armer rapidement le fusil, sans s'occuper de ce qui se passe autour, il arrivera souvent de tirer une liche, la plus près sans avoir besoin de plonger. Il arrive même, en mettant la tête dans l'eau de tirer les liches du bateau. C'est dire leur curiosité au début de la chasse et surtout au début de la saison. Après, le problème sera plus ardu et il faudra user de la technique citée précédemment, en effectuant des agachons en pleine eau, entre le sec et la surface. Le terme agachon est peut-être ici mal employé, car il est dans ce cas impossible de se cacher, c'est plutôt une attente prolongée en pleine eau à découvert, prêt à mettre la main devant le masque dès qu'apparaît une liche. La plongée devra être discrète et aucune nervosité ne devra interrompre cette succession de mouvements lents et calmes pendant cette attente.

Dans tous les cas les deux chasseurs formant l'équipe devront éviter de plonger en même temps, tout le travail préparatoire avant le tir est délicat et doit être discret.

4) LE TIR

La liche viendra très souvent franchement puis fera « volte-face » et fera mine de s'éloigner, puis se ravisera, hésitera et petit à petit se rapprochera. C'est là le moment crucial, il faut être immobile, le fusil dans la main droite et la main gauche devant le masque. Le plombage de la ceinture de lest doit être en équilibre pour 7 à 8 mètres. Elle se présentera de trois quarts ou carrément de côté. Il faut viser le tiers supérieur dont la chair plus consistante évitera peut-être de la perdre dans le combat qui va suivre. Il faut rester immobile et attendre que la liche soit à environ deux à trois mètres de la pointe du fusil, elle viendra rarement plus près. Une fois touchée, elle a quelques secondes d'immobilité, puis c'est une plongée éperdue dans le « bleu ». Elle lutte avec une énergie incroyable, on est d'ailleurs obligé de lâcher « de la corde », car il est impossible de la tenir, du moins au début où elle jette toutes ses forces. Elle se frotte contre le rocher du sec, cherchant à s'arracher la flèche, mais il faut essayer en jouant sur la corde d'éviter qu'elle n'y parvienne. Des partenaires viennent souvent à son secours et se frottent contre l'amie blessée. Il est d'ailleurs possible à ce moment-là, si les conditions s'y prêtent (profondeur, équipier à proximité, etc.) d'en tirer facilement une seconde car elles sont absorbées par l'événement du moment. Je me suis d'ailleurs trouvé dans la situation embarassante, ne sachant que faire, ou doubler le poisson déjà tiré ou en tirer un autre, se présentant à la pointe du fusil. J'optais finalement pour la solution la plus sage et doublais celui déjà atteint pour assurer la prise. Petit à petit, elle va se fatiguer et ne luttera plus que par intermittence, mais toujours aussi rageusement. A chaque réaction violente, il faut lâcher du fil et dès qu'elle s'arrête en profiter pour gagner quelques mètres. Épuisée, elle remontera d'elle-même à la surface, c'est le moment idéal que choisira le coéquipier pour la doubler le mieux possible. A ce moment, la liche a perdu la partie, en général, elle ne résistera plus et la main, gantée, c'est plus prudent, passée dans les ouïes la maintiendra en surface facilement et l'accompagnera jusque sur le bateau.

Certains préconisent de tirer dans la colonne vertébrale. Le coup est mortel mais il est très difficile de le réussir, car si elle est très longue, elle est par contre très étroite. Il faut être très adroit, en visant la ligne latérale très visible qui est dans l'alignement de la colonne vertébrale.

Quelquefois, la liche sera tellement confiante qu'elle arrivera de face, il y a donc la possibilité de la tirer comme elle se présente, mais tel un toréador, il faudra éviter de se faire empaler par sa propre flèche. Je crois qu'il est plus prudent de la laisser passer et de tirer au passage, mais il faut anticiper car elle va très vite. Il lui arrivera également de se poser sur le sec soit qu'elle se repose ou à l'affût guettant quelques proies, mais elle sera elle-même une proie facile. Il suffit en effet de se laisser couler à sa verticale, en général elle ne réagira que trop tard ou alors son démarrage lent permettra de la tirer tout de même, si possible dans la tête. De dessus c'est relativement facile et mortel.

Malgré la connaissance de la méthode que nous appellerons parfaite, le profane dans ce domaine perdra ses premières liches par inexpérience ou par manque de sang froid. Il m'est arrivé, à mes débuts, de tenir une liche d'une trentaine de kilos plus d'une minute, de donner un peu trop de « mou » et de voir l'ardillon se refermer et repasser dans la blessure (il faut toujours avoir la corde tendue) c'est une déception immense.

Antoine MICHEL, qui fut l'un des plus prestigieux chasseurs sous-marins français, auréolé de l'un des titres le plus envié, celui de champion d'Europe en 1970, pratique la chasse à la liche dans les environs de La Ciotat.

Antoine, considère qu'il y a trois façons de les approcher :

1) trouver le banc de liches en surface, immobiles, mais c'est très rare, à l'en croire, elles font la « bronzette » ! ,

2) en pleine eau, à mi-profondeur,

3) une ou deux, immobiles, un mètre au-dessus du fond, le nez dans le courant.

Si le courant ne se manifeste pas ou peu, il emploie une astuce qui consiste à tournoyer lentement sur lui-même, tout en descendant, sans chercher à approcher le poisson qui viendra souvent.

Si le courant se manifeste, il le remonte, dépasse légèrement la liche à son aplomb.

Il plonge le plus discrètement possible et assez plombé, se laisse couler et déporter par le courant de façon à arriver à 1,5 mètre au-dessus et la tirer un peu en arrière de la tête.

Il utilise le matériel décrit antérieurement, mais des flèches dont la pointe et l'ardillon sont deux fois plus longs que la normale.

La chasse à la liche ne s'improvise donc pas, et comme qualités premières, le chasseur doit être bon plongeur et posséder une longue apnée.

Un autre poisson, quoique de famille différente, celle des scombridés, s'apparente un peu à la liche ou la sériole par la similitude de mœurs, malgré sa taille nettement inférieure, mais de réaction identique lors du tir. C'est la pélamide ou bonite à dos rayé. Elle n'atteint en général guère plus de 3 kg, mais quelques spécimens assez rares, arrivent à la dizaine de kilos.

On la chasse de la même manière que la liche mais les chasseurs sous-marins apprécient la combativité de ce poisson aux réactions très violentes pour sa taille.

Malheureusement nous ne la rencontrons que trop rarement du moins en Méditerranée. Elle apparaît au printemps sur les côtes marseillaises, on peut la voir tout l'été. Carnassière, elle chasse dans peu de profondeur, et surtout dans des zones de passage naturel, comme les pierres de la Chèvre ou du Levant, aux alentours de Riou surtout entre le petit, le grand Conglu et Riou.

Elle est groupée en petits bancs desquels il est difficile d'en tirer beaucoup. En général après le tir, le banc se disperse et quelquefois, si le terrain le permet, elle s'enrague dans des pierres ouvertes. Il arrive aussi qu'elle soit isolée. Dans tous les cas, elle n'est pas farouche au contact préliminaire, les premiers tirs devraient s'effectuer dans de bonnes conditions. Il suffit de se laisser couler et même de nager discrètement dans sa direction, souvent elle se laisse rattraper. Le tir est donc la plupart du temps en pleine eau.

La bonite est de la même famille et de forme presque identique à cette dernière mais avec des bandes horizontales, sur le ventre.

Quoique vivant plus au large, on la rencontre quelquefois près des côtes. Ses réactions sont identiques à celles de la pélamide.

III. LE DENTI

a) Description

Le denti se classe dans la famille des sparidés, le denti ou denté (dentex dentex) de couleur gris bleu, avec des reflets légèrement roses pendant son évolution. Sa robe est mouchetée d'un gris bleu soutenu ; corps oblong.

Il doit sans doute son nom à sa dentition assez conséquente, dont deux belles canines, qui lui servent d'ailleurs à mieux « croquer » tous les poissons qu'il pourchasse. Il peut atteindre plus de 10 kg et mesurer 1 mètre.

b) Écologie

MM. Paul BOUGIS et Gilbert BARNABÉ nous apprennent dans leur ouvrage, que la biologie de ce poisson est mal connue.

Rare sur les côtes continentales françaises, il est abondant en Corse. On le trouve aux Baléares, en Espagne, au sud de l'Italie et en Afrique du Nord.

C'est un des poissons les plus méfiants et des plus difficiles à tirer. Évoluant en pleine eau uniquement, en bande importante parfois, souvent d'une dizaine d'unités, il reste toujours à une distance respectable. Il ne dédaigne pas de chasser en solitaire.

c) Habitat

Ce vorace chasseur se maintiendra de préférence dans une zone où les bancs de petits poissons comme les sardines, bogues, oblades ou anchois abondent, mais il affectionne aussi les céphalopodes ; soit les secs, pointes, écueils, mais il lui arrive de longer la côte individuellement à l'aube dans des profondeurs ridiculement faibles.

Rien n'est plus irritant que le voir nager avec nonchalance, nullement indifférent à la présence du chasseur, mais s'éloignant dès son approche, croisant à 5 ou 6 mètres de la pointe du harpon... intouchable... et pourtant, ce poisson de classe, imposant par sa masse, attire beaucoup le chasseur, qui aimerait tant l'avoir à son tableau de chasse.

Combien de fois, son cœur s'est-il mis à battre plus fort, en voyant sous ses palmes... un denti de plusieurs kilos, qui attiré par la plongée précédente, est venu inspecter les lieux, mais quelle déception malgrè toutes les précautions, de le voir s'éloigner calmement dès l'amorce de la plongée.

d) Techniques pour le chasser

1) PRÉPARATION

A — Préparation physique

Nécessitant de longues apnées, la préparation sera axée principalement sur celles-ci, et les tirs lointains.

B — Préparation matérielle

Similaire à l'armement utilisé pour la chasse à la liche. Mais pour la chasse occasionnelle, l'utilisation d'une arbalète longue, minimum tube de 0,90 m, et flèche de 1,30 m, sera indispensable. L'arbalète idéale, à mon avis, étant équipée d'un seul jeu de sandows, les plus puissants possible, avec tube de 1 m et flèche de 1,50 m de Ø 6,5 mm, mais la longueur de la pointe et de l'ardillon sera nettement plus important que les longueurs classiques.

L'arbalète équipée d'un moulinet sera encore plus performante pour la capture de gros spécimens.

Bernard SALVATORI, dans APNEA n° 8 de juillet 87, conseille une arbalète très longue de tube de 1,20 m, flèche de 1,70 m, et une longueur de sandows de 30 cm environ, équipée obligatoirement d'un moulinet.

2) REPÉRAGE

Nous rencontrons des dentis dès le printemps dans les lieux cités précédemment, qu'il faudra explorer en priorité.

A — A la nage

Les dentis affectionnent les eaux chaudes et claires ; aussi avec un peu d'expérience les voit-on parfois chasser de la surface. Il faut aborder les points intéressants prudemment car s'ils sont chassés régulièrement dans cette zone, malgrè leur flegme inné, ils s'éloigneront cahin-caha.

B — Avec une embarcation

Il est préférable de mouiller assez loin du point à prospecter, et l'aborder à la nage discrètement.

Si le chasseur réside dans les environs, les coins à dentis devront être repérés astucieusement, pour trouver les meilleurs postes possible à prospecter à chaque sortie. Ceci pour effectuer les agachons dans les meilleures conditions. Les critères seront, la profondeur minimale et la possibilité de se camoufler efficacement. Le point idéal étant de s'immerger sous une dalle ouverte dans laquelle le chasseur se glissera entièrement, mais également dans une faille, entre deux blocs ou carrément dans les posidonies.

D'une façon générale, il n'y a pas de mystère, seuls les bons plongeurs, bons apnéïstes ont de réelles chances de succès d'une façon répétitive.

Lors du stage des espoirs français en Tunisie en 1982, le marseillais ZERBINI, captura lors d'une sortie de chasse trois dentis de quatre kilos et un pagre de sept kilos.

Pourquoi, parce que capable de faire des agachons prolongés à 25 mètres et au-delà !...

N'allez tout de même pas troquer votre arbalète pour une canne à pêche, si vous ne vous sentez pas capable de pareille performance !

Il vous faudra procéder de la façon suivante : l'agachon tel qu'on le pratique couramment n'est pas suffisant pour ce « seigneur des mers ». Il faut qu'il soit « super intrigué », car curieux il l'est, comme la plupart des poissons, mais en plus il est méfiant, la vue d'une partie du corps du pêcheur suffira à l'inquiéter.

Il fera d'abord un passage lointain de reconnaissance, fera mine de venir et repartira lentement pour enfin faire volte-face, hésiter, puis alors, confiant, venir franchement à grands coups de nageoires.

Il ne faut alors pas bouger les yeux,... et même les masquer avec la main, comme pour les liches.

Le tir sera alors possible... mais que de précautions ! Tout le monde s'est aperçu que les dentis venaient au point même où le pêcheur avait plongé, surveillant vos faits et gestes... et ceci systématiquement.

Il faut donc plonger à deux, mais avec un décalage de 30 secondes environ, le premier remonte après une courte apnée, seulement pour intriguer le poisson, en ayant feint une action sous une pierre, pendant que le second mieux camouflé attend.

Ça marche parfois... même dans de modestes profondeurs !

Des chasseurs imaginatifs à la recherche de quelques « trucs » pouvant attirer le poisson ou exciter sa curiosité, collent à l'extrémité de leur tube des bandes de couleur voyante, qui paraît-il donnent satisfaction, je doute du résultat, mais essayez...

Il lui arrive, rarement il est vrai, de se camoufler dans des algues ou des rochers, apeuré par un nombre important de chasseurs (par exemple, lors d'une compétition). C'est alors une cible facile à trous, et dans les algues il suffira de se laisser couler et de le tirer de dessus à bout portant. On peut également l'avoir par surprise au détour d'un rocher, alors qu'il croit le chasseur assez loin, celui-ci ayant nagé sous l'eau, assez longtemps, hors de sa vue... Il arrive aussi, le denti atteint de cécité partielle, à l'œil gauche ou droit, à la suite d'une blessure contractée lors d'un affrontement avec d'autres confrères ou ennemis, de l'approcher aisément et de le tirer si facilement, que l'on reste fort surpris. Ceci n'est qu'exception !

Mais le denti n'est pas imprenable ! En effet, des chasseurs fatigués de s'époumoner au fond, sans résultat, ont imaginé de procéder différemment.

Ils se mettent à l'eau très tôt le matin, au lever du soleil et cheminent le long de la côte, le plus discrètement possible, dans moins d'un mètre d'eau en épousant au mieux le relief du littoral. C'est la méthode dite « à l'indienne », mais il faut être rusé comme un sioux ! Ils surprennent de magnifiques poissons et pas seulement des dentis, qui dès les premiers rayons de soleil viennent absorber leur petit déjeuner dans 50 centimètres d'eau.

Le seul problème et non des moindres : il faut être « lève tôt ».

On m'a cité l'exemple de chasseurs qui s'asseyaient dans un mètre d'eau à l'extrémité de petites pointes, au lever du jour, et qui attendaient l'arbalète à la main, mais sans bouger, qu'un denti veuille bien passer devant la pointe de leur flèche.

4) LE TIR

Ils seront tirés souvent de loin, il est vrai que la cible est souvent imposante. Il faudra, si possible, viser la partie charnue du poisson car une fois tiré, on est loin d'être sûr de le conserver. Il se bat farouchement, et le pourcentage de pertes est important.

IV. LE LOUP (OU BAR)

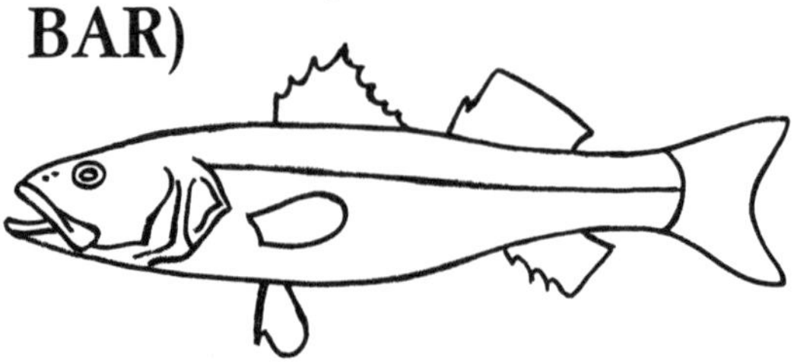

a) Description

De la famille des serranidés, ce poisson fusiforme gris métallisé, extrêmement bien proportionné, est parfois confondu avec le mulet par les débutants, surtout si l'eau est trouble. Les jeunes spécimens possèdent une ponctuation noire, rappelant un peu la truite, qui disparait par la suite, d'après P. BOUGIS et Gilbert BARNABÉ. Monsieur CANTOU, plus précis cite, deux espèces, les plus répandues dont ce loup moucheté qui conserverait ces taches même adulte.

Il peut atteindre le poids de 12 kg.

b) Écologie

Présent dans une grande partie du bassin méditerranéen, il est particulièrement abondant à proximité des lagunes, étangs ouverts sur la mer, ou embouchure de fleuves.

C'est pour cela qu'il est beaucoup plus capturé à l'estuaire du Rhône en Camargue, sur la côte marseillaise proche, sur la côte tunisienne ou à l'ouest de la Corse.

Il affectionne les eaux saumâtres et remonte les fleuves et rivières assez en amont de l'embouchure.

Il est également présent en Manche, mer du Nord et océan Atlantique. En Atlantique sud, sa prédilection pour les estuaires s'apparente à celle des côtes provençales.

En Méditerranée, il s'engraisse pendant la période où la mer est la plus chaude, du début de l'été à la fin de l'automne. Par petits groupes ou en solitaire, il chasse, les petits poissons, même les louveteaux, mais affectionne également les petits crustacés, les céphalopodes ou les vers dans le sable. A la fin de l'automne ou au début de l'hiver, les loups se regroupent en bancs (ou compagnes) immenses parfois, pour frayer.

De plus en plus rares, ces bancs accostaient tranquillement dans peu d'eau, toujours dans les mêmes zones favorables à la reproduction.

Ils étaient repérés à vue dans sept à huit mètres, par les pêcheurs professionnels pour pratiquer la « seinche ».

Dans un premier temps, ces bancs se sont éloignés des côtes. Ils ont alors été traqués, par des bateaux sophistiqués, et des prélèvements trop importants, plusieurs tonnes par seinche, les ont anéantis.

L'hiver, rares sont les chasseurs ayant le privilège d'apercevoir encore ce spectacle. Car le chasseur immergé dans quelques mètres d'eau est environné de loups de tous côtés, ne sachant lequel tirer.

Dans l'Atlantique, ils frayent de mars à mai.

Les femelles pondent de 100 000 à 300 000 œufs par kilo de chair fécondés immédiatement par un groupe de mâles qui l'accompagnent.

c) Habitat

Les femelles recherchent en Méditerranée, des roches ou dalles ouvertes moyennement, avec fond de sable, souvent dans peu de profondeur.

Chasseur infatigable en pleine eau, mise à part cette période de reproduction, le loup ne se met à trous qu'accidentellement, à la poursuite d'un poisson, ou à l'affût.

Il en est de même pour leurs cousins, les bars en Atlantique, mer du Nord ou Manche, qui se regroupent également à trous pour frayer. Ils sont loin de dédaigner les épaves, qui par leur complexité sont des abris parfaits pour frayer. Surtout les épaves éparses au milieu d'étendues de sable comme en Camargue.

J'ai remarqué en Provence avec étonnement au début, que des loups se maintiennent hors des zones rocheuses, entre deux bandes de roches, ou à quelques dizaines de mètres à proximité. je pensais qu'ils s'éloignaient des zones où ils étaient traqués en permanence. En les observant attentivement, il semblerait qu'ils recherchent leur nourriture, des vers ou crustacés, abondants sur ce terrain mi-sable, mi-herbier, ou se reposent ou digèrent posés sur le sable. Il est alors difficile de les tirer dans ces conditions, car le chasseur est complètement à découvert.

d) Techniques pour le chasser

1) PRÉPARATION

A — Préparation physique

La tempête le fait s'approcher des côtes, des écueils, des îlots où il vient paraît-il s'oxygéner dans les rouleaux (des yeux exercés arrivent effectivement à discerner, au sommet des vagues alors qu'elles se cassent et par transparence, des loups se laissant porter, balloter). Peut-être se sentent-ils en sécurité dans une telle mer ? Pourtant beaucoup de chasseurs téméraires, souvent conscients de l'état de la mer et de leurs moyens physiques, bravent ces tempêtes tellement l'attrait de cette chasse est captivant. Mais qu'il est difficile de chasser dans de telles conditions et seuls les athlètes bien entraînés peuvent se le permettre. Il y a la puissance des vagues, la basse température de l'eau, la mauvaise visibilité, le courant, souvent le mal de mer terrasse les meilleurs. Cette force morale qui permet aux plus forts mais aussi aux plus courageux dans les cas extrêmes d'affronter les éléments, est indispensable, on se sent tellement petit au milieu d'une masse d'eau en furie !

La préparation consistera donc à chasser dans des conditions de mer de plus en plus pénibles, tout en restant dans les limites raisonnables car elles mettront l'organisme à rude épreuve.

Il faut donc se forcer à se mettre à l'eau, mais en se tenant en retrait de la côte battue.

Cette adaptation à la mauvaise mer, se fera progressivement en se limitant au début, à 1 heure de chasse environ.

En terme de chasseur sous-marin, nous appelons cette période d'adaptation « s'emmariner ».

On s'apercevra par la suite que l'on est aussi bien à l'aise par mauvais temps, que par mer calme.

L'agachon adopté la plupart du temps demandera une bonne apnée d'autant plus qu'on le pratique en Méditerranée de plus en plus profond.

La chasse au bar dans l'Atlantique sera également physique par la puissance de la houle, mais surtout des courants. Il ne faudra donc s'aventurer qu'en excellente condition physique.

B — Préparation matérielle

L'arbalète devra être particulièrement soignée, car ce poisson sera tiré parfois dans des conditions où la précision sera décisive. L'armement comportera une détente très souple, mais les arbalètes actuelles sont parfaites à ce sujet. Seul l'entretien ne devra pas être négligé.

Personnellement, j'affectionne les armes longues, je préconise donc toujours un tube de 1 m avec une flèche de 1,5 m de Ø 6,5 mm.

Celle-ci devra être très précise quant à la rectitude et être sans aspérité pour une meilleure glisse, soit en acier inox par exemple.

Choisir de préférence des sandows puissants, à cause de la distance à parcourir pour les tirs lointains, dont la libération d'énergie sera progressive (pas d'effort bref de tension à l'armement mais de la « progressivité »). Se limiter à un seul jeu. La corde reliant la flèche sera fine de façon à éliminer la traînée.

Plus l'arme sera longue, moins elle sera maniable avec une forte houle ou du courant. D'autre part, tout dépendra de la turbidité de l'eau, elle nécessitera peut-être une arme plus courte.

Le lestage devra être déterminé en fonction de la profondeur à atteindre, souvent difficile à prévoir. Avec une embarcation, il est possible de transporter une seconde ceinture à utiliser dans les petites et moyennes profondeurs, pendant la même sortie.

Le lestage aux chevilles sera indispensable, évitant aux palmes de remonter lors des agachons.

La protection isothermique se fera en fonction de la température de l'eau. Il faudra surtout veiller à la protection des mains et des pieds, même des lèvres avec une mentonnière.

2) REPÉRAGE

A — A la nage

Il faudra rechercher les pointes battues, autour des îlots, côté où la mer « frappe », les embouchures de cours d'eau. La connaissance des lieux est très importante, il y a des postes bien précis qui sont excellents. Ils sont à explorer en priorité et systématiquement. A l'époque de la reproduction, les frayères connues seront abordées avec précaution. En Provence, les meilleures chasses seront effectuées par « renverse » de mer d'est, de labé ou de largade, rarement par mistral sauf à trous.

B — Avec une embarcation

Seule la chasse en bateau permet la prospection des points intéressants sur une grande étendue et augmente dans de larges proportions les possibilités de capture. Le bateau est un économiseur « d'énergie » et même, la prospection peut s'effectuer embarqué, en immergeant uniquement la tête. Il ne sera pas possible de repérer les poissons enragués, mais de voir si des loups naviguent ou s'ils entrent et sortent des pierres recherchées.

Dans l'océan Atlantique, il sera d'ailleurs parfois possible de ne chasser qu'en embarcation à cause des forts courants et pour accéder aux meilleurs points de chasse inabordables autrement.

3) L'APPROCHE

Une similitude entre la Méditerranée et l'Atlantique, les plus belles pièces sont à trous, mais à des saisons différentes. Pour la Méditerranée ce sera février en général, et pour l'Atlantique entre mars et mai.

Il est incontestable que la technique de prédilection reste l'agachon. Cette technique a été créée pour chasser le loup, et lui est toujours applicable, avec toutes les subtilités que cela implique. Voir le chapitre qui lui est réservé.

4) LE TIR

Dans l'eau tourmentée les tirs sont souvent difficiles en Méditerranée, d'autant plus que ces loups devenus méfiants se maintiendront assez loin.

Déjà à l'époque, aux alentours des années 60, les anciens : Illy, Sabaton, questionnés pour la revue fédérale, préconisaient de tirer les loups de haut en bas, en visant un point situé quelques centimètres derrière les yeux, pour ne pas effrayer les loups à proximité.

C'est le souci majeur des chasseurs de loups de l'Atlantique et les anciens et nouveaux conseillent de ne pas tirer les femelles, mais seulement les mâles.

Ceci part d'un bon sentiment, mais les uns chassaient il y a plus d'un quart de siècle, période où il fallait presque « écarter » les poissons pour tirer leur élu, les autres chassaient dans cet océan prolifique et qui le restera toujours pour différentes raisons. Mais allez demander à un débutant, après plusieurs sorties infructueuses dans les dures conditions de l'hiver, de renoncer à un beau poisson qui se présente enfin !

Nos anciens conseillaient aussi, de tirer les loups d'assez loin, pour qu'ils ne passent dans le fil. Ceci, pour éviter de perdre du temps pour les maîtriser, mais aussi pour qu'ils ne fassent fuir les autres.

C'était l'époque « dorée de la chasse sous-marine » !

Michel CANTOU, écrit dans APNEA « Pour éviter de se culpabiliser lors de la capture d'une femelle, masser le ventre du poisson de façon, à faire sortir les œufs. Puis avec un loup mâle, répandre sa laitance sur ces œufs. Rejeter le tout à la mer après l'avoir malaxé. »

Souvent, les loups solitaires manqués reviennent et semblent furieux d'avoir été frôlés par cette flèche qu'ils regardent toutes ouïes déployées de colère ! Il est rarement possible d'avoir le temps de réarmer pour le tirer à nouveau.

Marc Valentin préconise de ne pas garder à la ceinture un poisson « gigotant », il peut effrayer les autres. Il faut le tuer immédiatement en piquant le bulbe par l'ouïe, à l'aide de l'accroche-poissons, comme indiqué sur le croquis que je lui ai emprunté.

Comment achever un poisson harponné

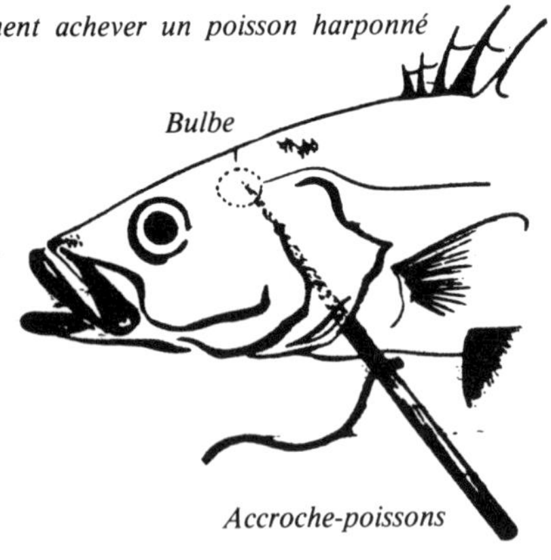

Il conseille ensuite de le fixer en transperçant la lèvre inférieure, les poissons s'imbriquant mieux les uns à la suite des autres.

Je conseille vivement la lecture des n° 1 et 4 d'APNEA, aux chasseurs de loups et de bars, qui traitent le sujet d'une façon approfondie, toutes les mers environnant l'hexagone y sont abordées avec des spécialistes chassant ce magnifique poisson.

A la lecture de ces articles on note que les chasseurs de la Bretagne, de l'Atlantique sud, mais surtout de la Manche en sont au stade des Provençaux des années 60, en ce qui concerne l'abondance de l'espèce.

Lorsque l'on imagine les difficultés rencontrées par les champions méridionaux pour capturer quelques loups et les subterfuges utilisés, dont le fameux boulegeage, on souhaite à nos amis des régions citées de profiter longtemps encore de l'attrait de ces poissons.

La situation est tout de même différente, car en Méditerranée, les eaux plus chaudes, plus claires, le courant plus modéré octroient un certain confort, privilège exclusif de cette région en France.

Il faut noter aussi, qu'une longue période hivernale assure à la faune une pause bénéfique pour la saison de chasse ultérieure dans les régions aux températures peu clémentes.

Il est remarquable de constater que les méthodes de chasse sont identiques à celles du midi. Elles ne diffèrent que par leur adaptation aux conditions difficiles imposées par les courants et la marée.

D'où ces différentes techniques de chasse, la dérive, à l'aide d'une embarcation, le « grappinage » ou le va-et-vient consistant à se laisser porter par le courant dans un sens et ramener par le courant inverse.

Revenons dans le midi de la France, Eric Guerrier nous dévoile que Jean-Baptiste Esclapez a mis au point le « boulegeage ».

Cette méthode consiste à chasser à deux, et à vue d'un pneumatique, la tête dans l'eau. Dès qu'un loup est repéré, l'un des deux plonge discrètement pour tirer le poisson de dessus, comme le faisaient jadis Illy et Sabaton, mais sans bateau. Des fois, l'astuce consiste à tourner en bateau autour des poissons repérés pour les faire enraguer dans des pierres connues. Mais ceci n'est pas nouveau et se pratique depuis fort longtemps. Ensuite Titou « travaille » les loups au moral de la même façon qu'il le fait pour la chasse aux sars, voir chapitre correspondant.

Titou m'indiquait, il y a quelques années déjà, qu'il pratiquait de la même façon, dans peu de profondeur, seul. Il conduisait son pneumatique au ralenti avec les pieds, la tête dans l'eau, l'arbalète à la main et tirait les loups de dessus, sans avoir à plonger.

Il pensait à l'époque être le seul à pratiquer cette méthode.

Cela implique évidemment une connaissance parfaite des lieux et une certaine habileté des mains et des pieds.

Avec le nouvel engin, le « Wind'eau » conçu par l'imaginatif et ingénieux Marc Valentin, cette technique de chasse sera plus aisée, le chasseur étant directement dans l'eau (voir Subaqua de mai-juin 88).

V. LE CORB

a) Description

De la famille des Sciénidés, ce poisson, d'allure à la fois gracieuse et majestueuse, est facilement reconnaissable en raison de sa forme et sa couleur. Son corps assez haut lui donne parfois une silhouette bossue, et sa couleur vieux bronze aux reflets dorés fait penser à un objet d'art, lorsqu'il est immobile. Il se caractérise également par la blancheur de ses lèvres, sa mâchoire inférieure et le rayon épineux qui arme ses nageoires anale et ventrale.

b) Écologie

Corb, ou Peicoua en Provençal est dérivé de corbeau, en raison de sa couleur sombre remarquée par les pêcheurs à la ligne, qui ont devancé les chasseurs sous-marins pour baptiser les poissons à leur convenance.

Le corb s'est raréfié sur la côte continentale française, par sa vulnérabilité, et en raison de l'intense pollution à laquelle il est plus sensible que les autres poissons.

Il réapparaît même sur les côtes marseillaises où la densité des chasseurs sous-marins est élevée. La pollution serait-elle vraiment en recul ?

Les alevins affectionnent les embouchures de rivières.

Il est, par contre, particulièrement abondant en Corse, en Afrique du Nord, Espagne, Italie, Yougoslavie et Grèce. Il apparaît également le long des côtes de l'océan Atlantique, du golfe de Gascogne, d'Espagne, du Portugal, du Maroc et du Sénégal.

Ce poisson peut atteindre 4 kg en Méditerranée. Un spécimen de 7 kg a été capturé en Atlantique, dans le sud marocain.

Il possède dans le crâne, deux otolithes nacrées, concrétions calcaires situées dans l'oreille interne qui lui permettraient de s'équilibrer. On les retrouve chez d'autres poissons mais sont particulièrement développées chez le corb puisqu'elles peuvent mesurer deux centimètres. Elles sont recherchées pour la confection de colliers, pendentifs ou trophées.

Michel CANTOU (APNEA n° 4) pense qu'il est sensible à la lumière, donc au soleil et de ce fait on a plus de chance de le rencontrer hors des trous, tôt le matin, ou tard le soir. Michel observateur à deux titres, scientifique et chasseur sous-marin, est l'un des meilleurs chasseurs de sa génération, ces observations sont donc précieuses.

L'inconvénient, pendant ces deux périodes de la journée, sera l'ombre portée par les gros blocs, amoncellements, falaises petites ou très hautes, même par les bordures de cratères formés dans le coralligène que le corb affectionne et qui rendra son repérage difficile, ainsi que sa couleur sombre et son immobilisme « chronique ».

Le corb ne vit pas en banc, mais plutôt en famille, nombreuse parfois, qui se compose de quelques belles pièces, les adultes certainement, ensuite d'un nombre plus ou moins important de spécimens plus modestes, probablement leur progéniture...

Le corb se reproduit en mai et juin.

Il se nourrirait la nuit de petits poissons, crustacés et mollusques.

c) Habitat

Il sera constitué de zones rocheuses qui comporteront de gros blocs amoncelés avec des anfractuosités sombres, des failles étroites, profondes.

Il affectionne également les remontées successives de blocs granitiques comme on en rencontre souvent en Corse, les secs au large, autour desquels il se maintient parfois, mais avec une défense de repli dans des roches difficiles en bas de ceux-ci, à des profondeurs importantes.

Mais il opte de préférence pour les mates où il se camoufle à loisir, dans les champs de posidonies environnants, ou dans ces enchevêtrements sombres et tourmentés.

d) Techniques pour le chasser

1) PRÉPARATION

A — Physique

Le corb ne nécessitera pas une préparation particulière, si ce n'est qu'il se maintient dorénavant dans des profondeurs avoisinant les 18-25 mètres, qu'il faudra être capable d'atteindre, mais surtout d'y chasser ! Or le corb pour être capturé exige calme et décontraction au fond, donc une apnée bien maîtrisée.

B — Matérielle

Le corb pourra aussi bien être tiré en pleine eau qu'à trous. Ceci nécessitera soit une arme polyvalente soit deux types d'arbalètes disponibles rapidement sur l'embarcation ou la planche. Personnellement, j'opte pour la seconde solution, chassant avec une longue arbalète tube : 1 m — flèche : 1,50 m, et un ragueur à ma disposition.

2) REPÉRAGE

A — A la nage

On peut voir le corb, mais également l'entendre. Le voir même de la surface, surtout sur les hauts fonds où il adore faire « la bronzette », à côté de failles ouvertes, tournoyant lentement en groupe de dix à quinze unités.

Mais la plupart du temps, il sera repéré en effectuant des demi-plongées de reconnaissance. Il faudra être un bon observateur, car sa nonchalance légendaire et sa couleur ne faciliteront pas les choses. Scruter surtout les zones rocheuses assez tourmentées et les mates dont la proximité des herbiers rendra plus difficile le repérage.

A moins que les zones sablonneuses plus claires qui les parsèment souvent améliorent la vue de leur passage.

Parfois, sans doute repu par sa chasse nocturne, il somnole dans son habitat, à l'abri des regards.

La présence même discrète du chasseur attisera sa curiosité, ce sera alors un magnifique spectacle que de les voir apparaître comme par enchantement.

Heureusement, on entend les petits « clop-clop » caractéristiques émis par les dents et amplifiés par la vessie natatoire qui ne laisseront aucun doute quant à leur présence. Sont-ils en colère, s'avertissent-ils du danger ? Aucune réponse pour le moment, mais encore faut-il les voir ! Ayant nettement une préférence pour les failles sombres, il faudra raguer sérieusement. Après une accoutumance à l'obscurité, on distinguera, évoluant lentement, les éléments blanchâtres de leur corps, trahissant leur présence, la mâchoire inférieure et les rayons épineux des nageoires.

B — Avec une embarcation

Elle permettra d'atteindre les zones très éloignées, inaccessibles à la nage.

3) L'APPROCHE

Une fois repérés, la plupart du temps en pleine eau, et à proximité de leur habitat, il faudra essayer de ne pas troubler leur sérénité. On se rendra vite compte si la « tribu » rencontrée a déjà été inquiétée par le chasseur sous-marin. Leur réaction sans être nerveuse, sera fuyante en groupe avec organisation et dignité souvent les uns derrière les autres. Ils s'enragueront ou s'enfouiront dans les herbiers. Ce sera souvent suivant un long cheminement entre des blocs, où le groupe éclatera pour semer l'ennemi !

On pourra alors tenter l'agachon vers les pierres investies, l'arbalète dirigée vers l'une des failles.

Il n'est pas rare de rencontrer des solitaires à l'affût, à proximité des herbiers ou posés dans une anfractuosité de rochers. Il s'agit souvent de beaux spécimens.

4) LE TIR

S'ils n'ont pas été trop dérangés, en début de saison en particulier, l'approche discrète pourra s'effectuer en se laissant couler sur les plus belles pièces et en les tirant avant qu'ils ne s'enraguent. De même, alors qu'ils amorcent une retraite nonchalante, on peut les rattraper en nageant en souplesse.

Mais paradoxalement, ce calme apparent, cache cette faculté qu'ils ont à démarrer au moment même où le tir est lâché, et combien de fois se trouve-t-on bêtement surpris d'avoir manqué une si belle cible. En réalité c'est lui qui a esquivé la flèche.

A trou, il faudra tirer « au juger » au-dessus de cette blancheur « fantomatique » évoluant lentement.

Il m'est arrivé de tirer également au juger et de dessus, des corbs qui s'étaient réfugiés dans les herbiers, en suivant leur trace à la nage dans les posidonies qu'ils couchaient au passage.

Une fois tirés, ils perdent leur flegme et apparaît l'instinct de survie avec une énergie et une nervosité insoupçonnées.

Ils peuvent se déchirer en se débattant farouchement, le chasseur perdra alors l'occasion de savourer un excellent poisson !

VI. LE SAR

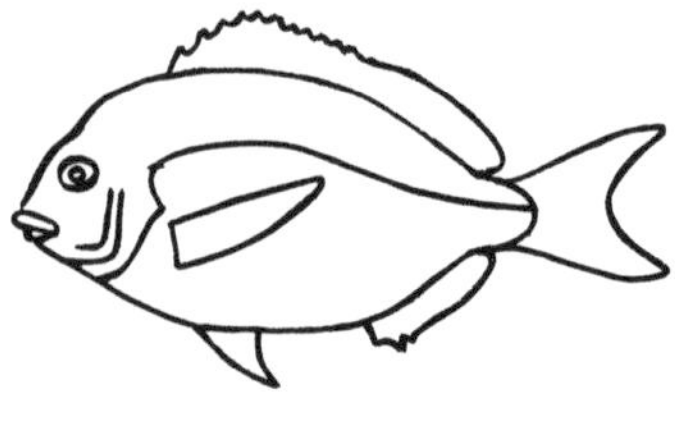

a) Description

De la vaste famille des Sparidés, s'il n'est pas le plus abondant, le sar est le poisson le plus capturé par le chasseur sous-marin. Surtout le « diplodus sargus » le plus commun, gris métallisé, le corps haut et ovale est comprimé latéralement. Il possède 7 à 8 bandes verticales plus foncées et une forte dentition à l'épreuve des oursins. Il dépasse souvent le kilo, j'en ai capturé un de 1,8 kg dans le sud de l'Italie, pesé lors d'une compétition.

Le « Puntazzo » ou « charax » dénommé « pointu » ou « moure pountche » en provençal et « becofino » en Italie, à cause de son museau pointu par rapport au précédent. De même couleur, sa robe comporte sept à onze bandes verticales plus foncées : il possède de longues incisives inclinées vers l'avant. Assez abondant, il est en moyenne plus gros que le « diplodus sargus ».

Le plus imposant est le « diplodus cervinus » appelé aussi « sar espagnol » ou à « grosses lèvres » ou « sar tambour » avec toujours la même forme générale mais de grosses lèvres et seulement cinq bandes verticales plus épaisses brunes sur un fond marron clair ou à reflets dorés. Il peut atteindre 3 kg.

Le « diplodus vulgaris » que l'on côtoie fréquemment, est moins réputé que les trois autres. Il ne possède que deux bandes verticales noires. Une sur le pédoncule de la queue, l'autre en arrière de la tête, sur un fond gris métallisé. Il dépasse rarement les 300 à 400 g.

b) Écologie

On rencontre les sars sur tous les types de fonds qui favorisent la vie en communauté dans une zone comportant un habitat leur servant de refuge.

Il vit en effet en bandes assez importantes de 8 à 10 unités, pouvant aller à plus de 100, sur des fonds allant de 0,5 m, au maximum que le chasseur puisse atteindre.

On le trouve dans toutes les mers que nous fréquentons : toute la Méditerranée, même la mer Noire, l'Atlantique, la limite nord semblant être le sud de la Bretagne.

Au même titre que les loups et les dorades, il pénètre l'été dans les étangs et dans les estuaires qu'il abandonne en hiver.

Il est hermaphrodite, mâle les 3 ou 4 premières années, puis se transforme définitivement en femelle.

La période de reproduction s'étend de mars à novembre suivant les espèces.

De mars à juin pour les « diplodus sargus », soit ceux que nous chassons le plus, et de septembre à octobre pour le « becofino ».

Il se nourrit de mollusques, de petits crustacés, et certains comme le « becofino » également d'algues, mais aussi d'oursins.

On ne sera donc pas surpris de trouver dans leurs viscères des épines qu'ils semblent digérer aisément.

Il cohabite volontiers avec le mérou et le corb.

c) Habitat

Il n'a pas de lieu particulier, mais il affectionne tout de même les failles étroites verticales ou horizontales, les dalles plates pas trop ouvertes, les éboulis avec dédales, les mates effondrées au bas de petites falaises, ou des trous dans celles-ci ; les massifs de coralligène. On les trouve nombreux autour des secs, qu'ils abandonnent dès l'approche du chasseur pour rejoindre leur habitat à « l'étage inférieur ».

Il ne dédaigne pas les épaves, vieilles tôles, jetées artificielles des ports, enfin tous les sites possédant failles, cassures, trous où il peut se réfugier.

Le plus intéressant et certainement le plus rentable est la recherche de pierres isolées au milieu des algues ou du sable. Souvent même ce ne sera pas des pierres mais de simples mates. La mate est une substance plus ou moins spongieuse, composée de racines de la flore marine amalgamées au sable, débris de coquillages, roches friables, etc. Les tempêtes, les courants creusent des abris naturels qu'affectionnent beaucoup de poissons.

Tous ces abris souvent perdus au milieu de grandes étendues seront recherchés et le poisson risque d'être extrêmement abondant. Ce n'est d'ailleurs pas uniquement l'abri qui le retient, mais la formation sur les épaves, d'une végétation (anotifes, bernacles) luxuriante qui permet à certaines espèces de se nourrir aisément. D'autres carnivores profitent de cette présence pour élire domicile en ce lieu où on peut : manger, se reproduire, se cacher, se protéger, le tout dans une ambiance de jungle où seuls les plus forts, les plus rusés survivent. Apparemment, tout le monde cohabite volontiers.

d) Techniques pour le chasser

1) PRÉPARATION

A — Préparation physique

Il faudra être à même de pouvoir chasser dans 50 centimètres de profondeur comme à 20 mètres. Tout dépendra des prétentions du chasseur. Mais suivant la profondeur, les qualités requises seront différentes car raguer à 18 ou 20 m sera très éprouvant.

Si le courant et la forte houle de l'Atlantique sont présents une bonne condition physique sera nécessaire et il faudra atteindre un degrè d'aquaticité exemplaire.

B — Matérielle

Suivant la technique adoptée, ou les circonstances, l'armement devra passer de l'arbalète longue avec tube de 1 m par exemple à la courte de 60 cm, même moins parfois. Je me souviens avoir utilisé aux Aresquiers dans le Languedoc, une arbalète de 40 cm, seulement. Tout dépendra de la complexité du terrain. Comme l'agachon peut éventuellement être pratiqué, la plus longue ne sera pas superflue.

Donc que ce soit sur le bateau ou la planche, ne pas hésiter à se munir d'une arbalète longue et d'un ragueur. L'une et l'autre doivent pouvoir s'échanger rapidement.

Attention, car les failles difficiles où se maintiennent les sars sont défavorables aux flèches avec un pourcentage élevé de pertes si les sandows (1 seul dans tous les cas) sont trop puissants. Il faut donc, pour tirer à trous, utiliser des flèches ordinaires, la précision des tirs n'étant pas prépondérante, les poissons étant tirés de près.

Il en est de même pour la chasse dans les épaves. Les poissons fléchés pourront s'enraguer et le nylon se couper sur les tôles rouillées, la pointe pourra également traverser les tôles pourries avec la possibilité si l'on n'atteint pas la flèche, de la perdre.

2) REPÉRAGE

A — A la nage

Aucun problème pour apercevoir des sars, il est rare en effet lors d'une sortie en mer de ne pas les voir, mais faut-il encore que les conditions assurent un tir ?

On les aperçoit en surface, broutant dans très peu d'eau, mais il est bien difficile de les surprendre ainsi, à l'exception du petit matin.

Dans des profondeurs moyennes en effectuant un agachon, ils s'approchent bien, mais en général restent à une distance respectable, sauf les petits.

Dans de grandes profondeurs, il faut souvent faire des demi-plongées pour les voir évoluer, mais ils sont intirables la plupart du temps. Ils fuient en effet, dès que le chasseur tente une approche. On peut être surpris, d'en voir défiler une centaine, sous les palmes ! A Marseilleveyre, dans la région marseillaise, par exemple, passant d'une rangée de pierres à l'autre, des pierres de la Chèvre aux pierres du Levant. La solution pour les capturer serait-elle insoluble ?

En Méditerranée, c'est aux Aresquiers, au large de Frontignant que j'ai aperçu le plus de sars « diplodus sargus », lors de mes entraînements en vue du championnat de France en 1965, et pendant celui-ci.

Michel CANTOU, préconise de les chasser dans cette zone, par mer du sud-ouest, l'été apportant des eaux chaudes et claires.

C'est à Minorque une île des Baléares, que la densité des « bécofinos » m'est apparue la plus importante. Ils évoluaient par bancs de 20 à 30 unités régulièrement.

En Atlantique, mon expérience est limitée, mais j'ai le souvenir de leur comportement à Sinès au Portugal. Ils se cantonnaient sur les versants battus par la houle moyennement, dans des failles verticales assez ouvertes dans 8 à 10 mètres de profondeur, recouvertes par les laminaires. Ils se sentaient en sécurité et se glissaient d'une faille à l'autre après les tirs, se camouflant sous ces laminaires immenses. Marc Valentin avait découvert à Biarritz, lors du championnat de France qu'il devait remporter, plusieurs failles horizontales assez longues dans deux mètres, recouvertes elles-aussi de laminaires, où se complaisaient une multitude de sars.

Il semblerait donc qu'ils recherchent entre autres cet habitat de prédilection, car doublement camouflés.

On peut les retrouver comme la plupart des espèces, à marée montante, à la recherche de leur pitance dans peu de profondeur, très près du bord si la houle le permet.

B — Avec une embarcation

Le repérage pourra se faire de deux façons :

Soit tracté par le bateau en se maintenant à une planche spéciale (ne pas confondre avec la planche de chasse), qui permet de prospecter de grandes étendues sans fatigue, en ayant le loisir de faire des demi-plongées sans la lâcher.

Soit en immergeant la tête dans l'eau pour de petites et moyennes profondeurs.

3) L'APPROCHE

La méthode utilisée pour le capturer le plus facilement est la chasse à trous. Malheureusement pour le chasseur, on constate de plus en plus que le sar a tendance à naviguer en pleine eau parfois par bancs assez importants et à « s'enraguer » de moins en moins. Il a sans doute assimilé, du moins dans les zones où il est particulièrement chassé, que le fait de s'enraguer, causait presque à coup sûr, sa perte. Les scènes auxquelles il aura assisté camouflé dans un coin de son repaire lui auront peut-être fait comprendre, qu'il fallait faire admettre à ses descendants que la liberté en groupe, dans la nature, valait mieux qu'un refuge fictif plutôt que réel sous les pierres.

Cette constatation est confirmée par des recherches récentes effectuées par des biologistes. Ils ont découvert, par une succession de tests, que par rapport au mammifère soit l'homme, le poisson n'est pas un animal intelligent, par contre a de la mémoire.

Le poisson agit souvent par instinct, et il lui arrive d'effectuer des performances que l'on attribue à tort à son intelligence, mais il se rappelle des bonnes ou mauvaises choses.

Toujours est-il que, dans la majorité des cas, le sar n'est vulnérable qu'à trous. Il arrive même encore que des sars tout neufs nous amènent cahin-caha, à leur repaire, chose de plus en plus rare. Le sar commun est certainement l'espèce de poisson qui permettra « les meilleurs cartons ». Il est par sa morphologie, relativement plat et il est courant d'effectuer des doublés et même des triplés. Les ragues sont en effet tellement petites et les sars tellement proches l'un de l'autre qu'il suffit d'attendre que deux se croisent pour tirer. Il affectionne en général les pierres plates assez étroites, mais l'intérieur est souvent assez vaste, il s'y enfile souvent à l'horizontale tellement l'entrée est étroite.

Dans les éboulis, amas de pierres comme les jetées ou les effondrements de falaises, il sera difficile de les retrouver une fois introduits dans ces labyrinthes. Souvent, un mini agachon devant ces blocs est payant. Cette méthode est également valable dans le cas de failles verticales qui se prolongent ensuite horizontalement, et où il est impossible de passer le fusil. Faire donc l'agachon dans l'enfilade de la faille verticale.

Souvent, les sars viennent mettre un « œil à la fenêtre ». Avec un peu de chance, ils seront sur la trajectoire de votre flèche, mais il faut faire vite.

Contrairement au sar commun, le « charax et le sar tambour » sont soit en pleine eau, soit dans des trous relativement ouverts genre grottes importantes à plusieurs issues. Ils sont en général moins farouches que les sars déjà cités.

La seconde façon de chasser le sar, est la chasse en pleine eau. Il y a d'abord l'agachon, mais il est certainement plus difficile par cette méthode, de tirer des poissons dont le souci, en cas de danger, est la recherche du trou, contrairement au loup, poisson naturellement de pleine eau. L'eau trouble ou moyennement trouble favorise énormément l'agachon, il sera donc plus facile de tirer le sar par cette méthode, en particulier le « charax ». On rencontre souvent début avril, mai, des bancs de sars très importants qui « rentrent » et viennent frayer. Si l'eau n'est pas trop trouble et si l'agachon attire ce banc, seuls les petits ou moyens viennent à portée de tir, à moins que l'apnée soit très prolongée. Je crois, en ce cas, la coulée plus favorable, surtout en plein été, car le pêcheur est entraîné à la plongée profonde.

Titou Esclapez a beaucoup observé leur comportement, et adopte une tactique qui exige de la patience.

Il travaille les sars au moral ... ! Dès qu'il les repère, il essaie de les rabattre en côte, en se maintenant côté large et en faisant du bruit et des mouvements, mais faut-il encore que le terrain s'y prête ? A plusieurs, l'opération a plus de chances d'aboutir.

Les poissons étant enragués, il plonge pour les conditionner de façon à ce qu'ils sentent la fuite impossible par toutes les issues repérées préalablement.

Il se présente d'abord à l'entrée principale et se manifeste bruyamment, en lâchant des bulles et tapant avec la crosse du fusil, il y laisse même une arbalète ou tout autre objet, qui aura un effet psychologique sur les poissons.

Il répète cette opération sans se presser, aux autres issues. Les poissons se croient alors pris au piège de toute part, ils en changeraient de couleur et passeraient du gris clair au noir. Ce n'est à mon avis, que le reflet de l'environnement sur leur corps métallisé, soit l'obscurité de la rague, car les sars ne font pas de mimétisme.

Ils s'assombrissent d'autant plus que, inquiets ils se maintiennent au plus profond de leur habitat.

Il tire enfin, mais d'abord les sars qui regardent vers l'extérieur et semblent donc vouloir fuir.

Il sort rapidement le poisson, mais reste devant le trou un instant, pour décourager ceux qui voudraient fuir, en faisant encore du bruit.

4) LE TIR

Le sar, par sa morphologie est une belle cible, surtout tiré à trous. Mais le problème peut se poser en le tirant à l'agachon, ainsi qu'à la coulée. Le « Charax » en particulier, se laisse suivre de loin. On peut même, si on le sent en confiance, gagner petit à petit de la distance, le mettant à portée de tir. Mais toujours vigilant, tout en nageant et tournant le dos, il regardera, une fois à droite puis à gauche constamment. Il faudra donc anticiper, dès qu'il montre son flanc droit par exemple, tirer à gauche. Ça marche souvent !

VII. LES VIEILLES

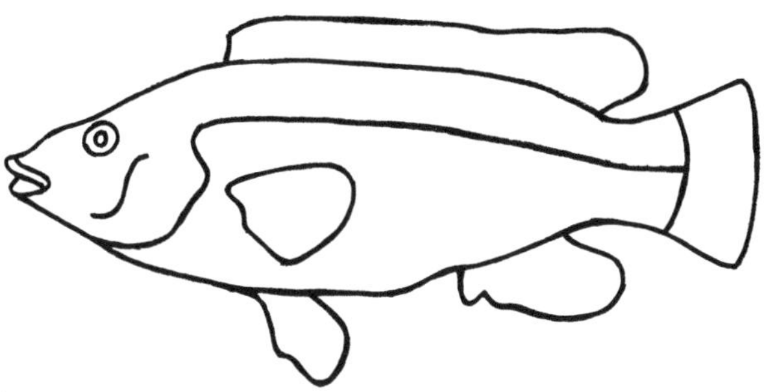

a) Description

Les « labridés » comptent une immense famille où il est difficile parfois de s'y reconnaître, tellement les livrées sont innombrables, différentes de mâle à femelle, de la Méditerranée à l'Atlantique où ils sont bien plus volumineux.

Ils ont deux points communs. Ils ont tous une belle coloration et possèdent des lèvres épaisses protractiles avec une dentition conséquente et des meules pharyngiennes broyant les coquillages, les petits crustacés ou les mollusques.

1) LES LABRES (labrus)

Ils ont une taille courante de 20 à 30 cm et peuvent peser 1,5 kg en Méditerranée. Dans l'Atlantique et la Manche ils peuvent atteindre 60 cm pour un poids avoisinant 5 kg mais couramment 2 à 3 kg.

Trois espèces nous intéressent :

A — La vieille commune (labrus bergylta) ou grande vieille

De pigmentation très variable, ce sont les rousses qui dominent, mais les mâles sont les plus beaux ; avec des points vert-clair-jaunâtre sur fond plus foncé sur les flancs, plus clairs sur le ventre et la mâchoire inférieure. Les nageoires caudale, anale et dorsale étant également très colorées dans les mêmes tons.

La couleur dominante sera parfois le brun foncé ou le brun rougeâtre.

B — Le merle (labrus merula)

Il est en général gris verdâtre assez uniforme sur les flancs et le dos, le ventre a l'avant plus clair, des reflets bleutés à l'arrière, sur la nageoire caudale et le dessus de la tête.

Il est parfois d'un bleu-roi foncé presque noir, d'où son appellation régionale dans le midi de « noir » et les verts de « verdaou » mais aussi de merle.

C — Le tourd (labrus turdus ou labrus viridis)

De coloration très variable, mais souvent à dominante verte. C'est le plus beau des labres. Vert foncé sur le dos la tête et l'extrémité de la nageoire caudale. Le ventre est jaune-vert-clair et les flancs sont tachetés de points vert-jaune et orangé. Il est assez longiligne par rapport aux deux précédents, pouvant aller jusqu'à 45 cm. Il peut être également brun-rouge. Appellation régionale dans le midi « lasagne » ou vert.

2) LA COQUETTE (labrus bimaculatus) ou demoiselle

Il a de telles couleurs, qu'il fait davantage penser à un poisson des mers de coraux, beaucoup plus coloré, qu'à un poisson des eaux européennes.

Il y a deux colorations, celle des jeunes et femelles et celle des mâles.

Les premiers ont le ventre et une partie des nageoires caudale dorsale et anale d'un jaune-orangé magnifique. Sur le reste du corps le vert-clair et le bleu-roi dominent. Cette dernière couleur est particulièrement marquée le long de la ligne latérale, à la hauteur du pédoncule caudal, par des points sur les flancs et des traînées sur la tête avec un bleu plus léger sur la mâchoire inférieure.

Le mâle aussi beau, a une dominante rouge et orange.

Il peut atteindre 1 kg et 20 à 35 cm en Atlantique mais il est plus petit en Méditerranée.

3) LE CRÉNILABRE PAON (symphodus tinca)

Le mâle est lui aussi doté d'une belle livrée. La couleur générale des flancs est d'un jaune vert-clair parcouru par deux bandes longitudinales de chaque côté ponctuées de rouge vif vermillon et de bleu outremer. Le dessus de la tête du même bleu uniforme jusqu'au museau jaune clair. Le ventre est beaucoup plus clair. Des points rouges et bleus viennent agrémenter toutes les nageoires à l'exception des pectorales entièrement jaunes.

La femelle d'un brun clair uniforme possède deux bandes longitudinales brun-foncé, dont une de l'extrêmité du museau au pédoncule caudal.

Le mâle peut mesurer 35 cm même en Méditerranée. La femelle plus petite se contentera de 25 cm environ.

Ses appellations méridionales sont : Rouquié, Roucaou, Lucrèce.

b) Écologie

1) GÉNÉRALITÉ — LES LABRIDÉS

Ils vivent sur fonds rocheux ou herbiers dans des profondeurs moyennes accessibles à tous. Ils sont assez sédentaires et carnivores mais se nourrissent également de mollusques, vers, coquillages et petits crustacés.

Ils sont plus abondants et plus gros dans l'Atlantique, la Manche et la Mer du Nord qu'en Méditerranée, mais ils y sont tous présents. Il y a tout de même des différences de densité, par exemple, le « crénilabre paon » est le plus répandu des labridés en Méditerranée. Par contre, les « coquettes » y sont assez rares et trop petites pour être tirées, mais assez belles pour être photographiées !

Ils confectionnent tous un nid.

Les labridés sont de nature assez lymphatiques et se laissent approcher facilement. Ils se reproduisent entre mars et juillet, suivant les espèces.

Ils n'apprécient pas le mauvais temps et se maintiennent à l'abri, attendant que la houle se calme pour réapparaître. Par contre par houle modérée ils s'aventurent au bord, pour profiter de la nourriture en suspension.

2) PARTICULARITÉ

La ponte s'effectue pour :
— le labre merle et le tourd de mars à mai,
— la vieille commune de mai à juillet,
— le crénilabre paon de mai à juin.

La coquette, la vieille commune, le merle et le tourd ont une inversion sexuelle, femelles à l'origine ils deviennent tous mâles.

Le mâle de la vieille commune est polygame.

Par beau temps, les « crénilabres paon » évoluent en groupe en broutant contre les rhizomes de posidonies à la recherche de leur nourriture en rejetant de leur bouche, d'une façon caractéristique, les déchets. Ils cohabitent volontiers avec plusieurs rougets profitant peut-être du travail préliminaire effectué par leurs collègues.

c) Habitat

Les vieilles sont présentes dans tous les types de fonds, mais affectionnent particulièrement les lieux tourmentés, avec des touffes de posidonies à proximité, en Méditerranée.

En Atlantique, elles se maintiennent dans les laminaires ou toute autre algue, et tous les abris qu'ils recouvrent, mais protégés de la houle du large et des forts courants.

d) Techniques pour les chasser

1) PRÉPARATION

A — Préparation physique

Ce poisson relativement facile à capturer ne demandera pas des qualités physiques particulières, évoluant dans de moyennes profondeurs. Seule la présence du courant ou la houle longue dans l'Atlantique, la Manche ou la mer du Nord, demandera une résistance à ce genre d'effort.

Soit la possibilité de nager contre celui-ci, de s'hyperventiler dans de mauvaises conditions et d'avoir suffisamment d'aquaticité pour résister aux malaises engendrés par cette houle.

B — Préparation matérielle

Il sera la plupart du temps, tiré d'assez loin, une arbalète longue devrait donc convenir, mais il faut tenir compte du poisson qui peut s'enraguer sérieusement. Il faudra donc, une fois encore, deux arbalètes à sa disposition en Méditerranée. Ailleurs, il faudra se battre contre le poisson, mais aussi les laminaires qui empêchent le changement de direction de l'arbalète.

Une arbalète plus courte sera alors plus maniable. La panoplie sera alors plus variée en étant adaptée aux circonstances et différentes zones.

2) REPÉRAGE

A — A la nage

Si l'eau est claire, la chasse à vue s'impose dans les profondeurs moyennes où la plupart des vieilles se maintiennent. Il faut donc avoir bien développé ses facultés d'observation, car les vieilles sont assez statiques. Même dans des lieux assez chassés on est surpris par cette curiosité qui les anime avec tout de même plus de nervosité.

Les sorties de chasse ne seront pas basées sur la chasse spécifique aux vieilles et souvent c'est fortuitement, après avoir inspecté une rague par exemple, qu'apparaît un beau « verdaou » ou une belle « lasagne », attirés par les ébats du chasseur.

Il faut d'ailleurs appliquer la règle générale qui consiste à exploiter au maximum chaque plongée. Soit avant de remonter avoir la possibilité de marquer un temps d'arrêt pour regarder autour, et tout en remontant, continuer à observer les environs immédiats, en fouillant du regard les coins et recoins qui par expérience pourraient retenir du poisson.

Elles sont évidemment de plus en plus farouches car dès leur plus jeune âge, recherchées par le profane qui n'hésite pas à se faire une ceinture de tout ce qui traîne au bout de son harpon, dont la progéniture des vieilles. On les voit suivre leur père et brouter avec lui à la recherche de leur nourriture. Celui-ci n'a pas encore eu le temps de leur expliquer les dangers de leur vie sous-marine et sont les cibles idéales des débutants. Aussi celles qui en réchappent ont une certaine optique du chasseur, dès son apparition et son approche, certains détalent à « toutes nageoires » en allant de pierres en pierres de façon à brouiller la piste et semer l'ennemi, elles ont une bonne mémoire.

Malheureusement pour eux, s'ils sont des cibles relativement faciles, ces poissons sont aussi excellents pour confectionner soupes ou bouillabaises, d'où l'acharnement que mettent les pêcheurs à la ligne et les professionnels pour les capturer en Méditerranée.

En ce qui nous concerne, c'est l'un des gibiers qui est le plus souvent suspendu à notre ceinture, surtout en Atlantique où son abondance permet des prises magnifiques, la soupe est assurée avec un seul coup de fusil.

Ils sont très vulnérables à l'époque du frai, car ils sont « tout fous » et absorbés par leurs élans amoureux, ils relâchent un peu trop leur vigilance. On les voit en effet batifoler autour de leur belle ou se battre contre un concurrent trop pressant, souvent bien plus gros, mais leur force et leur courage sont en proportion avec leur amour débordant. Laissons-nous apitoyer par leur sentiment, ils sont à ce moment-là sans défense. Ne soyons pas trop chasseurs parfois et laissons nous emporter par notre admiration pour la nature.

Je sais bien qu'il ne faut pas faire trop de sentiment. La nature est ainsi faite et nous sommes souvent obligés de tuer pour vivre. Mais certaines circonstances nous permettraient de nous racheter, car il ne faut pas détruire l'équilibre de cette nature, le moment de l'accouplement et de la reproduction est vital. Je sais bien qu'il est difficile de retenir son coup de fusil sur une pièce de choix, même dans ces circonstances, mais il faut y penser et faire l'effort nécessaire, donc pitié pour la faune sous-marine amoureuse.

Passée cette période ils ont plus de défense, les vieilles ont une curieuse façon de se tenir pour regarder le chasseur. A la verticale, presque immobiles, elles contemplent le spectacle, et semblent attendre son approche pour commencer à battre en retraite mais souvent trop lentement et ça leur est fatal. Aussi faut-il se laisser couler lentement et nager discrètement vers cette proie qui quittera cette position pour en retrouver une plus normale et doucement s'acheminera la plupart du temps vers un abri. A l'approche de celui-ci, elle retrouvera en général cette confiance qui commençait à lui faire défaut, il y aura donc un ralentissement et le poisson fera lentement volte-face de façon à se rendre compte de la situation. C'est le moment idéal pour tirer, car il présentera sa plus grande surface à ce moment-là, presque à l'arrêt. Autrement dit, c'est un des rares poissons que l'on peut poursuivre à la nage jusqu'à ce que, rassuré par le gîte, plutôt fictif que réel, il s'y fixe. Mais comme je le citais précédemment, il arrive maintenant en Méditerranée à semer son poursuivant en jouant à cache-cache d'une pierre à une autre.

Par contre, dans l'Atlantique, il suffit souvent d'effectuer des plongées, de nager lentement dans les vallées sous-marines et de scruter de part et d'autre. Les vieilles sortiront d'elles-mêmes des algues abondantes, attirées par le bruit.

Les demi-plongées seront également favorables pour le dépistage, car souvent la profondeur, l'eau trouble ou les fonds d'algues interdiront une prospection normale et efficace. Si on ne peut tirer dans la même plongée, il sera bon de bien repérer le lieu tout en remontant, car ces poissons s'apparentent beaucoup aux formes et surtout aux couleurs du fond. Une fois tirés, manqués ou blessés, affolés, ils s'enraguent si bien qu'il faut avoir beaucoup de bonne volonté et de persévérance pour les retrouver.

Mais Michel CLOATRE, originaire de Perros-Guirec, connaît parfaitement le comportement des vieilles sur sa Côte du Nord. Il m'a semblé opportun de m'adresser à celui qui fut champion de Bretagne quatre années consécutives.

Il considère que le meilleur moyen pour la chasser est la marée montante, car elles affectionnent les moules, broyées avec leur forte dentition, inaccessibles à marée basse. Les zones où vivent de petits crabes verts succulents sont à nouveau recouvertes.

Les vieilles quittent alors les forêts de laminaires pour se précipiter en ces lieux, où elles s'avèrent plus vulnérables.

Ceci est surtout valable près de la côte, car dès que le chasseur s'eloigne vers des récifs plus au large, le courant interdit souvent toute chasse. Il faut alors attendre l'étale et profiter du peu de temps disponible pour faire « pêche ».

Elles ont des réactions très variables, allant de l'indifférence à la fuite rapide. Elles sont, soit isolées, soit par petits groupes, occupées à croquer les moules, serrées les unes contres les autres à trous. Les méthodes de chasse s'adapteront donc à la situation ; la coulée, à trous, à l'agachon.

Je ne pense pas que la vieille vive dans des biotopes spécifiques. J'ai aperçu des vieilles sur tous les fonds en Méditerranée, s'ils comportent des habitats tels qu'ils sont définis ci-dessus.

Ailleurs, nous avons vu que l'influence du courant et de la houle importent beaucoup quant aux abris des fonds. Ceux-ci auront par endroits, une prolifération de laminaires qui maintiendront la faune. Il faudra repérer ces points, et songer qu'à marée montante, les vieilles s'aventurent au bord comme vient de nous le préciser Cloatre.

B — Avec une embarcation

Le bateau vous permettra une approche plus facile des lieux intéressants, pour une sortie de chasse classique.

Je me souviens lors d'une compétition organisée dans le magnifique cadre de Guernesey, l'une des îles anglo-normandes, que l'un des concurrents français Alexandre, capturait de très belles vieilles à marée basse, dans des flaques d'eau de mer qui restaient. Il ne nageait plus ; mais rampait, en se tirant sur les laminaires affalées. Sa seconde place, nous autorise à penser que ce genre de chasse un peu particulier est efficace.

4) LE TIR

Il se fera surtout en fonction de la réaction du poisson. Si le chasseur le sent calme, il lui faudra être patient et attendre le moment opportun. Par contre, si le chasseur sent le poisson déterminé dans sa fuite, il ne lui restera plus qu'à essayer de le suivre des yeux pour repérer son lieu de prédilection où il se stabilisera, croyant avoir semé son adversaire. La plongée suivante permettra peut-être alors de le tirer à trous. S'il s'est glissé sous les posidonies ou les laminaires, il sera difficile de le repérer à nouveau.

Quel est ce moment opportun ?

La vieille, une fois repérée, sera approchée par des mouvements lents à la coulée ou à la nage entre deux eaux.

Le poisson de face va tourner sur lui-même, montrant alors l'un de ses flancs.

Si la distance, paraît bonne, c'est le moment de tirer en se stabilisant en pleine eau.

Si la distance est trop importante, s'efforcer de continuer l'approche en gagnant de la distance, sans tirer, car la cible sera trop petite vue de l'arrière. Il faudra être patient et anticiper la trajectoire lorsque arrivé près de son gîte, le poisson va ralentir pour s'enraguer.

D'autres possibilités pourront se présenter, nous n'allons pas toutes les analyser.

Je conseille la lecture du n° 13 d'APNEA de mai-juin 88, où encore une fois, figure une étude remarquable d'une espèce, les labridés.

VIII. LA DORADE ROYALE (ou daurade)

A) Description

De la famille des « Sparidés », ne pas confondre la dorade royale (Sparus aurata) avec la dorade grise ou la dorade rose.

La dorade royale (la vraie) est facilement reconnaissable par la bande dorée entre les deux yeux et une tache noire au niveau de l'opercule légèrement rose voire rouge.

Le dos et la partie supérieure des flancs sont d'un gris-bleu métallisé, le tiers inférieur de ceux-ci et le ventre d'un blanc légèrement jaunâtre. La nageoire caudale est bordée de noir.

Elle possède des molaires très puissantes, peut mesurer jusqu'à 70 cm et peser 7 kg.

b) Écologie

C'est l'un des meilleurs poissons. Il vit en banc assez important lorsqu'il est jeune (blanquette en Provence) ; adulte, il est rarement seul et certaines années très abondant.

On peut en voir par centaines en Méditerranée autour de l'île de Planier ou entre les îles de Marseilleveyre et la côte, dans la région marseillaise, en novembre ou décembre, ou autour des épaves, au large de la Camargue. Elles affectionnent en effet les estuaires, celui du Rhône étant à proximité, mais également les étangs, dont celui de Thau à Sète.

Lors de leur migration, il est curieux de voir une centaine de pêcheurs s'emmêler les lignes pour tenter de capturer les milliers de daurades sortant par le canal accédant à la mer.

Communes en Méditerranée, elles se regroupent pour la reproduction. Elles sont présentes également en Atlantique.

Elles aiment les bivalves, surtout les moules qu'elles cassent avec leur puissante dentition, à tel point qu'elles sont nuisibles dans certains parcs à moules. Elles se nourrissent aussi de crustacés et de vers.

Mâles jusqu'à 3 ans environ, les dorades sont ensuite femelles. La reproduction s'effectue d'octobre à décembre.

c) Habitat

La dorade vit en pleine eau toute la journée, mais a la particularité, semble-t-il, du moins les chasseurs sous-marins l'ont-ils constaté, de se mettre à trous dans la soirée sans doute pour y passer la nuit.

Tous les abris lui conviennent, surtout ceux situés à proximité de zones où les coquillages abondent, telles les épaves qui en sont recouvertes.

d) Techniques pour la chasser

1) PRÉPARATION

A — Physique

Aucune préparation spécifique, mais il faudra prendre en considération, les conditions de chasse difficiles, avec courant, eau trouble et froide (eaux du Rhône) et profonde (Planier), et possèder des ressources suffisantes. Il est en effet impossible de résister à l'attrait de cette chasse, alors que les dorades de plusieurs kilos se manifestent.

C'est un phénomène assez rare dans la carrière d'un chasseur, et il lui faudra être prêt le cas échéant en automne.

B — Préparation matérielle

Ces grosses dorades seront tirées de loin en général. Une arbalète longue et puissante est conseillée, mais lorsque les dorades s'enraguent, c'est à trous que se feront les plus belles chasses, et un ragueur sera indispensable.

2) REPÉRAGE

A — A la nage

Il faut être libre au bon moment... si la chance veut que cela soit une fin de semaine lors d'une année favorable. Ce fut le cas dans la région marseillaise, bien manœuvrées, les captures furent abondantes en 1987.

Si la profondeur est moyenne on peut les voir évoluer en pleine eau et démarrer à grands coups de queue, très perceptibles à l'oreille, effarouchées malgré toutes les précautions du chasseur.

Si l'eau est trouble, le repérage sera facilité en effectuant des agachons ou des demi-plongées, afin de les voir s'enraguer.

A trous, elles se calment, se croyant en sécurité. Il leur arrive fréquemment, se sentant traquées, lors de ces journées fastes, de se camoufler dans des abris précaires, comportant un petit relief seulement, une petite falaise ou un gros galet par exemple.

Il faudra donc être très attentif à leurs réactions, et user de beaucoup de patience et de discrétion pour les approcher.

Pourchassées par les pêcheurs professionnels, elles se jettent littéralement dans des profondeurs ridicules, de quelques dizaines de centimètres, pour leur échapper.

B — Avec une embarcation

Le fameux « boulegeage » est pratiqué pour essayer de les affoler, dans une zone comportant des abris où elles peuvent s'enraguer. Dans peu d'eau, avec plusieurs bateaux, dont les pilotes sont rompus à cette technique, la manœuvre augure de belles chasses. Le bateau sera également indispensable pour se rendre sur les lieux propices que je citais : îles, ou épaves de Camargue.

3) L'APPROCHE

Très craintive, la dorade sera difficile à approcher en pleine eau. On est désarmé et souvent découragé en voyant ces poissons de plusieurs kilos parfois, fuir dès l'approche du chasseur et malgré toute la discrétion.

La turbidité de l'eau devrait faciliter cette approche, si la profondeur est modeste, par des agachons prolongés en étant bien camouflé par un abri naturel.

Nous avons vu qu'elles peuvent se maintenir dans des abris incertains, que le chasseur ne pourra appréhender qu'au prix de ruses, dont la plongée lointaine, avec une approche en « rase mottes », avec si possible, l'autre chasseur en surface, ou en demi-plongées détournant leur attention.

La chasse s'effectuera presque essentiellement à trous. On est presque assuré de capturer tout le groupe enragué, car affolées, elles vont se caler dans les moindres recoins, dans n'importe quelle position.

C'est ce qui m'était arrivé lors d'un championnat de France, une aubaine, aux Aresquiers ! J'avais eu la bonne idée de laisser traîner au fond, en nageant, un plomb relié au cordage de ma bouée, dans le but de trouver un site avec du relief dans une eau assez trouble. Dès qu'il accrochait, l'opération consistait systématiquement à effectuer un agachon, la visibilité étant de trois à quatre mètres, en me maintenant à l'un des « bijus » qui abondent dans la région, pour voir si la faune se manifestait.

Grosse satisfaction lorsque la présence de plusieurs dorades me guidaient à quelques effondrements de cette petite falaise et après en avoir capturé plusieurs au bord des trous, je réussissais à prendre les autres en envoyant la main dans ces trous très tourmentés, mais peu profonds ! Dès que je sentais leur corps, je plaçais ma très petite arbalète convenablement, retirais ma main, et harponnais ainsi plusieurs beaux poissons. Cette anecdote montre à quel point les dorades sont vulnérables à trous.

4) LE TIR

C'est une belle cible impossible à rater ! Mais tout dépendra de la distance en pleine eau. Le carton est assuré à trous, mais attention aux possibilités de s'enraguer.

IX. LE MUGE OU MULET

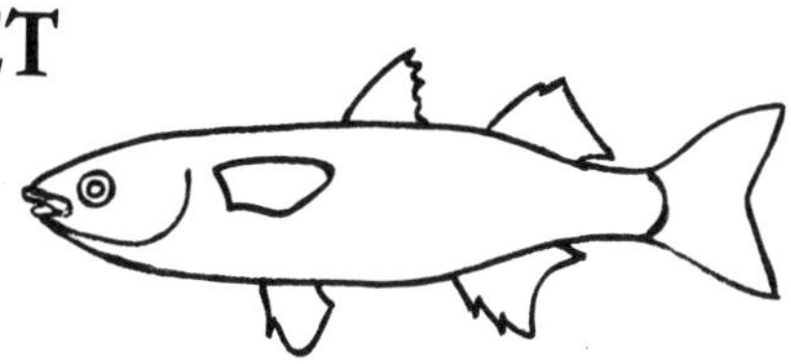

a) Description

Fusiforme comme le loup, ce « Mugilidé » est parfois confondu avec celui-ci, par les débutants, par sa forme générale et sa couleur. Ils cohabitent d'ailleurs, mais contrairement au loup, il ne possède qu'une petite bouche avec des lèvres épaisses et de grosses écailles, avec des rayures longitudinales grises bien marquées.

On distingue plusieurs espèces dont les principales sont le mulet cabot, le mulet doré, le mulet lipus et le mulet porc.

La différence de l'un à l'autre n'est pas importante, si ce n'est leur couleur qui varie en passant du gris-bleu-métallisé au gris-jaune-doré.

Le muge peut atteindre une taille de 30 à 60 cm, et un poids de 3 à 4 kg.

b) Écologie

Le muge est présent dans toutes les régions aussi bien en mer que dans les estuaires des rivières ou des fleuves, qu'il remonte très à l'intérieur, les lagunes, l'intérieur des ports, la proximité des égouts. Il se tient en général en eau peu profonde, mais également sur des remontées au large.

Commun dans tout le bassin méditerranéen, il est également présent dans l'Atlantique jusqu'en Afrique du Sud.

Il affectionne les fonds meubles, où il peut ingurgiter la vase pour en extraire une nourriture constituée de petits organismes ou particules alimentaires, de débris végétaux. On le voit brouter les petites algues ou la mousse fixée aux rochers.

La ponte s'effectue en mer de juillet à octobre. Le spectacle est touchant. Les femelles frétillent en pleine eau, les mâles excités virevoltent et se frottent amoureusement contre la femelle statique et fière. C'est la période où ils sont le plus vulnérables.

Ils se déplacent généralement en bancs plus ou moins importants, presque tous de même taille, souvent en surface, sortant leur tête par beau temps et mer calme, semblant humer l'air :

Ils sont capables de faire des bonds importants au-dessus de l'eau pour déjouer leurs poursuivants ou échapper aux filets.

Leurs œufs séchés et salés servent à la confection de la fameuse « poutargue de Martigues » où il est pêché encore d'une façon ancestrale dans le canal de Garonte, reliant l'étang de Berre à la mer.

La chair n'est pas particulièrement appréciée, si la capture s'avère proche de zones insalubres ou simplement d'eau saumâtre, ce qui lui donne un goût désagréable.

Pêché en pleine mer, ils sont excellents, et critère non négligeable pour vos enfants, dépourvus de petites arêtes.

c) Habitat

Essentiellement en pleine eau, il ne dédaigne pas la navigation au milieu de blocs assez ouverts lui permettant des incursions sous les pierres. Il lui arrive parfois, sans doute repu, de se maintenir inerte, entre deux roches, semblant somnoler.

d) Techniques pour le chasser

1) PRÉPARATION

A — Physique

Il sera surtout chassé à l'agachon dans peu de profondeur, il faudra donc particulièrement préparer cette technique. Son comportement à trous où il sera très nerveux, ne pourra être assimilé à la chasse à trous.

B — Matérielle

Adopter obligatoirement une arbalète longue et puissante, pour les tirs précis de loin.

2) REPÉRAGE

A — A la nage

Il affectionne les eaux moyennement tumultueuses et se complaît au bord dans « le champagne ». Il faudra donc s'efforcer de faire des agachons dans cette direction. Il est inutile de les pratiquer dans de grandes profondeurs, car il se trouve presque toujours en surface, même sur des remontées éloignées du rivage où il se maintiendra sur les sommets.

Si l'eau est claire, il faut s'appliquer à regarder au loin, dans cinq à six mètres, pour essayer de déceler un banc, et prendre les dispositions nécessaires.

B — Avec une embarcation

C'est l'une des rares chasses où le bateau est inutile, si ce n'est pour se rendre sur les lieux éloignés.

3) APPROCHE

On le prend de la même façon que le loup, soit la plupart du temps en pleine eau à l'agachon et quelquefois à trous. Il se prend souvent plus difficilement que le loup, car il est plus nerveux et se déplace rapidement en tous sens. S'il est apeuré, si le terrain le permet, il se met à trous, mais se faufile à travers les blocs à une rapidité inouïe, à tel point qu'il devient difficile à tirer.

C'est un des poissons le plus agréable à chasser, car souvent le banc ne disparaît pas, il se disperse lors du tir, mais souvent se reforme, revient à l'agachon assez franchement.

Sachant que quelques loups pourront se glisser avec eux, le chasseur attend à l'agachon et espère ce poisson de préférence, mais souvent en vain, ... tout le banc de muges défilera sans que le coup soit lâché !

4) LE TIR

Il sera souvent difficile à tirer, par son dynamisme, surtout si le relief le sert. La meilleure façon, est de bien maîtriser l'agachon et de laisser venir le banc où le plus beau spécimen sera tiré à la volée. Une fois touché, à moins d'être tiré de 3/4 avant ou arrière, il se déchirera facilement, car il se défend vigoureusement. Capturé, ne pas passer l'accroche-poissons par les ouïes trop fragiles, lui transpercer le crâne.

X. LA RASCASSE

a) Identification

De la famille des « Scorpénidés », la fameuse rascasse peut être classée en deux catégories par le chasseur sous-marin : les petites, la rascasse brune (Scorpaena porcus) et les grosses, la rascasse rouge (Scorpaena scrofa) appelée régionalement « chapon ».

Tous les chasseurs la connaissent, avec son énorme tête, son corps trapu hérissé d'épines et de lambeaux cutanés, allant de la couleur brun assez foncé au rouge assez vif, en passant par des teintes allant du jaunâtre au roussâtre.

Les plus petites peuvent aller de 25 à 30 cm et les grosses mesurer 50 cm et peser plusieurs kilos.

b) Écologie

Sédentaire et solitaire, son mimétisme lui permet facilement de gober, avec sa gueule démesurée, des petits poissons et des crustacés dont elle se nourrit.

Ses nageoires comportent des rayons épineux cannelés, qui peuvent en cas de piqûre provoquer des douleurs graves.

Elle pond des œufs de mai à août.

Très commune dans le bassin méditerranéen, mais également en Atlantique.

c) Habitat

Tous les fonds un peu tourmentés lui conviennent dans de petites et grandes profondeurs. Elle reste en général sur des rochers abrités, au bord des trous, même légèrement à l'intérieur.

d) Technique pour la chasser

1) PRÉPARATION

A — Physique

Classique pour une chasse normale, la rencontre avec ce poisson étant occasionnelle.

B — Matérielle

Sa position sur les rochers, contre-indiquera l'utilisation d'une arme puissante, mais imposera celle d'un ragueur.

2) REPÉRAGE

A — A la nage

Sauf les gros spécimens, que l'œil exercé du chasseur expérimenté repèrera immédiatement par la forme du poisson, huit fois sur dix, la rascasse sera aperçue lors de ses déplacements, à l'approche, presque au toucher du chasseur.

B — En embarcation

Elle sera inutile pour le repérage, mais bien sûr facilitera l'accès aux lieux propices.

3) L'APPROCHE

Il n'y aura aucune précaution à prendre, consciente par sa forme et son mimétisme, de se fondre dans le paysage ; mauvaise nageuse, dans le pire des cas, elle se déplacera par bonds, pour se laisser approcher à nouveau indifférente.

4) LE TIR

Immanquable ! Mais prendre la précaution de la tirer de préférence de côté, pour éviter d'abîmer la flèche, à cause de la proximité de la roche, mais également pour que le poisson soit transpercé et assure l'ouverture de l'ardillon.

Capturée, la meilleure façon de la fixer à l'accroche-poissons, est de passer un doigt dans la gueule et un autre dans une ouïe.

XI. LE ROUGET

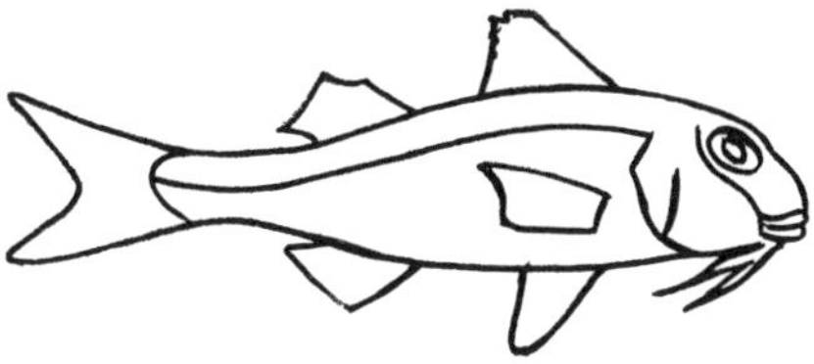

a) Description

De la famille des « mullidés » le rouget est un poisson très apprécié, on distingue le « rouget-barbet » (Mullus Surmuletus) ou rouget de roche ou surmulet et le Rouget de vase (Mullus Barbatus).

Son corps est allongé. Sa livrée est brun-rouge, verdâtre sur le dos et blanc argenté sur le ventre, une bande longitudinale sur le flanc brun foncé le traverse jusqu'à l'œil.

Il possède deux barbillons sous la mâchoire.

Le « Rouget Barbet » peut atteindre 40 cm et approcher les 2 kg, le Rouget de vase, 25 cm seulement.

b) Écologie

Les barbillons lui permettent par leur sens gustatif, de rechercher sa proie, des vers, et de petits crustacés qu'il traque continuellement, dans le sable ou la vase.

Il peut devenir rouge s'il est excité, mais surtout après sa mort, d'où son nom.

Rarement seul, surtout lors de la reproduction au printemps, il cohabite volontiers avec les crénilabres, avec lesquels il cherche la nourriture. Quel est celui qui profite de l'autre ?

Il est commun en Méditerranée et en Atlantique.

c) Habitat

Continuellement en pleine eau, il se maintiendra essentiellement dans des zones de sable et de vase, mais affectionne celles où se mêlent sable et roche, également les « clairières » de sable au milieu d'un champ de posidonies.

d) Techniques pour les chasser

1) PRÉPARATION

A — Physique

La petite profondeur dans laquelle on le rencontre habituellement, ne demandera pas de gros efforts, mais ne pas oublier que le poisson sera parfois poursuivi sous l'eau et exigera donc une apnée correcte.

B — Matérielle

Une arbalète assez longue tube de : 0,90 m par exemple, équipée d'une flèche de 1,20 m, sera nécessaire, pour capturer ce petit poisson, qu'il faudra approcher suffisamment pour avoir des chances. Il faudra monter une paire de sandows peu puissants.

Un surplombage sera indispensable pour limiter les mouvements intempestifs.

Se munir d'un sac en filet à mailles serrées pour déposer le poisson et éviter de les abîmer avec un accroche-poissons classique. Éviter également les tridents.

2) REPÉRAGE

A — A la nage

Cette chasse très amusante, donnera à beaucoup l'occasion d'une remise en forme physique, une réadaptation à la mer, au tirs, tout en capturant d'excellents poissons.

Le repérage s'effectuera généralement de la surface si l'eau est claire, la profondeur pratiquée par les rougets, le permettant. Avec un peu d'habitude, le chasseur les cherchera sur les « biotopes » favoris (voir en c). Les plus beaux spécimens, souvent isolés, naviguent un peu plus profond et des demi-plongées seront alors nécessaires pour mieux les distinguer, en raison de leur dimension modeste.

B — En embarcation : est inutile

3) L'APPROCHE

Ce sera le moment le plus délicat, mais tout dépendra du comportement du poisson, agité ou calme.

Une fois repéré, l'opération consiste à effectuer une plongée légèrement éloignée du petit groupe de poissons et de faire l'approche le plus discrètement possible.

Souvent intrigué, le rouget arrêtera la recherche de sa pitance, pour faire face au chasseur, ou alors s'éloignera lentement seul, ou avec le groupe.

S'il est inquiet, il s'éloignera franchement et dès qu'il jugera la distance avec le chasseur suffisante, il s'arrêtera, toujours à la recherche de nourriture. Tenter une nouvelle approche, s'il repart, le suivre au mieux, il finira peut-être par se poser et s'immobiliser sur le sable, croyant se confondre avec lui. C'est la cible idéale.

S 'il s'affole en partant rapidement dès la première approche, il est inutile d'insister, il sera impossible à capturer.

4) LE TIR

On pourra le tirer alors qu'il nage, il faudra attendre qu'il présente le flanc, mais le meilleur tir se fera sur le poisson immobile, posé au fond.

XII. LA MUSTELLE BRUNE

a) Description

Difficile à s'y retrouver dans cette immense famille des « gadidés » mais toutes les « mustelles » (telle est sa désignation en Provence) que j'ai capturées en Méditerranée possédaient le barbillon mentonnier, mais également deux longs filaments à la place des deux nageoires ventrales, se terminant en deux parties à chaque extrémité.

Ceci est caractéristique car on a l'impression que le poisson possède des pattes, se maintenant en appui sur celles-ci.

Leur teinte brun-foncé, sur le dos et plus clair sur le ventre laisse donc penser qu'il s'agit de la mustelle brune (Phycis Phycis).

La mustelle blanche (Phycis Blennoides) a beaucoup de similitude, dont les deux filaments, mais la teinte ne correspond pas à celle aperçue couramment.

Le corps allongé porte de petites écailles.

Sa chair est peu consistante, mais très appréciée.

Elle peut atteindre 60 cm et peser 2,5 kg.

b) Écologie

La mustelle brune vit essentiellement dans les rochers et se maintient à des trous très sombres à de modestes profondeurs.

Elle est isolée et se nourrit de vers, petits poissons et crustacés ; le frai s'effectue au printemps.

Assez commune en Méditerranée, et d'après le guide des poissons marins d'Europe de Bauchot et Pras, elle est également présente en Atlantique.

Son comportement permet de penser qu'elle chasse la nuit.

c) Techniques pour la chasser

1) PRÉPARATION

A — Physique

Il n'y a pas de chasse spécifique à la mustelle et sa présence plus ou moins rare suivant les années, ne permet de la capturer qu'occasionnellement. Ce sera donc la condition physique acquise lors de la préparation de la saison de chasse qui la déterminera.

B — Matérielle

Sa chasse occasionnelle, n'imposera pas un armement spécifique, ce sera l'arbalète adoptée pour la chasse à trous.

2) REPÉRAGE

A — A la nage

Se maintenant dans des trous sombres, elle surpendra parfois le chasseur, par son arrivée furtive, attirée par la présence du chasseur.

D'autres fois, à l'image des corbs, les parties plus claires de son corps la trahiront. Il m'est arrivé plusieurs fois en Corse de la tirer alors que la moitié du corps était à l'extérieur, la tête dans l'obscurité d'un petit trou sombre, semblant somnoler.

B — En embarcation : est inutile

3) L'APPROCHE

On se trouvera donc presque nez à nez avec elle, l'approche en sera simplifiée d'autant plus, qu'elle n'est pas craintive. Il sera possible bien que l'ayant vue abandonner son trou et espéré ainsi mieux la tirer, de ne plus la voir lors de la plongée suivante. Sa curiosité satisfaite, elle rejoint le fond de son trou où il est souvent difficile de la revoir.

4) LE TIR

Immanquable. Tenir compte de la chair très tendre de ce poisson, afin de ne pas le perdre, s'il est mal tiré.

XIII. LA SAUPE

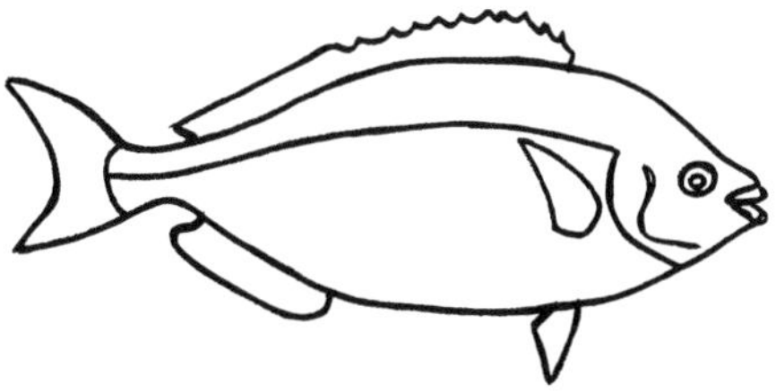

a) Description

Ce « sparidé » (Sarpa Salpa) est très facile à reconnaître en mer, car toujours en bancs denses.

Son corps élliptique comprimé latéralement a une teinte uniforme argentée, avec 10 à 11 lignes longitudinales dorées d'où son appellation très prétentieuse de dorade rayée.

b) Écologie

Ce poisson évolue dans très peu d'eau, occupé à brouter des algues en permanence, car s'il est carnivore, il est également et surtout herbivore. Aussi lui trouve-t-on un goût particulier que lui donne la flore, suffisamment désagréable pour qu'il soit dédaigné des consommateurs, qui le relèguent au rang des poissons très ordinaires. Il est possible d'atténuer ce mauvais goût en le vidant immédiatement et en enlevant la membrane noire qui tapisse son ventre.

La saupe peut donc vivre en toute tranquilité ou presque, délaissée par les chasseurs sous-marins sauf dans les compétitions, car elle fait partie des poissons valables.

Elle est presque toujours en pleine eau, très rarement à trous. Si elle s'enrague, c'est par peur. Cela se produit lors d'une mise à l'eau importante de chasseurs, toujours en compétition. Il ne se prend d'ailleurs jamais autant de saupes que ces jours-là !

La reproduction a lieu du printemps à l'automne.

La saupe mesure couramment 20 à 30 cm et peut peser jusqu'à 1,5 kg.

Commune en Méditerranée, elle est rare en Atlantique.

c) Habitat

Toujours en pleine eau, sauf si elles sont sérieusement dérangées. Elles n'hésitent pas alors à passer sous des pierres ouvertes sans y rester. Affolées, elles peuvent s'enraguer.

d) Techniques pour la chasser

1) PRÉPARATION

A — Physique

Individuellement, dans la majorité des cas, on ne peut donc la tirer qu'à l'agachon.

C'est d'ailleurs très amusant, car quelquefois, elle viennent assez bien. De toute façon, si l'on veut tirer les pièces du lot, il faut être en excellente condition physique, car s'il est avantageux de chasser dans très peu d'eau, par contre, il sera nécessaire, parfois, de prolonger l'agachon, les belles pièces restant derrière les petites. C'est un très bon entraînement aux tirs et à l'agachon pour préparer une compétition ou la saison des loups !

B — Matérielle

Il faut adopter une arbalète longue : tube de 1 m et flèche de 1,5 m, Ø 6,5 mm. Mais le ragueur peut s'avérer utile en compétition, les poissons s'enraguant dans des pierres impossibles s'ils sont affolés.

Un surplombage sera utile pour un bon agachon.

2) REPÉRAGE

A — A la nage

Il est facile, même de loin et en eau peu claire, car le nombre de poissons que constituent ces bancs, ne peut échapper au regard du chasseur. D'autre part, les reflets produits par la livrée argentée des saupes les feront encore plus remarquer.

Elles se cantonnent essentiellement dans des zones où figure un fort pourcentage de posidonies.

B — En embarcation

On peut très bien repérer ces bancs, soit en étant tracté soit en immergeant la tête.

3) L'APPROCHE

Il y a paraît-il des saupes sédentaires et des saupes de passage d'octobre à novembre. Cela explique peut-être l'inconstance de ces poissons quant à leur facilité à venir à l'agachon. Ils viennent quelquefois très franchement et d'autres fois difficilement. Les derniers arrivés étant sans doute moins farouches.

Le champion de France 88 Roland CAYOL, nous apprend dans APNEA n° 11 de janvier-février 88, qu'il faut user de beaucoup de patience pour les conditionner.

4) LE TIR

Le tir sera assez délicat, car souvent de loin ; malgrè la quantité importante de pièces, ne pas se laisser griser, en tirant dans « le tas », mais toujours en visant un poisson.

D'autre part, il faudra parfois les tirer à la volée, l'un des tirs les plus difficiles.

Le seul inconvénient mis à part son manque d'intérêt culinaire, est sa fragilité. Il n'est pas rare de la voir s'échapper avec une partie de son appareil digestif, très développé d'ailleurs, à l'extérieur. Le premier souci du chasseur en compétition, après avoir tiré une saupe, est excusez-moi de la précision macabre, de « renfiler » dans la blessure, cet appareil digestif, plus ou moins abandonné, mais précieux pour lui, car il peut faire pencher la balance du bon côté, si le poisson est à la limite du poids autorisé.

XIV. LE CONGRE

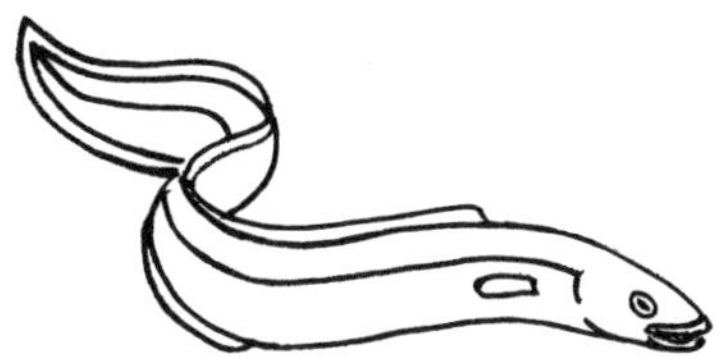

a) Description

Ce « congridé » (Conger Conger) que tous les chasseurs connaissent, appelé également « fielas » dans le midi, en raison de son corps serpentiforme très long, sans écailles, sombre allant du gris-noir sur le dos au gris clair sur le ventre, même blanchâtre par endroits, sa mâchoire inférieure étant complètement blanche.

b) Écologie

D'après l'ouvrage « Guide des poissons de mer et pêche de la mer du Nord, de la Baltique et Atlantique » de Muus et Dahlström, qui donne beaucoup de détails sur le congre, les mâles atteignent au plus 1 mètre environ, les femelles 1,5 m à 2 m, et parfois 3 m.

L'excellent chasseur Robert MENQUET, me signale que des congres énormes sont capturés par les pêcheurs professionnels anglais dans les épaves dont un de 108 kg (revue La pêche en mer n° 10 du 10-5-86).

J'en ai tiré un de 18 kilos, mais VALENTIN et AZÉMARD tous deux champions de France en ont capturé un de 35 kg, sur la côte Vermeille en 1973.

Très vorace, il se nourrit pratiquement de tous les petits animaux marins. J'ai même été surpris de trouver dans ses entrailles un petit congre qu'il venait d'absorber.

La femelle est très prolifique, le nombre d'œufs peut atteindre plusieurs millions, mais la plupart sont dévorés après l'éclosion par leur mère. Curieux instinct maternel ? Mais la nature est ainsi faite.

Elle fraye une seule fois dans sa vie, un été dans les grandes profondeurs.

Il a une croissance très rapide.

Commun en Méditérranée et en Atlantique, il est très nuisible à la pêche professionnelle par le pillage des filets et des casiers.

c) Habitat

Il n'est pas rare de trouver plusieurs congres dans le même trou, il lui arrive même de cohabiter avec la murène.

Il est très abondant dans les jetées et les digues.

Comme beaucoup de chasseurs, j'ai longtemps considéré le congre comme un nocturne. Or après avoir consulté mes collègues qui le traquent sur la côte Atlantique, il m'ont appris qu'ils l'apercevaient régulièrement le jour, naviguant entre les roches ou dans les herbiers à la recherche de sa nourriture.

Nous le voyons en Méditerranée, terré dans son trou, avec seulement une partie du corps à l'extérieur ou carrément à l'intérieur. Mais n'est-il pas à l'affût guettant une proie pour la happer lors de son passage ?

Invisible, c'est peut-être que repu, il sommeille, digérant paisiblement ses victimes, au plus profond de son trou.

Souvent difficile à voir, car statique dans l'obscurité de son antre, mais avec un peu de métier, on le détecte facilement dans les lieux qu'il affectionne : trous dans les falaises, ragues obscures, et assez étroites. Il y a d'ailleurs des indices révélateurs de sa présence. Des excréments au bord du trou, ou une colonie de crevettes grises se nourrissant des restes des festins. Souvent le homard cohabite avec lui, pourquoi ? On l'ignore. Il arrive parfois, qu'il soit endormi au fond de son trou et invisible à l'œil, en raison des méandres de la cavité et de l'obscurité.

Si le trou paraît favorable, gratter légèrement à l'aide de la pointe du fusil la paroi rocheuse, réveillé et intrigué, il sera attiré « à la fenêtre de son balcon ». Il y a des trous à congre, si l'on en tire un, repérer la pierre et inspecter la régulièrement. Elle sera tôt ou tard habitée à nouveau par un autre congre, de même volume en général.

Lui-même gris-foncé et même souvent noir, il se fond bien dans le paysage de la caverne. Il faut évidemment, comme dans tous les trous s'habituer à l'obscurité, on distingue alors sa mâchoire inférieure plus claire, puis des grands yeux ronds.

b) Techniques pour le chasser

1) PRÉPARATION

A — Physique

Aucune préparation particulière, mais il faudra avoir la possibilité de fournir un effort violent, pour l'extraire de son trou, si la profondeur est importante.

B — Matérielle

L'arbalète moyenne : longueur 75 cm pour le tube, et flèche de 1 m, Ø7 mm, devra être équipée d'une paire de sandows puissants permettant de transpercer le poisson.

2) REPÉRAGE

A — A la nage

Il sera rarement aperçu hors de son trou en Méditerranée, assez souvent en Atlantique.

Grand champion de chasse au congre devant l'éternel, Patrick MOUTON en grand reporter du monde sous-marin a promené son arbalète dans toutes les failles, ragues ou tas de ferraille susceptibles de retenir ce sympathique « reptile » sous-marin.

Il a remarqué qu'il tapissait les environs immédiats de son repaire, des restes de son repas, ou des lambeaux de ses pauvres victimes qu'il considère non comestibles, comme le bec de poulpe, pattes de crabe, etc. Ayant donc repéré le lieu, si le congre n'apparaît pas, il lui fait, ce qu'il appelle « le coup de l'éventail » en balayant avec la palme ou la main le devant de son domicile, laissant ainsi croire au locataire qu'une proie appétissante « batifole » devant son antre.

Pierre GIONTA qui est entre autre un excellent chasseur de congre, a une astuce pour le faire sortir de son trou.

Il pose son arbalète bien en évidence, afin qu'il s'habitue à elle. Remonte en surface, attend trente à quarante secondes, puis redescend. Souvent, le congre sort pour voir ce qui se passe.

Pierrot détecte son habitat par un petit tas d'excréments, comme en font les lapins, abandonné à son entrée. Au volume de ces chapelets, il évalue la dimension de l'animal.

B — En embarcation

sera surtout utile pour déposer ces prises encombrantes.

3) L'APPROCHE

Peu méfiant, le congre se laisse facilement approcher, mais souvent après avoir satisfait sa curiosité il se retire, rendant le tir plus délicat, et l'extraction plus difficile.

4) LE TIR

On ne le tire qu'à trou. C'est un seul muscle de la gueule à la queue, il possède une force inouïe. Il faut très bien le tirer. L'endroit vulnérable est la tête, en arrière des yeux, si possible tirer de haut en bas. Il faut vite le ferrer, et vite le sortir avant qu'il n'ait le temps de reculer, se contracter et se caler dans son trou. Vérifier que la paroi rocheuse ne soit pas trop proche de façon à permettre l'ouverture de l'ardillon une fois traversé, sinon tirer plus en biais. Raccourcir la corde au maximum, car il sera souvent tiré à bout portant, par exemple en faisant une gance au nylon dans la partie extérieure du fusil. De cette façon, il sera nettement plus facile de l'extraire. Une fois sorti, il fait en général un nœud sur la flèche. Il s'y contracte tellement qu'il lui arrive de se faire littéralement éclater. Il n'est pas question de l'enfiler à l'accroche-poissons tel quel, il faut l'achever au poignard, chose assez délicate en pleine mer, mais il faut faire vite avant qu'il ne se déchire. Cette façon de procéder, ci-dessus, est également valable pour la murène. Il faut être prudent, car s'il n'a pas de dentition, il a une mâchoire très puissante et peut faire éclater un doigt très facilement. Il arrive parfois de le voir très loin dans son trou et d'avoir peu de chance de pouvoir le tirer convenablement. Il faut prendre un petit poisson et le lui présenter au bout du fusil, il ne se fera pas prier pour venir le happer, mais le chasseur non plus, pour le tirer.

Certains chasseurs n'hésitent pas à le tirer dans la partie postérieure qui, quelquefois est seule visible. Il est, paraît-il, facile de le sortir de cette façon de son trou. Il doit en effet lui être difficile d'évoluer et de se contracter alors qu'il est saisi par l'arrière.

« L'ouvert » est très apprécié frit, en sauce, au barbecue, car il y a peu d'arêtes, par contre, le reste n'est valable qu'en soupe. Si sa chair est relativement appréciée, quoique un peu grasse parfois, en soupe il faut l'incorporer modérément car son goût, un peu fort risque de dominer.

XV. LA MURÈNE

Il y aurait tant de choses à dire sur ce poisson, et tant de choses erronées laissent planer à son sujet des histoires abominables ! Pauvre murène... si laide peut-être, mais si gentille !

Inutile de la décrire tout le monde la connaît. Les Romains les élevaient dans des bassins où elles proliféraient. Paraît-il que les esclaves leur étaient donnés en pâture ? Elles étaient parées de bijoux, c'est du moins l'histoire qui le raconte !

a) Description

Cette « murénidé » (Muraena Hélena) serpentiforme possède un corps sans écailles, brun-chocolat, marbré de jaune.

Sa bouche est armée de dents recouvertes de mucus toxique très dangereux.

Elle peut atteindre une dizaine de kilos, même en Méditerranée. A cause de sa vulnérabilité, celles atteignant 4 à 5 kilos sont déjà de belles pièces. Notre regretté Henri Roux en avait capturé une de 11 kilos, il y a quelques années lors d'une compétition.

Les murènes tropicales d'Océanie ou de mer Rouge sont paraît-il énormes.

b) Écologie

Assez commune surtout en Corse, on la rencontre dans tout le bassin méditerranéen et en Atlantique où elle est plus rare.

Elle consomme de petits poissons, des crustacés et des céphalopodes.

Le frai se ferait en hiver près des côtes.

Contrairement aux idées reçues, elle n'est pas agressive.

Sa chair tendre est un peu grasse, mais l'ouvert est excellent soit dans la bouillabaisse, frit ou au barbecue.

Au Portugal, les pêcheurs font sécher ce poisson au soleil, après l'avoir ouvert sur toute la longueur, en maintenant son corps écartelé sur des bambous en croix.

c) Habitat

Elle vit dans des fonds très tourmentés où elle peut à loisir se mettre à l'affût de sa proie dans les trous ou anfractuosités de rochers.

d) Techniques pour la chasser

1) PRÉPARATION

A — Physique

La murène ne sera pas obligatoirement à trous, on la rencontre souvent entre deux blocs, dans une faille ouverte, dans des trous bien « aérés ». L'effort à fournir peut être moins intense, mais s'apparente à celui du congre.

B — Matérielle

Arbalète identique à celle que l'on utilise pour la chasse au congre.

2) REPÉRAGE

A — A la nage

On ne pratique pas une chasse spécifique à la murène, mais on la repère facilement si elle est présente, car sa couleur attire souvent le regard, mais également ses évolutions, car elle se faufile d'une pierre à l'autre.

On peut être surpris de la voir très près, en cherchant un poisson dans un trou. Elle est rarement bien enraguée, une partie de son corps sortant de son repaire, mais elle a tendance à se rétracter à l'approche du chasseur.

B — En embarcation

L'embarcation est inutile, mais pratique pour y déposer une murène capturée.

4) LE TIR

Aucune difficulté pour la tirer, les explications données pour le fiélas, s'appliquent à la murène. Sa chair beaucoup plus fragile mais de vigueur identique, se déchire plus facilement, et je crois pouvoir affirmer qu'une murène sur trois est perdue.

On a donc intérêt, dans le domaine du possible, à la tirer de 3/4, de façon à obtenir une meilleure pénétration longitudinale.

Il faut être extrêmement prudent après l'avoir tirée, elle se défend naturellement, et n'hésite pas à mordre violemment tout ce qui se trouve à proximité, d'où l'impératif de tirer dans la tête ou à côté, il est, dans ce cas, facile, et sans danger de maintenir la flèche dans les mains.

Il faut l'achever rapidement, d'abord en lui fendant la gueule, lui laisser mordre le poignard et couper. Elle ne peut plus mordre, mais finissez de la tuer en lui tranchant la tête, chose difficile dans l'eau, soit en lui donnant une multitude de coups de dague.

XVI. LES CRUSTACÉS

Que dire des crustacés, sinon qu'ils sont recherchés, les cigales, les langoustes et les homards en particulier, les esquinades (à un degré moindre), en raison de leurs qualités culinaires incontestables.

1) La langouste (palinurus vulgaris)

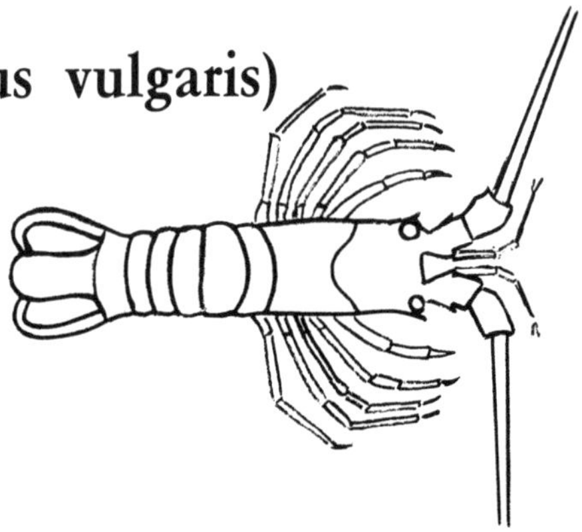

A) DESCRIPTION

Dépourvue de pinces, elle possède des antennes longues, fortes, épineuses à la base. De couleur brun-rougeâtre, sa carapace est aussi hérissée d'épines ou protubérances.

Elle peut atteindre 50 cm et peser 3 à 4 kg.

En 1980, un pêcheur professionnel de la Guardia (nord-ouest de l'Espagne) a capturé une langouste record pesant plus de 6 kilos.

B) ÉCOLOGIE

Elle est présente dans une grande partie du bassin méditerranéen, également en Atlantique et en Manche. Comme la plupart des crustacés l'époque du frai a lieu à partir du mois de mai et se prolonge jusqu'en juillet.

Les œufs sont portés par la femelle sous son abdomen (jusqu'à 15 000).

Elle se nourrit surtout de mollusques.

Elle mue une fois par an.

C) HABITAT

Elle se maintient dans des zones rocheuses assez tourmentées et même dans les épaves, où elle se met à l'abri. Il n'est pas rare de trouver plusieurs langoustes dans les mêmes pierres ou pierres environnantes.

Elle remonte des grands fonds pour frayer, et on la retrouve à cette époque dans de modestes profondeurs de 7 à 8 mètres parfois.

D) TECHNIQUES POUR LA CHASSER

1 — Préparation

a) Physique

La profondeur ou sa position dans l'habitat peuvent poser quelques problèmes au chasseur qui ne pourra légalement la capturer qu'à la main.

Une condition physique correcte s'impose, pour effectuer des recherches systématiques.

Les plongées successives, souvent dans des profondeurs conséquentes, éprouvent l'organisme, l'attrait de ce met de choix, ne doit pas vous exposer à prendre des risques !

b) Matérielle

Aucune arme n'étant admise, l'équipement se limitera à celui du chasseur désarmé, mais équipé de gants protecteurs !

2 — Repérage

a) A la nage

Beaucoup de chasseurs sont agréablement surpris d'apprendre que les langoustes sont à leur portée. Ils les imaginent très profonds, en des lieux « secrets ». Or il suffit de rochers de 6-7 mètres pour les rencontrer à l'époque de la ponte. Mais il faut raguer le mieux possible. Leur couleur et leurs antennes qui dépassent toujours des trous ou des failles, les trahissent. Les langoustes de petit volume affectionnent les surplombs et les plafonds, elles se logent dans des trous naturels ou au milieu de la végétation, éponges ou autres.

b) Avec l'embarcation

Elle sera la bienvenue car les langoustes se complaisent aux alentours des remontées, au large et dans des sites tourmentés, où l'on se rendra plus facilement avec un bateau.

D'autre part leur vulnérabilité fera en sorte qu'il faudra sortir des « sentiers battus ». Ceci étant faisable avec une embarcation.

3 — L'approche

Si les langoustes foisonnent dans la région marseillaise, ce ne sont que de petits spécimens qui apparaissent en grand nombre à partir du mois de mai jusqu'à juillet parfois et suivant les années bien au-delà. Mais aucune pièce au-dessus de 250 à 300 g au maximum. Pourquoi ? sont-elles kidnappées avant d'avoir pu devenir adultes ou migrent-elles ailleurs après s'être reproduites dans peu de profondeur. L'administration maritime limite la taille minimale des langoustes à 15 cm, et surtout interdit de les tirer au harpon. Il y a donc de grosses difficultés, car elles se logent dans des anfractuosités ou des trous d'où il est souvent impossible de les extirper. Il est préférable d'avoir des gants un peu à cause des crustacés et beaucoup pour tout ce qui est autour, oursins, arêtes rocheuses, etc. Il faut, en effet, être très adroit et très rapide, le geste doit être très vif. Il faut distraire la langouste avec une main, avec ses antennes elle suit l'objectif et pendant qu'elle est absorbée par les doigts qui s'agitent, il faut essayer de la saisir avec la main libre.

Au début, la prise se limite aux simples antennes. Elles sont très fragiles et les brusques mouvements de la queue lorsqu'on la maintient, la démunissent de son appareil sensitif ! Aucun problème pour le crustacé, il repoussera facilement.

Il faut donc s'appliquer à saisir les antennes, on ne peut la prendre que par là, le plus près possible du corps, la langouste s'agrippe au rocher avec ses pattes, il ne faut pas tirer sèchement mais progressivement.

Les grosses langoustes sont très pénibles à prendre, non pas à cause de leur volume, mais par leurs aspérités, et protubérances qui blessent. Se propulsant par des battements de queue, elles en donnent des coups violents. Celle-ci est constituée de plusieurs anneaux, dont la partie supérieure très solide est munie latéralement de becs pointus. La partie antérieure est également bâtie de pointes acérées. C'est une véritable forteresse, mais c'est tellement bon qu'on en oublie vite les blessures.

Mes plus belles langoustes furent capturées en Corse et surtout au... Brésil, mais celles-ci, mêlées aux cigales finirent vite par nous écœurer, surtout préparées au fromage de gruyère et à... l'ananas ?...

4 — Le tir

Rappel de l'interdiction de l'usage de l'arbalète.

2) La cigale (Scyllarus Latus)

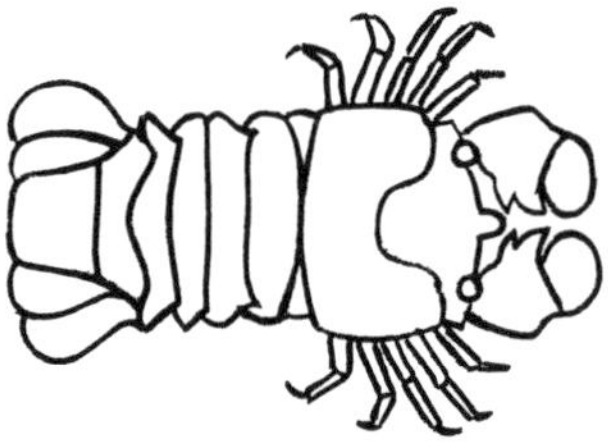

A) DESCRIPTION

Appelée aussi « grande cigale ». Des espèces de spatules tourmentées tortueuses, hérissées d'aspérités remplacent pinces et antennes.

Sa carapace granuleuse est assez large, sa queue assez charnue.

De couleur marron-clair grisâtre avec des reflets violets sur la partie antérieure.

Elle peut mesurer jusqu'à 54 cm pour un poids de 2 kg.

Il existe aussi la petite cigale (Scyllarus Arctus) connue sous le nom de « chambri » en Provence. C'est la copie conforme de la grande, mais ne mesurant qu'une dizaine de centimètres.

B) ÉCOLOGIE

Comme la langouste, le homard et beaucoup d'autres crustacés, la femelle porte les œufs sous son abdomen. Pendant cette période, elle ne réagit plus, elle n'a qu'une idée, protéger sa future nichée en repliant les pattes et la queue sur cet amoncellement de petites billes orangées. En général, s'il y a la femelle, le mâle n'est pas loin, il faut donc chercher...

Elle est abondante sur les côtes d'Afrique du Nord, beaucoup moins en Corse et pratiquement inexistante sur nos côtes continentales.

On la trouve aussi aux Baléares et dans le sud de l'Espagne et de l'Italie.

Elle apparaît début mai jusqu'à la fin juin.

C) HABITAT

Elle affectionne les remontées rocheuses avec des cassures horizontales ou verticales, ou des roches très ouvertes, ou des dalles aérées.

D) TECHNIQUE POUR LA CHASSER

1 — Préparation

a) Physique

Plus facile à capturer que la langouste, la dépense physique sera donc moins intense, ainsi que la préparation éventuelle.

b) Matérielle

Elle se capture très facilement à la main, aucun matériel n'est donc nécessaire (attention, l'arbalète est toujours interdite).

2 — Repérage

2) A la nage

La cigale est aussi bonne, sinon meilleure que la langouste. Elle est plus facile à prendre, mais beaucoup plus difficile à voir.

Elle aime les surplombs, il faut donc regarder vers le haut, même dans des grottes assez ouvertes, ainsi que les failles verticales ou horizontales, très souvent dans très peu de profondeur, même deux à trois mètres, autrement dit à la portée du débutant, mais quel œil exercé faut-il avoir ! Sa couleur et sa forme la font complètement se confondre avec le rocher !

Le chambri se tient essentiellement sur les surplombs, fuit nerveusement devant le masque du chasseur. Des spécialistes arrivent à les attraper en assez grand nombre malgrè leur vivacité.

b) Avec une embarcation

Une visite systématique des remontées au large ou des îlots se fera plus facilement.

3 — L'approche

Elle n'a pas d'antennes, on peut donc la saisir à la main, sans aucune réaction jusqu'au toucher. Ensuite, avec ses pattes crochues et puissantes, elle s'accroche au rocher mais ne possédant pas les défenses de la langouste, on la prend bien à pleine main. C'est après qu'il faut faire attention, car à l'image de la langouste, elle donne de violents coups de queue qui peuvent blesser et surtout vous contraindre à lâcher prise.

3) Le homard (Homarus Vulgaris)

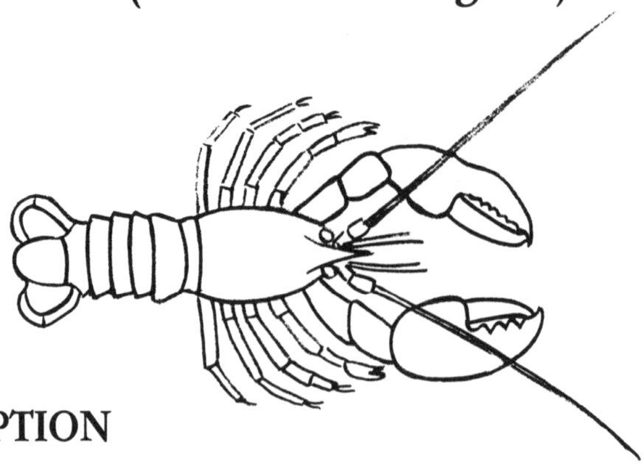

A) DESCRIPTION

De couleur bleu-foncé avec des marbrures jaunes sur les côtés, il est muni de deux grosses pinces, l'une plus grosse que l'autre, et de deux antennes rouges.

Les quatre premières pattes sont munies également de petites pinces.

Il peut atteindre 75 cm et peser 4 kg.

B) ÉCOLOGIE

Peu abondant en Méditerranée, il est commun en Atlantique et dans la Manche.

Il est typiquement nocturne et se nourrit de coquillages, de vers et de poissons morts et même de ses congenères plus faibles. La plus grosse pince lui sert à maintenir sa proie, l'autre à la déchiqueter.

Il n'est que très peu migrateur.

L'accouplement a lieu à l'automne après la mue de la femelle, et ce n'est que l'été qu'a lieu la fécondation. Elle se couche sur le dos pour disposer les œufs sous ses pattes abdominales (5 000 à 40 000 suivant sa taille).

Les crustacés sont très vulnérables à l'époque de leur mue. Une à deux mues par an pour le homard, ce qui correspond à 1 ou 2 cm de croissance à chaque fois. C'est leur seule façon de pouvoir augmenter de volume, car ils sont emprisonnés dans une carapace, dans laquelle il leur est difficile de progresser. Il ne leur reste plus qu'une solution s'évader de cette prison... Mais en s'évadant, ils s'exposent à la convoitise de leurs ennemis guettant cette période avec impatience, car le festin n'en est que plus tendre et sans défense !

Il paraît que le poulpe et le congre sont les ennemis notoires du homard l'attaquant lâchement à cette période-là. Ce serait confirmé en partie par la cohabitation parfois de celui-ci avec le congre, mais est-ce la véritable raison ?

Certains homards américains (Homarus Americanus) ont plus de 50 ans, le 11-2-77 il a été pêché un homard de 106 cm pesant 20 kg.

C) HABITAT

Il ne sort que la nuit, pour le voir le jour il faut donc raguer et même bien raguer ! On le trouve en général dans des zones rocheuses et dans des ragues, failles très sombres, fermées et horizontales. En raison de sa morphologie, il ne peut se mettre à la verticale comme les petites langoustes.

D) TECHNIQUES POUR LE CHASSER

1 — Préparation

a) Physique

En Méditerranée, c'est le hasard qui le fait rencontrer lors d'une chasse classique, donc aucune préparation particulière. Je ne sais si sa recherche peut être systématique en Atlantique. La préparation consistera à l'entraînement de sa prise à la main ; l'utilisation d'une arme étant prohibée.

b) Matérielle

Le port d'une paire de gants peut être souhaitable.

2 — Repérage

a) A la nage

Il est très difficile à voir et surtout à prendre, contrairement aux crustacés précédents, il possède deux pinces, une pour tenir, l'autre pour couper, très impressionnantes. On risque d'y laisser un doigt assez facilement !

On aperçoit d'abord les pinces, toujours en avant, la partie inférieure plus claire est plus visible. Elles semblent vouloir décourager ou mettre en garde le chasseur qui tenterait une timide incursion !

Les homards se complaisent dans les épaves.

b) Avec une embarcation

Inutile en Méditerranée, vu le nombre limité. Elle sera utile en Atlantique ou en Manche, pour y déposer les spécimens capturés, et pour parcourir des distances conséquentes, pour effectuer des recherches dans des zones favorables.

3 — L'approche

En Bretagne, Michel Cloatre, expert en la matière, ne s'embarrasse pas de fioritures ! Il envoie franchement le bras dans le trou, pour saisir à plein corps le crustacé. Il peut donc bien le maintenir et l'extraire relativement facilement !

Avec ses pinces évidemment, il cherche à se défendre, mais ne pouvant atteindre que le bras trop gros pour se défendre efficacement, il reste inoffensif.

Mais encore faut-il avoir le courage de procéder ainsi, surtout la première fois !

4) L'araignée de mer (Maia Squinado) Esquinade en Provence

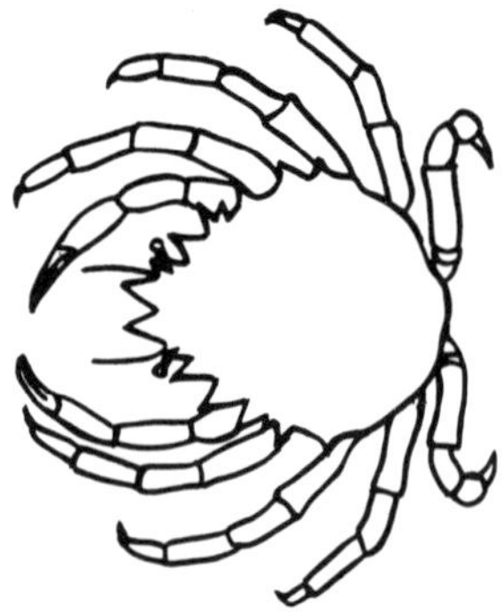

A) DESCRIPTION

Elle est composée d'une carapace triangulaire brun-rougeâtre, légèrement bombée, hérissée d'aspérités sur tout son pourtour, dont deux pointes à l'avant, et deux pinces fortes chez le mâle, très peu développées chez la femelle, et de huit pattes brunes, très longues se terminant par une griffe.

La carapace peut mesurer 20 cm de large.

B) ÉCOLOGIE

Si elle est très abondante en Atlantique et en Manche, où l'on peut en compter plusieurs dizaines dans une surface réduite, elle est comme tous les autres crustacés assez rare en Méditerranée, à l'exception de certaines régions corses, comme le cap corse.

Sa capture est interdite aux chasseurs sous-marins, en période de reproduction.

Elle apparaît de mai à juin pour frayer dans peu de profondeur. La fécondation a lieu tout de suite après la mue des femelles, les œufs sont pondus six mois plus tard et portés pendant neuf mois environ, avant l'éclosion des larves.

Elle supporte bien l'émersion.

C) HABITAT

Elle se maintient sur les algues ou les rochers et ce n'est que lors de sa lente évolution qu'elle peut accidentellement se trouver un peu camouflée par une avancée rocheuse ou un relief quelconque.

D) TECHNIQUE POUR LA CHASSER

1 — Préparation

a) Physique

La facilité déconcertante pour la capturer à la main, ne nécessite aucune préparation. Certains auront peut-être une certaine appréhension à la saisir. Les conseils d'un chasseur confirmé vous donneront confiance.

b) Matérielle

Donc pas d'arme, mais une bonne paire de gants !

2 — Repérage

a) A la nage

Il est quelquefois difficile de la voir, surtout en Méditerranée où sa densité n'offre pas le choix possible. Elle se confond avec le rocher et surtout, elle est souvent recouverte d'algue et de mousse, d'autre part très statique, elle n'attire pas le regard. Elle n'est jamais à trous ni dans les failles.

En Méditerranée, on la trouvera la plupart du temps sur les côtes, face au large. Par exemple sur une île presque accolée à la côte, il est préférable de chercher côte large, car elle vient de cette direction et s'arrêtera sur cette face, même si ce côté est en falaises verticales ou profondes.

b) Avec une embarcation

Il sera possible de prospecter, tracté par un bateau, puisque l'arraignée n'est pas dans les trous, ou en immergeant la tête, de votre embarcation. De toute façon, elle sera bien utile pour déposer les prises bien encombrantes !

3 — L'approche

Il n'y a rien de plus facile à « cueillir » ! C'est le terme exact, il suffit de la saisir par le dessus de la carapace très solide et pleine de protubérances. Ce relief donne une meilleure préhension, d'autant qu'elle ne bouge pas ou si peu. Une fois saisie par le dessus, il faut la renverser, pattes et pinces vers le haut. Cette position inconfortable, l'oblige à ramener pattes et pinces repliées sur l'abdomen, et elle ne bouge plus.

Les œufs de la femelle, sont logés sous un clapet abdominal, et en repliant les pattes et pinces elle a l'impression de défendre sa couvée probablement.

Il n'y a pas grand chose à manger, mais elle a un goût très prononcé. On l'utilise pour la soupe. Certains gourmets, utilisent les œufs et le corail pour en faire une sauce excellente. On peut la préparer au court-bouillon comme la langouste. Elle est très recherchée à La Ciotat et en Espagne.

XVII. LES CÉPHALOPODES

1) La seiche (Sepia officinalis)

A) DESCRIPTION

Connue sous le nom de « supi » en Provence, ce mollusque céphalopode (tête et pied en grec), dibranchial (2 groupes de branchies), décapode (10 bras), possède donc 10 tentacules, 8 courts et 2 longs, servant à capturer sa proie. Elle possède une coquille interne, calcaire, appelée « os de seiche » que l'on donne aux oiseaux en cage pour se faire le bec.

Son corps ovale, est bordé d'une nageoire ondulante.

De couleur brun-foncé, elle a des zébrures blanches sur le dos.

La longueur du tronc sans la tête peut atteindre 30 cm, elle peut peser 2,5 kg.

Elle secrète une encre, qui autrefois servait à faire le sépia.

B) ÉCOLOGIE

Elle est présente au printemps pour la reproduction en Méditerranée, et l'été dans l'Atlantique et la Manche.

Animal essentiellement carnassier, elle se nourrit de crustacés et de poissons. Dès qu'ils sont mordus, ils s'immobilisent... il est donc supposé que sa salive est paralysante.

Elle s'adapte à la couleur du milieu dans lequel elle évolue (homochromie) par un mécanisme réflexe des cellules pigmentaires, d'autres fois c'est un mécanisme hormonal.

Les déplacements lents sont assurés par les ondulations des nageoires latérales. Pour s'enfuir, elle expulse violemment de l'eau par un entonnoir. Par réaction elle est projetée par saccade en arrière. Cette eau est colorée de noir avec l'encre qu'elle sécrète, lui permettant de couvrir sa fuite.

C) HABITAT

Tous les céphalopodes ont une vie en pleine eau, (pélagique) à l'exception de la période d'accouplement éventuellement.

D) TECHNIQUES POUR LA CHASSER

1 — Préparation

a) Physique

La facilité de sa capture ne justifie aucune préparation particulière. Donc une chasse normale.

b) Matérielle

Utiliser de préférence une arbalète longue ou moyennement longue.

2 — Repérage

a) A la nage

Assez difficile à voir en raison de son adaptation à l'environnement quant à sa couleur, et son immobilisme. Elle se maintient la plupart du temps hors des trous, mais près du sol, posée à même le sable, ou faisant du « surplace » au-dessus des algues ou d'un bloc. Souvent aussi, elle se camoufle entre deux rochers, au fond d'une petite vallée ou alors dans des trous très ouverts.

Elle est à l'affût.

b) Avec une embarcation

A priori, inutile, si ce n'est pour se rendre sur les lieux de chasse éloignés.

3 — L'approche

Elle sera aisée en général, à tel point, qu'une seiche aperçue est obligatoirement capturée, à quelques exceptions près.

Il faudra tout de même être assez discret en se laissant couler et même nager vers elle, sinon elle détalera. Elle se stabilisera à nouveau plus loin, changera de couleur, pour passer inaperçue et il suffira de recommencer l'opération.

4 — Le tir

Il s'effectuera d'assez loin, mais cette belle cible immobile est immanquable. Elle fera d'ailleurs le bonheur des débutants, qui reviendront parfois avec une belle ceinture. D'autant plus que sa chair est appréciée.

Il faudra lui trancher la tête avant de la fixer à l'accroche-poissons pour éviter que son bec crochu ne lacère votre vêtement.

2) Le calmar et l'encornet

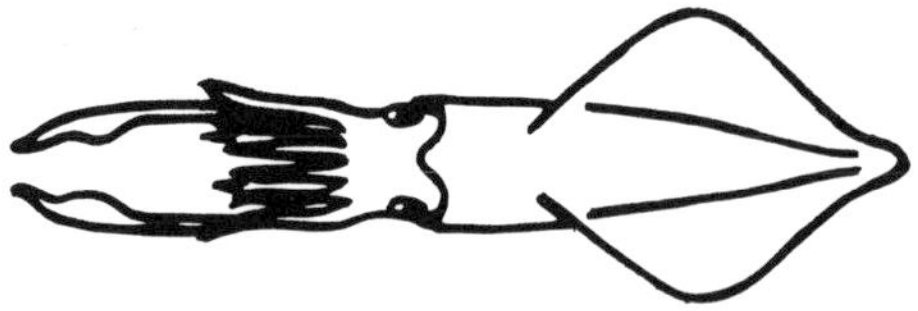

Au mois de mai alors que l'eau toujours bien fraîche nous laissait espérer encore quelques loups, nous nous trouvons devant le spectacle hallucinant de centaines de calmars ou encornets, frayant derrière l'îlot de l'Aragnon, dans les blocs qui habituellement sont des frayères à loups.

Beaucoup d'entre eux évoluaient autour d'une grosse dalle, les mâles plus gros « mimétisaient » avec grâce auprès des femelles, qui semblaient indifférentes. Ils attendaient immobiles devant la faille béante et lorsqu'un couple en sortait, un autre s'y introduisait. Après l'accouplement, il en ressortait et ainsi de suite. Très pudiques et semblant être une règle absolue, observée par tous ces amoureux, seul un couple était admis à la fois.

Tout le monde a vu le document filmé du commandant COUSTEAU à la télévision à ce sujet, cette loi de la nature ne peut que nous laisser béats d'admiration devant tant d'amour, d'organisation et tant de mystères sur ces regroupements systématiques et annuels.

Il y a évidemment des raisons qui expliquent cela, en premier la reproduction. Mais pourquoi retrouve-t-on tous ces céphalopodes toutes les années en abondance de l'anse d'Arnette à l'Aragnon par exemple, dans la région marseillaise. Je pense que c'est en grande partie, à cause de la nourriture abondante sans doute dans cette région, car il ne faut pas oublier la proximité du Rhône qui apporte avec ses alluvions, cette manne indispensable pour les mangeurs et... les mangés. Le Rhône est encore bénéfique à ce point de vue, mais pour combien de temps, car il draine avec lui tant de produits toxiques qui, si nous ne sommes pas vigilants, finiront par anéantir la nature dans la région.

Mais pourquoi donc ne frayent-ils pas dans l'embouchure du fleuve ? Sans doute parce que les abris sont rares pour la ponte des œufs, et que d'autre part les mangés (petits poissons) n'y sont pas, ils prolifèrent dans des lieux plus hospitaliers, mais qui subissent tout de même l'influence et l'apport du fleuve. Les seuls abris existants dans l'embouchure ne sont pas naturels, des épaves, mais les loups se les approprient.

Les calmars peuvent devenir énormes et leurs tentacules mesurer paraît-il une dizaine de mètres. Ils dérivent dans l'Atlantique et nos anciens navigateurs à voiles, en avaient fait un mythe, qui est devenu réalité de nos jours. Il y en a d'ailleurs quelques exemplaires au muséum de New York.

Mais si ceux-là ne nous intéressent pas, car n'entrant pas dans une marmite, ceux de taille inférieure, sont appréciés, soit frits, ou en sauce tomate ou en un délicieux farci.

A) DESCRIPTION

Le calmar (Todarodes sagittarus), brun-rouge violacé avec des reflets verdâtres possède 8 bras presque égaux, deux tentacules dont la longueur est le double de celle des bras.

L'encornet (Loligo vulgaris), tous deux appelés touténo en provençal, est blanc-rosé, presque transparent, possède 8 bras de longueur inégale, et deux tentacules dont la longueur égale trois fois celle des bras. Il possède sous la peau une coquille cornée transparente « la plume ».

Ils ont tous deux un corps ovale, plus allongé que celui de la seiche, bordé d'une nageoire ondulant de chaque côté en forme de losange.

B) ÉCOLOGIE

La longueur maximale du tronc (sans la tête) est de 35 cm chez la femelle et 60 cm chez le mâle.

Ils ont tous deux le même mode de vie. Ils entreprennent des migrations saisonnières.

Ils sont présents dans la Méditerranée occidentale, en Atlantique, la mer du Nord et la Manche.

Comme les seiches, ils ont la faculté de s'adapter à la couleur de l'environnement.

Attaqué, il se dissimule lui aussi derrière un écran noir en se propulsant en arrière.

C) HABITAT

Vivent également en pleine eau, à l'exception de la période de reproduction.

D) TECHNIQUES POUR LE CHASSER

1 — Préparation

a) Physique

Aucune préparation particulière

b) Matérielle

L'arbalète longue sera nécessaire car ils seront toujours tirés de très loin. Malheureusement la grande longueur du tube et son gros diamètre (Ø 28) risquent de perturber les tirs à la volée. Se surplomber pour faciliter la coulée.

2 — Repérage

a) A la nage

A l'exception de la période de reproduction où leur nombre plus ou moins important, facilite leur repérage, le reste du temps, ils seront isolés ou par couple en pleine eau, mais nettement au-dessus du fond. C'est inopinément qu'ils seront aperçus, d'autant plus qu'ils sont statiques.

b) En bateau

Inutile

1 — L'approche

Délicate, car ils seront très sensibles aux bruits et mouvements que le chasseur même discret produira. Tenter la seule solution, la plongée directe sur l'animal, à la coulée.

4 — Le tir

Il se fera de très loin avant le démarrage, avec un peu de chance le tir à la volée fera mouche. Le chasseur pourra anticiper le tir, car la propulsion se fera toujours vers l'arrière.

Possédant lui aussi un bec crochu, l'en démunir.

XVIII. EN BREF, POISSONS DIVERS

Il y aurait beaucoup à dire également sur d'autres poissons, que nous côtoyons beaucoup moins sur nos rivages, mais qu'on est susceptible de rencontrer. Ce sont, en les citant en vrac, les baudroies, pagres, maigres, ombrines, thons, balistes, etc. Je n'ai malheureusement que très peu d'expérience avec eux, car si j'en ai capturé quelques-uns, c'est en nombre trop réduit pour en avoir tiré suffisamment d'enseignements.

1) Tout le monde dans sa vie de chasseur a tiré **une baudroie** ou lotte, la difficulté réside dans le fait que rare il faut avoir la chance de la rencontrer et encore faut-il la voir. Elle est immobile et attend patiemment, en excitant la curiosité des poissons devant sa gueule démesurée, un rayon dorsal se terminant par un petit lobe. Aucune difficulté pour la tirer. Ce poisson d'excellente qualité peut atteindre 40 kg.

2) **Le pagre** peut atteindre 10 kg, c'est un poisson magnifique, ressemblant à la daurade, mais rosé sur tout le corps. Les quelques spécimens que j'ai aperçus et tirés étaient statiques dans des failles très ouvertes, j'ai pu les approcher de dessus et les tirer de haut en bas facilement.

3) Je n'ai jamais tiré ni vu **d'ombrines**. Je suis donc incapable de donner des conseils, mais il est certain que c'est un poisson devenu extrêmement rare. Cela s'explique toujours par le gros problème de la pollution des mers et océans, en particulier pour ce poisson. Il affectionne en effet les embouchures des fleuves et rivières et il était assez abondant il y a quelque cinquante ans sur la plage du Prado à Marseille, à l'embouchure de l'Huveaune. Les Marseillais savent ce qu'est devenue cette rivière avec l'installation dans la vallée du même nom, d'usines très conséquentes, qui si elles ont apporté le progrès et le travail, ont drainé avec elles le mauvais côté de cette industrialisation. Je connais peu de personnes ayant tiré des ombrines. Il y a 4 ou 5 ans, une en Camargue par un spécialiste des épaves de cette région.

Elle peut atteindre d'après les renseignements recueillis, une dizaine de kilos, elle est de la famille du corb et lui ressemble beaucoup quoique plus claire. La chair est, ou plutôt était, aussi estimée que celle du loup.

Nous savions déjà que des pêcheurs à la ligne capturaient des ombrines, en Mauritanie.

Le déplacement de l'équipe de France à Dakla au Maroc, confirme la présence abondante de ces magnifiques poissons sur les côtes africaines de l'Atlantique (*Apnea* n° 2 de juillet-août 86).

Plus près de nous, lors du championnat de France 1987 à Solenzara en Corse, le champion normand J.-L. Gaudin capturait une ombrine de 7,385 kg. Ceci confirme la pureté de l'eau en Corse.

4) **Le maigre,** de la même famille que le loup est magnifiquement bien taillé. Il lui ressemble étrangement mais alors que celui-ci atteint péniblement 10 à 12 kg, le maigre peut aller jusqu'à 70 kg d'après les documents consultés et mesurer jusqu'à 2 mètres. Je n'ai jamais eu l'occasion de le capturer, mais d'après l'expérience d'amis chasseurs, de la côte atlantique basque et portugaise, je crois pouvoir affirmer qu'on le tire pratiquement toujours statique. Il est posé au fond, la plupart du temps avec d'autres compagnons, à l'affût semble-t-il, car il est carnassier. Il faut donc se laisser couler et le tirer de dessus dans une partie vitale, la tête en particulier.

Le plus difficile est certainement l'approche, car le maigre malgré l'eau souvent trouble, voit et surtout entend. Mais je crois que cette opération doit s'effectuer relativement dans de bonnes conditions.

La difficulté apparaît surtout après le tir, car si le poisson n'est pas suffisamment touché, j'imagine des pièces de cette importance, « le malheur qu'elles doivent faire ». Peut-être y aurait-il intérêt à relier l'arme à une bouée, mais peut-être ne va-t-on pas spécialement à la chasse au maigre ! Dans ce cas tenir un poisson de 30 ou 40 kg mal tiré doit être une performance. La chair serait aussi appréciée que celle du loup. Ils ont la possibilité d'émettre avec leur vessie natatoire des sons, qui ressembleraient à des roulements de tambour.

5) Je n'ai tiré qu'**un thon** dans ma vie de chasseur, mais ceci a failli me jouer un mauvais tour. Je ne pense pas que ce poisson soit de nature à susciter des vocations sportives car très rare auprès des côtes. Ils sont en général en haute mer ou au large de l'embouchure des fleuves, comme le Rhône. Ils sont en effet carnassiers et recherchent les bancs de poissons, les sardines en particulier. Avec leurs peignes branchiaux, ils tamisent les bancs. Ceux-ci se trouvent dans ces lieux éloignés, quelques thons poussent jusqu'à la côte sans doute à la poursuite de ces bancs qui parfois affolés et pourchassés atteignent le rivage.

Le thon comme la liche doit être tiré avec un armement conséquent relié à la bouée. Je ne connais pas de méthode particulière par manque d'expérience, mais peut-être que celle adoptée pour la liche lui conviendrait. Il existe deux sortes de thons, le rouge dont la masse peut atteindre 300 kg, et que je ne conseille pas de tirer... le thon blanc ou germon qui ne fait que 30 kg maximum, c'est plus modeste et tirable. Il y a également la thonine, plus modeste encore avec 15 kg.

6) La veille d'un championnat de France à Biarritz alors que nous étions à l'entraînement dans la région, je vis un poisson inconnu pour moi et par curiosité je le tirai, mais n'osai le toucher par instinct. Mon coéquipier intrigué avança la main pour le saisir, mal lui en prit car le poisson se jeta sur celle-ci et lui arracha un gros morceau... du gant ! La gueule en avant, le morceau de néoprène entre les dents nous le libérâmes de la flèche. Il détala, crachant sa proie, trop caoutchouteuse. C'était **un baliste,** de belle taille, peut-être 1,5 kg, le seul vu et tiré personnellement jusqu'à ce jour. On le trouve surtout paraît-il dans les mers chaudes. Je me demande donc ce qu'il faisait du côté de Guétary ? Apparemment aucune difficulté pour tirer cette catégorie de poisson.

7) Il est un poisson que j'étais fier de tirer à mes débuts, car son volume important en faisait pour moi un trophée de valeur, c'est **la roussette**. Sa défense après le tir, son acharnement à mordre la flèche ou sa queue, sa ressemblance avec le requin m'impressionnaient un peu, mais courageux à l'extrême ? Je sortais de l'eau

et triomphant, j'exhibais ma prise à tout le monde. Quels bons moments ces débuts ! Ayant tout à découvrir, toute passion n'est que joie et plaisir. Ces roussettes ridicules et inoffensives, je me faisais un plaisir de les manger et me persuadais que c'était exquis. Pourtant on ne m'en ferait plus manger maintenant, non pas qu'elles soient si mauvaises, puisqu'on les trouve sur le marché et qu'elles contentent bon nombre de personnes, mais quelle différence avec du loup ou de la daurade. Que voulez-vous à l'époque je ne savais prendre ni l'un, ni l'autre. La roussette est très facile à tirer. La plupart du temps elle est à trous, dormant d'un profond sommeil. Elle est immobile et il faut la piquer avec la pointe du harpon pour la réveiller. Elle sort la nuit à la recherche de sa nourriture. On la voit donc rarement en pleine eau, mais le peu de fois qu'elle y évolue, c'est lentement et sur une courte distance. Il suffit de se laisser couler au-dessus et même en faisant bruit et gestes on peut la tirer à bout portant.

Elle peut peser une dizaine de kilos. Il y a la grande et la petite roussette, peu de différence entre l'une et l'autre. Elle est abondante à l'automne.

8) Avec la roussette nous sommes dans la famille des squales, il n'y a qu'un pas à faire pour atteindre... **le requin**. Inutile de préciser, sa réputation et bien qu'il n'y ait qu'un lointain rapport entre lui et la chasse sous-marine pour la majorité d'entre nous, il est bon d'en parler un peu pour lui rendre justice. Très peu de requins sont dangereux et de tous les accidents il y a de grandes chances que beaucoup soient dus à d'autres poissons, les barracudas. Ceux-ci vivent en effet en bandes et sont carnassiers, ils peuvent atteindre une cinquantaine de kilos et quelquefois être plus longs que certains requins très dangereux, puisqu'ils peuvent mesurer plus de 2 mètres. Il y a même des squales comme le pèlerin qui se nourrissent exclusivement de plancton. Il faut admettre que la vue d'un requin, malgré le sang froid du chasseur est une épreuve difficile à assimiler. peut-être est-ce une question d'habitude puisque les indigènes des zones infestées chassent souvent décontractés au milieu d'eux. Ils prennent des précautions élémentaires et surtout ne conservent pas le poisson capturé à la ceinture, quoiqu'un squale de forte taille reniflait, paraît-il mes palmes aux abords du désert de Agriattes en Corse, alors que je m'hyperventilais, je n'en ai jamais vu un. Par contre mon ami, Raoul Amari qui allait chasser tranquillement au Frioul en a vu et il l'a même tiré. Heureusement qu'il était sur son hors-bord. Il l'a en effet tiré du bateau, ayant eu la précaution de relier le fusil à celui-ci, mais il n'avait pas prévu une réaction si violente, à tel point que son bateau faillit couler. Dans son affolement, il ne trouvait plus son poignard pour couper la corde. Heureusement que dans la bataille, le requin s'arracha la flèche. C'était un pèlerin et lorsqu'on sait qu'il peut atteindre 4 tonnes on comprendra que ce n'est pas une histoire marseillaise. De toute façon le nylon de la flèche (180 kg) aurait cédé avant.

Le lendemain, la presse locale signalait qu'un requin blessé pesant plusieurs centaines de kilos, s'était pris dans un filet aux environs du Frioul... D'autres histoires de requins pourraient être racontées par les concurrents des équipes françaises des championnats du monde de Tahiti en 1965 et de celui de Cuba en 1967. (Voir *Apnéa* n° 8, 9 et 10).

9) Si peu de personnes ont tiré des requins, par contre beaucoup ont ou auraient pu tirer des **raies**. Dans certains pays, on consomme le requin, soit les ailerons en un plat exquis, soit la chair elle-même et son foie pesant le quart de son poids duquel on récupère une huile recherchée ; il en est de même des raies. Il y en a de toutes tailles dont la Manta qui peut avoir 6 mètres d'envergure à la raie fyllas seulement 30 centimètres. Elles n'ont aucun intérêt pour le chasseur sous-marin, sauf dans certaines compétitions où la raie était valable soit intégralement soit partiellement (1/2 ou 1/4 de point). Elles peuvent être dangereuses car quelques-unes comme la raie Pastenague possèdent un dard, muni de glandes à venin. Ce n'est

qu'une arme défensive, autrement dit une raie n'attaquera jamais, par contre si elle est tirée elle chargera son adversaire plusieurs fois jusqu'à épuisement. Il faut donc relier le fusil à une bouée de façon à prendre toutes les précautions, ce dard est un véritable poignard. Il faut avoir soin de l'en démunir le plus rapidement après le tir. La torpille que je cite à cause de son originalité, possède des batteries. Elles peuvent fournir pour une courte période plusieurs décharges électriques, pouvant atteindre 150 à 200 volts. Il faut un certain temps pour les recharger. Éviter de saisir la flèche immédiatement après le tir il faut lui laisser le temps de se décharger. Les raies sont très faciles à tirer. Si elles sont en pleine eau, il suffit de se laisser couler ou de nager dans leur direction et de les tirer, dès qu'elles sont à portée de tir. Si elles sont posées, il suffit de les tirer à bout portant.

10) Autre poisson dangereux, **la vive ou araignée de mer.** Elle est très estimée par les gourmets aussi beaucoup de chasseurs tirent les belles pièces qui peuvent avoir 35 à 40 cm de long. Il faut faire très attention car elle secrète un venin extrêmement toxique qui nécessite souvent le transport rapide à l'hôpital. Elle n'attaquera pas si on ne la dérange pas, par contre elle n'hésitera pas à le faire si on l'excite. Elle possède deux piquants operculaires très apparents, d'autres sur les premières nageoires dorsales qui sont d'ailleurs séparés des autres nageoires qui lui succèdent. Elle est toujours sur de petits fonds de sable mêlés aux rochers. Elle ne fait pas de mimétisme mais sa pigmentation et les reflets du sable la confondent avec celui-ci. Elle est toujours statique, à l'affût, souvent elle s'enfonce dans le sable pour mieux se camoufler. Une fois repérée elle est donc une cible facile, mais attention à ses réactions, surtout si elle est manquée. Précaution indispensable, après le tir, la démunir de sa tête et de ses piquants supérieurs. Les petits spécimens sont très abondants et ne doivent en aucun cas inquiéter le chasseur. On les voit fuir devant celui-ci alors qu'il s'apprête à raguer. Elle n'est jamais à trous, mais à proximité de ceux-ci (voir *Apnéa* n° 8 de juillet-août 1987).

11) **Le saint-pierre** est un poisson curieux et assez rare dans nos eaux, les quelques pièces tirées le sont surtout à l'époque du frai de juin à août en Méditerranée. La désignation n'est pas un fait du hasard, toute une légende l'a voulu ainsi. On l'appelle aussi dorée. Il est relativement statique et une cible facile, en raison de sa morphologie, un peu à cause de ce gros point central noir cerné de jaune (empreinte de saint Pierre ?...) Il peut peser jusqu'à 7 kg, il est excellent et même assez recherché.

12) Son grondement provoqué par sa vessie natatoire l'a fait nommer **grondin**. Il est assez rare lui aussi, mais l'été, on le voit à la limite du sable très près du bord, il est posé sur le fond et avec ses doigts inférieurs il tâte le sable. On peut aussi bien dire, « pieds » car il se déplace également avec. On le tire à la coulée, mais il ne faut pas approcher trop près car il détalera rapidement. Il fait partie de la « panoplie » de la bouillabaisse. Il doit être assez abondant dans des profondeurs inaccessibles au chasseur, car on en trouve à la vente sur les étalages de poissonniers. On l'appelle aussi galinette. Il peut peser jusqu'à 1,5 kg.

13) Que dire de **l'oblade,** sinon que son abondance et son volume moyen m'obligent à en parler. Il y en a tellement parfois qu'elles deviennent gênantes, monopolisant le regard du chasseur. Celui-ci est troublé par toutes les évolutions et cherche difficilement parmi tout ça les sars qui s'y cachent. Elle peut atteindre paraît-il 500 g mais je suis sceptique car celles que je côtoie à chaque sortie en mer doivent péniblement arriver à 200 g. Elle peut amuser les débutants qui parfois devraient revenir avec un beau butin. Sa chair est délicate, mais possède beaucoup d'arêtes très fines.

14) **Le morme** est très reconnaissable à cause de ses zébrures verticales assez épaisses, et parce qu'il vit sur des fonds de sable mêlés d'algues. Il se camoufle en général au milieu des algues très clairsemées et se croit suffisamment caché,

on le tire à la coulée à bout portant. Il peut atteindre 300 à 400 g. Il est recherché car excellent.

15) **La tanude,** appelée aussi griset et même daurade grise qui peut peser le poids respectable de 2 à 3 kg, est de la famille des sparidés comme le sar, elle lui ressemble d'ailleurs. Elle vit souvent en banc de 20 à 30 éléments. On la tire assez facilement à la coulée et à l'agachon. La désignation de daurade grise est prétentieuse car sa chair est peu estimée. On la trouve beaucoup en Corse.

Si ce sport magnifique permet d'obtenir ou de maintenir une condition physique que la vie moderne et souvent bureaucratique, nous refuse, s'il nous procure une détente de l'esprit, qui nous permet d'oublier un moment tous les soucis qu'ils soient professionnels ou familiaux, si pour ceux qui atteignent le sommet par la compétition, il permet aux plus jeunes d'apprendre à lutter pour mener plus tard des luttes moins sportives mais plus implacables pour se maintenir dans l'élite, s'il permet enfin de passer des vacances « mer-soleil-chasse-poissons » synonymes de « santé-joie-détente-passion », il ne faut pas par contre qu'il apporte, la désolation, l'amertume, la douleur. Aussi faut-il être extrêmement prudent et le chapitre qui va suivre est très important.

CHAPITRE 8

LES DANGERS DE LA CHASSE SOUS-MARINE

I. Dangers directement physiques

A. LES BAROTRAUMATISMES

Accidents provoqués à l'organisme par les variations de pression de l'air en milieu aquatique.

a) Barotraumatisme de l'oreille

Pour l'éviter la règle est celle-ci : équilibrer dès les premiers mètres et surtout ne pas attendre d'avoir mal pour le faire.

Si l'équilibrage est difficile, ne pas insister, remonter se moucher et recommencer en douceur, plusieurs fois si nécessaire.

Si la douleur persiste, abandonner et attendre la guérison.

La rupture du tympan, n'est pas grave en général, mais les conséquences immédiates pour un chasseur au fond de l'eau ne sont pas dépourvues de dangers. Il perd en effet la notion d'équilibre, complètement désorienté ne sachant plus où se situe la surface, il ne lui reste plus qu'à larguer la ceinture de lest. Si d'autres facteurs défavorables se liguent contre lui, ce peut être la catastrophe. Conséquence à moyen terme : impossibilité de chasser durant quelques mois, tout dépendra de la cicatrisation. Si vous êtes en vacances, vous serez réduit à pêcher... à la ligne !

En hiver, un rhume ou une grippe responsable d'une inflammation rendront l'équilibrage difficile qui est quelquefois subitement interrompu alors qu'il s'effectuait normalement. Il est souvent possible d'y remédier en ôtant le masque et en se mouchant violemment plusieurs fois. Vérifier le rétablissement à la normale en pratiquant la manœuvre de VALSALVA en surface (voir chapitre consacré à l'oreille).

Toujours par la même manœuvre, il serait préférable de vérifier « si les oreilles passent » avant d'aller chasser, lors d'un rhume tenace, afin de vous épargner un déplacement inutile.

Une précaution est à observer lors du saut d'un bateau haut sur l'eau. Ne pas oublier qu'à l'impact, la vitesse d'arrivée assez importante, propulse le chasseur jusqu'à deux mètres, voire plus. Or la rupture du tympan peut intervenir à partir de 130 g de dépression, soit à 1,30 m de profondeur.

Je conseille d'effectuer la manœuvre VALSALVA dès l'impact, d'où la nécessité de s'y préparer avant le saut.

Un bouchon de cérumen ne peut entraîner une lésion, mais interdire la chasse. Il se manifeste par une surdité et des bourdonnements hors de l'eau et dans l'eau, et rendra l'équilibrage difficile, voire impossible. Son extraction est facile et indolore. Un contrôle préventif annuel est recommandé.

La plupart d'entre nous sont atteints d'une légère surdité accompagnée d'un bruit de fond permanent, semblable au bruissement d'insectes dans les prés lors de grosses chaleurs ! Il faut nous résigner !

Ceux qui ont régulièrement des problèmes, soit des traumatismes de l'oreille moyenne (otites) provoqués par un mauvais équilibrage doivent redoubler de prudence. Ceci peut se transformer à la longue en otite chronique, avec un épaississement du tympan donc moins de souplesse et une perte auditive importante.

Des problèmes aux oreilles peuvent nous interdire à jamais la pratique de notre sport, aussi je conseille vivement d'en prendre soin, et de consulter un médecin ou un spécialiste O.R.L. dès la moindre alerte.

b) Barotraumatisme des sinus

Une sinusite frontale aiguë peut être un accident consécutif à un entraînement en piscine, c'est fréquent, mais une grippe ou une rhinite peuvent déclencher une crise.

Veiller à ne pas provoquer une sinusite chronique, qui entraînera une cessation de toute activité subaquatique. Il est en effet impossible de plonger avec une sinusite. la douleur est telle, que l'on ne peut s'immerger dans deux ou trois mètres d'eau.

Que faire ? Suivre scrupuleusement le traitement prescrit par un O.R.L., ou votre médecin traitant. Mais tous les chasseurs sous-marins ont eu des sinusites et plongent toujours.

Je vous conseille de vous soumettre au test suivant, afin de savoir si l'état de vos sinus vous autorise la plongée.

Se pencher en avant le plus près possible du sol en gardant les jambes droites c'est-à-dire se plier en deux comme pour un salut. Si la douleur apparaît, inutile d'aller chasser.

Si la sinusite semble légère on peut tenter de plonger en effectuant la manœuvre de VALSALVA dès que la douleur apparaît. On sent nettement le décongestionnement s'effectuer, ça passe avec un sifflement caractéristique.

Il faut parfois faire un arrêt, entre deux eaux, pour attendre l'équilibre et perdre quelques précieuses secondes, mais le résultat sera peut-être positif.

Il m'est arrivé de soigner définitivement des débuts de rhume de cette façon.

Les sinusites maxillaires, plus rares, sont très souvent la conséquence d'une lésion dentaire.

On peut plonger malgré une sinusite en utilisant certains médicaments à pulvériser dans les narines. Ils sont très efficaces car leur action contracte les vaisseaux dilatés qui obstruent les conduits des sinus. Ils subissent quelques heures après un effet de « rebond » et retrouvent leur volume initial. On a alors tendance à pulvériser à nouveau, or certains sont dangereux. Ils contiennent en effet un vasoconstricteur, à base d'épherdine, qui peut avoir une action néfaste pour le cœur. Consulter son médecin.

c) Barotraumatisme entraînant des hémorragies nasales.

Fréquentes chez les néophytes, cela s'explique par une mauvaise position du masque par rapport aux narines, mais aussi l'utilisation d'un masque inadapté au visage. Il faudra choisir son masque avec soin, et ensuite le positionner de telle sorte qu'il y ait une circulation d'air par les narines. Pour le vérifier, appliquer le masque sur le visage, normalement à l'aide de la sangle. L'air insufflé par le nez ne doit trouver que peu de résistance. Alors que d'une main on plaque le masque modérément contre le visage hors de l'eau.

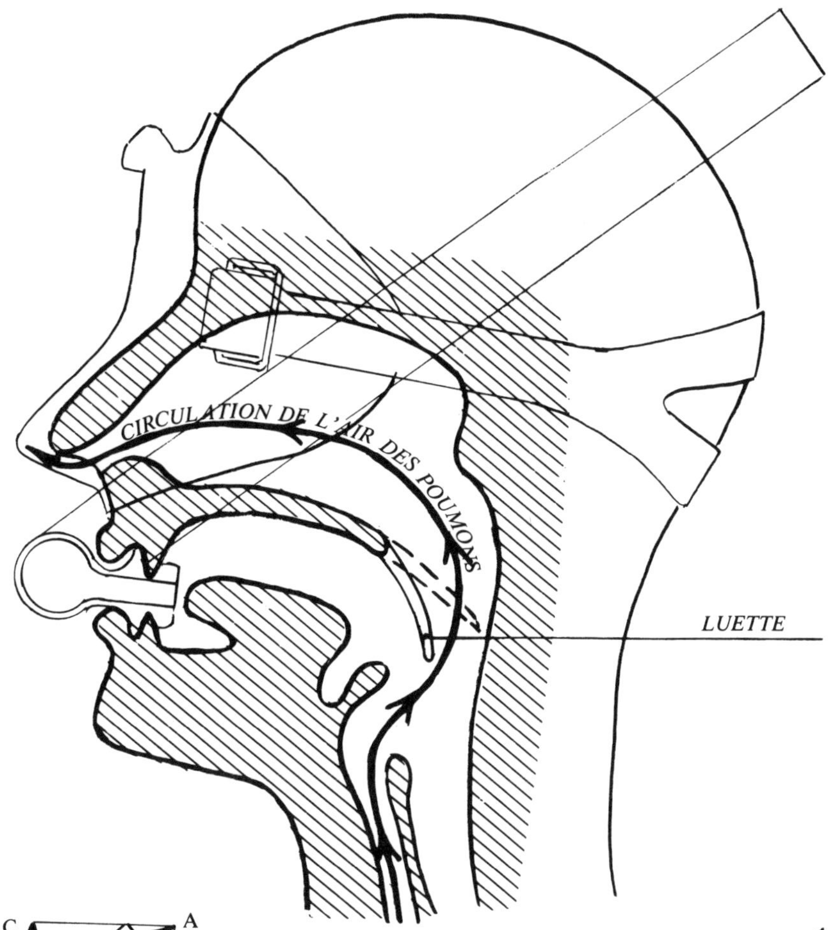

FIG. 3

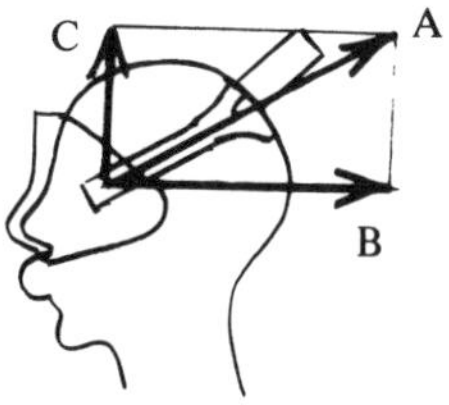

FIG. 1

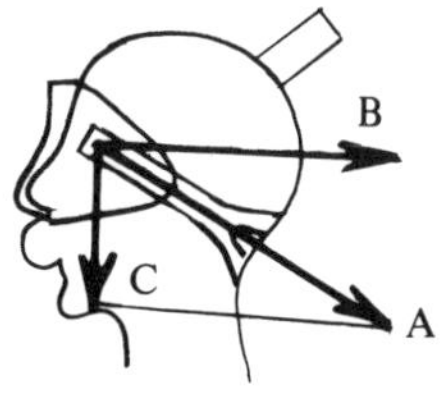

FIG. 2

Le rôle de la sangle a son importance. Si elle est trop tendue vers le sommet du crâne fig. 1, la résultante « A » détermine deux composantes. Une « B » plaque le masque, l'autre « C » ayant tendance à le faire monter et après quelques plongées, il va trouver sa position d'équilibre en venant en butée à la base du nez et boucher les narines (schéma page 253).

Dans la situation inverse — fig. 2 — ce sera moins grave, mais il aura tendance à glisser vers le bas. Il ne sera pas confortable à porter et peut être moins étanche.

Il faudra trouver un juste milieu qui sera celui de la fig. 3.

Éviter une surtension de la sangle. On trouve rapidement une position de confort habituelle qui devient un réflexe.

Ceci acquis, pour compléter ce confort lors de la plongée, il faut maintenir l'équilibre dans le masque.

Au départ de la surface, l'air contenu dans celui-ci est à la pression atmosphérique comme l'air ambiant. Au cours de la descente le masque s'écrase car la pression hydrostatique augmente.

Il en est de même des poumons et il y a équilibre entre la pression ambiante, celle des poumons et celle du masque. Par exemple : à 5 mètres, il y aura 1,5 kg/cm^2 de pression dans l'eau, dans l'air des poumons et à l'intérieur du masque, mais ceci jusqu'à une certaine profondeur.

Tout dépendra de la forme et de la composition de celui-ci. S'il est fabriqué avec une matière assez rigide, il s'écrasera dans une proportion moins importante qu'un masque très souple. Il se déformera beaucoup moins et trouvera une forme d'équilibre (tout en s'écrasant) plus rapide que le second.

A partir de ce moment, l'air du masque étant enfermé dans une « boite rigide indéformable », n'augmentera plus de pression.

Si le chasseur continue sa descente, la pression hydrostatique augmentera, celle des poumons aussi, mais non celle contenue dans le masque (ou moins s'il se déforme encore un peu).

Il va donc se créer une dépression occasionnant un effet de ventouse susceptible de provoquer de petites hémorragies des vaisseaux occulaires, et de la fosse nasale drainant un peu de sang dans le masque. On a même l'impression que les yeux vont sortir de leurs orbites.

Comme on peut le voir dans le croquis page 253, l'air contenu dans le masque est en relation directe avec l'air des poumons, mais à deux conditions :

1) que la luette ne soit pas fermée (pointillés),

2) que le masque ne vienne pas obturer les narines.

Nous avons déjà vu, comment provoquer l'ouverture de la luette, en soufflant par le nez au cours de la descente.

Un risque d'hémorragie nasale existe également. Elle se produit du fait de la dépression à la descente (rigidité du masque) et se manifeste à la remontée.

La douleur apparaît, puis l'air fini par passer, entraînant dans les fosses nasales et ensuite le masque, des mucosités sanglantes.

Ces hémorragies spectaculaires, ne présentent aucun danger grave, à l'exception des sujets hémophiles. On est impressionné lors de la remontée car le masque après avoir été écrasé par la pression, se détend et crée une succion du sang qui « bouillonne » à sa base.

d) Barotraumatisme pulmonaire

Nous avons vu que la limite de la plasticité de la cage thoracique se situe entre 20 et 30 mètres.

Nous savons que les chasseurs descendent régulièrement à 20 mètres, parfois 30 mètres, et même au-delà pour certains.

La pression interne des poumons est en équilibre avec la pression ambiante tant que la cage thoracique est élastique. Il n'en sera plus de même lorsqu'elle deviendra rigide, en négligeant la déformation du diaphragme.

Le même phénomène décrit pour les organes à l'intérieur du masque, va se produire pour les poumons. Ils vont être en dépression. Il y a donc un effet de ventouse, identique aux yeux dans le masque, présence de sang dans les alvéoles pulmonaires et risque d'œdème aigu du poumon.

Nous avons vu dans le chapitre réservé aux données physiques et physiologiques que le diaphragme se déforme en subissant la pression transmise par les organes et prolonge donc cet équilibre un certain temps (voir schéma page 48).

Quel est ce temps ? difficile à déterminer mais :

1er cas, en admettant que la cage thoracique perde de sa plasticité au plus à partir de 30 mètres et que le diaphragme ne se déforme pas.

2e cas, en admettant une cage thoracique rigide à partir de 30 m et un diaphragme qui se déforme, jusqu'à 70 m par exemple.

3e cas, identique au 2e cas avec déformation jusqu'à 105 m — nous aurions

	1er cas	2e cas	3e cas
Profondeur à partir de laquelle le plongeur en apnée risque un accident pulmonaire........................	30 m	70 m	105 m
Dépression subie par MAYOL à 105 m	7,5 kg/cm^2	3,5 kg/cm^2	0

En effet : 1er cas, 11,5 kg/cm^2 (pression à 105 m) − 4 kg/cm^2 (pression à 30 m) = 7,5 kg/cm^2.

2e cas, 11,5 kg/cm^2 (pression à 105 m) − 8 kg/cm^2 (pression à 70 m) = 3,5 kg/cm^2.

3e cas, 11,5 kg/cm^2 − 11,5 kg/cm^2 = 0.

La dépression de 7,5 kg/cm^2 semble énorme et il aurait été étonnant, même si les MAYOL, MAIORCA et autres détenteurs de records en apnée sont des êtres exceptionnels, que leur organisme résiste à celle-ci. A 70 mètres, elle est moins sensible puisque moitié moindre. La solution 3 semble être la plus vraisemblable. Le chasseur a donc très peu de risques d'avoir un œdème aigu du poumon.

L'inspiration limitée préliminaire à l'amorce d'une plongée profonde favoriserait l'apparition de cette lésion. Il est inutile d'en faire la fastidieuse démonstration, mais penser à inspirer à fond pour une plongée au-delà de 20 mètres.

Pourtant des plongeurs en apnée d'une île polynésienne française, expirent avant de plonger dans des profondeurs atteignants 30 à 40 mètres. Ils s'hyperventilent en émettant des sifflements en s'immergeant au milieu d'un nombre impressionnant de requins. C'est ce que nous révèle l'aventurier, écrivain et conférencier Marcel Isy Schwartz lors de ses conférences de « Connaissance du Monde ».

D'après le docteur Mariani, la distension du diaphragme peut aller très loin, mais elle est ressentie plus ou moins tôt de façon plus ou moins pénible selon les individus.

Dans certains cas de foie douloureux, ou estomac plein par exemple, la distension du diaphragme entraîne des contractions réflexes très violentes et brutales, semblables au hoquet, que l'on appelle des gaspes.

Elles refoulent les organes abdominaux vers l'abdomen et entraînent au niveau des poumons des augmentations de volume instantanées, qui se traduisent par des pressions brusques pouvant être à l'origine de ruptures de petits vaisseaux et d'hémorragies pulmonaires.

e) Barotraumatisme de la dent

Il est surtout perçu par les plongeurs en scaphandre mais j'ai souvenance de concurrents victimes de maux de dents durant les compétitions.

Malgré le court séjour au fond de l'eau durant l'apnée, l'air sous pression peut sans doute s'infiltrer dans une dent au pansement ou plombage détérioré. Les plongées assez profondes successives, activent peut-être leur altération. La douleur apparaît surtout à la remontée.

B. L'HYDROCUTION

Le chasseur sous-marin ne pratique pas obligatoirement ce sport revêtu d'une combinaison isothermique. On peut s'en rendre compte l'été dans les régions chaudes. Le nombre d'adeptes traquant le gibier souvent dans peu de profondeur vêtus seulement d'un maillot de bain est important.

Soulignons que ces courageux chasseurs nus s'exposent à l'hydrocution. Le nageur nu en surface et sans lest est en flottabilité positive et ne peut théoriquement se noyer s'il sait nager, à moins d'être épuisé ou lourdement habillé tel le pêcheur à la ligne équipé de cuissardes, ou blessé lors d'une chute sur les rochers.

L'hydrocution responsable de nombreuses noyades appelée « congestion » se dénomme aujourd'hui hydrochoc-thermo différentiel, terme scientifique, mais adéquat.

Il met en effet l'accent sur le choc brutal « encaissé » par le corps au contact de l'eau, essentiellement de l'eau froide, sur une surface cutanée chaude.

L'écart trop important de température de l'eau et de la peau, sera un facteur de noyade. Éviter de se jeter à l'eau brutalement après une exposition prolongée au soleil ou une activité intense, par exemple volley-ball sur une plage.

Dans les situations citées précédemment, les sujets absorbent de l'eau et s'asphyxient.

Lors d'une hydrocution le sujet coule sans avaler d'eau, mais la perte de connaissance, supprime le réflexe de blocage de la respiration, et ainsi il avale de l'eau par les voies respiratoires et se noie.

Comment prévenir la noyade ? Aucune précaution particulière sûre. L'hydrocution intervient en principe dès la mise à l'eau. Elle peut se manifester plus tard, certains symptômes vous alerteront : démangeaisons, picotements, nausées, frissons, vertiges, bourdonnements, et brusque fatigue.

Il vaut mieux également s'abstenir d'aller chasser nu, si l'on est angoissé, énervé, et pendant la digestion d'un repas copieux.

Il est recommandé de rentrer dans l'eau progressivement en mouillant préalablement la nuque, le visage et le cou.

Je pense que la solution raisonnable est de se vêtir d'une vareuse légère.

D'autres facteurs entraînent l'hydrocution, dont le choc émotif qui guette bien souvent le chasseur sous-marin lors de l'apparition soudaine d'un beau poisson en particulier.

Les premiers secours consisteront à pratiquer immédiatement le bouche-à-bouche, puis le massage cardiaque, dans la mesure où le sujet n'a pas encore avalé d'eau. Dans le cas contraire la respiration artificielle prolongée s'impose.

C. LES MALAISES

Sont les dangers les plus appréhendés car souvent mortels. Le chasseur perd souvent connaissance et seule la présence d'un coéquipier à proximité lui permettra peut-être de sauver sa vie.

a) Malaise cardiaque

Se traduit en général par une accélération importante du cœur ou par des irrégularités, et entraîne une impression très désagréable de mort imminente. Il est souvent d'origine neurotonique. On dit nerveuse en langage courant, et peut être consécutif à une émotion, la peur en général. Il peut être dû également à la prise de café avant la mise à l'eau.

Le malaise cardiaque peut être aussi d'origine organique, c'est-à-dire dû au cœur lui-même. Il s'accompagne souvent dans ce cas de douleur et d'angoisse. Il peut se voir chez les porteurs de lésions cardiaques connues mais également être révélateur d'une lésion ignorée jusque-là.

La chasse sous-marine soumet l'organisme à l'épreuve de l'effort du stress dû à l'environnement, et du froid. Elle est à considérer comme une épreuve d'endurance avec un effort constant entrecoupé d'accélérations brutales. Elle soumet le cœur à un travail important et nécessite un bon entraînement.

Il faut rappeler à ce sujet, qu'un individu apparemment en bonne santé, qui a fumé vingt cigarettes par jour pendant vingt ans, a les artères et le cœur d'un individu âgé, et peut faire un infarctus au cours d'une épreuve de fond quelle qu'elle soit.

b) Malaise hypoglycémique

C'est aussi une impression très désagréable, avec sueurs froides, fringales et impression d'épuisement. Elle est due à une baisse importante du taux de sucre dans le sang, et survient en général après un effort prolongé, lorsque l'organisme a consommé les réserves contenues dans les muscles et le foie sous forme de glycogène.

Un organisme entraîné mobilise à ce moment ses graisses pour les transformer en combustible, et le foie joue dans ce cas un rôle très important. Si ce foie est engorgé ou congestionné à la suite d'un excès commis la veille ou les jours précédents, il peut avoir un retard à fournir du combustible à l'organisme et la crise d'hypoglycémie peut survenir dans ce même cas chez un individu entraîné.

Les chasseurs sous-marins entraînés victimes de malaises de cet ordre avaient tous le foie gros et douloureux alors que les examens cardiaques poussés, pratiqués ultérieurement n'ont jamais rien montré.

c) Malaise digestif

La digestion représente pour l'organisme un travail d'autant plus important que le repas est riche ou copieux. Les organes du tube digestif ont besoin pour cela de combustible et d'oxygène, apportés par le sang. En période de digestion, l'estomac en particulier a tous ses vaisseaux sanguins dilatés au maximum.

En cas de stress, consécutif au froid, une émotion, un effort intense, l'organisme sécrète une hormone, l'adrénaline. Elle entraîne une contraction de tous les vaisseaux y compris ceux du tube digestif, pour mettre le sang sous pression, afin qu'il puisse arriver très vite aux muscles qui seront sollicités. Les membres par exemple, en cas de fuite ou de lutte. L'afflux de sang aux muscles se fait aux dépens de l'estomac, qui devient incapable de sécréter les sucs digestifs nécessaires à la digestion. C'est la classique indigestion que l'on qualifie souvent, lorsqu'elle se produit dans l'eau de « congestion ».

Le malaise digestif peut également résulter d'une véritable allergie digestive à un aliment quelconque et s'accompagne alors de symptômes beaucoup plus importants : sueurs froides, vomissements, baisse de tension artérielle.

d) Syndrome de Mendelson

Les vomissements qui peuvent être provoqués également par le mal de mer dans l'eau, se produisent parfois dans le tuba. Ils entraînent alors le passage dans la trachée et les bronches d'une partie des aliments régurgités, acidifiés par l'acide chloridrique de l'estomac. Il peut provoquer une irritation très importante des muqueuses de l'une et de l'autre, être à l'origine d'un œdème de celles-ci et d'une asphyxie. C'est ce syndrome qui est probablement à l'origine des décès tardifs sur le chemin de l'hôpital, du chasseur que l'on a pourtant retiré vivant de l'eau.

e) L'anoxie et l'hypoxie

Pour maintenir sa température à 37°, l'homme doit consommer par combustion l'oxygène qu'il respire.

En apnée, il ne pourra consommer que la quantité disponible dans son corps, soit environ 20 % du volume pulmonaire et celui contenu dans son sang.

Elle sera d'autant plus rapidement consommée que sa dépense d'énergie sous l'eau aura été conséquente et que son isothermie sera insuffisante. D'où l'intérêt pour augmenter l'apnée, de mouvements lents et limités et d'un vêtement adapté à la température rencontrée.

Au fond, le taux d'oxygène diminuant, c'est en premier le cerveau qui en est affecté, lui-même grand consommateur. Ses facultés sont donc diminuées et parfois seule subsiste l'idée de la remontée.

Elle ne pourra s'effectuer que par l'action musculaire de ses jambes parfois incapables de fournir l'effort nécessaire, par le manque d'oxygène dont elles ont besoin, c'est le stade de l'hypoxie.

Continuant de palmer pour essayer de retrouver la surface, l'oxygène étant complètement brûlé, le tonus musculaire disparaît, la perte de conscience advient et c'est la syncope au stade de l'anoxie.

f) L'hypercapnie

La combustion de cet oxygène pour apporter l'énergie et la chaleur nécessaire, détermine le gaz carbonique toxique.

Lors de la respiration normale, il passe dans le sang et s'élimine par l'air des poumons expiré, immédiatement remplacé par de l'air non vicié, inspiré.

En apnée, la concentration en gaz carbonique s'équilibre en permanence entre le sang et l'air des poumons. Par sa surproduction, son taux dans le sang atteint un seuil toxique et le chasseur se trouve en hypercapnie.

Ce gaz carbonique a la particularité d'entraîner immédiatement une dilatation conséquente des vaisseaux du cerveau. Ceci a pour effet de déterminer un état d'excitabilité très important de celui-ci.

Cela se manifeste au niveau du centre qui commande les mouvements respiratoires et se traduit par un besoin intense de respirer d'où le désir effréné de remonter très vite.

L'organisme engage alors toutes ses forces et toute son énergie dans ce seul but et sans aucun contrôle. Ceci se traduit par des mouvements rapides mal coordonnés que le cerveau est incapable de maîtriser, d'où une consommation accrue d'oxygène et une diminution de l'apnée.

La profondeur peut jouer un rôle aggravant si elle est importante, par la prolongation de la durée d'apnée.

A 10 mètres, en hypoxie et hypercapnie, avec peu d'effort on peut atteindre la surface en 10 secondes. Il faudra environ 20'' à 20 mètres et suivant la technique adoptée fournir un effort important. Le chasseur inspire alors avant la surface et se noie.

Il peut, sur la lancée, s'il est près de la surface, y arriver et couler aussitôt. En effet, les quelques litres d'eau inspirés ont entraîné la syncope et ont diminué d'autant la flottabilité, en le faisant couler.

g) La syncope

Le docteur Antoine Mariani considère : tant qu'il reste de l'oxygène il y a combustion, donc possibilité d'énergie, même s'il y a production de gaz carbonique et possibilité de remonter.

Lorsqu'il n'y a plus d'oxygène, il n'y a plus de possibilité d'effort ni de fonctionnement du cerveau. C'est la syncope quelle que soit la profondeur où l'on se trouve.

Son expérience et ses enquêtes auprès des sauveteurs de coéquipiers en difficultés lui permettent d'affirmer qu'en règle générale contrairement à ce que relate le chasseur secouru, son coéquipier en surface l'a vu tenter la remontée en effectuant des mouvements de palmage inefficaces lui permettant seulement de faire du « surplace puis inerte, couler au fond tout proche ».

La syncope est une perte de connaissance subite avec arrêt, ou affaiblissement extrême des battements cardiaques et suspension plus ou moins complète des mouvements respiratoires.

Sa durée est variable, habituellement inférieure à une minute. Si le chasseur a été remonté à temps par le coéquipier, il reprendra alors connaissance en surface. Dans le cas contraire, il faudra engager rapidement le processus décrit antérieurement.

Tous les médecins bannissent l'hyperventilation excessive, elle en éloigne d'autant plus la stimulation respiratoire. La syncope peut alors survenir sans être alerté par un besoin pressant de respirer. Elle provoque une sensation de confort dans des profondeurs assez importantes, tendant à prolonger anormalement une apnée.

Les médecins constatent que si les apnées sont trop rapprochées, la dette en oxygène se cumule. Pourtant lors de compétitions importantes, les concurrents s'accordent des pauses de récupération très brèves pour repérer le maximum de poissons.

N soyons pas trop pessimistes, le nombre d'accidents reste infime proportionnellement au nombre de chasseurs sous-marins. La plupart d'entre eux n'ont jamais eu de syncope.

Il faut être conscient de l'effort fourni et du temps passé, tout est basé sur ces deux critères.

L'effort fourni au fond varie en fonction du type de chasse et de la profondeur, le cas extrême étant la capture d'un gros poisson, mal tiré dans une profondeur théoriquement d'éviter tout danger avec largage de ceinture ou de gueuse, utilisation du moulinet, etc. Mais il reste l'imprévisible... et les accidents arrivent souvent lors de situations particulières.

Pour le temps passé au fond, il est évident que plus on prolonge l'apnée, plus on frôle le danger, c'est ainsi que des accidents surviennent dans de minimes profondeurs de 10-12 mètres en traquant de simples petits sars ou de modestes loups.

Le docteur MARIANI, connaissant ses limites, comptabilise ses secondes au fond tout en se réservant une marge de sécurité de 30 secondes environ. Le docteur Sciarli préconise le tiers-temps. Le temps de base étant celui qui s'écoule entre le début de l'hyperventilation et l'apparition de symptômes présageant la syncope : vertiges, fourmillements au bout des doigts de main, étoiles autour du champ visuel. Il considère qu'il est dangereux de dépasser le tiers de ce temps.

Dans les deux cas, le temps de base varie en fonction de la condition physique et du degré d'entraînement, mais la marge de sécurité est si ample, qu'elle garantit une remontée sans risques. Il faudrait « s'étalonner » dans diverses situations, afin d'exploiter ses possibilités en toute sécurité.

D'après mes sondages, peu de chasseurs se prêtent à ces calculs, il seait bon que les moniteurs ou initiateurs inculquent ces principes de base aux stagiaires.

Lorsque l'on est chasseur jusqu'au bout des « ongles » on opère instinctivement, en oubliant malheureusement les dangers.

J'ai connu des champions qui se promenaient d'une pierre à l'autre pour débusquer le gibier et remontaient en « catastrophe », d'autres surpris par l'arrivée soudaine d'une belle pièce replongeaient alors qu'ils amorçaient la remontée, d'autres encore effectuaient des agachons « interminables » dans des profondeurs « inhumaines ».

D. LA NOYADE

Elle est caractérisée par une perte de connaissance, un arrêt des mouvements respiratoires et des battements cardiaques. Selon le moment où se produit l'arrêt du cœur, l'aspect du noyé est différent.

a) Si c'est l'arrêt du cœur qui a entraîné la noyade, l'aspect du noyé est celui d'un individu atteint de syncope, il est blanc.

b) Si la perte de connaissance n'est survenue qu'à la suite d'une impossibilité de respirer, après une lutte contre l'asphyxie, le sang chargé de gaz carbonique a continué à circuler avant que le cœur ne s'arrête. Le noyé est bleu « cyanosé ». Peu de temps après l'arrêt du cœur, le sang se retire des extrémités sous l'action du relâchement du muscle cardiaque qui se comporte alors comme une pompe aspirante et l'aspect devient le même que dans le cas d'une syncope.

Dans le cas *a*, si le chasseur revient à lui alors que ses voies respiratoires sont encore sous l'eau, il va se trouver dans le cas « *b* », qui aboutit à une accumulation de gaz carbonique dans le sang, qui en fera un noyé bleu.

1) Noyade par asphyxie primitive.

Elle survient lorsque le chasseur a ses voies respiratoires immergées assez longtemps pour que le manque d'oxygène et l'excès de gaz carbonique lui fasse perdre connaissance.

2) Noyade secondaire à une syncope

Elle peut survenir à la suite d'un réflexe par irruption brutale d'eau froide dans le nez ou la gorge par exemple, ou par le fait d'une peur intense. Elle peut avoir une origine allergique, souvent digestive, d'autres fois secondaire à une piqûre de vive par exemple.

3) Mort brutale en immersion.

Cette noyade est différente de la précédente car irréversible d'emblée. Qu'elle ait pour origine une congestion ou une hydrocution, elle est probablement consécutive à un infarctus du myocarde. Il n'est possible de la différencier de la noyade par syncope qu'après l'échec de la réanimation.

E. LES CRAMPES

La crampe est une contracture musculaire intense, prolongée, douloureuse et involontaire.

La contraction musculaire normale, est commandée par un influx nerveux volontaire qui aboutit à la sécrétion d'une substance chimique qui fait contracter les fibres musculaires.

La décontraction, d'originie volontaire également, se fait par la libération d'une substance chimique neutralisant celle qui entraîne la contraction.

Il existe des toxines, c'est-à-dire des poisons sécrétés par certains germes, qui agissent en faisant contracter le muscle, comme la toxine tétanique, d'autres au contraire, l'empêchent de se contracter.

Dans le premier cas, il y a tétanisation du muscle, c'est-à-dire contracture, très grave dans certains sports comme l'escalade, avec contracture des muscles des doigts, des bras ou des mollets.

Un muscle au travail produit de l'acide lactique qui normalement est transporté par la circulation sanguine et neutralisé par le foie. Il fait contracter la cellule musculaire.

Dans le cas d'un effort intense et prolongé, d'un travail en atmosphère pauvre en oxygène, ou sous l'effet du froid qui contracte les vaisseaux et diminue la circulation du sang, l'acide lactique s'accumule dans le sang ou au niveau d'un membre dont la circulation est gênée par une sangle trop serrée.

L'acide lactique renforce alors l'action de la substance chimique, entraînant la contraction qui devient intense et douloureuse, empêchant l'action volontaire de relaxation. C'est alors que se produit la crampe.

Elle peut être d'orgine alimentaire par la consommation trop importante de viande. Il y a alors une production élevée d'acide urique et sa présence dans le sang diminue la possibilité de dissoudre l'acide lactique produit par les muscles au travail. Elle peut également provenir d'un manque d'entraînement avec toujours comme conséquence la présence d'acide lactique. Peut également la provoquer, la carence en potassium. Il est alors facile de les éviter en consommant des produits riches en potassium comme les fruits exotiques.

En ce qui concerne le chasseur sous-marin, les crampes surviennent essentiellement aux membres inférieurs. Ce sont en effet les seuls à travailler parfois intensément, soit en nageant rapidement pour aborder le premier une zone poissonneuse lors de compétition, pour lutter contre le courant ou tout simplement pour remonter rapidement d'un fond important.

Les athlètes éliminant beaucoup d'eau par sudation absorbent en compensation de l'eau faiblement sodée. Lors de ces courses de nage avec palmes la transpiration est parfois abondante dans le vêtement isothermique. Si elle est propre, profitons de l'eau de mer.

Les crampes ne sont d'aucun danger, mais suivant les circonstances peuvent contribuer à l'aggravation d'une situation.

Pour enrayer une crampe d'un membre inférieur, (elle se localise généralement au mollet) prendre la palme à pleine main et tirer vers soi. Il faut faire levier autour de la cheville de façon à tendre le mollet dans le sens inverse à la tension de la crampe.

Souvent certains symptômes alertent : légères contractures se manifestant progressivement.

S'éloigner alors, sans forcer et calmement d'une zone critique qui peut s'avérer dangereuse si les crampes surviennent.

Nager sur le dos ou seulement avec la jambe valide, car il est rare qu'elles paralysent les deux membres simultanément, en s'aidant beaucoup avec les bras.

Si ces symptômes persistent et que la côte est à proximité avec possibilité de l'atteindre sans risque, s'y reposer et ne se remettre à l'eau qu'une fois rétabli. Quelques massages locaux devraient rétablir le bon fonctionnement.

Si des conditions défavorables interdisent l'accès à la côte, il faut garder son « sang-froid » car tout rentrera dans l'ordre progressivement par de petits massages effectués directement dans l'eau, en pratiquant comme il est précisé plus haut.

F. L'USAGE DU TABAC

Il est désolant de surprendre des chasseurs « grillant » une cigarette juste avant la mise à l'eau ou immédiatement à la sortie. Ils ne s'en tiennent pas évidemment à ces deux-là, et fument parfois un paquet dans la journée. Le Docteur Mariani attire bien leur attention.

La respiration a pour objet d'apporter à l'organisme l'oxygène dont il a besoin et d'éliminer le gaz carbonique mais non de procurer une jouissance en respirant un produit quelconque.

La fumée est le résultat d'une combustion incomplète. Elle contient des particules de charbon, des goudrons, du gaz carbonique, de l'oxyde de carbone et souvent d'autres impuretés comme du soufre. Celle du tabac contient en plus la nicotine.

C'est un poison violent à tel point que celle contenue dans un paquet de cigarettes suffirait à tuer un homme. Elle est heureusement brûlée en grande partie, mais le reste peut être à l'origine d'effets néfastes sur le tube digestif et l'estomac.

Cette fumée a de plus une action directe d'irritation sur les muqueuses des voies aériennes par sa température qui atteint 800 degrès au foyer, également par les impuretés qu'elle contient, mais surtout par les goudrons qu'elle transporte se déposant sur les muqueuses déjà irritées. Ils s'incrustent comme de l'encre de chine sur un tatouage.

Ce gaz carbonique qu'elle contient, est surtout produit lorsque l'on « tire » sur la cigarette et s'ajoute dans l'air résiduel à celui produit par l'organisme qui n'est pas éliminé par la respiration. Il en augmente alors la concentration, ce qui diminue d'autant les possibilités d'élimination de celui qui est dissout dans le sang.

C'est un vaso-dilatateur cérébral qui peut être la cause de l'impression d'excitation et d'activité cérébrale donnée par le tabac.

En dehors des instants où l'on « tire » sur la cigarette, elle brûle selon une combustion lente et dégage alors une quantité importante d'oxyde de carbone. C'est un poison pour l'organisme, que font obligatoirement respirer aux non-fumeurs ceux qui fument dans les bureaux ou lieux publics.

Il se fixe solidement sur les globules rouges à la place de l'oxygène, ceux-ci ne peuvent plus alors jouer leur rôle et l'organisme a tendance à s'asphyxier.

Avec 10 cigarettes par jour, même s'il n'avale pas la fumée, un fumeur a 10 % de ses globules rouges bloqués par l'oxyde de carbone.

C'est donc l'élément le plus dangereux de la fumée de tabac, puisqu'il peut tuer ou rendre gravement infirme un adulte de 40 ans, ayant fumé un paquet par jour depuis l'âge de 20 ans. Celui-ci a les artères et le cœur d'un individu âgé.

II. Les dangers psychiques

Si le psychisme ne suit pas, les performances seront médiocres. Nous l'avons vu précédemment pour atteindre des profondeurs importantes. Beaucoup seront sensibles à la solitude dans l'eau, aux mauvaises conditions atmosphériques, à l'état de la mer, à la clarté de l'eau ou à la notion du temps.

A. LA SOLITUDE

Notre sport est à priori essentiellement individuel à l'exception de certaines conditions. Pourtant la présence d'un coéquipier renforce la confiance qui fait parfois défaut, malgré des aptitudes physiques énormes. Elle favorisera même des risques calculés qu'aucun chasseur solitaire ne prendrait. On s'en aperçoit en compétitions internationales, où l'on attribue peut-être à tort, certaines contre performances de l'équipe, à l'obligation de chasser à deux en France.

B. LES CONDITIONS ATMOSPHÉRIQUES ET L'ÉTAT DE LA MER

Privés de soleil et de luminosité, certains paysages magnifiques se métamorphosent en lieux lugubres inhospitaliers et risquent d'accabler les débutants ou les personnes anxieuses. Donc choisir le terrain de chasse avec soin par temps maussade. J'ai été amené à prendre par la main des gaillards athlétiques à les hisser sur l'embarcation. Malgré ma présence et mon calme ils étaient complètement paralysés par la peur qui les tenaillait en surface au milieu de grosses vagues inoffensives. Seuls, la panique, les aurait peut-être terrassés.

Dans une mer en furie le chasseur conservant son sang-froid ne risque rien, mais les abords de la côte seront plus délicats.

De se mettre à l'eau, à la nage, dans de bonnes conditions en toute sécurité et d'être assuré de pouvoir en sortir sans danger est primordial par mauvais temps. Il faut préserver ses arrières et c'est une détente d'esprit qui permet ensuite de se trouver décontracté dans des éléments déchaînés. C'est d'autant plus important que la mise à l'eau s'effectue à une heure relativement matinale. Et la mer est mauvaise à cette heure-là, ne peut que s'aggraver, et ce qui était un abri à une certaine heure, peut, ne plus l'être à une heure plus avancée. La « barre » avec ses rouleaux et ses vagues impressionnantes peut devenir un piège infranchissable, tout du moins sans prendre de risques certains.

Éviter aux personnes claustrophobes, les fonds cahotiques aux gros blocs, grottes, labyrinthes. Il serait plus raisonnable, pour ces chasseurs, de pratiquer un autre sport, qui leur évitera cette angoisse intense.

Un épais brouillard peut également entraîner une certaine anxiété chez certains sujets, que ce soit en bateau ou à la nage. la boussole exigée à bord, devrait faciliter le retour à la terre ou au port le plus proche.

Si une mer houleuse a précédé le brouillard, il sera préférable de mouiller l'ancre en attendant qu'il se dissipe.

Il est beaucoup plus impressionnant de se retrouver dans l'eau, enveloppé d'une nappe de brouillard, avec une visibilité réduite à deux mètres. Le bruit d'un bateau risque de causer la panique, car il est difficile de déterminer sa direction. Ne pas hésiter à crier pour signaler sa présence.

Afin d'éviter de telles situations, s'informer des prévisions météorologiques.

Si elles annoncent du brouillard, il est préférable de ne pas s'éloigner de la côte, et tout en chassant de surveiller régulièrement l'horizon, et au moindre signe, regagner rapidement la terre.

Si l'on est surpris, se repérer si possible par le relief sous-marin que vous connaissez, ou le sens du courant.

Le plus raisonnable étant d'attendre calmement sur sa planche ou à côté de sa bouée au mouillage.

C. LE MAL DE MER

De nombreux chasseurs sont sensibles au mal de mer, dans l'eau. Des réactions négatives de leur état physique consécutives aux conditions atmosphériques, ou une nourriture inadaptée, exercent un phénomène psychique qui les prédispose à ce mal implacable.

J'ai vu des chasseurs de grande valeur qui atteints du mal de mer devenaient de véritables loques. Paralysés, leurs réactions inhibées devant le danger, ils se seraient laissé fracasser contre les rochers, si le coéquipier, averti de cet handicap, ne les aurait sortis de là.

Il faut réagir rapidement, en essayant d'abord de vomir spontanément ou en stimulant cette expulsion en enfonçant profondément les doigts dans la gorge. On se sent beaucoup mieux... et en général la condition physique s'améliore et le moral aussi !

Attention à l'absorption de café au lait ou café noir, quelques heures avant la chasse. Sa suppression vous évitera peut-être le mal de mer...

La médication pour vaincre le mal de mer, est couramment pratiquée et avec succès lors de compétitions importantes.

N'oubliez pas que certains comprimés présentent des risques de somnolence... il ne s'agit pas de vous endormir au fond de l'eau !

Votre médecin vous prescrira le médicament répondant le mieux à vos besoins. Pour les contre-indications éventuelles consulter un médecin fédéral.

L'acupuncture donnerait de bons résultats.

Éviter les sites où la houle fait onduler les herbiers, et les petites vallées sous-marines où s'accumulent une couche de varech et des résidus. Ce mouvement de va-et-vient continuel peut provoquer des nausées, et indisposer sérieusement.

Sur l'embarcation, le problème se pose avec acuité. La préparation du matériel, l'équipement du chasseur, la préparation du mouillage autant d'actions si l'on n'y prend garde, qui favoriseront l'apparition de nausées.

La recherche du matériel au fond de l'embarcation ou dans la cale du bateau, l'odeur du carburant en particulier le gas-oil, les gaz d'échappement sont le plus à craindre.

S'efforcer dans la mesure du possible, de s'équiper avant le départ, à terre. Par grosse chaleur et un soleil « de plomb », il est souvent difficile de supporter la vareuse. Ne l'enfilez alors qu'après avoir chaussé les palmes.

Les arbalètes seront rangées au mieux, le long de l'embarcation, la bouée gonflée équipée de son matériel, les palmes de chacun à portée de main, le masque sur le front avec le tuba, même non équipé de sa vareuse pour éviter leur recherche et les protéger d'un choc.

En bon matelot, le mouillage sera lové dans un récipient adapté pour être prêt à l'emploi. Le plein de carburant effectué avant le départ pour éviter les émanations toujours désagréables.

De toute façon, on ne peut échapper à toutes les manipulations indispensables, mais il faut s'efforcer de regarder l'horizon pour retarder les nausées. Effectuer également des mouvements respiratoires amples, s'occuper, discuter, tout en fixant toujours l'horizon.

D. L'EAU TROUBLE

La clarté de l'eau nous aide à oublier la profondeur... et les vingt mètres semblent se transformer en 25 mètres par eau trouble.

Un filet signalé par balisage hors de l'eau est invisible sous l'eau, d'autant plus que son cheminement est impossible à déterminer de la surface. Il faut s'être trouvé nez à nez avec l'un d'eux, ou s'être emmêlé une palme pour savoir la panique qu'ils peuvent susciter. Aussi c'est une hantise permanente, dès que le signal est détecté on a tendance à chercher davantage le filet que le poisson. Les filets perdus sont nombreux et encore plus à redouter au même titre que les palangres abandonnés et à un degré moindre les lignes. On comprend mieux l'utilité du poignard bien affûté !

Certains chasseurs, à l'imagination ardente, fantasmagorique, redoutent la rencontre d'un monstre... sous-marin ! Ceci prête à sourire, mais il faut avoir eu l'occasion de se trouver en face d'un thon d'une centaine de kilos, avec une visibilité réduite à deux mètres, pour comprendre la frayeur suscitée. Or l'on connaît le rôle prédéterminant de l'émotion dans le malaise. Point confirmé par l'accélération du rythme cardiaque.

La rencontre d'un requin pélerin de plusieurs centaines de kilos, faillit être tragique pour deux jeunes chasseurs inexpérimentés en eau trouble. Il faut savoir que ce requin se nourrissant exclusivement de plancton, n'est pas dangereux.

E. LA NOTION DU TEMPS

Un phénomène psychique très grave peut se produire, lors de l'apparition d'un centre d'intérêt tellement captivant qu'il mobilise toute l'attention et en fait oublier la nécessité de remonter, et même de respirer. Cela peut se produire dans une profondeur ridicule, comme je le signalais dans un précédent chapitre, car la vue et la lente approche d'un loup par exemple peut en être la cause. J'ai deux exemples d'accidents mortels survenus en chassant de beaux loups s'avérant difficiles, aperçus régulièrement et réputés imprenables dans quatre à cinq mètres d'eau seulement.

L'agachon prolongé est donc à déconseiller ou fait partie de ces conditions de chasse à ne pratiquer qu'à deux, et en redoublant de vigilance, en eau trouble.

Le constructeur italien Mares a mis au point le prototype d'un gilet de sauvetage gonflable pour chasseur sous-marin. Trop coûteux il n'a pas été commercialisé. Le principe séduisant, devait permettre une sécurité absolue pour la pratique de certains types de chasse, à l'exclusion de la chasse à trous ou aux dentis.

Elle offrait la possibilité de s'auto-programmer suivant les performances d'apnée. Sa remontée impliquait l'absence de tout obstacle sur son parcours. Elle se composait d'un gilet et d'une cartouche de gaz carbonique programmée par une horloge.

III. Dangers physiques consécutifs aux causes indirectes

A. LES BATEAUX

Je pense que le bateau est un des plus grands dangers. Je ne voudrais pas faire le procès de la circulation maritime, mais je crois pouvoir affirmer, qu'au même titre qu'il y a des fous de la route il y a des fous de la mer. C'est aussi une question d'éducation et tous les propriétaires de bateaux devraient circuler en considérant la présence éventuelle de plongeurs, nageurs ou chasseurs, au même titre que les piétons pour les voitures. Toujours est-il que dans certaines régions méditerranéennes, il est suicidaire de vouloir chasser tant la circulation maritime est intense, malgré l'utilisation d'une bouée. Heureusement que le son se propage rapidement dans l'eau et prévient alors le chasseur contraint de plonger. Mais comme les bateaux arrivent aux heures de pointe, de tous côtés, le sifflement des moteurs est constant, il devient impossible de plonger dans un monde du silence. Mais le plus redoutable seront les silencieux voiliers qui poussés par un fort vent, vous arrivent dessus sans prévenir. A noter aussi depuis quelques années, les planches à voile que le débutant maîtrise souvent mal.

A titre d'exemple, un bateau circulant à 30 km à l'heure va parcourir en 1 minute 500 mètres. Or une minute correspond à l'apnée normale d'un chasseur entraîné. Par conséquent un bateau aperçu à un demi kilomètre lors de l'amorce d'une plongée pourra être sur la tête du chasseur lors de sa remontée.

Les embarcations légères à moteur, utilisées par les chasseurs, polluent malheureusement la mer et l'atmosphère. S'hyperventiler alors qu'elles dégagent à proximité force gaz carbonique est extrêmement désagréable. Les chasseurs possesseurs de bateaux sont sensibilisés par cet inconvénient, et tâchent d'exploiter le sens du vent pour éviter ce désagrément au chasseur, ou stoppent leur moteur. Lors de compétitions, les accompagnateurs l'oublient trop souvent...

La navigation en bateau pneumatique ou canot hors-bord s'avère très éprouvante, voire un calvaire, pour les personnes à colonne vertébrale fragile. Les futurs acquéreurs de bateaux, devront prendre en considération ce facteur, qui risque de leur interdire l'usage de leur embarcation. Précisons tout de même qu'ici ce sont les passagers « avant » qui sont le plus chahutés. Les places à l'arrière sont plus confortables...

B. LA MAUVAISE MER

Nous avons déjà abordé la difficulté rencontrée lors de la sortie de l'eau à la nage, d'où la nécessité de connaître le terrain hors de l'eau et dans l'eau. Dans le doute, il faut se renseigner auprès des gens du pays lors de la découverte d'une région. Il faut déterminer l'orientation géographique des différents points intéressants, ainsi que celle des vents dominants. Fort de tous ces renseignements, la mise à l'eau s'effectue, sans risques ou avec des risques très limités.

Si les abris sont rares, inexistants ou peu protégés, il faut observer la mer pendant quelques minutes. Les vagues ne déferlent pas régulièrement et leur puissance n'est pas constante. Cependant on peut observer un cycle répétitif constant. Certains prétendent que la période de puissance maximale est régulière et qu'elle comprend en général trois vagues fortes pour revenir ensuite à un rythme plus modéré et ainsi de suite. Aussi beaucoup de chasseurs observent cette règle, pour se sortir d'une situation difficile, ou pour se mettre à l'eau. Pour la mise à l'eau, on a l'avantage de dominer de hauteur d'homme la situation et d'exploiter cette accalmie, toute relative, pour se jeter rapidement à l'eau. Plus difficile sera la sortie... à moins d'avoir un « guetteur » à terre qui donnera les renseignements par gestes.

Après la mise à l'eau s'éloigner rapidement de la zone peu profonde pour éviter l'assaut de cette période dangereuse. Tout en nageant observer régulièrement la situation hors de l'eau, pour conserver la direction recherchée et surtout pour éviter, par grosse mer, la proximité des îlots ou écueils, on voit la mer se casser de loin, on peut donc anticiper, bien avant, car si la réaction est trop tardive, on peut être littéralement porté par la vague, et se trouver subitement dans une situation délicate. Heureusement, même si elle en souffre, la combinaison amortira un peu les chocs, mais en général, bousculé et traîné sur la roche par la vague, on peut en perdre le masque et les palmes et avec eux son sang-froid !... On boit souvent la tasse, mais il est indispensable dans ces moments difficiles de conserver son calme. Je crois qu'il est inutile dans ces cas de lutter contre les vagues, mais plutôt, de jouer avec elles, et le reflux pour se tirer d'une situation dramatique.

C. LE MATÉRIEL EN RELIEF SUR LE CORPS

Lors de l'étude de la chasse à la liche, j'ai notamment insisté sur les précautions à prendre lors du tir de tels poissons. Le fil reliant le fusil à la bouée pouvant présenter un réel danger. Il en est de même pour le tir de poissons classiques lorsque l'on s'enrague. La flèche reste bloquée au fond, et le fusil ayant tendance à flotter, monte à la verticale. La corde nylon reliant les deux, peut s'emmêler à la gaine du poignard, une palme, au lest de la ceinture, et même se nouer autour de la main. S'il est difficile de remédier à cet inconvénient avec la gaine, il n'en sera pas de même pour les palmes. Le problème apparaît uniquement avec des palmes possédant des sangles de réglage. Vérifier si la sangle est montée du bon côté et pour plus de sécurité on peut entourer l'extrémité libre de plusieurs couches de scotch. De toute façon, à la palme ou à la gaine, on peut se débarrasser facilement du nylon car ces points sont facilement visibles et accessibles.

Dans le cas extrême, on peut extraire aisément le poignard et sectionner le fil dans de bonnes conditions. Il n'en sera pas de même si l'incident se produit autour d'un lest.

Il ne reste souvent que la solution de « larguer » la ceinture. Aussi la boucle de sécurité n'est-elle pas un mythe, il ne faut pas hésiter à s'en servir en cas de besoin. Il est même conseillé tout en chassant de « tâter » de temps en temps sa bonne position de façon à ce que le geste soit rapide et sûr. Il arrive en effet que les lests étant mal centrés, la ceinture tourne autour de la taille.

D. LES TROUS

Le ragueur est nettement avantagé pour la chasse à trous, mais il ne faut pas confondre raguer et spéléologie sous-marine. Combien de chasseurs m'ont fait frémir en les voyant s'enfoncer sans hésiter dans des boyaux où leur corps passait juste, et les voir disparaître complètement ! Le risque était sans doute réfléchi et le partenaire veillait, mais risque il y avait. Pour éviter tout accident dans de pareils cas, il faut s'efforcer d'éliminer tout relief et surtout toute cordelette, sac, filet, etc. autour du corps, et bien plaquer l'accroche-poissons contre la ceinture. Il faut aussi rentrer modérément dans les trous ou bien étudier le lieu avant de s'y aventurer.

E. LE FUSIL SOUS-MARIN

L'arme utilisée par le chasseur sous-marin est extrêmement dangereuse. Si elle peut transpercer un poisson de 30 à 40 kg, elle peut tuer un homme. Ce fut malheureusement le cas pour l'un des meilleurs et dévoués instructeurs de chasse sous-marine, mon ami Jean TORIELLI.

La prudence est de rigueur et la règle est la suivante :

1) ne jamais sortir de l'eau avec une arbalète armée,

2) ne jamais conserver une arbalète armée à la bouée, sur la planche ou le bateau,

3) en équipe de deux ou en groupe :

a) ne jamais orienter une arme vers un coéquipier,

b) ne jamais se trouver sur la trajectoire éventuelle du tir d'un poisson sous une pierre. Le poisson visé se trouvant entre les deux coéquipiers,

c) avant de tirer s'assurer de l'absence de tout danger pour les autres,

d) pendant la nage, à la recherche des poissons, le chasseur en seconde position ne restera pas dans l'alignement du premier, mais décalé ou à ses côtés,

4) ne jamais chasser avec une arbalète armée dans chaque main,

5) ne jamais laisser un enfant jouer avec une arbalète, même peu puissante, à fortiori en groupe ou seulement à deux dans l'eau,

6) vérifier régulièrement dans l'eau, en prenant les précautions nécessaires, que la flèche ne parte seule. Pour vous en assurer, effectuer ce petit test : armer au deuxième cran, et secouer l'arbalète violemment dans tous les sens. Si elle part, soit le réglage de la sensibilité de tir est trop « pointu » soit la flèche ou le mécanisme de la crosse sont usés ou détériorés.

Dans le cas rarissime d'une blessure par flèche, seule une personne compétente peut décider de l'action à entreprendre. Attendre les secours et ne pas extraire la flèche soi-même.

La rupture de la corde à piano, le mauvais enclenchement de celle-ci dans le cran de la flèche, une cassure de sandow, peuvent provoquer des blessures très douloureuses, pouvant aller jusqu'à la fracture d'un doigt. Le malheureux chasseur qui souffre énormément lors de l'impact peut perdre connaissance. Il s'en tire en général avec un hématome ou une plaie à l'un des auriculaires.

Des jeux d'obus articulés et incassables sont vendus dans le commerce. J'attire l'attention sur l'existence de deux modèles. L'un en tôle découpée très simple et peu coûteux, mais qui se révèle plus dangereux que la simple corde à piano. C'est une véritable « guillotine » et la blessure qu'il provoque est très grave... Je vous conseille donc de l'éliminer dès l'achat d'une arbalète si elle en est équipée.

L'autre modèle, en pièces usinées, est plus cher mais plus fiable. Il faut tout de même prendre la précaution élémentaire de vérifier régulièrement le blocage de l'écrou maintenant les obus. Enfin, le port de gants limitera la blessure éventuelle.

F. LE VÊTEMENT ISOTHERMIQUE

Être mal à l'aise dans un vêtement trop juste est désagréable mais pourra provoquer de graves malaises s'il comprime trop la carotide. Cette compression peut affecter également la circulation sanguine au niveau des membres et provoquer l'effet inverse, le froid aux mains et aux pieds. Il pourra également gêner la ventilation.

G. LES OURSINS

C'est la hantise permanente chez le chasseur et nombreux sont ceux, qui après avoir tiré un poisson à trou et pour peu que celui-ci résiste, commencent pas ôter les oursins se trouvant à proximité afin d'éviter de se piquer, mais surtout de casser leurs épines dans l'épiderme.

Toutes ces précautions témoignent de la crainte de cet échinoderme qui se défend si bien, mais qui est si bon !

Ces ennuis se manifestent en deux étapes.

La blessure aggravée si l'épine ou les épines sont cassées. Tout comme une écharde ou des aiguilles de figues de barbarie, il faut les extraire afin d'éviter de souffrir au toucher. La douleur est proportionnelle au nombre d'épines.

On constate ensuite dans un second temps, que plus les piqûres sont constantes et répétitives, plus ces blessures, même sans épines cassées, sont douloureuses. Au bout de quelques mois ou quelques années, des kystes se forment, une inflammation cutanée se produit, douloureuse au toucher, et au moindre petit coup. Il semblerait que les sujets atteints, plus ou moins sensibles, soient à la longue saturés et deviennent allergiques.

De petits tentacules sont répartis sur toute la surface de l'oursin entre les épines.

Ces tentacules ou pédicellaires sont munis de petites pinces dont certaines contiennent du venin.

Est-ce ce venin, qui, introduit dans la blessure, provoque ces méfaits ?

Le docteur PANZANI, sensibilisé par ces problèmes a cherché pendant longtemps des « cobayes » pour leur inoculer un vaccin élaboré à partir du venin et de l'épiderme recouvrant les épines. Ce vaccin avait pour vocation d'immuniser les individus. Mais faute de volontaire, ce vaccin est resté à l'état expérimental, alors qu'il est pratiqué aux U.S.A., et donne de bons résultats. La variété d'oursin étant différente, ce vaccin ne peut être efficace en France. J'ai connu des chasseurs très handicapés par ces kystes recouvrant une partie de leurs mains, coudes et genoux, car le moindre petit coup, les fait beaucoup souffrir.

La blessure la plus ennuyeuse est la piqûre d'oursin logée dans une articulation ou sous un ongle.

Le traitement de ces kystes par l'azote liquide ou la neige carbonique, donne chez certains sujets, de bons résultats. Parfois une petite intervention chirurgicale sera utile.

L'aiguille préalablement désinfectée reste le traitement le plus utilisé pour les épines, mais parfois leur extraction par simple pression s'opère aisément après deux à trois jours d'attente.

Pour mieux protéger les mains, les plus exposées, je conseille le port de gants été comme hiver. Ils ne seront pas la protection absolue, mais limiteront leur pénétration ou du moins les freineront d'où une blessure modérée.

H. LES POISSONS, CRUSTACÉS, CÉPHALOPODES

Beaucoup de poissons, de crustacés, de céphalopodes ont la possibilité de se défendre à l'aide d'arêtes, de dents ou becs cannelés reliés souvent à des glandes à venin. Ils ont été suffisamment étudiés individuellement précédemment pour les dangers qu'ils présentent, aussi est-il inutile d'en ajouter.

Mais les docteurs Fructus et Sciarli signalent que certains poissons, sont parfois à l'origine d'affection généralement bénigne. Ces poissons contiennent dans leur chair une substance toxique.

Ce sont : les mulets, les rougets, les mérous, les saupes ainsi que tous les poissons de leur famille.

Il est prudent de ne pas se blesser avec un couteau recouvert du sang de congre, murène s'avérant toxique, même à leur ingestion.

J'ajouterai qu'une précaution supplémentaire est à prendre lors du nettoyage de ces poissons, surtout avec l'extraction des entrailles si les mains comportent des blessures récentes.

J'ai relevé dans un magazine « Objectif et action mutualiste » le problème posé par un ver parasite : l'anisakis qui vit dans l'intestin des animaux marins.

Avalées par l'homme, les larves s'accrochent à la paroi de l'estomac et provoquent de vives douleurs. Elles migrent ensuite dans l'intestin d'où il est difficile de les déloger.

La recrudescence de l'anisakiase, rare auparavant dans nos régions, serait due au nouveau procédé de conservation. En effet, les poissons éviscérés (vidés) aussitôt pêchés, ne le sont maintenant qu'au port d'attache. Ils sont donc stockés en chambre froide, mais les larves frileuses quittent l'intestin pour se réfugier dans la chair plus chaude. Et cette chair, nous la consommons de plus en plus crue, salée, fumée ou marinée. Donc éviter la préparation à la mode tahitienne pour les poissons achetés chez votre poissonnier, notamment les mérous que l'on trouve maintenant couramment sur les étals des poissonniers.

D'une manière générale, est-il prudent de consommer des poissons capturés dans certaines régions de nos côtes particulièrement polluées ? Nous avons l'exemple de Mina-Mata au Japon. Mais lorsque l'on connaît la quantité de mercure rejeté dans le Rhône tout au long de son parcours et qui aboutit en Camargue où prolifèrent loups, daurades et thons, le consommateur peut être sceptique ! Notre faible consommation de poisson par rapport aux Japonais serait notre chance !

Il faut avoir chassé dans des conditions déplorables de turbidité et d'émanations nauséabondes dans la région de Marseille-Veyre où se jette l'égoût de l'une des plus grandes métropoles de la Méditerranée, pour avoir un doute !

Il est vrai qu'un effort considérable a été accompli ces derniers temps à Marseille avec l'implantation d'une station d'épuration de conception unique au monde.

I. L'ANÉMONE OU ORTIE DE MER

Pas dangereuse pour les mains, elle l'est pour le visage plus sensible. Ses tentacules riches en cellules urticantes peuvent provoquer de petites brûlures sans gravité. Ne pas oublier que certains filaments adhèrent aux gants et ne manqueront pas d'occasionner les mêmes désagréments si vous portez les mains au visage.

J. PHYSALIES ET MÉDUSES

Elles sont souvent confondues, mais si théoriquement la première est plus douloureuse, toutes deux sont redoutées.

Il est parfois difficile de les voir dans l'eau trouble ou agitée du bord. Leurs filaments peuvent être très longs et souvent leur densité ne permet pas de les éviter.

La brûlure qu'elles provoquent est plus grave que la précédente, elle laisse des marques durant plusieurs jours avec risque d'infection cutanée (petites pustules). Elle peut entraîner des malaises.

Si le chasseur porte un vêtement isothermique ce sera encore le visage qui sera le plus exposé. Il faudra alors adopter la mentonnière, normalement utilisée pour lutter contre l'engourdissement des lèvres, lors des gros froids.

De véritables invasions de méduses sont régulièrement signalées l'été, par les autorités maritimes. Le chasseur ainsi averti prendra ses dispositions. Les gants sont encore recommandés.

K. LES GUÊPES

Dans certaines régions les guêpes sont un véritable poison ! Elles collent aux poissons, et souvent on a à peine le temps d'ouvrir, de ranger rapidement le poisson dans le coffre de la voiture et de refermer que déjà cinquante guêpes sont emprisonnées. Il est même arrivé, en pleine mer, qu'une guêpe vagabonde à la recherche d'un lieu sûr pour effectuer un petit arrêt en mer, voyant le tuba d'un chasseur s'y posa dessus. Malheureusement ce fut au moment exact où il effectuait une profonde inspiration ; il avala la guêpe qui le piqua rageusement à la gorge. Il ne dût son salut qu'à la promptitude de son admission à l'hôpital de Hyères. C'est le troisième accident de ce genre qui m'est signalé.

Avant la mise à l'eau, prendre l'habitude de bien rincer le tuba pour éliminer les impuretés éventuelles contenues à l'intérieur, que ce soit des parties solides ou des insectes.

L. LES COUPS DE SOLEIL ET LES INSOLATIONS

Avec eux, que de vacances gâchées ! Bien entendu, les expositions démesurées sur les plages en sont à l'origine, mais le chasseur ne doit pas oublier qu'il est plus souvent à la surface de l'eau qu'immergé, et ainsi certaines parties du corps sont très exposées. En particulier le chasseur sans combinaison, je conseille vivement de porter un tee-shirt qui protègera des rayons du soleil et de la réverbération tout aussi néfaste. Le chasseur évoluant en bermuda apprendra à ses dépens que les mollets et cuisses « rôtissent bien au soleil » !

Plus grave encore, seront les insolations contractées non pas dans l'eau, car même sans cagoule la tête baigne toujours, mais sur le bateau ou à pied lors d'une approche des lieux de chasse.

Elles se manifestent par une grande lassitude et souvent de violents maux de tête. Consulter un médecin.

M. LE COURANT, LE VENT

Être éloigné de la côte et se retrouver subitement dans de difficiles conditions pour la regagner en raison du vent ou du courant devenus très violents et poussant ou tirant au large, est très angoissant, surtout si l'on est seul.

L'un et l'autre peuvent être imprévisibles, mais parfois on peut anticiper leur éventuelle apparition :

— pour le vent, par des renseignements météo,
— pour le courant, en Atlantique par la connaissance des marées et la consultation des cartes marines,
— pour les deux, par la connaissance de la région ou des renseignements obtenus auprès des autochtones chasseurs, pêcheurs professionnels ou amateurs.

Comment procéder ?

En toute circonstance, signaler à des parents ou amis, le lieu de chasse envisagé et s'y tenir, afin qu'éventuellement les recherches ou secours soient efficaces.

— Avec du courant et une embarcation : le simple fait de mettre le mouillage à l'eau donne déjà une bonne indication. La rapidité de la mise à la cape sera caractéristique.

— Si l'on est seul, laisser traîner une corde ou la bouée avec son filin bien fixé à l'embarcation. A la mise à l'eau « tâter » le courant en se tenant à cette corde ou au mouillage. Si le courant vous porte violemment vous pourrez vous rattraper au passage à la corde ou à la bouée. Il peut être plus prudent au lieu de laisser traîner corde ou bouée de s'y attacher sommairement d'une main.

— Si l'on est plusieurs, la technique est connue. Une personne au moins doit rester sur l'embarcation et attendre les instructions de celui qui est dans l'eau.

S'il y a un doute sur le renforcement du courant en cours de chasse, laisser une personne à bord et se relayer pour chasser, le bateau suivant le chasseur en action dans l'eau.

Il faudra d'autant plus se méfier, que parfois le courant est inexistant en surface et fort à une certaine profondeur. D'autres fois il peut être dans un sens en surface et à l'inverse au fond, ou encore à l'inverse du sens d'un vent violent.

Dans tous les cas, vérifier que le mouillage soit bien fixé au fond et à l'embarcation avant de s'en éloigner.

On peut chasser avec un courant moyen, en tenant en laisse une embarcation légère, par le mouillage, l'ancre traînant entre deux eaux. Se laisser porter par le courant, mouiller dès que la zone semble favorable et ainsi de suite.

— Sans embarcation. La planche de pêche est une invention extraordinaire. L'efficacité de la nage en position allongée permettra de remonter le courant aisément, surtout équipé de palmes longues performantes.

Le chasseur avec planche, aura l'avantage de se « tirer d'affaire » même si le courant ou le vent se lève en cours de chasse, ce qui n'est pas évident si l'on a abandonné l'embarcation.

Si la condition physique n'est pas au mieux, la sagesse voudrait que l'on ne s'éloigne pas trop du bord.

Dans le pire des cas, équipé d'une bouée, je ne conseille pas de l'abandonner pour essayer de rentrer à terre plus facilement, mais seulement de la délester du matériel qui lui est fixé et du poisson. Servant de repère on pourra être plus facilement détecté, si l'on a la chance de n'a pas avoir dérivé.

Préalablement la fixer au fond à l'aide de son filin si possible, surtout s'il est équipé d'une petite ancre.

Que la bouée dérive ou qu'elle soit fixe, le pêcheur pourra se reposer en s'appuyant dessus.

Dans certains cas, des plongées successives peuvent permettre de traverser un courant de surface.

N. LES ÉPAVES

Elles sont dangereuses en raison des :

a) blessures qu'elles risquent de provoquer, surtout en présence de la houle, et de l'accrochage éventuel, si le chasseur s'introduit dans l'anfractuosité ou si la houle l'y entraîne ;

b) filets perdus qui s'y fixent plus facilement qu'ailleurs et très dangereux en eau trouble. Les pêcheurs professionnels connaissent très bien leurs emplacements, mais prennent parfois le risque de les approcher, motivés par la faune qu'elles retiennent.

O. LES LAMINAIRES

Les pêcheurs méditerranéens lorsqu'ils plongent pour la première fois en Atlantique sont surpris par ces longues algues. Elles sont plus impressionnantes que dangereuses. Il est important qu'ils soient avertis, surtout les débutants qui pourront être désorientés.

Il faut dans un premier temps, les éviter, puis les « survoler » car souvent les poissons s'y complaisent. Par la suite le chasseur alors aguerri s'apercevra que même entièrement recouvert de ces algues, il s'en dégagera sans problèmes, car elles se brisent facilement.

P. LE LEST

La ceinture de plomb, et non le baudrier, posée sur les vertèbres lombaires est néfaste aux sujets à la colonne vertébrale fragile. Par son poids elle favorise une cambrure excessive et peut provoquer sciatique ou lumbago au niveau de la 4e lombaire.

Q. LES ORAGES

Plus spectaculaires que dangereux, il faut tout de même prendre la précaution de ne pas élever l'arbalète droit au ciel, bras tendu, pour se signaler par exemple dans l'eau s'il y a des éclairs dans les environs. La foudre s'écoule en effet toujours par l'objet le plus élevé et le plus conducteur, or en mer, sur une grande surface plane, cette cible peut être le chasseur !

R. EN TOUTE SÉCURITÉ

Le chasseur pourra se trouver dans une situation où il aura comme alternative de privilégier la sécurité ou son instinct.

Risques calculés on peut les corriger, mais le plus grave sera bien sûr l'imprévu.

Par l'apparition soudaine d'un poisson imposant et profond, pas assez préparé, avec un matériel inadapté, il ne devrait pas tirer.

Par un mauvais réflexe il pourra dans la lutte qui suivra, soit prendre le risque de se battre soit abandonner.

Le chasseur expérimenté évaluera ce risque par sa connaissance du poisson et par sa maîtrise, analysera rapidement la possibilité de le tuer net, mais !...

Le pire sera une situation sans alternatives. Par exemple l'emprunt du matériel d'un copain... Palmes un peu grandes et ceinture trop lâche ne devraient pas le priver d'une simple « oursinade »...

Pourtant à la perte d'une palme, s'ensuit l'affolement et la perte de la seconde avec l'impossibilité de larguer la ceinture « bricolée ». Autant d'incidents avec une seule solution : atteindre la surface.

Négligence caractérisée, mais l'imprévu sans erreur est possible.

Un mérou mal tiré sort de son trou brusquement, fait une boucle au chasseur, lui interdisant de se libérer avec son poignard. Heureusement qu'un concurrent assistait à la scène, lors d'un championnat.

Que faire ?

Prévenir et être conscient de son état.

a) Prévenir — physiquement :

— par un contrôle médical constant ou trimestriel,

— par une saine hygiène de vie,

— par un entraînement régulier,

— matériellement :

— par l'utilisation d'un équipement approprié,

— par son entretien,

b) Être conscient de son état.

— après une interruption,

— en qualité de débutant ou chasseur confirmé,

— en fonction de l'âge.

1) Une interruption de courte durée, ne devrait pas trop pénaliser physiquement le chasseur jeune, qui conservera son acquis. Beaucoup ne pratiquent ce sport qu'à l'occasion de leurs vacances. La période de réadaptation plus longue, dépendra de la préparation ou de l'activité sportive préalable.

2) Le débutant devra être conscient de ses lacunes et l'adhésion à un club bien

structuré devrait lui permettre de les combler. Théorie et pratique avec des chasseurs compétents favoriseront une rapide progression.

Mieux encore, la participation à l'un des stages fédéraux, de son comité ou de son club, lui permettra une meilleure analyse des dangers.

A défaut, l'apprentissage direct est possible avec un chasseur confirmé possédant toutes les qualités requises, car un moniteur par personne serait l'idéal.

Seul, la progression sera lente, décourageante et non dépourvue de risques, mais nombreux sont les adeptes de cette dernière solution. La lecture d'ouvrages spécialisés devrait beaucoup les aider, quant à la pratique ! Il leur faudra redoubler de prudence, s'observer, enregistrer leurs propres réactions, chercher le poisson bien sûr, mais se chercher un peu soi-même. Au moindre problème contacter une personne avertie ou un médecin sportif.

3) Le chasseur confirmé ayant pratiqué sans interruption sera peut-être saturé et devrait s'interroger quant à sa fraîcheur physique.

Troquer les palmes pour des planches de ski, diversifier ses activités sportives, en période hivernale devrait être salutaire, pour la forme et la concentration.

La vigilance accrue lors de chaque sortie sera de règle, si la récupération est difficile, en particulier pendant les vacances. Les longues heures de palmage et de plongées quotidiennes laisseront des traces dans l'organisme. La limite variable d'un individu à l'autre, sera difficile à déceler. Des signes précurseurs ne trompent pas ; l'apparition de la lassitude lors de la capture d'un poisson profond et enragué est révélatrice. L'épuisement à l'arrivée en surface, champ visuel troublé par un voile noir avec apparition d'étoiles, ou l'extrême lourdeur aux cuisses nécessiteront une longue récupération. Étendu à la surface sur un lit flottant se détendre yeux fermés, et la sagesse devrait l'emporter en arrêtant la partie de chasse.

La chasse à deux ou trois sera un gage de sécurité en terrain difficile. Le partage des tâches répartira la fatigue, et la promptitude d'intervention en cas d'accident sera déterminante, à condition d'être de niveau équivalent, et de maîtriser la mise en application des consignes de sauvetage, récupération de l'accidenté, transport, hissage à bord, réanimation.

Abandonner une belle pièce au fond ou sortir « bredouille » ne sera pas un déshonneur. Remonter à la surface pour récupérer sera préférable à l'entêtement au fond.

Chercher, appeler et attendre son coéquipier sera judicieux. Ne participer à une expédition pénible, qu'en excellente condition physique sera élémentaire. Surtout ne jamais faire la « bringue » la veille d'une sortie de chasse.

4) Avec l'âge, l'expérience croît, mais les forces décroissent, le sportif est en général conscient de cette réalité.

Il se limitera, récupèrera longuement, évitera les interruptions conséquentes.

Avec des aptitudes différentes, il révisera son comportement. Adieu les combats sous-marins, il sait encore souffrir pour nager vite et longtemps, endurer le froid, tenir de longs agachons. Il pourra poursuivre mais un « cran en dessous ». Il lui faudra se résigner avec le sourire. En continuant à pratiquer son sport, il entretiendra une certaine jeunesse et sérénité.

CONCLUSION

Mon cher Titin

Je viens de recevoir ta lettre de Porto-Pollo et je m'empresse de te répondre.

Je ne suis pas étonné de l'existence de ces engins et appareils sophistiqués pour rechercher les poissons car je suis allé au dernier salon nautique et j'avais remarqué tout ce matériel.

Que veux-tu, on n'arrête pas le progrés !

On ne marche plus, on nage moins, mais il paraît que les poissons se maintiennent beaucoup plus « profonds ». Finalement les chasseurs d'aujourd'hui peinent autant que nous auparavant.

Tu te souviens de l'ancien pêcheur le vieux Doumé dans sa typique maison Corse en granit taillé. On devinait encore dans le maquis envahissant, l'aire de battage. Il ne voulait pas croire que nous capturions des poissons avec nos arbalètes. C'était déjà le progrés.

Évidemment nous côtoyions la nature avec les sources d'eau fraîche et claire, la magnifique forêt de cades, les merles qui s'envolaient en « rouspétant ».

Et puis il y avait Géronimie, tu ne m'en parles pas. Tu voulais toujours aller chasser du côté de Copabia où elle gardait ses moutons, qu'elle était belle à 20 ans ! On lui donnait nos poissons et elle nous faisait manger son « bruccio ».

Avec leurs bateaux et autres engins, les chasseurs actuels ont d'autres joies, différentes des nôtres.

Ils peuvent rejoindre des sites sous-marins poissonneux qu'il nous était impossible d'atteindre et ces îlots d'Eccica où nous rêvions toujours d'aller tellement le pêcheur de Propriano Ricca nous en parlait.

Les cormorans perchés sur les rochers remplacent les merles, la promenade en mer, le sentier. Mais dommage qu'ils n'aient pas côtoyé le maquis odorant en fleur, pris le temps de discuter avec Doumé ou manger le bruccio avec Géronimie.

Nous n'avions peut-être pas le même état d'esprit, car la notion de rentabilité n'existait pas. Nous étions limité par notre matériel rudimentaire et notre horizon par notre capacité à nager et marcher.

En allant plus loin, nous avions toujours la possibilité de découvrir de nouveaux sites avec une faune nouvelle et riche, c'était un peu l'aventure.

Mon cher cousin il ne faut pas se lamenter, nous avons l'expérience de l'homme qui ayant tout découvert sur notre vieille planète est allé dans la lune avec de drôles d'engins lui aussi.

Mais au fait, il y a des mers dans la lune !...

ANNEXE

Reprise des calculs relatifs à la dépense d'énergie de la page 88 en tenant compte de tous les critères possibles

Qu'elle sera la dépense d'énergie lors d'une compétition de 5 heures l'été.

La formule ci-dessous nous permet de savoir combien de litres d'oxygène il faudra brûler pour 100 grammes de glucose consommé.

$$C_6H_{12}O_6 + 6O_2 \rightarrow 6CO_2 + 6H_2O$$

150 grammes $\quad 6 \times 24$ litres

100 ” $\quad V = \dfrac{6 \times 24 \times 100}{150} = 96$ litres

Nous admettons que le rythme respiratoire moyen est de 15 inspirations-expirations par minute et que l'air inspiré contient 21 % d'oxygène et l'air expiré 16 % soit une consommation de 5 %.

Il faut considérer que lors d'une compétition, il sera effectué :

1) suivant son importance, des déplacements avec l'embarcation d'accompagnement ;

2) des déplacements à la nage sur de courtes distances à la recherche de lieux intéressants ou de poissons visuellement ;

3) l'extraction de la flèche des poissons capturés, leur dépose, le réarmement et parfois le changement de matériel.

On peut adopter 10 minutes pour chacune des 3 opérations soit 30 minutes il restera : (5 h × 60') − 30' = 270'

Il faut également admettre que les plongées s'effectueront dans des profondeurs variées, soit par exemple :

1/3 de celles-ci à 12 m environ soit $\dfrac{270'}{3}$ = 90', un autre 1/3 à 20 m et le dernier 1/3 à 25 m

Pour 12 m, il sera possible d'effectuer $\dfrac{90'}{4'}$ = 23 plongées

” 20 m, $\dfrac{90'}{6'\ 10''}$ = 14 plongées

” 25 m, $\dfrac{90'}{8'\ 20''}$ = 11 plongées

Soit au total 48 plongées.

Voir courbe page 180 et tableau page 179

En adoptant un temps moyen de 1 minute d'apnée par plongée et en admettant que le reste du temps est employé 1/3 à s'hyperventiler et 2/3 à récupérer :

Le temps employé à s'hyperventiler sera de : $\dfrac{270' - 48'}{3}$ = 74'

Celui pour récupérer (270' − 48') − 74' = 148'

Nombre total d'inspirations-expirations pour :

l'hyperventilation 74' × 15 = 1 110

la récupération et les 30' ci-dessus : (148' + 30') 15 = 2 670 :

— oxygène consommé en hyperventilation en considérant que pour chacune il est respiré 2,5 *l* d'air inspiratoire 0,5 *l* d'air courant et 1,5 *l* d'air expiratoire soit 4,5 *l* (voir schéma page 93) :

(4,5 *l* × 1 110) 5 % = 250 litres ;

— oxygène consommé en récupération et pendant les 30' avec la respiration de 0,5 *l* d'air courant seulement :

(0,5 *l* × 2 670) 5 % = 67 litres ;

— oxygène consommé en apnée en admettant la consommation de tout l'oxygène emmené soit 21 % pour une capacité pulmonaire de 6 litres : (6 *l* × 48) 21 % = 60 litres.

Consommation totale : 250 *l* + 67 *l* + 60 *l* = 377 litres.

Consommation de glucose : $\dfrac{377\ l}{96\ l} \times 100 = 393$ grammes

On est donc à la limite emmagasiné par le corps normalement, 400 grammes. D'où l'intérêt de s'alimenter en glucose pendant une épreuve importante, surtout l'hiver par la déperdition de chaleur supplémentaire.

BIBLIOGRAPHIE

— *La plongée Santé-Sécurité*, des Docteurs X. Fructus et R. Sciarli, Éd. Maritimes et d'outre-mer.

— *La chasse sous-marine*, Tony Salvatori et Jean-Denis Caumer, Patrick Mouton, Bernard Salvatori, n° spécial OCÉANS, SUB, 122, chemin de Sormiou, 13009 Marseille.

— *Nouveau Larousse Médical*, Pr. A. Domont et Dr J. Bourneuf, Librairie Larousse.

— *La chasse sous-marine* (épuisé), Robert Stromboni, Éd. Amphora.

— *Prévoir le temps en 10 leçons*, Pierre Kohler, Livre de poche.

— *Homo Delphinus*, Jacques Mayol, Éd. Glénat.

— *Droits et devoirs du Plongeur sous-marin*, Jacques Dumas, Éd. du Cosmos. Épuisé.

— *Je reconnais les poissons marins*, collection « Agir et Connaître en plongée », tome 2, Gilbert Barnabé et Paul Bougis, Éd. André Leson, 10, rue de l'Éperon, Paris (6e).

— *La vie des Océans*, Norman B. Marshall, Éd. Fernand Nathan.

— *Guide de la pêche sous-marine en Méditerranée*, Robert et Jeannette Stromboni, Librairie du plongeur, 41, rue Bezout, Paris (15e).

— *Pratique et Enseignement de la pêche sous-marine*, J. et R. Stromboni (épuisé), Éd. Amphora.

— *Initiation à la chasse-sous-marine*, Robert Devaux, (épuisé), voir librairie des plongeurs, Paris.

— *Annuaire international du monde sous-marin*, Édité par la C.M.A.S.

— *Revue APNEA*, 8, rue du Romarin, B.P. 34, 31520 Ramonville.

— *Guide des poissons marins d'Europe*, de Bauchot et Pras, Éd. Delachaux et Niestlé.

— *Alimentation du sportif et de l'homme moderne*, Dr Gérard Debuigue, Éd. Amphora. Épuisé.

— *Guide des poissons de mer et pêche de la mer du Nord, de la Baltique et Atlantique*, Muus Dahlsaträm.

— *Doc. n° 71*, Laboratoire Midy.

— *Revue fédérale de la F.F.E.S.S.M. — SUBAQUA*.

Achevé d'imprimer par Corlet, Imprimeur, S.A.
14110 Condé-sur-Noireau (France)
N° d'Imprimeur : 4617 - Précédent dépôt : mars 1993 - Dépôt légal : juin 1994
Imprimé en C.E.E.